中华人民共和国应急管理
国家标准行业标准名录

中共中央党校（国家行政学院）应急管理培训中心　组织编写

应急管理出版社
·北　京·

图书在版编目（CIP）数据

中华人民共和国应急管理国家标准行业标准名录/中共中央党校（国家行政学院）应急管理培训中心组织编写.--北京：应急管理出版社，2021

ISBN 978-7-5020-7774-7

Ⅰ.①中… Ⅱ.①中… Ⅲ.①突发事件—公共管理—国家标准—中国—目录 ②突发事件—公共管理—行业标准—中国—目录 Ⅳ.① D63-65

中国版本图书馆 CIP 数据核字（2021）第 060881 号

中华人民共和国应急管理国家标准行业标准名录

组织编写	中共中央党校（国家行政学院）应急管理培训中心
责任编辑	尹忠昌
编 辑	李世丰
责任校对	孔青青
封面设计	罗针盘
出版发行	应急管理出版社（北京市朝阳区芍药居 35 号　100029）
电 话	010-84657898（总编室）　010-84657880（读者服务部）
网 址	www.cciph.com.cn
印 刷	北京玥实印刷有限公司
经 销	全国新华书店
开 本	787mm×1092mm $^1/_{16}$　印张 31$^1/_2$　字数 640 千字
版 次	2021 年 9 月第 1 版　2021 年 9 月第 1 次印刷
社内编号	20210284　　　　　　　定价　98.00 元

版权所有　违者必究

本书如有缺页、倒页、脱页等质量问题，本社负责调换，电话:010-84657880

本书编写指导委员会

主　　任　洪　毅　闪淳昌
副 主 任　范维澄　薛　澜　马怀德　马宝成　张兴凯
　　　　　汤万金

本书编辑组

陈少云　杨永斌　张晓宁　金尚忠　蔡　忠　周煦人
曾明荣　秦挺鑫　宫国卓　胡　锐　杨　惠　毕雅静
王　皖　白　娟　倪慧荟　孙雨岐

 # 前 言

党和国家历来高度重视标准化工作。从1962年第一项安全生产国家标准《工业企业设计卫生标准》发布，到1979年国务院颁布《中华人民共和国标准化管理条例》；从1989年全国人大常委会制定《中华人民共和国标准化法》，到2004年国家安全生产监督管理局制定《安全生产行业标准管理规定》，我国安全生产和应急管理标准化经历了"起步探索"到"稳步迈进"的发展演进过程。党的十八大以来，以习近平同志为核心的党中央高度重视标准化工作。习近平总书记指出，"中国将积极实施标准化战略""标准助推创新发展，标准引领时代进步"，国务院出台了《深化标准化工作改革方案》，2018年的机构改革融合11个部门13项职能组建了应急管理部，新增消防救援"XF"、应急管理"YJ"两个行业标准代号，标志着我国应急管理标准化进入新的运行模式、迎来了"全面提升"的发展机遇。

为便于应急管理部门、有关标准化工作部门以及科研、企事业单位全面了解、研究和掌握我国应急管理标准制修订的总体情况，我们组织编写《中华人民共和国应急管理标准目录》，其主要内容为现行应急管理的标准编号、名称、起草单位、适用范围。全书共分为三部分，第一部分为安全生产标准，主要包括安全生产综合、危险化学品及化工安全、烟花爆竹及民爆品安全、矿山安全、粉尘防爆安全、涂装作业安全、冶金有色安全、

工贸安全、个体防护；第二部分为消防救援标准，主要包括基础标准、消防管理、固定灭火系统、灭火剂、消防车与泵、消防器具与配件、火灾探测与报警、防火材料、建筑构件耐火性能、消防管理、灭火救援、火灾调查、消防员防护装备、建筑消防安全工程、消防通信、电气防火消防产品合格评定；第三部分为减灾救灾与综合性应急管理标准，主要包括地震地质灾害应急救援、水旱灾害应急救援、减灾救灾、综合性应急管理标准，其中水旱灾害应急救援标准又分为气象水文预警、预案响应、调度抢险救援、干旱旱情等级、风险评价评估、防汛抗旱物资、其他规范等标准。

因时间仓促，书中难免存在疏漏和错误，我们诚挚欢迎广大读者朋友批评指正，以便再版时予以修订完善。

中共中央党校（国家行政学院）
应急管理培训中心
2021年5月

序

  党的十八大以来,以习近平同志为核心的党中央高度重视应急管理工作,应急管理工作进入了新时代,开启了新征程。习近平总书记在主持中央政治局集体学习时强调,"应急管理是国家治理体系和治理能力现代化的重要组成部分,承担防范化解重大安全风险、及时应对处置各类灾害事故的重要职责,担负保护人民群众生命财产安全和维护社会稳定的重要使命"。应急管理的政策性、法规性、社会性、专业性强。广泛而深入宣传应急管理理念,宣传新时代应急管理政策法规和相关专业知识,提升应急管理从业人员专业素质,是加强和创新社会治理,完善党委领导、政府负责、民主协商、社会协同、公众参与、法治保障、科技支撑的社会治理体系,加快推进应急管理体系和能力现代化的重要举措。

  当前正处于应急管理法律法规标准加快供给、网络信息技术日新月异的大背景之下,为适应学习、掌握和运用应急管理知识,提升应急管理能力,中共中央党校(国家行政学院)、中国政法大学、北京大学、中国人民大学、中国科学院大学等从事应急管理法学、管理学、安全工程学等领域的教授专家,以及中央和地方应急管理一线工作的同志们历经10个月的编写,《新编应急管理法律法规及文件全书》《应急管理标准化相关释义和实例适用》《应急管理执法基础标准常用手册》正式出版。该丛书是一套以应急管理知识和宣传贯彻应急管理政策法规为主要内容,以实例形式讲解应急管理相关专业知识，紧盯实践实用，让专业知识更专业、更通俗可读，既面向应急管理从业人员，又面向大众的学习读本系列丛书。

下一步，丛书编写组将根据法律法规修订和应急管理理论研究成果，充分依托中共中央党校（国家行政学院）、中国应急管理学会、高校智库资源及应急管理工作的一线同志，加强丛书后续读本的选题策划，采用理论讲解、知识问答或者实例解读等多种形式，及时推出应急管理、安全生产、自然灾害防治、消防救援等法律法规类和相关专业领域系列读本。鉴于丛书的编写是一次初步的尝试，我们希望广大读者特别是应急管理从业人员提出宝贵意见，以便改进丛书编书质量、提升书籍品质，更好地帮助广大读者朋友学习掌握应急管理知识，更好服务于新时代大国应急管理伟大事业。

2020 年 10 月 20 日

目　次

第一部分　安全生产标准

一、安全生产综合 ··· 1

GB/T 6441—1986　企业职工伤亡事故分类 ···································· 1
GB/T 6721—1986　企业职工伤亡事故经济损失统计标准 ···················· 1
GB/T 15499—1995　事故伤害损失工作日标准 ································ 2
GB 5083—1999　生产设备安全卫生设计总则 ································· 2
GB/T 17682—1999　矿山杂散电流的测定 ····································· 2
GB 7231—2003　工业管道的基本识别色、识别符号和安全标识 ············ 3
GB 8958—2006　缺氧危险作业安全规程 ······································ 3
GB 12158—2006　防止静电事故通用导则 ····································· 3
GB 12358—2006　作业场所环境气体检测报警仪通用技术要求 ············· 4
GB 7059—2007　便携式木折梯安全要求 ······································ 4
GB 12142—2007　便携式金属梯安全要求 ····································· 4
GB 2893—2008　安全色 ·· 5
GB 2894—2008　安全标志及其使用导则 ······································ 5
GB 4387—2008　工业企业厂内铁路、道路运输安全规程 ···················· 5
GB/T 3608—2008　高处作业分级 ··· 6
GB/T 12801—2008　生产过程安全卫生要求总则 ····························· 6
GB/T 14778—2008　安全色光通用规则 ·· 7
GB/T 15236—2008　职业安全卫生术语 ·· 7

标准号	标准名称	页码
GB/T 22584—2008	矿用炮烟净化装置通用技术条件	7
GB/T 14442—2008	毛皮生产安全卫生规程	8
GB 4053.1—2009	固定式钢梯及平台安全要求 第1部分：钢直梯	8
GB 4053.2—2009	固定式钢梯及平台安全要求 第2部分：钢斜梯	8
GB 4053.3—2009	固定式钢梯及平台安全要求 第3部分：工业防护栏杆及钢平台	9
GB 23525—2009	座板式单人吊具悬吊作业安全技术规范	9
GB/T 33000—2016	企业安全生产标准化基本规范	10
GB/T 29639—2020	生产经营单位生产安全事故应急预案编制导则	10
AQ/T 9001—2006	安全社区建设基本要求	10
AQ 8001—2007	安全评价通则	11
AQ 8002—2007	安全预评价导则	11
AQ 8003—2007	安全验收评价导则	11
AQ 8004—2007	城市轨道交通安全预评价细则	12
AQ 8005—2007	城市轨道交通安全验收评价细则	12
AQ 9003.1—2008	企业安全生产网络化监测系统技术规范 第1部分：危险场所网络化监测系统现场接入技术规范	13
AQ 9003.2—2008	企业安全生产网络化监测系统技术规范 第2部分：危险场所网络化监测系统集成技术规范	13
AQ 9003.3—2008	企业安全生产网络化监测系统技术规范 第3部分：危险场所网络化监测设备通用检测检验技术规范	14
AQ/T 9004—2008	企业安全文化建设导则	14
AQ/T 9005—2008	企业安全文化建设评价准则	15
AQ 4217—2012	粉尘采样器技术条件	15
AQ/T 9008—2012	安全生产应急管理人员培训大纲及考核规范	16
AQ 7007—2013	造修船企业安全生产技术规范	16
AQ 8007—2013	城市轨道交通试运营前安全评价规范	16
AQ/T 4233—2013	建设项目职业病防护设施设计专篇编制导则	17
AQ/T 7008—2013	造修船企业安全生产标准化基本要求	17
AQ/T 8008—2013	职业病危害评价通则	18
AQ/T 8009—2013	建设项目职业病危害预评价导则	18
AQ/T 8010—2013	建设项目职业病危害控制效果评价导则	18
AQ/T 9009—2015	生产安全事故应急演练评估规范	19
AQ/T 8011—2016	安全培训机构基本条件	19
AQ/T 8006—2018	安全生产检测检验机构能力的通用要求	20
AQ 9010—2019	安全生产责任保险事故预防技术服务规范	20
AQ/T 9007—2019	生产安全事故应急演练基本规范	20
AQ/T 9011—2019	生产经营单位生产安全事故应急预案评估指南	21

二、危险化学品及化工安全 21

- GB 13548—1992　光气及光气化产品生产装置安全评价通则 21
- GB 17681—1999　易燃易爆罐区安全监控预警系统验收技术要求 22
- GB 19041—2003　光气及光气化产品生产安全规程 22
- GB 4962—2008　氢气使用安全技术规程 22
- GB 11984—2008　氯气安全规程 23
- GB 14544—2008　电石乙炔法生产氯乙烯安全技术规程 23
- GB 16912—2008　深度冷冻法生产氧气及相关气体安全技术规程 23
- GB 13348—2009　液体石油产品静电安全规程 24
- GB 15599—2009　石油与石油设施雷电安全规范 24
- GB 30077—2013　危险化学品单位应急救援物资配备要求 25
- GB/T 30040.1—2013　双层罐渗漏检测系统　第1部分：通则 25
- GB/T 30040.2—2013　双层罐渗漏检测系统　第2部分：压力和真空系统 25
- GB/T 30040.3—2013　双层罐渗漏检测系统　第3部分：储罐的液体媒介系统 26
- GB/T 30040.4—2013　双层罐渗漏检测系统　第4部分：应用于防渗漏设施或双层间隙的液体或蒸气传感器系统 26
- GB/T 30040.5—2013　双层罐渗漏检测系统　第5部分：储罐液位仪测漏系统 27
- GB/T 30040.6—2013　双层罐渗漏检测系统　第6部分：监测井用传感器显示系统 27
- GB/T 30040.7—2013　双层罐渗漏检测系统　第7部分：双层间隙、防渗漏衬里及防渗漏外套的一般要求和试验方法 28
- GB 30871—2014　化学品生产单位特殊作业安全规范 28
- GB/T 32374—2015　化学品危险信息短语与代码 29
- GB/T 32375—2015　电石生产安全技术规程 29
- GB 18218—2018　危险化学品重大危险源辨识 29
- GB 36894—2018　危险化学品生产装置和储存设施风险基准 30
- GB 18265—2019　危险化学品经营企业安全技术基本要求 30
- GB/T 37243—2019　危险化学品生产装置和储存设施外部安全防护距离确定方法 31
- GB/T 38710—2020　油气输送管道地理信息系统建设指南 31
- AQ/T 3001—2021　加油（气）站油（气）储存罐体阻隔防爆技术要求 32
- AQ/T 3002—2021　阻隔防爆橇装式汽车加油（气）装置技术要求 32
- AQ 3003—2005　危险化学品汽车运输安全监控系统通用规范 33
- AQ 3004—2005　危险化学品汽车运输安全监控车载终端 33

标准号	标准名称	页码
AQ/T 3005—2006	石油化工建设项目管理方安全管理实施导则	33
AQ 3006—2007	危险化学品汽车运输安全监控车载终端安装规范	34
AQ 3007—2007	危险化学品汽车运输安全监控系统——车载终端与通信中心间数据接口协议和数据交换技术规范	34
AQ 3008—2007	危险化学品汽车运输安全监控系统——通信中心与运营控制中心、客户端监控中心间数据接口和数据交换技术规范	35
AQ 3009—2007	危险场所电气防爆安全规范	35
AQ 3010—2007	加油站作业安全规范	35
AQ 3011—2007	连二亚硫酸钠包装材料安全要求	36
AQ/T 3012—2008	石油化工企业安全管理体系实施导则	36
AQ 3013—2008	危险化学品从业单位安全标准化通用规范	36
AQ 3014—2008	液氯使用安全技术要求	37
AQ 3015—2008	氯气捕消器技术要求	37
AQ/T 3016—2008	氯碱生产企业安全标准化实施指南	37
AQ/T 3017—2008	合成氨生产企业安全标准化实施指南	38
AQ 3018—2008	危险化学品储罐区作业安全通则	38
AQ 3019—2008	电镀化学品运输、储存、使用安全规程	38
AQ 3020—2008	钢制常压储罐 第一部分：储存对水有污染的易燃和不易燃液体的埋地卧式圆形单层和双层储存罐	39
AQ 3021—2008	化学品生产单位吊装作业安全规范	40
AQ 3022—2008	化学品生产单位动火作业安全规范	40
AQ 3023—2008	化学品生产单位动土作业安全规范	41
AQ 3024—2008	化学品生产单位断路作业安全规范	41
AQ 3025—2008	化学品生产单位高处作业安全规范	41
AQ 3026—2008	化学品生产单位设备检修作业安全规范	42
AQ 3027—2008	化学品生产单位盲板抽堵作业安全规范	42
AQ 3028—2008	化学品生产单位受限空间作业安全规范	42
AQ/T 3029—2010	危险化学品生产单位主要负责人安全生产培训大纲及考核标准	43
AQ/T 3030—2010	危险化学品生产单位安全生产管理人员安全生产培训大纲及考核标准	43
AQ/T 3031—2010	危险化学品经营单位主要负责人安全生产培训大纲及考核标准	44
AQ/T 3032—2010	危险化学品经营单位安全生产管理人员安全生产培训大纲及考核标准	44
AQ/T 3033—2010	化工建设项目安全设计管理导则	44
AQ/T 3034—2010	化工企业工艺安全管理实施导则	45

AQ 3035—2010	危险化学品重大危险源安全监控通用技术规范	45
AQ 3036—2010	危险化学品重大危险源　罐区现场安全监控装备设置规范	46
AQ 3037—2010	硫酸生产企业安全生产标准化实施指南	46
AQ 3038—2010	电石生产企业安全生产标准化实施指南	46
AQ 3039—2010	溶解乙炔生产企业安全生产标准化实施指南	47
AQ 3040—2010	涂料生产企业安全生产标准化实施指南	47
AQ 3041—2011	气雾剂安全生产规程	48
AQ/T 3042—2013	外浮顶原油储罐机械清洗安全作业要求	48
AQ/T 3043—2013	危险化学品应急救援管理人员培训及考核要求	48
AQ/T 3044—2013	氨气检测报警仪技术规范	49
AQ 3045—2013	车用乙醇汽油储运安全规范	49
AQ/T 3046—2013	化工企业定量风险评价导则	49
AQ 3047—2013	化学品作业场所安全警示标志规范	50
AQ/T 3048—2013	化工企业劳动防护用品选用及配备	50
AQ/T 3049—2013	危险与可操作性分析（HAZOP 分析）应用导则	51
AQ/T 3050—2013	加油加气站视频安防监控系统技术要求	51
AQ 3051—2015	液氯钢瓶充装自动化控制系统技术要求	51
AQ/T 3052—2015	危险化学品事故应急救援指挥导则	52
AQ 3053—2015	立式圆筒形钢制焊接储罐安全技术规程	52
AQ/T 3054—2015	保护层分析（LOPA）方法应用导则	53
AQ/T 3055—2019	陆上油气管道建设项目安全设施设计导则	53
AQ/T 3056—2019	陆上油气管道建设项目安全验收评价导则	53
AQ/T 3057—2019	陆上油气管道建设项目安全评价导则	54

三、烟花爆竹及民爆品安全 54

GB 11652—2012	烟花爆竹作业安全技术规程	54
AQ 4101—2008	烟花爆竹企业安全监控系统通用技术条件	55
AQ 4102—2008	烟花爆竹流向登记通用规范	55
AQ 4103—2008	烟花爆竹　烟火药认定方法	56
AQ 4104—2008	烟花爆竹　烟火药安全性指标及测定方法	56
AQ 4105—2008	烟花爆竹　烟火药 TNT 当量测定方法	57
AQ 4106—2008	烟花爆竹作业场所接地电阻测量方法	57
AQ 4107—2008	烟花爆竹机械　滚筒造粒机	57
AQ 4108—2008	烟花爆竹机械　引线机	58
AQ 4109—2008	烟花爆竹机械　爆竹插引机	58
AQ 4110—2008	烟花爆竹机械　结鞭机	58
AQ 4111—2008	烟花爆竹作业场所机械电器安全规范	59

AQ 4112—2008	烟花爆竹出厂包装检验规程	59
AQ 4113—2008	烟花爆竹企业安全评价规范	59
AQ 4114—2011	烟花爆竹安全生产标志	60
AQ 4115—2011	烟花爆竹防止静电通用导则	60
AQ/T 4116—2011	烟花爆竹 烟火药氯酸盐定性检测方法	60
AQ/T 4117—2011	烟花爆竹 烟火药作功能力测定方法	61
AQ/T 4118—2011	烟花爆竹 烟火药猛度测定方法	61
AQ/T 4119—2011	烟花爆竹 烟火药爆发点测定方法	61
AQ/T 4120—2011	烟花爆竹 烟火药静电火花感度测定方法	62
AQ 4121—2012	礼花弹生产安全条件	62
AQ/T 4122—2014	烟花爆竹 烟火药吸湿率测定方法	62
AQ/T 4123—2014	烟花爆竹 烟火药火焰感度测定方法	63
AQ/T 4124—2014	烟花爆竹 烟火药危险性分类定级方法	63
AQ 4125—2014	烟花爆竹 单基火药安全要求	63
AQ 4126—2018	烟花爆竹工程设计安全审查规范	64
AQ/T 4127—2018	烟花爆竹工程竣工验收规范	64
AQ 4128—2019	烟花爆竹零售店（点）安全技术规范	64
AQ 4129—2019	烟花爆竹 化工原材料使用安全规范	65
AQ/T 4130—2019	烟花爆竹生产过程名词术语	65

四、矿山安全 ………………………………………………………… 65

（一）煤矿安全 …………………………………………………… 65

GB 11341—2008	悬挂输送机安全规程	65
GB 22340—2008	煤矿用带式输送机 安全规范	66
GB/T 14161—2008	矿山安全标志	66
GB/T 15259—2008	矿山安全术语	66
AQ 1008—2007	矿山救护规程	67
AQ 1009—2007	矿山救护队质量标准化考核规范	67
AQ 1010—2005	选煤厂安全规程	68
AQ 1011—2005	煤矿在用主通风机系统安全检测检验规范	68
AQ 1012—2005	煤矿在用主排水系统安全检测检验规范	68
AQ 1013—2005	煤矿在用空气压缩机系统安全检测检验规范	69
AQ 1014—2005	煤矿在用摩擦式提升机系统安全检测检验规范	69
AQ 1015—2005	煤矿在用缠绕式提升机系统安全检测检验规范	69
AQ 1016—2005	煤矿在用提升绞车系统安全检测检验规范	70
AQ 1017—2005	煤矿井下安全标志	70
AQ 1018—2006	矿井瓦斯涌出量预测方法	70
AQ/T 1019—2006	煤层自然发火标志气体色谱分析及指标优选方法	71

AQ 1020—2006	煤矿井下粉尘综合防治技术规范	71
AQ 1021—2006	煤矿采掘工作面高压喷雾降尘技术规范	71
AQ 1022—2006	煤矿用袋式除尘器	72
AQ 1023—2006	煤矿井下低压供电系统及装备通用安全技术要求	72
AQ 1024—2006	煤与瓦斯突出矿井鉴定规范	72
AQ 1025—2006	矿井瓦斯等级鉴定规范	73
AQ 1026—2006	煤矿瓦斯抽采基本指标	73
AQ 1027—2006	煤矿瓦斯抽放规范	73
AQ 1028—2006	煤矿井工开采通风技术条件	74
AQ 1029—2019	煤矿安全监控系统及检测仪器使用管理规范	74
AQ 1030—2007	煤矿用运输绞车安全检验规范	74
AQ 1031—2007	煤矿用凿井绞车安全检验规范	75
AQ 1032—2007	煤矿用 JTK 型提升绞车安全检验规范	75
AQ 1033—2007	煤矿用 JTP 型提升绞车安全检验规范	76
AQ 1034—2007	煤矿用带式制动提升绞车安全检验规范	76
AQ 1035—2007	煤矿用单绳缠绕式提升机安全检验规范	76
AQ 1036—2007	煤矿用多绳摩擦式提升机安全检验规范	77
AQ 1037—2007	煤矿用无极绳绞车安全检验规范	77
AQ 1038—2007	煤矿用架空乘人装置安全检验规范	77
AQ 1039—2007	煤矿用耙矿绞车安全检验规范	78
AQ 1040—2007	煤矿用启闭风门绞车安全检验规范	78
AQ 1041—2007	煤矿用无极绳调速机械绞车安全检验规范	79
AQ 1042—2007	煤矿用液压防爆提升机和提升绞车安全检验规范	79
AQ 1043—2007	矿用产品安全标志标识	79
AQ 1044—2007	矿井密闭防灭火技术规范	80
AQ 1045—2007	煤尘爆炸性鉴定规范	80
AQ 1046—2007	地勘时期煤层瓦斯含量测定方法	80
AQ/T 1047—2007	煤矿井下煤层瓦斯压力的直接测定方法	81
AQ 1048—2007	煤矿井下作业人员管理系统使用与管理规范	81
AQ 1049—2018	煤矿建设项目安全审核基本要求	81
AQ 1050—2008	保护层开采技术规范	82
AQ 1051—2008	煤矿职业安全卫生个体防护用品配备标准	82
AQ 1052—2008	矿用二氧化碳传感器通用技术条件	82
AQ 1053—2008	隔绝式负压氧气呼吸器	83
AQ 1054—2008	隔绝式压缩氧气自救器	83
AQ 1055—2018	煤矿建设项目安全设施设计审查和竣工验收规范	84
AQ 1056—2008	煤矿通风能力核定标准	84
AQ 1057—2008	化学氧自救器初期生氧器	84

AQ 1058—2008	煤矿瓦斯检查工安全技术培训大纲及考核标准	85
AQ 1059—2008	煤矿安全检查工安全技术培训大纲及考核标准	85
AQ 1060—2008	煤矿井下爆破工安全技术培训大纲及考核标准	85
AQ 1061—2008	采煤机司机安全技术培训大纲及考核标准	86
AQ 1062—2008	煤矿井下电钳工安全技术培训大纲及考核标准	86
AQ 1063—2008	煤矿主提升机操作工安全技术培训大纲及考核标准	87
AQ 1064—2008	煤矿用防爆柴油机无轨胶轮车安全使用规范	87
AQ/T 1065—2008	钻屑瓦斯解吸指标测定方法	87
AQ 1066—2008	煤层瓦斯含量井下直接测定方法	88
AQ/T 1067—2008	矿井风流热力状态预测方法	88
AQ/T 1068—2008	煤自燃倾向性的氧化动力学测定方法	88
AQ 1069—2008	煤矿主要负责人安全生产培训大纲及考核标准	89
AQ 1070—2008	煤矿安全生产管理人员安全生产培训大纲及考核标准	89
AQ 1071—2009	煤矿用非金属瓦斯输送管材安全技术要求	89
AQ 1072—2009	瓦斯管道输送水封阻火泄爆装置技术条件	90
AQ 1073—2009	瓦斯管道输送自动阻爆装置技术条件	90
AQ 1074—2009	煤矿瓦斯输送管道干式阻火器通用技术条件	90
AQ 1075—2009	煤矿低浓度瓦斯往复式内燃机驱动的交流发电机组通用技术条件	91
AQ 1076—2009	煤矿低浓度瓦斯管道输送安全保障系统设计规范	91
AQ 1077—2009	煤矿瓦斯往复式内燃机发电站安全要求	91
AQ 1078—2009	煤矿低浓度瓦斯与细水雾混合安全输送装置技术规范	92
AQ 1079—2009	瓦斯管道输送自动喷粉抑爆装置通用技术条件	92
AQ 1080—2009	煤的瓦斯放散初速度指标（Δp）测定方法	93
AQ 1081—2010	煤层气地面开采防火防爆安全规程	93
AQ 1082—2010	煤层气集输安全规程	93
AQ 1083—2011	煤矿建设安全规范	94
AQ/T 1084—2011	煤矿灾变环境混合气体测试方法与爆炸危险性判定规则	94
AQ 1085—2011	煤矿进风井地面用燃煤热风炉安全技术条件	94
AQ/T 1086—2011	煤矿矿井瓦斯地质图编制方法	95
AQ/T 1087—2020	煤矿堵水用高分子材料	95
AQ 1088—2011	煤矿喷涂堵漏风用高分子材料技术条件	95
AQ/T 1089—2020	煤矿加固煤岩体用高分子材料	96
AQ/T 1090—2020	煤矿充填密闭用高分子发泡材料	96
AQ 1091—2011	煤矿瓦斯抽采工安全技术培训大纲及考核要求	96
AQ 1092—2011	煤矿防突工安全技术培训大纲及考核要求	97
AQ/T 1093—2011	煤矿安全风险预控管理体系　规范	97

标准编号	标准名称	页码
AQ 1094—2011	煤矿通风安全监测工安全技术培训大纲及考核要求	97
AQ 1095—2014	煤矿建设项目安全预评价实施细则	98
AQ 1096—2014	煤矿建设项目安全验收评价实施细则	98
AQ 1097—2014	井工煤矿安全设施设计编制导则	99
AQ 1098—2014	露天煤矿安全设施设计编制导则	99
AQ/T 1099—2014	煤矿安全文化建设导则	99
AQ 1100—2014	煤矿许用炸药井下可燃气安全度试验方法和判定规则	100
AQ 1101—2014	煤矿用炸药抗爆燃性测定方法和判定规则	100
AQ 1102—2014	煤矿用炸药爆炸后有毒气体量测定方法和判定规则	100
AQ 1103—2014	煤矿许用电雷管井下可燃气安全度试验方法和判定规则	101
AQ/T 1104—2014	煤矿低浓度瓦斯气水二相流安全输送装置技术规范	101
AQ/T 1105—2014	矿山救援防护服装	101
AQ/T 1106—2014	矿山救护队队旗	102
AQ/T 1107—2014	矿山救护队队徽	102
AQ 1108—2014	煤矿井下静态破碎技术规范	103
AQ 1109—2014	煤矿带式输送机用电力液压鼓式制动器安全检验规范	103
AQ 1110—2014	煤矿带式输送机用盘式制动装置安全检验规范	103
AQ 1111—2014	矿灯使用管理规范	104
AQ 1112—2014	煤矿在用窄轨车辆连接链检验规范	104
AQ 1113—2014	煤矿在用窄轨车辆连接插销检验规范	105
AQ 1114—2014	煤矿用自吸过滤式防尘口罩	105
AQ 1115—2018	煤层气地面开发建设项目安全设施设计审查和竣工验收规范	105
AQ 1116—2020	煤矿加固、堵水、充填和喷涂用高分子材料通用安全技术规范	106
AQ 1117—2020	煤矿井下注浆用高分子材料安全使用管理规范	106
AQ 6201—2019	煤矿安全监控系统通用技术要求	107
AQ 6202—2006	煤矿甲烷检测用载体催化元件	107
AQ 6203—2006	煤矿用低浓度载体催化式甲烷传感器	107
AQ 6204—2006	瓦斯抽放用热导式高浓度甲烷传感器	108
AQ 6205—2006	煤矿用电化学式一氧化碳传感器	108
AQ 6206—2006	煤矿用高低浓度甲烷传感器	108
AQ 6207—2007	便携式载体催化甲烷检测报警仪	109
AQ 6208—2007	煤矿用固定式甲烷断电仪	109
AQ 6209—2007	数字式甲烷检测报警矿灯	109
AQ 6210—2007	煤矿井下作业人员管理系统通用技术条件	110
AQ/T 6211—2008	煤矿用非色散红外甲烷传感器	110

（二）非煤矿山安全

标准编号	标准名称	页码
GB/T 18152—2000	选矿安全规程	110
GB 16423—2020	金属非金属矿山安全规程	111
GB 39496—2020	尾矿库安全规程	111
AQ 2004—2005	地质勘探安全规程	112
AQ 2005—2005	金属非金属矿山排土场安全生产规则	112
AQ 2008—2006	金属非金属矿山主要负责人安全生产培训大纲	113
AQ 2009—2006	金属非金属矿山主要负责人安全生产考核标准	113
AQ 2010—2006	金属非金属矿山安全生产管理人员安全生产培训大纲	114
AQ 2011—2006	金属非金属矿山安全生产管理人员安全生产考核标准	114
AQ 2012—2007	石油天然气安全规程	115
AQ 2013.1—2008	金属非金属地下矿山通风技术规范　通风系统	115
AQ 2013.2—2008	金属非金属地下矿山通风技术规范　局部通风	115
AQ 2013.3—2008	金属非金属地下矿山通风技术规范　通风系统检测	116
AQ 2013.4—2008	金属非金属地下矿山通风技术规范　通风管理	116
AQ 2013.5—2008	金属非金属地下矿山通风技术规范　通风系统鉴定指标	117
AQ 2014—2008	逆反射型矿山安全标志技术条件和试验方法	117
AQ 2015—2008	石膏矿地下开采安全技术规范	117
AQ 2016—2008	含硫化氢天然气井失控井口点火时间规定	118
AQ 2017—2008	含硫化氢天然气井公众危害程度分级方法	118
AQ 2018—2008	含硫化氢天然气井公众安全防护距离	119
AQ 2019—2008	金属非金属矿山竖井提升系统防坠器安全性能检测检验规范	119
AQ 2020—2008	金属非金属矿山在用缠绕式提升机安全检测检验规范	119
AQ 2021—2008	金属非金属矿山在用摩擦式提升机安全检测检验规范	120
AQ 2022—2008	金属非金属矿山在用提升绞车安全检测检验规范	120
AQ 2026—2010	金属非金属矿山提升钢丝绳检验规范	120
GQ 2027—2010	金属非金属露天矿山在用矿用自卸汽车安全检验规范	121
AQ 2028—2010	矿山在用斜井人车安全性能检验规范	121
AQ 2029—2010	金属非金属地下矿山主排水系统安全检验规范	122
AQ 2030—2010	尾矿库安全监测技术规范	122
AQ 2031—2011	金属非金属地下矿山监测监控系统建设规范	122
AQ 2032—2011	金属非金属地下矿山人员定位系统建设规范	123
AQ 2033—2011	金属非金属地下矿山紧急避险系统建设规范	123
AQ 2034—2011	金属非金属地下矿山压风自救系统建设规范	124
AQ 2035—2011	金属非金属地下矿山供水施救系统建设规范	124
AQ 2036—2011	金属非金属地下矿山通信联络系统建设规范	124

标准号	标准名称	页码
AQ 2037—2012	石油行业安全生产标准化 导则	125
AQ 2038—2012	石油行业安全生产标准化 地球物理勘探实施规范	125
AQ 2039—2012	石油行业安全生产标准化 钻井实施规范	125
AQ 2040—2012	石油行业安全生产标准化 测录井实施规范	126
AQ 2041—2012	石油行业安全生产标准化 井下作业实施规范	126
AQ 2042—2012	石油行业安全生产标准化 陆上采油实施规范	127
AQ 2043—2012	石油行业安全生产标准化 陆上采气实施规范	127
AQ 2044—2012	石油行业安全生产标准化 海上油气生产实施规范	127
AQ 2045—2012	石油行业安全生产标准化 管道储运实施规范	128
AQ 2046—2012	石油行业安全生产标准化 工程建设施工实施规范	128
AQ 2049—2013	地质勘查安全防护与应急救生用品（用具）配备要求	129
AQ/T 2050.1—2016	金属非金属矿山安全标准化规范 导则	129
AQ/T 2050.2—2016	金属非金属矿山安全标准化规范 地下矿山实施指南	130
AQ/T 2050.3—2016	金属非金属矿山安全标准化规范 露天矿山实施指南	130
AQ/T 2050.4—2016	金属非金属矿山安全标准化规范 尾矿库实施指南	130
AQ/T 2050.5—2016	金属非金属矿山安全标准化规范 小型露天采石场实施指南	131
AQ/T 2050.6—2018	金属非金属矿山安全标准化规范 采掘施工企业实施指南	131
AQ/T 2051—2016	金属非金属地下矿山人员定位系统通用技术要求	132
AQ/T 2052—2016	金属非金属地下矿山通信联络系统通用技术要求	132
AQ/T 2053—2016	金属非金属地下矿山监测监控系统通用技术要求	132
AQ 2054—2016	金属非金属矿山在用主通风机系统安全检验规范	133
AQ 2055—2016	金属非金属矿山在用空气压缩机安全检验规范 第1部分：固定式空气压缩机	133
AQ 2056—2016	金属非金属矿山在用空气压缩机安全检验规范 第2部分：移动式空气压缩机	134
AQ 2057—2016	金属非金属矿山在用货运架空索道安全检验规范	134
AQ 2058—2016	金属非金属矿山在用矿用电梯安全检验规范	134
AQ 2059—2016	磷石膏库安全技术规程	135
AQ 2061—2018	金属非金属地下矿山防治水安全技术规范	135
AQ 2062—2018	超深竖井施工安全技术规范	136
AQ/T 2063—2018	金属非金属露天矿山高陡边坡安全监测技术规范	136
AQ/T 2064—2018	金属非金属矿产资源地质勘查单位安全生产标准化实施指南	137
AQ 2065—2018	地下运矿车安全检验规范	137

标准号	名称	页码
AQ/T 2066—2018	陆上油气田安全生产标准化评审报告编写规则	138
AQ/T 2067—2018	国家级陆上油气田应急救援队伍装备配备要求	138
AQ 2068—2019	金属非金属矿山提升系统日常检查和定期检测检验管理规范	138
AQ 2069—2019	矿用电梯安全技术要求	139
AQ 2070—2019	金属非金属地下矿山无轨运人车辆安全技术要求	139
AQ/T 2071—2019	地质勘查安全防护与应急救生用品（用具）技术规范	140
AQ/T 2072—2019	金属非金属矿山在用电力绝缘安全工器具电气试验规范	140
AQ/T 2073—2019	金属非金属矿山在用高压开关设备电气安全检测检验规范	141
AQ/T 2074—2019	金属非金属矿山在用设备设施安全检测检验报告通用要求	141
AQ/T 2075—2019	金属非金属矿山在用设备设施安全检测检验目录	142
AQ/T 2076—2020	页岩气钻井井控安全技术规范	142
AQ/T 2077—2020	页岩气井独立式带压作业机起下管柱作业安全技术规范	142
AQ 2078—2020	老龄化海上固定式安全生产设施主结构安全评估导则	143
AQ 2079—2020	海洋石油生产设施发证检验工作通则	143

五、粉尘防爆安全 ································· 144

标准号	名称	页码
GB 18245—2000	烟草加工系统粉尘防爆安全规程	144
GB/T 18154—2000	监控式抑爆装置技术要求	144
GB 17269—2003	铝镁粉加工粉尘防爆安全规程	144
GB 19881—2005	亚麻纤维加工系统粉尘防爆安全规程	145
GB 16543—2008	高炉喷吹烟煤系统防爆安全规程	145
GB 17440—2008	粮食加工、储运系统粉尘防爆安全规程	145
GB 17918—2008	港口散粮装卸系统粉尘防爆安全规程	146
GB 19081—2008	饲料加工系统粉尘防爆安全规程	146
GB/T 15604—2008	粉尘防爆术语	147
GB/T 15605—2008	粉尘爆炸泄压指南	147
GB/T 17919—2008	粉尘爆炸危险场所用收尘器防爆导则	147
GB 32275—2015	纺织工业防火防爆管道安全装置技术规范	148
GB 32276—2015	纺织工业粉尘防爆安全规程	148
GB 15577—2018	粉尘防爆安全规程	149
GB/T 16425—2018	粉尘云爆炸下限浓度测定方法	149
GB/T 16427—2018	粉尘层电阻率测定方法	149

GB/T 16430—2018	粉尘层最低着火温度测定方法	150
GB/T 37241—2018	惰化防爆指南	150
AQ 4228—2012	木材加工系统粉尘防爆安全规范	151
AQ 4229—2013	粮食立筒仓粉尘防爆安全规范	151
AQ 4230—2013	粮食平房仓粉尘防爆安全规范	151
AQ 4231—2013	散粮码头爆炸性粉尘环境施工及装卸设备维修安全规范	152
AQ 4232—2013	塑料生产系统粉尘防爆规范	152
AQ 4241—2015	纺织工业除尘设备防爆技术规范	153
AQ 4272—2016	铝镁制品机械加工粉尘防爆安全技术规范	153
AQ 4273—2016	粉尘爆炸危险场所用除尘系统安全技术规范	153

六、涂装作业安全 ········ 154

GB 7691—2003	涂装作业安全规程　安全管理通则	154
GB 12367—2006	涂装作业安全规程　静电喷漆工艺安全	154
GB 14444—2006	涂装作业安全规程　喷漆室安全技术规定	155
GB 20101—2006	涂装作业安全规程　有机废气净化装置安全技术规定	155
GB 14443—2007	涂装作业安全规程　涂层烘干室安全技术规定	156
GB 14773—2007	涂装作业安全规程　静电喷枪及其辅助装置安全技术条件	156
GB 6514—2008	涂装作业安全规程　涂漆工艺安全及其通风净化	156
GB 15607—2008	涂装作业安全规程　粉末静电喷涂工艺安全	157
GB/T 8264—2008	涂装技术术语	157
GB/T 14441—2008	涂装作业安全规程　术语	158
GB 7692—2012	涂装作业安全规程　涂漆前处理工艺安全及其通风净化	158
GB 17750—2012	涂装作业安全规程　浸涂工艺安全	158
AQ 5201—2007	涂装工程安全设施验收规范	159
AQ 5202—2008	电镀生产安全操作规程	159
AQ 5203—2008	电镀生产装置安全技术条件	160
AQ 5204—2008	涂料生产企业安全技术规程	160
AQ 5205—2008	油漆与粉刷作业安全规范	161
AQ 5206—2011	涂装工程安全评价导则	161
AQ/T 5207—2011	涂装企业事故应急预案编制要求	161
AQ 5208—2011	涂装职业健康安全通用要求	162
AQ/T 5209—2011	涂装作业危险有害因素分类	162
AQ 5210—2011	建筑涂装安全通则	163

AQ 5211—2011	电弧热喷涂设备安全技术条件	163
AQ 5212—2011	通风净化装置安全性能检测要求及方法	163
AQ 5213—2011	鳞片状锌（铝）粉/防腐涂层涂装作业安全规定	164
AQ 5214—2013	烘干设备安全性能检测方法	164
AQ 5215—2013	喷漆室安全性能检测方法	165
AQ 5216—2013	涂料与辅助材料使用安全通则	165
AQ 5217—2015	木器涂装职业安全健康要求	165

七、冶金有色安全 … 166

GB 6222—2005	工业企业煤气安全规程	166
GB 12710—2008	焦化安全规程	166
GB 26488—2011	镁合金压铸安全生产规范	167
GB 29741—2013	铝电解安全生产规范	167
GB 29742—2013	镁及镁合金冶炼安全生产规范	168
GB 30039—2013	碳化钨粉安全生产规程	168
GB 30078—2013	变形铝及铝合金铸锭安全生产规范	168
GB 30079.1—2013	铝及铝合金板、带、箔安全生产规范 第1部分：铸轧	169
GB 30079.2—2013	铝及铝合金板、带、箔安全生产规范 第2部分：热轧	169
GB 30079.3—2013	铝及铝合金板、带、箔安全生产规范 第3部分：冷轧	170
GB 30080—2013	铜及铜合金熔铸安全生产规范	170
GB 30186—2013	氧化铝安全生产规范	170
GB 30187—2013	铜及铜合金熔铸安全设计规范	171
GB 30756—2014	镍冶炼安全生产规范	171
AQ 2023—2008	耐火材料生产安全规程	171
AQ 2024—2010	铁合金安全规程	172
AQ 2025—2010	烧结球团安全规程	172
AQ 2048—2012	煤气隔断装置安全技术规范	173
AQ/T 2060—2016	金属冶炼单位主要负责人/安全生产管理人员安全生产培训大纲和考核标准	173
AQ 2001—2018	炼钢安全规程	174
AQ 2002—2018	炼铁安全规程	174
AQ 2003—2018	轧钢安全规程	174
AQ 7011—2018	高温熔融金属吊运安全规程	175
AQ 7012—2018	煤气排水器安全技术规程	175
AQ 7013—2018	干法熄焦安全规程	175

八、工贸安全 ··· 176

 GB 19288—2003 打火机生产安全规程 ························· 176
 GB 13887—2008 冷冲压安全规程 ····························· 176
 GB 15606—2008 木工（材）车间安全生产通则 ·················· 177
 GB 4674—2009 磨削机械安全规程 ····························· 177
 AQ 7001—2007 机械压力机安全使用要求 ······················· 177
 AQ 7002—2007 纺织工业企业安全管理规范 ····················· 178
 AQ 7003—2007 棉纺织企业安全生产规程 ······················· 178
 AQ 7004—2007 制冷空调作业安全技术规范 ····················· 178
 AQ 7005—2008 木工机械　安全使用要求 ······················· 179
 AQ 2047—2012 水泥工厂筒型储存库人工清库安全规程 ·········· 179
 AQ/T 7006—2012 白酒企业安全管理规范 ······················· 179
 AQ/T 7009—2013 机械制造企业安全生产标准化规范 ············· 180
 AQ/T 7010—2013 家具生产企业安全生产标准化规范 ············· 180
 AQ 7014—2018 新型干法水泥生产安全规程 ····················· 180
 AQ 7015—2018 氨制冷企业安全规范 ··························· 181

九、个体防护 ··· 181

 GB/T 12903—2008 个体防护装备术语 ··························· 181
 GB 39800.1—2020 个体防护装备配备规范　第1部分：总则 ······ 182
 GB 39800.2—2020 个体防护装备配备规范　第2部分：石油、化工、
          天然气 ····································· 182
 GB 39800.3—2020 个体防护装备配备规范　第3部分：冶金、有色 ······ 183
 GB 39800.4—2020 个体防护装备配备规范　第4部分：非煤矿山 ······ 183
 GB 2812—2006 安全帽测试方法 ······························· 184
 GB/T 30041—2013 头部防护　安全帽选用规范 ··················· 184
 GB/T 31421—2015 防静电工作帽 ······························· 185
 GB 2811—2019 头部防护　安全帽 ····························· 185
 GB/T 38305—2019 头部防护　救援头盔 ························· 185
 GB/T 23466—2009 护听器的选择指南 ··························· 186
 GB/T 31422—2015 个体防护装备　护听器的通用技术条件 ········ 186
 GB 14866—2006 个人用眼护具技术要求 ························· 187
 GB/T 3609.1—2008 职业眼面部防护　焊接防护　第1部分：焊接
           防护具 ··································· 187
 GB/T 3609.2—2009 职业眼面部防护　焊接防护　第2部分：自动
           变光焊接滤光镜 ··························· 187
 GB/T 30042—2013 个体防护装备　眼面部防护　名词术语 ········ 188

GB 30863—2014　个体防护装备　眼面部防护　激光防护镜 …………… 188
GB/T 31419—2015　火灾逃生面具有毒有害物质检测方法………………… 189
GB 32166.1—2016　个体防护装备　眼面部防护　职业眼面部防护具
　　　　　　　　　第1部分：要求……………………………………………… 189
GB/T 32166.2—2015　个体防护装备　眼面部防护　职业眼面部防护具
　　　　　　　　　　 第2部分：测量方法 ………………………………… 190
GB/T 38144.1—2019　眼面部防护　应急喷淋和洗眼设备　第1部分：
　　　　　　　　　　 技术要求 ……………………………………………… 190
GB/T 38144.2—2019　眼面部防护　应急喷淋和洗眼设备　第2部分：
　　　　　　　　　　 使用指南 ……………………………………………… 190
GB/T 38696.1—2020　眼面部防护　强光源（非激光）防护镜　第1部分：
　　　　　　　　　　 技术要求 ……………………………………………… 191
GB/T 38696.2—2020　眼面部防护　强光源（非激光）防护镜　第2部分：
　　　　　　　　　　 使用指南 ……………………………………………… 191
GB/T 18664—2002　呼吸防护用品的选择、使用与维护…………………… 192
GB/T 16556—2007　自给开路式压缩空气呼吸器 ………………………… 192
GB 2890—2009　呼吸防护　自吸过滤式防毒面具 ………………………… 192
GB 6220—2009　呼吸防护　长管呼吸器 …………………………………… 193
GB 23394—2009　自给闭路式压缩氧气呼吸器 …………………………… 193
GB/T 23465—2009　呼吸防护用品　实用性能评价………………………… 194
GB 30864—2014　呼吸防护　动力送风过滤式呼吸器 …………………… 194
GB/T 31975—2015　呼吸防护用压缩空气技术要求………………………… 194
GB/T 38228—2019　呼吸防护　自给闭路式氧气逃生呼吸器……………… 195
GB 38451—2019　呼吸防护　自给开路式压缩空气逃生呼吸器 ………… 195
GB 2626—2019　呼吸防护　自吸过滤式防颗粒物呼吸器 ………………… 196
GB/T 20654—2006　防护服装　机械性能　材料抗刺穿及动态撕裂性的
　　　　　　　　　试验方法……………………………………………………… 196
GB/T 20655—2006　防护服装　机械性能抗刺穿性的测定………………… 196
GB/T 20097—2006　防护服　一般要求……………………………………… 197
GB/T 13640—2008　劳动防护服号型…………………………………………… 197
GB/T 23462—2009　防护服装　化学物质渗透试验方法…………………… 197
GB/T 23463—2009　防护服装　微波辐射防护服…………………………… 198
GB/T 23467—2009　用假人评估轰燃条件下服装阻燃性能的测试方法…… 198
GB/T 24536—2009　防护服装　化学防护服的选择、使用和维护………… 199
GB 24539—2009　防护服装　化学防护服通用技术要求 ………………… 199
GB 24540—2009　防护服装　酸碱类化学品防护服 ……………………… 199
GB/T 28408—2012　防护服装　防虫防护服………………………………… 200
GB/T 28895—2012　防护服装　抗油易去污防静电防护服………………… 200

GB/T 29511—2013 防护服装 固体颗粒物化学防护服	201
GB/T 31420—2015 阻燃服有毒有害物质检测方法	201
GB/T 38300—2019 防护服装 冷环境防护服	202
GB/T 38302—2019 防护服装 热防护性能测试方法	202
GB 38453—2019 防护服装 隔热服	202
GB 12014—2019 防护服装 防静电服	203
GB 8965.1—2020 防护服装 阻燃服	203
GB 8965.2—2009 防护服装 阻燃防护 第2部分：焊接服	204
GB 20653—2020 防护服装 职业用高可视性警示服	204
GB 24541—2009 手部防护 机械危害防护手套	204
GB 28881—2012 手部防护 化学品及微生物防护手套	205
GB/T 29512—2013 手部防护 防护手套的选择、使用和维护指南	205
GB/T 30865.1—2014 手部防护 手持刀具割伤和刺伤的防护手套 第1部分：金属链甲手套和护臂	206
GB/T 38304—2019 手部防护 防寒手套	206
GB/T 38306—2019 手部防护 防热伤害手套	206
GB 38452—2019 手部防护 电离辐射及放射性污染物防护手套	207
GB/T 12624—2020 手部防护 通用测试方法	207
GB/T 20098—2006 低温环境作业保护靴通用技术要求	208
GB/T 20991—2007 个体防护装备 鞋的测试方法	208
GB/T 28287—2012 足部防护 鞋防滑性测试方法	208
GB/T 28288—2012 足部防护 足趾保护包头和防刺穿垫	209
GB/T 28409—2012 个体防护装备 足部防护鞋（靴）的选择、使用和维护指南	209
GB 20265—2019 足部防护 防化学品鞋	210
GB 21148—2020 足部防护 安全鞋	210
GB/T 31009—2020 足部防护 鞋（靴）限量物质要求及测试方法	210
GB 5725—2009 安全网	211
GB 6095—2009 安全带	211
GB/T 23468—2009 坠落防护装备安全使用规范	211
GB/T 23469—2009 坠落防护 连接器	212
GB/T 24537—2009 坠落防护 带柔性导轨的自锁器	212
GB/T 24538—2009 坠落防护 缓冲器	212
GB 24542—2009 坠落防护 带刚性导轨的自锁器	213
GB 24543—2009 坠落防护 安全绳	213
GB 24544—2009 坠落防护 速差自控器	214
GB 30862—2014 坠落防护 挂点装置	214
GB/T 38230—2019 坠落防护 缓降装置	214

GB 38454—2019　坠落防护　水平生命线装置 …………………… 215
GB/T 6096—2020　坠落防护　安全带系统性能测试方法 ………… 215
AQ 6103—2007　焊工防护手套 ………………………………………… 215
AQ 6109—2012　坠落防护　登杆脚扣 ………………………………… 216
AQ/T 6110—2012　工业空气呼吸器安全使用维护管理规范 ………… 216

第二部分　消防救援标准

一、基础标准 ……………………………………………………………… 217

GB 15630—1995　消防安全标志设置要求 …………………………… 217
GB/T 5332—2007　可燃液体和气体引燃温度试验方法 ……………… 217
GB/T 803—2008　空气中可燃气体爆炸指数测定方法 ……………… 218
GB/T 4327—2008　消防技术文件用消防设备图形符号 …………… 218
GB/T 4968—2008　火灾分类 …………………………………………… 219
GB/T 12474—2008　空气中可燃气体爆炸极限测定方法 …………… 219
GB/T 13464—2008　物质热稳定性的热分析试验方法 ……………… 219
GB/T 17802—2011　热不稳定物质动力学常数的热分析试验
　　　　　　　　　方法 ……………………………………………… 220
GB/T 28752—2012　火焰在垂直表面的横向蔓延试验方法 ………… 220
GB/T 29174—2012　物质恒温稳定性的热分析试验方法 …………… 221
GB/T 5907.1—2014　消防词汇　第1部分：通用术语 ……………… 221
GB/T 5907.2—2015　消防词汇　第2部分：火灾预防 ……………… 221
GB/T 5907.3—2015　消防词汇　第3部分：灭火救援 ……………… 222
GB/T 5907.4—2015　消防词汇　第4部分：火灾调查 ……………… 222
GB/T 5907.5—2015　消防词汇　第5部分：消防产品 ……………… 222
GB 13495.1—2015　消防安全标志　第1部分：标志 ……………… 223
GB/T 38301—2019　可燃气体或蒸气极限氧浓度测定方法 ………… 223
XF 480.1—2004　消防安全标志通用技术条件　第1部分：通用要求
　　　　　　　　和试验方法 ……………………………………… 223
XF 480.2—2004　消防安全标志通用技术条件　第2部分：常规消防
　　　　　　　　安全标志 ………………………………………… 224
XF 480.3—2004　消防安全标志通用技术条件　第3部分：蓄光消防
　　　　　　　　安全标志 ………………………………………… 224
XF 480.4—2004　消防安全标志通用技术条件　第4部分：逆向反射
　　　　　　　　消防安全标志 …………………………………… 224
XF 480.5—2004　消防安全标志通用技术条件　第5部分：荧光消防
　　　　　　　　安全标志 ………………………………………… 225

XF 480.6—2004　消防安全标志通用技术条件　第6部分：搪瓷消防
　　　　　　　　安全标志 ………………………………………………………… 225
XF/T 536.1—2013　易燃易爆危险品　火灾危险性分级及试验方法
　　　　　　　　第1部分：火灾危险性分级 …………………………………… 225
XF/T 536.2—2005　易燃易爆危险品　火灾危险性分级及试验方法
　　　　　　　　第2部分：易燃固体分级试验方法 …………………………… 226
XF/T 536.3—2005　易燃易爆危险品　火灾危险性分级及试验方法
　　　　　　　　第3部分：易于自燃的物质分级试验方法 …………………… 226
XF/T 536.4—2005　易燃易爆危险品　火灾危险性分级及试验方法
　　　　　　　　第4部分：遇水放出易燃气体物质分级试验方法 …………… 226
XF/T 536.5—2005　易燃易爆危险品　火灾危险性分级及试验方法
　　　　　　　　第5部分：固体氧化性物质分级试验方法 …………………… 227
XF/T 536.6—2010　易燃易爆危险品　火灾危险性分级及试验方法
　　　　　　　　第6部分：液体氧化性物质分级试验方法 …………………… 227
XF/T 536.7—2013　易燃易爆危险品　火灾危险性分级及试验方法
　　　　　　　　第7部分：易燃气雾剂分级试验方法 ………………………… 227
XF 185—2014　火灾损失统计方法 ……………………………………………… 228
XF/T 720—2014　消防标准制修订工作程序 …………………………………… 228

二、固定灭火系统 ……………………………………………………………… 229

GB 5135.1—2019　自动喷水灭火系统　第1部分：洒水喷头 ……………… 229
GB 5135.2—2003　自动喷水灭火系统　第2部分：湿式报警阀、延迟器、
　　　　　　　　水力警铃 ………………………………………………………… 229
GB 5135.3—2003　自动喷水灭火系统　第3部分：水雾喷头 ……………… 230
GB 5135.4—2003　自动喷水灭火系统　第4部分：干式报警阀 …………… 230
GB 5135.5—2018　自动喷水灭火系统　第5部分：雨淋报警阀 …………… 230
GB 5135.6—2018　自动喷水灭火系统　第6部分：通用阀门 ……………… 231
GB 5135.7—2018　自动喷水灭火系统　第7部分：水流指示器 …………… 231
GB 5135.8—2003　自动喷水灭火系统　第8部分：加速器 ………………… 232
GB 5135.9—2018　自动喷水灭火系统　第9部分：早期抑制快速响应
　　　　　　　　（ESFR）喷头 …………………………………………………… 232
GB 5135.10—2006　自动喷水灭火系统　第10部分：压力开关 …………… 232
GB 5135.11—2006　自动喷水灭火系统　第11部分：沟槽式管接件 ……… 233
GB 5135.13—2006　自动喷水灭火系统　第13部分：水幕喷头 …………… 233
GB 5135.14—2011　自动喷水灭火系统　第14部分：预作用装置 ………… 234
GB 5135.15—2008　自动喷水灭火系统　第15部分：家用喷头 …………… 234
GB 5135.16—2010　自动喷水灭火系统　第16部分：消防洒水软管 ……… 234
GB 5135.17—2011　自动喷水灭火系统　第17部分：减压阀 ……………… 235

标准号	名称	页码
GB/T 5135.18—2010	自动喷水灭火系统 第18部分：消防管道支吊架	235
GB/T 5135.19—2010	自动喷水灭火系统 第19部分：塑料管道及管件	236
GB/T 5135.20—2010	自动喷水灭火系统 第20部分：涂覆钢管	236
GB 5135.21—2011	自动喷水灭火系统 第21部分：末端试水装置	236
GB 5135.22—2019	自动喷水灭火系统 第22部分：特殊应用喷头	237
GB 5908—2005	石油储罐阻火器	237
GB 20031—2005	泡沫灭火系统及部件通用技术条件	238
GB 16670—2006	柜式气体灭火装置	238
GB 795—2008	卤代烷灭火系统及零部件	238
GB/T 13347—2010	石油气体管道阻火器	239
GB 16668—2010	干粉灭火系统及部件通用技术条件	239
GB 16669—2010	二氧化碳灭火系统及部件通用技术条件	240
GB 18428—2010	自动灭火系统用玻璃球	240
GB 25972—2010	气体灭火系统及部件	240
GB/T 25205—2010	雨淋喷头	241
GB/T 25208—2010	固定灭火系统产品环境试验方法	241
GB 27898.1—2011	固定消防给水设备 第1部分：消防气压给水设备	242
GB 27898.2—2011	固定消防给水设备 第2部分：消防自动恒压给水设备	242
GB 27898.3—2011	固定消防给水设备 第3部分：消防增压稳压给水设备	243
GB 27898.4—2011	固定消防给水设备 第4部分：消防气体顶压给水设备	243
GB 27898.5—2011	固定消防给水设备 第5部分：消防双动力给水设备	243
GB/T 26785—2011	细水雾灭火系统及部件通用技术条件	244
GB 19572—2013	低压二氧化碳灭火系统及部件	244
GB/T 31431—2015	灭火系统 A 类火灾试验用标准燃烧物	244
GB/Z 34603—2017	气体灭火系统 预设计 流量计算方法及验证试验	245
GB 3445—2018	室内消火栓	245
GB 36660—2018	低压二氧化碳气体惰化保护装置	246
GB/T 14561—2019	消火栓箱	246
XF 13—2006	悬挂式气体灭火装置	246
XF 821—2009	消防水鹤	247
XF 834—2009	泡沫喷雾灭火装置	247
XF 835—2009	油浸变压器排油注氮灭火装置	248
XF 61—2010	固定灭火系统驱动、控制装置通用技术条件	248

XF 499.1—2010　气溶胶灭火系统　第1部分：热气溶胶灭火装置 ………… 248
XF 863—2010　消防用易熔合金元件通用要求 ………… 249
XF 498—2012　厨房设备灭火装置 ………… 249
XF 602—2013　干粉灭火装置 ………… 249
XF 1149—2014　细水雾灭火装置 ………… 250
XF 1167—2014　探火管式灭火装置 ………… 250
XF 1203—2014　气体灭火系统灭火剂充装规定 ………… 251
XF 1206—2014　注氮控氧防火装置 ………… 251
XF 1264—2015　公共汽车客舱固定灭火系统 ………… 251
XF 180—2016　轻便消防水龙 ………… 252
XF 1288—2016　七氟丙烷泡沫灭火系统 ………… 252

三、灭火剂 ………… 253

GB 4065—1983　二氟一氯一溴甲烷灭火剂 ………… 253
GB 6051—1985　三氟一溴甲烷灭火剂（1301灭火剂） ………… 253
GB 4396—2005　二氧化碳灭火剂 ………… 253
GB 15308—2006　泡沫灭火剂 ………… 254
GB 20128—2006　惰性气体灭火剂 ………… 254
GB/T 20702—2006　气体灭火剂灭火性能测试方法 ………… 254
GB 17835—2008　水系灭火剂 ………… 255
GB 25971—2010　六氟丙烷（HFC236fa）灭火剂 ………… 255
GB 27897—2011　A类泡沫灭火剂 ………… 255
GB 18614—2012　七氟丙烷（HFC227ea）灭火剂 ………… 256
GB 4066—2017　干粉灭火剂 ………… 256
GB 35373—2017　氢氟烃类灭火剂 ………… 256
XF 578—2005　超细干粉灭火剂 ………… 257
XF/T 636—2006　气体灭火剂的毒性试验和评价方法 ………… 257
XF 979—2012　D类干粉灭火剂 ………… 257
XF/T 3007—2020　F类火灾水系灭火剂 ………… 258

四、消防车、泵 ………… 258

GB 19157—2003　远控消防炮系统通用技术条件 ………… 258
GB 8181—2005　消防水枪 ………… 259
GB/T 12553—2005　消防船消防性能要求和试验方法 ………… 259
GB 13365—2005　机动车排气火花熄灭器 ………… 259
GB 6245—2006　消防泵 ………… 259
GB 25200—2010　干粉枪 ………… 260
GB 25202—2010　泡沫枪 ………… 260

GB 25204—2010　　自动跟踪定位射流灭火系统 ………………………………… 260
GB 7956.1—2014　　消防车　第 1 部分：通用技术条件 …………………… 261
GB 7956.2—2014　　消防车　第 2 部分：水罐消防车 ……………………… 261
GB 7956.3—2014　　消防车　第 3 部分：泡沫消防车 ……………………… 262
GB 7956.4—2019　　消防车　第 4 部分：干粉消防车 ……………………… 262
GB 7956.5—2019　　消防车　第 5 部分：气体消防车 ……………………… 262
GB 7956.6—2015　　消防车　第 6 部分：压缩空气泡沫消防车 …………… 263
GB 7956.7—2019　　消防车　第 7 部分：泵浦消防车 ……………………… 263
GB 7956.12—2015　 消防车　第 12 部分：举高消防车 ……………………… 264
GB 7956.14—2015　 消防车　第 14 部分：抢险救援消防车 ………………… 264
GB 7956.16—2019　 消防车　第 16 部分：照明消防车 ……………………… 264
GB 7956.17—2019　 消防车　第 17 部分：排烟消防车 ……………………… 265
GB 7956.23—2019　 消防车　第 23 部分：供气消防车 ……………………… 265
GB 32157—2015　　消防车用功率输出装置 ………………………………… 265
GB 19156—2019　　消防炮 …………………………………………………… 266
XF 534—2005　　　脉冲气压喷雾水枪通用技术条件 ……………………… 266
XF 137—2007　　　消防梯 …………………………………………………… 266
XF 768—2008　　　消防摩托车 ……………………………………………… 267
XF 892.1—2010　　消防机器人　第 1 部分：通用技术条件 ………………… 267
XF 39—2016　　　　消防车消防要求和试验方法 …………………………… 267
XF 1298—2016　　　细水雾枪 ………………………………………………… 268

五、消防器具、配件 ……………………………………………………………… 268

GB/T 17906—1999　液压破拆工具通用技术条件 …………………………… 268
GB 6969—2005　　　消防吸水胶管 …………………………………………… 269
GB 4351.1—2005　　手提式灭火器　第 1 部分：性能和结构要求 ………… 269
GB 4351.2—2005　　手提式灭火器　第 2 部分：手提式二氧化碳灭火器
　　　　　　　　　　钢质无缝瓶体的要求 …………………………………… 269
GB/T 4351.3—2005　手提式灭火器　第 3 部分：检验细则 ………………… 270
GB 8109—2005　　　推车式灭火器 …………………………………………… 270
GB 15090—2005　　消防软管卷盘 …………………………………………… 270
GB 12514.1—2005　 消防接口　第 1 部分：消防接口通用技术条件 ……… 271
GB 12514.2—2006　 消防接口　第 2 部分：内扣式消防接口型式和
　　　　　　　　　　基本参数 …………………………………………………… 271
GB 12514.3—2006　 消防接口　第 3 部分：卡式消防接口型式和
　　　　　　　　　　基本参数 …………………………………………………… 271
GB 12514.4—2006　 消防接口　第 4 部分：螺纹式消防接口型式和
　　　　　　　　　　基本参数 …………………………………………………… 272

GB 21976.1—2008	建筑火灾逃生避难器材 第1部分：配置指南	272
GB 21976.2—2012	建筑火灾逃生避难器材 第2部分：逃生缓降器	273
GB 21976.3—2012	建筑火灾逃生避难器材 第3部分：逃生梯	273
GB 21976.4—2012	建筑火灾逃生避难器材 第4部分：逃生滑道	273
GB 21976.5—2012	建筑火灾逃生避难器材 第5部分：应急逃生器	274
GB 21976.6—2012	建筑火灾逃生避难器材 第6部分：逃生绳	274
GB 21976.7—2012	建筑火灾逃生避难器材 第7部分：过滤式消防自救呼吸器	274
GB 4452—2011	室外消火栓	275
GB 6246—2011	消防水带	275
GB 26755—2011	消防移动式照明装置	275
GB 26783—2011	消防救生照明线	276
GB 27901—2011	移动式消防排烟机	276
GB/T 27906—2011	救生抛投器	276
GB 28735—2012	消防用开门器	277
GB 3446—2013	消防水泵接合器	277
GB 32459—2015	消防应急救援装备 手动破拆工具通用技术条件	277
GB 32460—2015	消防应急救援装备 破拆机具通用技术条件	278
XF 411—2003	化学氧消防自救呼吸器	278
XF 631—2006	消防救生气垫	279
XF/T 635—2006	消防用红外热像仪	279
XF 86—2009	简易式灭火器	279
XF 139—2009	灭火器箱	280
XF 79—2010	消防球阀	280
XF 138—2010	消防斧	280
XF 868—2010	分水器和集水器	281
XF 1204—2014	移动式消防储水装置	281
XF 1205—2014	灭火毯	281
XF/T 95—2015	灭火器维修	282
XF/T 3009—2020	救援三脚架	282
XF/T 3010—2020	消防用雷达生命探测仪	282

六、火灾探测与报警 283

GB/T 15662—1995	导电、防静电塑料体积电阻率测试方法	283
GB 12978—2003	消防电子产品检验规则	283
GB 4715—2005	点型感烟火灾探测器	283
GB 4716—2005	点型感温火灾探测器	284

标准号	名称	页码
GB 4717—2005	火灾报警控制器	284
GB 14003—2005	线型光束感烟火灾探测器	285
GB 19880—2005	手动火灾报警按钮	285
GB/T 16838—2005	消防电子产品环境试验方法及严酷等级	285
GB 12791—2006	点型紫外火焰探测器	286
GB 16806—2006	消防联动控制系统	286
GB 20517—2006	独立式感烟火灾探测报警器	287
GB 15631—2008	特种火灾探测器	287
GB 16808—2008	可燃气体报警控制器	288
GB 22134—2008	火灾自动报警系统组件兼容性要求	288
GB 22370—2008	家用火灾安全系统	288
GB 23757—2009	消防电子产品防护要求	289
GB 17945—2010	消防应急照明和疏散指示系统	289
GB 25506—2010	消防控制室通用技术要求	289
GB/Z 24978—2010	火灾自动报警系统性能评价	290
GB/Z 24979—2010	点型感烟/感温火灾探测器性能评价	290
GB 17429—2011	火灾显示盘	291
GB 26851—2011	火灾声和/或光警报器	291
GB 28184—2011	消防设备电源监控系统	291
GB 29364—2012	防火门监控器	292
GB 29837—2013	火灾探测报警产品的维修保养与报废	292
GB 30122—2013	独立式感温火灾探测报警器	293
GB 16280—2014	线型感温火灾探测器	293
GB 31252—2014	防火监控报警插座与开关	293
GB 15322.1—2019	可燃气体探测器 第1部分：工业及商业用途点型可燃气体探测器	294
GB 15322.2—2019	可燃气体探测器 第2部分：家用可燃气体探测器	294
GB 15322.3—2019	可燃气体探测器 第3部分：便捷式可燃气体探测器	295
GB 15322.4—2019	可燃气体探测器 第4部分：线型光束可燃气体探测器	295
XF 14—1991	消防用无线电话机技术要求和试验方法	296
XF/T 229—1999	火灾报警设备图形符号	296
XF 386—2002	防火卷帘控制器	296
XF/T 847—2009	消防控制室图形显示装置软件通用技术要求	297
XF 1151—2014	火灾报警系统无线通信功能通用要求	297
XF/T 3011—2020	逃生与救援用车窗玻璃电动击碎装置	297

七、防火材料·····298

GB/T 8625—2005　建筑材料难燃性试验方法·····298
GB/T 11785—2005　铺地材料的燃烧性能测定　辐射热源法·····298
GB 20286—2006　公共场所阻燃制品及组件燃烧性能要求和标识·····299
GB/T 20284—2006　建筑材料或制品的单体燃烧试验·····299
GB/T 20285—2006　材料产烟毒性危险分级·····300
GB/T 8626—2007　建筑材料可燃性试验方法·····300
GB/T 8627—2007　建筑材料燃烧或分解的烟密度试验方法·····300
GB/T 14402—2007　建筑材料及制品的燃烧性能　燃烧热值的测定·····301
GB/T 14523—2007　对火反应试验　建筑制品在辐射热源下的着火性试验方法·····301
GB/T 16172—2007　建筑材料热释放速率试验方法·····302
GB 23864—2009　防火封堵材料·····302
GB/T 14656—2009　阻燃纸和纸板燃烧性能试验方法·····302
GB 25970—2010　不燃无机复合板·····303
GB/T 5464—2010　建筑材料不燃性试验方法·····303
GB/T 25206.1—2014　复合夹芯板建筑体燃烧性能试验　第1部分：小室法·····303
GB/T 25206.2—2010　复合夹芯板建筑体燃烧性能试验　第2部分：大室法·····304
GB/T 25207—2010　火灾试验　表面制品的实体房间火试验方法·····304
GB/T 27904—2011　火焰引燃家具和组件的燃烧性能试验方法·····305
GB 8624—2012　建筑材料及制品燃烧性能分级·····305
GB 28374—2012　电缆防火涂料·····306
GB 28375—2012　混凝土结构防火涂料·····306
GB 28376—2012　隧道防火保护板·····306
GB 31247—2014　电缆及光缆燃烧性能分级·····307
GB/T 14403—2014　建筑材料燃烧释放热量试验方法·····307
GB/T 30735—2014　屋顶及屋顶覆盖制品外部对火反应试验方法·····308
GB/T 31248—2014　电缆或光缆在受火条件下火焰蔓延、热释放和产烟特性的试验方法·····308
GB 12441—2018　饰面型防火涂料·····309
GB 14907—2018　钢结构防火涂料·····309
GB/T 40237—2021　泡沫塑料着火性试验方法　电焊火花法·····309
GB/T 40238—2021　建筑材料及制品燃烧试验　基材选取、试样状态调节和安装要求·····310
XF 87—1994　防火刨花板通用技术条件·····310

XF 91—1995	阻燃篷布通用技术条件	311
XF 96—1995	铺地纺织品静电性能参数及测量方法	311
XF 303—2001	软质阻燃聚氨酯泡沫塑料	311
XF 305—2001	电气安装用阻燃PVC塑料平导管通用技术条件	312
XF 478—2004	电缆用阻燃包带	312
XF 495—2004	阻燃铺地材料性能要求和试验方法	312
XF 504—2004	阻燃装饰织物	313
XF/T 505—2004	材料的火灾场景烟气制取方法	313
XF/T 506—2004	火灾烟气毒性危险评价方法——动物试验方法	313
XF 535—2005	阻燃及耐火电缆 阻燃橡皮绝缘电缆分级和要求	314
XF 306.1—2007	阻燃及耐火电缆 塑料绝缘阻燃及耐火电缆分级和要求 第1部分：阻燃电缆	314
XF 306.2—2007	阻燃及耐火电缆 塑料绝缘阻燃及耐火电缆分级和要求 第2部分：耐火电缆	314
XF/T 714—2007	构件用防火保护材料快速升温耐火试验方法	315
XF 817—2009	喷射无机纤维防火材料的性能要求及试验方法	315
XF 159—2011	水基型阻燃处理剂	316
XF 304—2012	塑料管道阻火圈	316
XF/T 110—2013	建筑构件用防火保护材料通用要求	316
XF/T 3012—2020	钢结构防火保护板	317

八、建筑构件耐火性能 ... 317

GB 14102—2005	防火卷帘	317
GB/T 12513—2006	镶玻璃构件耐火试验方法	317
GB/T 16810—2006	保险柜耐火性能要求和试验方法	318
GB 15930—2007	建筑通风和排烟系统用防火阀门	318
GB 12955—2008	防火门	319
GB 16809—2008	防火窗	319
GB/T 7633—2008	门和卷帘的耐火试验方法	320
GB/T 9978.1—2008	建筑构件耐火试验方法 第1部分：通用要求	320
GB/T 9978.2—2019	建筑构件耐火试验方法 第2部分：耐火试验试件受火作用均匀性的测量指南	321
GB/T 9978.3—2008	建筑构件耐火试验方法 第3部分：试验方法和试验数据应用注释	321
GB/T 9978.4—2008	建筑构件耐火试验方法 第4部分：承重垂直分隔构件的特殊要求	321
GB/T 9978.5—2008	建筑构件耐火试验方法 第5部分：承重水平分隔构件的特殊要求	322

GB/T 9978.6—2008	建筑构件耐火试验方法 第6部分：梁的特殊要求	322
GB/T 9978.7—2008	建筑构件耐火试验方法 第7部分：柱的特殊要求	323
GB/T 9978.8—2008	建筑构件耐火试验方法 第8部分：非承重垂直分隔构件的特殊要求	323
GB/T 9978.9—2008	建筑构件耐火试验方法 第9部分：非承重吊顶构件的特殊要求	324
GB 16807—2009	防火膨胀密封件	324
GB/T 17428—2009	通风管道耐火试验方法	325
GB/T 24573—2009	金库和档案室门耐火性能试验方法	326
GB/T 26784—2011	建筑构件耐火试验 可供选择和附加的试验程序	326
GB/T 27903—2011	电梯层门耐火试验 完整性、隔热性和热通量测定法	327
GB/T 29416—2012	建筑外墙外保温系统的防火性能试验方法	327
GB 29415—2013	耐火电缆槽盒	328
GB 30051—2013	推闩式逃生门锁通用技术要求	328
XF 97—1995	防火玻璃非承重隔墙通用技术条件	328
XF 93—2004	防火门闭门器	329
XF/T 537—2005	母线干线系统（母线槽）阻燃、防火、耐火性能的试验方法	329
XF 603—2006	防火卷帘用卷门机	329
XF/T 798—2008	排油烟气防火止回阀	330
XF 211—2009	消防排烟风机耐高温试验方法	330
XF 533—2012	挡烟垂壁	330

九、消防管理 ································ 331

GB 25201—2010	建筑消防设施的维护管理	331
GB 25203—2010	消防监督技术装备配备	331
GB 35181—2017	重大火灾隐患判定方法	332
GB/T 38315—2019	社会单位灭火和应急疏散预案编制及实施导则	332
GB/T 40248—2021	人员密集场所消防安全管理	332
XF 503—2004	建筑消防设施检测技术规程	333
XF 703—2007	住宿与生产储存经营合用场所消防安全技术要求	333
XF 1131—2014	仓储场所消防安全管理通则	334
XF 1157—2014	消防技术服务机构设备配备	334
XF 836—2016	建设工程消防验收评定规则	334
XF 1290—2016	建设工程消防设计审查规则	335
XF/T 1300—2016	社会消防安全培训机构设置与评审	335
XF/T 1338—2016	火灾隐患举报投诉中心工作规范	336

XF 1283—2015	住宅物业消防安全管理	336
XF/T 579—2005	城市轨道交通消防安全管理	336
XF/T 1245—2015	多产权建筑消防安全管理	337
XF/T 1463—2018	文物建筑消防安全管理	337
XF/T 3004—2020	汽车加油加气站消防安全管理	338
XF/T 3005—2020	单位消防安全评估	338

十、灭火救援 ································ 339

GB/T 29175—2012	消防应急救援　技术训练指南	339
GB/T 29176—2012	消防应急救援　通则	339
GB/T 29177—2012	消防应急救援　训练设施要求	340
GB/T 29178—2012	消防应急救援　装备配备指南	340
GB/T 29179—2012	消防应急救援　作业规程	340
GB/T 35547—2017	乡镇消防队	341
GB/T 36122—2018	市政消防给水设施维护管理	341
XF/T 620—2006	消防职业安全与健康	341
XF/T 623—2006	消防培训基地训练设施建设标准	342
XF 941—2011	化工装置火灾事故处置训练设施技术要求	342
XF 942—2011	网栅隔断式烟热训练室技术要求	343
XF 943—2011	消防员高空心理训练设施技术要求	343
XF/T 967—2011	消防训练安全要则	343
XF/T 968—2011	消防员现场紧急救护指南	344
XF/T 969—2011	火幕墙训练设施技术要求	344
XF/T 970—2011	危险化学品泄漏事故处置行动要则	344
XF/T 1039—2012	消防员心理训练指南	345
XF/T 1041—2012	跨区域灭火救援指挥导则	345
XF 621—2013	消防员个人防护装备配备标准	345
XF 622—2013	消防特勤队（站）装备配备要求	346
XF/T 1040—2013	建筑倒塌事故救援行动规程	346
XF/T 1150—2014	消防搜救犬队建设标准	346
XF/T 1190—2014	地下建筑火灾扑救行动指南	347
XF/T 1191—2014	高层建筑火灾扑救行动指南	347
XF/T 1192—2014	火灾信息报告规定	348
XF 1282—2015	灭火救援装备储备管理通则	348
XF/T 1275—2015	石油储罐火灾扑救行动指南	348
XF/T 1276—2015	道路交通事故被困人员解救行动指南	349
XF/T 1289—2016	燃烧训练室技术要求	349
XF/T 1340—2016	火警和应急救援分级	349

XF/T 1339—2017	119接警调度工作规程	350
XF/T 3001—2020	水域救援作业指南	350
XF/T 3002—2020	搜救犬训导员职业技能要求	350
XF/T 3013—2020	国家综合性消防救援队伍常用标号	351

十一、火灾调查 ……………………………………………………………… 351

GB/T 16840.1—2008	电气火灾痕迹物证技术鉴定方法 第1部分：宏观法	351
GB/T 16840.2—1997	电气火灾原因技术鉴定方法 第2部分：剩磁法	352
GB/T 16840.3—1997	电气火灾原因技术鉴定方法 第3部分：成分分析法	352
GB/T 16840.4—1997	电气火灾原因技术鉴定方法 第4部分：金相法	352
GB/T 16840.5—2012	电气火灾痕迹物证技术鉴定方法 第5部分：电气火灾物证识别和提取方法	353
GB/T 16840.6—2012	电气火灾痕迹物证技术鉴定方法 第6部分：SEM微观形貌分析法	353
GB/T 18294.1—2013	火灾技术鉴定方法 第1部分：紫外光谱法	354
GB/T 18294.2—2010	火灾技术鉴定方法 第2部分：薄层色谱法	354
GB/T 18294.3—2006	火灾技术鉴定方法 第3部分：气相色谱法	354
GB/T 18294.4—2007	火灾技术鉴定方法 第4部分：高效液相色谱法	355
GB/T 18294.5—2010	火灾技术鉴定方法 第5部分：气相色谱－质谱法	355
GB/T 18294.6—2012	火灾技术鉴定方法 第6部分：红外光谱法	355
GB/T 20162—2006	火灾技术鉴定物证提取方法	356
GB/T 24572.1—2009	火灾现场易燃液体残留物实验室提取方法 第1部分：溶剂提取方法	356
GB/T 24572.2—2009	火灾现场易燃液体残留物实验室提取方法 第2部分：直接顶空进样法	356
GB/T 24572.3—2009	火灾现场易燃液体残留物实验室提取方法 第3部分：活性炭吸附法	357
GB/T 24572.4—2009	火灾现场易燃液体残留物实验室提取方法 第4部分：固相微萃取法	357
GB/T 24572.5—2013	火灾现场易燃液体残留物实验室提取方法 第5部分：吹扫捕集法	358
GB/T 27902—2011	电气火灾模拟试验技术规程	358
GB/T 27905.2—2011	火灾物证痕迹检查方法 第2部分：普通平板玻璃	358

GB/T 27905.3—2011	火灾物证痕迹检查方法 第3部分：黑色金属制品	359
GB/T 27905.4—2011	火灾物证痕迹检查方法 第4部分：电气线路	359
GB/T 27905.5—2011	火灾物证痕迹检查方法 第5部分：小功率异步电动机	359
GB/T 29180.2—2012	电气火灾勘验方法和程序 第2部分：物证的溶解分离提取方法	360
XF/T 812—2008	火灾原因调查指南	360
XF/T 839—2009	火灾现场勘验规则	360
XF/T 1034—2012	火灾事故调查案卷制作	361
XF/T 1249—2015	火灾现场照相方法	361
XF/T 1270—2015	火灾事故技术调查工作规则	361
XF/T 1301—2016	火灾原因认定规则	362
XF/T 1464—2018	火灾调查职业危害安全防护规程	362
XF/T 3003—2020	火灾调查车装备通用技术要求	363

十二、消防员防护装备 363

GB/T 26129—2010	消防员接触式送受话器	363
GB 27899—2011	消防员方位灯	363
GB 27900—2011	消防员呼救器	364
GB 30734—2014	消防员照明灯具	364
XF 6—2004	消防员灭火防护靴	364
XF 7—2004	消防手套	365
XF 494—2004	消防用防坠落装备	365
XF 630—2006	消防腰斧	365
XF 632—2006	正压式消防氧气呼吸器	366
XF 633—2006	消防员抢险救援防护服装	366
XF 770—2008	消防员化学防护服装	367
XF 856.1—2009	合同制消防员制式服装 第1部分：命名与术语	367
XF 856.2—2009	合同制消防员制式服装 第2部分：服饰	367
XF 856.3—2009	合同制消防员制式服装 第3部分：春秋制服	368
XF 856.4—2009	合同制消防员制式服装 第4部分：夏季制服	368
XF 856.5—2009	合同制消防员制式服装 第5部分：冬季制服	369
XF 856.6—2009	合同制消防员制式服装 第6部分：执勤帽	369
XF 869—2010	消防员灭火防护头套	369
XF 124—2013	正压式消防空气呼吸器	370
XF 10—2014	消防员灭火防护服	370
XF 44—2015	消防头盔	370

XF 634—2015 消防员隔热防护服	371
XF 1261—2015 长管空气呼吸器	371
XF 1265—2015 蓄冷型消防员降温背心	371
XF 1273—2015 消防员防护辅助装备 消防员护目镜	372
XF 1274—2015 消防员防护辅助装备 阻燃毛衣	372
XF/T 1428—2017 消防用荧光棒	372
XF/T 3008—2020 消防员防蜂服	373

十三、建筑消防安全工程 ……373

GB/T 31540.1—2015 消防安全工程指南 第1部分：性能化在设计中的应用	373
GB/T 31540.2—2015 消防安全工程指南 第2部分：火灾发生、发展及烟气的生成	374
GB/T 31540.3—2015 消防安全工程指南 第3部分：结构响应和室内火灾的对外蔓延	374
GB/T 31540.4—2015 消防安全工程指南 第4部分：探测、启动和灭火	375
GB/T 31540.5—2019 消防安全工程指南 第5部分：火灾烟气运动	375
GB/T 31592—2015 消防安全工程 总则	375
GB/T 31593.1—2015 消防安全工程 第1部分：计算方法的评估、验证和确认	376
GB/T 31593.2—2015 消防安全工程 第2部分：所需数据类型与信息	376
GB/T 31593.3—2015 消防安全工程 第3部分：火灾风险评估指南	377
GB/T 31593.4—2015 消防安全工程 第4部分：设定火灾场景和设定火灾的选择	377
GB/T 31593.5—2015 消防安全工程 第5部分：火羽流的计算要求	377
GB/T 31593.6—2015 消防安全工程 第6部分：烟气层的计算要求	378
GB/T 31593.7—2015 消防安全工程 第7部分：顶棚射流的计算要求	379
GB/T 31593.8—2015 消防安全工程 第8部分：开口气流的计算要求	379
GB/T 31593.9—2015 消防安全工程 第9部分：人员疏散评估指南	380
GB/T 38309—2019 火灾烟气流毒性组分测试 FTIR分析火灾烟气中气体组分的指南	380
GB/T 38310—2019 火灾烟气致死毒性的评估	381
XF/T 999—2012 防排烟系统性能现场验证方法 热烟试验法	381
XF/T 1369—2016 人员密集场所消防安全评估导则	381
XF/T 1427—2017 建筑火灾荷载调查与统计分析方法	382

十四、消防通信 ……382

GB 16281—2010 火警受理系统	382

| GB/T 25113—2010 | 移动消防指挥中心通用技术要求 ················· 383 |
| GB 26875.1—2011 | 城市消防远程监控系统　第1部分：用户信息传输装置 ················· 383 |

GB/T 26875.2—2011　城市消防远程监控系统　第2部分：通信服务器软件功能要求 ················· 384

GB/T 26875.3—2011　城市消防远程监控系统　第3部分：报警传输网络通信协议 ················· 384

GB/T 26875.4—2011　城市消防远程监控系统　第4部分：基本数据项 ······ 385

GB/T 26875.5—2011　城市消防远程监控系统　第5部分：受理软件功能要求 ················· 385

GB/T 26875.6—2011　城市消防远程监控系统　第6部分：信息管理软件功能要求 ················· 386

GB/T 26875.7—2015　城市消防远程监控系统　第7部分：消防设施维护管理软件功能要求 ················· 386

GB/T 26875.8—2015　城市消防远程监控系统　第8部分：监控中心对外数据交换协议 ················· 386

GB/T 28440—2012　消防话音通信组网管理平台 ················· 387

GB/T 38254—2019　火警受理联动控制装置 ················· 387

XF 545.1—2005　消防车辆动态管理装置　第1部分：消防车辆动态终端机 ················· 388

XF 545.2—2005　消防车辆动态管理装置　第2部分：消防车辆动态管理中心收发装置 ················· 388

XF/T 875—2010　火场通信指挥控制台 ················· 388

XF/T 971.1—2011　消防卫星通信系统　第1部分：系统总体要求 ········ 389

XF/T 971.2—2011　消防卫星通信系统　第2部分：便携式卫星站 ········ 389

XF/T 1086—2013　消防员单兵通信系统通用技术要求 ················· 389

十五、电气防火 ················· 390

GB 14287.1—2014　电气火灾监控系统　第1部分：电气火灾监控设备 ······ 390

GB 14287.2—2014　电气火灾监控系统　第2部分：剩余电流式电气火灾监控探测器 ················· 390

GB 14287.3—2014　电气火灾监控系统　第3部分：测温式电气火灾监控探测器 ················· 391

GB 14287.4—2014　电气火灾监控系统　第4部分：故障电弧探测器 ······ 391

GB 31252—2014　防火监控报警插座与开关 ················· 391

十六、消防产品合格评定 ················· 392

XF 846—2009　消防产品身份信息管理 ················· 392

XF 588—2012　消防产品现场检查判定规则 392
XF 982—2012　哈龙灭火系统工况评定 393
XF 1035—2012　消防产品工厂检查通用要求 393
XF 1025—2012　消防产品　消防安全要求 394
XF 1061—2013　消防产品一致性检查要求 394
XF/T 1250—2015　消防产品分类及型号编制导则 394
XF/T 1465—2018　消防产品市场准入信息管理 395
XF/T 3006—2020　灭火剂及防火阻燃产品快速检定技术要求 395

第三部分　减灾救灾与综合性应急管理标准

一、地震地质灾害救援 396

（一）地震灾害救援 396

GB 21734—2008　地震应急避难场所　场址及配套设施 396
GB/T 23648—2009　社区志愿者地震应急与救援工作指南 396
GB/T 24888—2010　地震现场应急指挥数据共享技术要求 397
GB/T 24889—2010　地震现场应急指挥管理信息系统 397
GB/T 29428.1—2012　地震灾害紧急救援队伍救援行动　第1部分：基本要求 398
GB/T 29428.2—2014　地震灾害紧急救援队伍救援行动　第2部分：程序和方法 398
GB/T 30353—2013　人员密集场所地震避险 398
GB/T 31079—2014　社区地震应急指南 399
GB/T 33735—2017　中小学校地震避险指南 399
GB/T 33743—2017　医院地震紧急处置 400
GB/T 33744—2017　地震应急避难场所　运行管理指南 400
DB/T 42—2011　地震救援装备检测规程　液压动力工具 400
DB/T 43—2011　地震救援装备检测规程　起重气垫系统 401
DB/T 44—2011　地震救援装备检测规程　内燃机动力工具 401
DB/T 52—2013　地震应急救援专业标准体系表 401
DB/T 55—2013　地震灾害紧急救援队伍　工作场地遇难者遗体处置规程 402
DB/T 57—2014　地震救援装备分类、代码与标签 402
DB/T 63—2016　地震灾害紧急救援队队员训练指南 402

（二）地质灾害救援 403

GB/T 32864—2016　滑坡防治工程勘查规范 403
GB/T 38509—2020　滑坡防治设计规范 403
DZ/T 0154—1995　地面沉降水准测量规范 404

标准号	标准名称	页码
DZ/T 0218—2006	滑坡防治工程勘查规范	404
DZ/T 0219—2006	滑坡防治工程设计与施工技术规范	405
DZ/T 0220—2006	泥石流灾害防治工程勘查规范	405
DZ/T 0221—2006	崩塌、滑坡、泥石流监测规范	405
DZ/T 0222—2006	地质灾害防治工程监理规范	406
DZ/T 0261—2014	滑坡崩塌泥石流灾害调查规范（1：50000）	406
DZ/T 0262—2014	集镇滑坡崩塌泥石流勘查规范	407
DZ/T 0269—2014	地质灾害灾情统计	407
DZ/T 0283—2015	地面沉降调查与监测规范	407
DZ/T 0284—2015	地质灾害排查规范	408
DZ/T 0286—2015	地质灾害危险性评估规范	408
SY/T 7040—2016	油气输送管道工程地质灾害防治设计规范	409
SY/T 6828—2017	油气管道地质灾害风险管理技术规范	409
QX/T 487—2019	暴雨诱发的地质灾害气象风险预警等级	410
NB/T 10139—2019	水电工程泥石流勘察与防治设计规程	410

二、水旱灾害救援 …… 411

（一）气象水文预警 …… 411

标准号	标准名称	页码
GB/T 19201—2006	热带气旋等级	411
GB/T 20479—2006	沙尘暴天气监测规范	411
GB/T 27957—2011	冰雹等级	411
GB/T 27958—2011	海上大风预警等级	412
GB/T 27962—2011	气象灾害预警信号图标	412
GB/T 27966—2011	灾害性天气预报警报指南	412
GB/T 28591—2012	风力等级	413
GB/T 28592—2012	降水量等级	413
GB/T 19721.1—2017	海洋预报和警报发布　第1部分：风暴潮警报发布	413
GB/T 19721.2—2017	海洋预报和警报发布　第2部分：海浪预报和警报发布	414
GB/T 19721.3—2017	海洋预报和警报发布　第3部分：海冰预报和警报发布	414
GB/T 20482—2017	牧区雪灾等级	414
GB/T 20486—2017	江河流域面雨量等级	415
GB/T 34292—2017	人工防雹作业预警响应	415
GB/T 34297—2017	冰冻天气等级	415
GB/T 34304—2017	人工防雹作业预警等级	415
GB/T 38121—2019	雷电防护　雷暴预警系统	416

GB/T 38308—2019　天气预报检验　台风预报 ············· 417
QX/T 262—2015　雷电临近预警技术指南 ····················· 417
QX/T 451—2018　暴雨诱发的中小河流洪水气象风险预警等级 ······ 418
QX/T 481—2019　暴雨诱发中小河流洪水、山洪和地质灾害气象风险预警
　　　　　　　　服务图形 ·· 418

（二）预案响应 ·· 418
GB/T 29425—2012　自然灾害救助应急总响应划分基本要求 ······ 418
SL 488—2010　蓄滞洪区运用预案编制导则 ······················· 419
SL 590—2013　抗旱预案编制导则 ································ 420
SL 666—2014　山洪灾害防御预案编制导则 ······················· 420
SL 2720—2015　水库大坝安全管理应急预案编制导则 ············ 420
SL 754—2017　城市防洪应急预案编制导则 ······················· 421
QX/T 116—2018　重大气象灾害应急响应启动等级 ················ 422

（三）调度抢险救援 ··· 422
GB/T 21141—2007　防沙治沙技术规范 ··························· 422
GB/T 30743—2014　赤潮灾害处理技术指南 ······················· 422
GB/T 34312—2017　雷电灾害应急处置规范 ······················· 423
JT/T 468—2002　珠江水系船舶防抗雷雨大风应变部署 ············ 423
SL 451—2009　堰塞湖应急处置技术导则 ·························· 423
SL 596—2012　洪水调度方案编制导则 ···························· 424
SL 706—2015　水库调度规程编制导则 ···························· 425

（四）干旱旱情等级 ··· 426
GB/T 32135—2015　区域旱情等级 ································ 426
GB/T 32136—2015　农业干旱等级 ································ 427
GB/T 20481—2017　气象干旱等级 ································ 427
GB/T 34306—2017　干旱灾害等级 ································ 427
GB/T 34817—2017　农业干旱预警等级 ···························· 428
SL 424—2008　旱情等级标准 ···································· 428
SL 663—2014　干旱灾害等级标准 ································ 428

（五）风险评价评估 ··· 429
HY/T 069—2005　赤潮监测技术规程 ······························ 429
SL 450—2009　堰塞湖风险等级划分标准 ·························· 429
QX/T 141—2011　卫星遥感沙尘暴天气监测技术导则 ·············· 430
SL 568—2012　土壤墒情评价指标 ································ 430
SL 579—2012　洪涝灾情评估标准 ································ 430
QX/T 160—2012　爆炸和火灾危险环境雷电防护安全评价技术规范 ······ 431
QX/T 170—2012　台风灾害影响评估技术规范 ····················· 431
SL 602—2013　防洪风险评价导则 ································ 431

  HY/T 147.6—2013 海洋监测技术规程　第6部分：海洋水文、气象与海冰 …… 432
  DL/T 1283—2013 电力系统雷电定位监测系统技术规程 …………………… 432
  SL 520—2014 洪水影响评价报告编制导则 …………………………………… 433
  SL 750—2017 水旱灾害遥感监测评估技术规范 ……………………………… 433
  QX/T 477—2019 沙尘暴、扬沙和浮尘的观测识别 …………………………… 434
 （六）防汛抗旱物资 ……………………………………………………………………… 434
  SL 297—2004 防汛储备物资验收标准 ………………………………………… 434
  SL 298—2004 防汛物资储备定额编制规程 …………………………………… 434
 （七）其他 ………………………………………………………………………………… 435
  GB 50201—2014 防洪标准 ……………………………………………………… 435
  GB/T 34294—2017 农村民居防御强降水引发灾害规范 ……………………… 436
  GB/T 34296—2017 地面降雹特征调查规范 …………………………………… 436
  GB/T 34301—2017 龙卷灾害调查技术规范 …………………………………… 436
  SL 73.7—2013 防汛抗旱用图图式 ……………………………………………… 437
  QX/T 191—2013 雷电灾情统计规范 …………………………………………… 437
  SL 591—2014 历史大洪水数据库表结构及标识符 …………………………… 437
  SL 723—2016 治涝标准 ………………………………………………………… 438
  QX/T 103—2017 雷电灾害调查技术规范 ……………………………………… 438
  SL 767—2018 山洪灾害调查与评价技术规范 ………………………………… 439
  QX/T 442—2018 持续性暴雨事件 ……………………………………………… 439
  HY/T 0275—2019 风暴潮、海浪灾害现场调查技术规范 …………………… 439
  SL/T 164—2019 溃坝洪水模拟技术规程 ……………………………………… 440

三、减灾救灾 …………………………………………………………………………………… 440

  GB/T 24438.1—2009 自然灾害灾情统计　第1部分：基本指标 ……………… 440
  GB/T 24438.2—2012 自然灾害灾情统计　第2部分：扩展指标 ……………… 440
  GB/T 24438.3—2012 自然灾害灾情统计　第3部分：分层随机
           抽样统计方法 …………………………………………… 441
  GB/T 24439—2009 救灾物资储备库管理规范 ………………………………… 441
  GB/T 24440—2009 社会捐助基本术语 ………………………………………… 441
  GB/T 26375—2010 社会捐助款物管理和使用规范 …………………………… 442
  GB/T 26376—2010 自然灾害管理基本术语 …………………………………… 442
  GB/T 28225—2011 灾区农户住房倒塌或损坏数量抽样核查方法 …………… 442
  GB/T 28921—2012 自然灾害分类与代码 ……………………………………… 443
  GB/T 28923.1—2012 自然灾害遥感专题图产品制作要求　第1部分：
           分类、编码与制图 ……………………………………… 443
  GB/T 28923.2—2012 自然灾害遥感专题图产品制作要求　第2部分：
           监测专题图产品 ………………………………………… 443

GB/T 28923.3—2012	自然灾害遥感专题图产品制作要求　第 3 部分：风险评估专题图产品	444
GB/T 28923.4—2012	自然灾害遥感专题图产品制作要求　第 4 部分：损失评估专题图产品	444
GB/T 28923.5—2012	自然灾害遥感专题图产品制作要求　第 5 部分：救助与恢复重建评估专题图产品	444
GB/T 29425—2012	自然灾害救助应急响应划分基本要求	445

四、综合性应急管理 …… 445

GB/T 23694—2013	风险管理　术语	445
GB/T 24353—2009	风险管理　原则与实施指南	446
GB/T 27921—2011	风险管理　风险评估技术	446
GB/T 30146—2013	公共安全　业务连续性管理体系　要求	446
GB/T 31595—2015	公共安全　业务连续性管理体系　指南	447
GB/T 33455—2016	公共事务活动风险管理指南	448
GB/T 33668—2017	地铁安全疏散规范	448
GB/T 35561—2017	突发事件分类与编码	449
GB/T 35621—2017	重大毒气泄漏事故公众避难室通用技术要求	449
GB/T 35622—2017	重大毒气泄漏事故应急计划区划分方法	449
GB/T 35623—2017	公众避难室毒气防护性能检测方法	450
GB/T 35624—2017	城镇应急避难场所通用技术要求	450
GB/T 35625—2017	公共安全　业务连续性管理体系　业务影响分析指南（BIA）	450
GB/T 35047—2018	公共安全　大规模疏散　规划指南	451
GB/T 35965.1—2018	应急信息交互协议　第 1 部分：预警信息	451
GB/T 35965.2—2018	应急信息交互协议　第 2 部分：事件信息	452
GB/T 37228—2018	公共安全　应急管理　突发事件响应要求	452
GB/T 37230—2018	公共安全　应急管理　预警颜色指南	453
GB/T 38209—2019	公共安全　演练指南	453
GB/T 38217—2019	公共安全　建立合作约定指南	454
GB/T 38299—2019	公共安全　业务连续性管理体系　供应链连续性指南	454
GB/T 38701—2020	供应链安全管理体系　对供应链安全管理体系审核认证机构的要求	455
GB/T 38702—2020	供应链安全管理体系　实施供应链安全、评估和计划的最佳实践　要求和指南	456
GB/T 38716—2020	中小学生安全教育服务规范	457

第一部分 安全生产标准

■ 一、安全生产综合

GB/T 6441—1986　企业职工伤亡事故分类

起草单位

黑龙江省劳动保护科学技术研究所。

主要起草人

吴道成、阎继祥。

适用范围

本标准是劳动安全管理的基础标准。

本标准适用于企业职工伤亡事故统计工作。

GB/T 6721—1986　企业职工伤亡事故经济损失统计标准

起草单位

湖北省劳动人事厅劳动保护科学技术研究所、冶金部安全技术研究所。

主要起草人

叶保华、吴康平、阮在毅、黄庆冈。

适用范围

本标准规定了企业职工伤亡事故经济损失的统计范围、计算方法和评价指标。

GB/T 15499—1995　事故伤害损失工作日标准

起草单位

黑龙江省劳动保护科学技术研究所。

主要起草人

吴道成、车德仁、王鸿学、岳武、张滨娣、许同瑞、于永娜、王玉林、赵子诚、陈礼明、高长河、张林英、安瑞霓、吕建敏。

适用范围

本标准规定了定量记录人体伤害程度的方法及伤害对应的损失工作日数值。

本标准适用于企业职工伤亡事故造成的身体伤害。

GB 5083—1999　生产设备安全卫生设计总则

起草单位

辽宁省安全科学研究院。

主要起草人

樊锡瑛、汤大纲。

适用范围

本标准规定了各类生产设备安全卫生设计的基本原则、一般要求和特殊要求。

本标准适用于除空中、水上交通工具，水上设施，电气设备以及核能设备之外的各类生产设备。

本标准是各类生产设备安全卫生设计的基础标准。制订各类生产设备安全卫生设计的专用标准，应符合本标准的规定，并使其具体化。

GB/T 17682—1999　矿山杂散电流的测定

起草单位

冶金工业部安全环保研究院、湖南湘西矿山电子仪器厂。

主要起草人

彭剑文、张其中、李晓飞、王红汉、胡廷剑、刘学军。

适用范围

本标准规定了矿山杂散电流的测定方法及杂散电流测定仪的技术性能要求。

本标准适用于测定矿山及类似场所的杂散电流。

本标准不适用于测定有瓦斯爆炸危险场所的杂散电流。

GB 7231—2003　工业管道的基本识别色、识别符号和安全标识

起草单位
上海市劳动保护科学研究所、上海氯碱化工股份有限公司。

主要起草人
沈国定、郑宝琴、吴高兴。

适用范围
本标准规定了工业管道的基本识别色、识别符号和安全标识。
本标准适用于工业生产中非地下埋设的气体和液体的输送管道。

GB 8958—2006　缺氧危险作业安全规程

起草单位
北京市劳动保护科学研究所。

主要起草人
胡玢、黄燕娣、赵寿堂、王栋、靳江红。

适用范围
本标准规定了缺氧危险作业的定义和安全防护要求。
本标准适用于缺氧危险作业场所及其人员防护。

GB 12158—2006　防止静电事故通用导则

起草单位
北京市劳动保护科学研究所。

主要起草人
赵留根、肖义庆、臧兰兰、罗伶、陈倬为。

适用范围
本标准描述了静电放电与引燃，规定了静电防护措施、静电危害的安全界限及静电事故的分析和确定。
本标准适用于存在静电引燃（爆）等静电危害场所的设计和管理。
其他的静电危害（如静电干扰、静电损坏电子元件）可以参考本标准的有关条款。
本标准不适用于火炸药、电火工品的静电危害防范。

GB 12358—2006 作业场所环境气体检测报警仪通用技术要求

起草单位

北京市劳动保护科学研究所、华瑞科力恒（北京）科技有限公司。

主要起草人

杨铸、姜传胜、朱刚、姜波。

适用范围

本标准规定了作业场所气体检测报警仪的术语、分类、技术要求、试验方法、检验规则与标识等。

本标准适用于中华人民共和国境内作业场所可燃性气体、有毒气体和氧气检测报警仪的生产和使用，其他特种场所中使用的检测报警仪，除由有关标准另行规定外，亦应执行本标准。

GB 7059—2007 便携式木折梯安全要求

起草单位

吉林省安全科学技术研究院、长春工业大学、苏州宝富轻工制品有限公司。

主要起草人

肖建民、郑凡颖、曲生、韩连英、卢杏荣。

适用范围

本标准规定了便携式木梯设计、制造的安全要求、试验要求及安全使用等方面的要求。

本标准适用于各种生产活动中使用的便携式木单梯及便携式木折梯。

GB 12142—2007 便携式金属梯安全要求

起草单位

吉林省安全科学技术研究院、长春工业大学、苏州宝富轻工制品有限公司。

主要起草人

肖建民、郑凡颖、曲生、韩连英、卢杏荣。

适用范围

本标准规定了便携式金属梯设计、制造的安全要求、试验要求及安全使用等方面的要求。

本标准适用于各种生产活动中使用的便携式金属延伸梯（二节和三节延伸梯）、

便携式金属单梯、便携式金属折梯，也适用于便携式金属组合梯。

GB 2893—2008　安全色

起草单位
北京市劳动保护科学研究所。

主要起草人
汪彤、宋冰雪、谢昱姝、朱伟、代宝乾、王培怡、吕良海、白永强、陈晓玲、王山、陈虹桥。

适用范围
本标准规定了传递安全信息的颜色、安全色的测试方法和使用方法。

本标准适用于公共场所、生产经营单位和交通运输、建筑、仓储等行业以及消防等领域所使用的信号和标志的表面色。

本标准不适用于灯光信号和航海、内河航运以及其他目的而使用的颜色。

GB 2894—2008　安全标志及其使用导则

起草单位
北京市劳动保护科学研究所、北京光电技术研究所。

主要起草人
汪彤、代宝乾、王培怡、吴爱平、吕良海、白永强、陈晓玲、陈虹桥、谢昱姝、宋冰雪、阮继锋、卢永红、张晋、马云飞。

适用范围
本标准规定了传递安全信息的标志及其设置、使用的原则。

本标准适用于公共场所、工业企业、建筑工地和其他有必要提醒人们注意安全的场所。

GB 4387—2008　工业企业厂内铁路、道路运输安全规程

起草单位
中钢集团武汉安全环保研究院。

主要起草人
黄劲松、王志、谢和平、王晓轩。

适用范围

本标准规定了工业企业厂内铁路、道路运输所必须遵守的安全要求，规定了工业企业铁路道口的分级、道口的设置、道口安全设施的配备和看守道口信号和标志等要求。

本标准适用于工业企业厂内铁路、道路运输，矿山和物资仓库的铁路和道路运输亦可参照使用，不适用于林场、建筑工地以及铁道、交通、公安部门管辖的铁路和道路运输。

本标准适用于工业企业标准轨距铁路道口，不适用于矿山、林区、国家铁路、地方铁路的铁路道口。

GB/T 3608—2008　高处作业分级

起草单位

上海市安全生产科学研究所、上海外高桥造船有限公司、上海市房地产科学研究院。

主要起草人

邵宝仁、吴焕荣、顾礼铭、唐一鸣、霍文晶、蒋瑞靓、钟晴威、尹建国、贾骏、马罡亮。

适用范围

本标准规定了高处作业的术语和定义、高度计算方法及分级。

本标准适用于各种高处作业。

GB/T 12801—2008　生产过程安全卫生要求总则

起草单位

辽宁省安全科学研究院、上海市安全生产科学研究所、中国石油锦西石化分公司、本溪钢铁（集团）公司。

主要起草人

王新、高成凤、隋旭、王立群、孙明伟、陈兵、夏昕、陈守海、陈兴坤。

适用范围

本标准规定了生产过程安全卫生的基本要求、控制生产过程安全卫生影响因素的一般要求，安全卫生防护技术措施、安全卫生管理措施。

本标准适用于企业生产过程的规划、设计、组织和实施；建立企业生产过程安全、卫生标准体系和编写生产过程安全、卫生要求的标准、规范等；也适用于对企业生产过程中的安全、卫生状况，安全、卫生技术措施与管理措施的考核和监察。

农业、林业、矿山、电力、建筑、交通运输等生产过程的安全、卫生要求，应结合生产特点制定。

本标准中的卫生，系指生产过程中的卫生工程技术和组织管理。

GB/T 14778—2008 安全色光通用规则

起草单位

辽宁省安全科学研究院。

主要起草人

隋旭、李利、任嘉、孙明伟、杨海青。

适用范围

本标准规定了安全色光表示事项及使用场所、色品区域范围及安全色光的使用方法。

本标准适用于工业企业、交通运输、建筑、消防、仓储、医院、学校及公共场所等所使用的安全色光。

本标准不适用于航空、航海、内河航运所用的色光，不适用反射光。

GB/T 15236—2008 职业安全卫生术语

起草单位

北京市劳动保护科学研究所。

主要起草人

黄燕娣、汪彤、吴芳谷、吕琳、张璞、刘艳、胡玢、刘娜、徐雪娇。

适用范围

本标准规定了职业安全卫生基本术语的定义。

本标准适用于职业安全卫生标准、法规、文件和书籍等的编写及职业安全卫生管理工作。

GB/T 22584—2008 矿用炮烟净化装置通用技术条件

起草单位

北京科技大学。

主要起草人

蒋仲安、杜翠凤、褚燕燕、时训先。

适用范围

本标准规定了矿用炮烟净化装置的术语、技术要求、试验方法和检验规则。

本标准适用于地下矿山井巷和硐室开挖过程中的炮烟净化。

采用爆破方法掘进的隧道、涵洞等其他施工过程中的炮烟净化装置可参照本标准执行。

GB/T 14442—2008 毛皮生产安全卫生规程

起草单位

首都经济贸易大学、中国皮革协会。

主要起草人

王勇毅、郭文宏、郭建中、姜亢、林秀山。

适用范围

本标准规定了毛皮生产行业安全卫生的要求和技术措施。

本标准适用于将原料皮经准备、鞣制、染整及加工成裘皮或毛革两用皮的毛皮生产企业、车间和作业场所。

GB 4053.1—2009 固定式钢梯及平台安全要求

第1部分：钢直梯

起草单位

吉林省安全科学技术研究院、长春工业大学、长春工程学院。

主要起草人

肖建民、郑凡颖、曲生、韩连英、孙伟。

适用范围

GB 4053 的本部分规定了固定式钢直梯的设计、制造和安装方面的基本安全要求。

GB 4053 的本部分适用于工业企业内工作场所中使用的固定式钢直梯（另有标准规定的除外）。

GB 4053.2—2009 固定式钢梯及平台安全要求

第2部分：钢斜梯

起草单位

吉林省安全科学技术研究院、长春工业大学、长春工程学院。

主要起草人

肖建民、郑凡颖、韩连英、曲生、孙伟。

|适用范围|

GB 4053 的本部分规定了固定式钢斜梯的设计、制造和安装方面的基本安全要求。

GB 4053 的本部分适用于工业企业内工作场所中使用的固定式钢斜梯（另有标准规定的除外）。

GB 4053.3—2009　固定式钢梯及平台安全要求
第3部分：工业防护栏杆及钢平台

|起草单位|

吉林省安全科学技术研究院、长春工业大学、长春工程学院。

|主要起草人|

肖建民、曲生、郑凡颖、孙伟、韩连英。

|适用范围|

GB 4053 的本部分规定了固定式工业防护栏杆及钢平台的设计、制造和安装方面的基本安全要求。

GB 4053 的本部分适用于工业企业内工作场所中使用的防护栏杆及钢平台（另有标准规定的除外）。

GB 23525—2009　座板式单人吊具悬吊作业安全技术规范

|起草单位|

北京市劳动保护科学研究所、中国蓝星（集团）总公司、北京市质量技术监督局、北京市劳保所科技发展有限责任公司、江苏申锡建筑机械有限公司、上海新民劳防用品有限公司、天津南华劳保皮件有限公司、乐清市华东安全防护器材厂、昆明市高层建筑清洗公司、北京市金誉喜劳保用品有限公司、北京洁龙保洁清洗责任公司、泰州市明辉高空安全设备有限公司、深圳市清洁卫生协会。

|主要起草人|

刘宇、赵留根、高哲宇、肖义庆、宋国建、吴杰、喻惠业。

|适用范围|

本标准规定了座板式单人吊具的设计原则、技术要求、测试方法、安全规程及悬吊作业安全管理等要求。

本标准适用于使用座板式单人吊具对建筑物清洗、粉饰、养护悬吊作业。

本标准不适用于高处安装和吊运作业。

GB/T 33000—2016 企业安全生产标准化基本规范

起草单位

中国安全生产协会、中国安全生产科学研究院、中国建材检验认证集团股份有限公司、中钢集团武汉安全环保研究院有限公司。

主要起草人

樊晶光、侯茜、贾世国、叶坚新、张雪中、邬开发、刘宝静、杨松柳。

适用范围

本标准规定了企业安全生产标准化管理体系建立、保持与评定的原则和一般要求，以及目标职责、制度化管理、教育培训、现场管理、安全风险管控及隐患排查治理、应急管理、事故管理和持续改进8个体系要素的核心技术要求。

本标准适用于工矿商贸企业开展安全生产标准化建设工作，有关行业制修订安全生产标准化标准、评定标准，以及对安全生产标准化工作的咨询、服务、评审、科研、管理和规划等。

其他企业和生产经营单位可参照执行。

GB/T 29639—2020 生产经营单位生产安全事故应急预案编制导则

起草单位

中国安全生产科学研究院、国家安全生产应急救援中心、南方电网调峰调频发电有限公司。

主要起草人

张兴凯、雷长群、高双喜、孔亮、时训先、吴志岭、闫立、石国领、张明、李定林、王文靖、陈兵、王尚顺、李晖、蔡镇坤、徐斌、周劲松。

适用范围

本标准规定了生产经营单位生产安全事故应急预案的编制程序、体系构成和综合应急预案、专项应急预案、现场处置方案的主要内容以及附件信息。

本标准适用于生产经营单位生产安全事故应急预案编制工作，核电厂、其他社会组织和单位的应急预案编制可参照本标准执行。

AQ/T 9001—2006 安全社区建设基本要求

起草单位

中国职业安全健康协会。

主要起草人

吴宗之、欧阳梅、佟瑞鹏。

适用范围

本标准规定了安全社区建设的基本要求,旨在帮助社区规范事故与伤害预防和安全促进工作,持续改进安全绩效。

本标准适用于通过安全社区建设最大限度地预防和降低伤害事故、改善社区安全状况,提高社区人员安全意识和安全保障水平的社区。

本标准供从事安全管理、事故与伤害预防和社区工作的人员使用。

AQ 8001—2007 安全评价通则

起草单位

中国安全生产科学研究院、浙江省劳动保护科学研究所。

主要起草人

杨富、王浩、陈江、阴建康、任建国、陈兵、陈立元、王雷。

适用范围

本标准规定了安全评价的管理、程序、内容等基本要求。

本标准适用于安全评价及相关的管理工作。

AQ 8002—2007 安全预评价导则

起草单位

中国安全生产科学研究院、中国地质大学、浙江省劳动保护科学研究所。

主要起草人

王浩、阴建康、任建国、鲁顺清、刘正伟、陈兵、陈立元、王雷。

适用范围

本标准规定了安全预评价的程序、内容、报告格式等基本要求。

本标准适用于建设项目、工业园区规划或生产经营活动的安全预评价。

各行业或领域可根据《安全评价通则》和本标准规定的原则制订实施细则。

AQ 8003—2007 安全验收评价导则

起草单位

中国安全生产科学研究院、中国石油和化学工业协会、浙江省劳动保护科学研究所。

主要起草人

陈江、周北驹、任建国、王如君、陈兵、刘正伟、陈立元、王雷。

适用范围

本标准规定了安全验收评价的程序、内容等基本要求，以及安全验收评价报告的编制格式。

本标准适用于对建设项目竣工验收前或工业园区建设完成后进行的安全验收评价。

各行业或领域可根据《安全评价通则》和本标准规定的原则制订实施细则。

AQ 8004—2007 城市轨道交通安全预评价细则

起草单位

中国安全生产科学研究院、广州市地下铁道总公司、深圳市地铁有限公司、南京地下铁道有限责任公司、沈阳地铁有限公司、成都地铁有限责任公司、广州市地下铁道设计研究院。

主要起草人

钟茂华、徐一平、何理、史聪灵、黎忠文、许巧祥、邓云峰、韩利、肖中平、涂旭炜、裘丽强、符泰然、石杰红。

适用范围

本标准规定了城市轨道交通安全预评价的基本原则、内容、程序和方法。

本标准适用于国内城市轨道交通的安全预评价工作。

AQ 8005—2007 城市轨道交通安全验收评价细则

起草单位

中国安全生产科学研究院、南京地下铁道有限责任公司、广州市地下铁道总公司、深圳市地铁有限公司、沈阳地铁有限公司、北京市地铁运营有限公司。

主要起草人

钟茂华、许巧祥、刘光武、符泰然、徐一平、何理、牛康、邓云峰、韩利、李广俊、史聪灵、郭再富。

适用范围

本标准规定了城市轨道交通安全验收评价的程序、内容等基本要求，以及城市轨道交通安全验收评价报告的编制格式。

本标准适用于国内城市轨道交通的安全验收评价工作。

AQ 9003.1—2008 企业安全生产网络化监测系统技术规范 第1部分：危险场所网络化监测系统现场接入技术规范

起草单位

北京市安全生产监督管理局、北京首科集团公司、北京亚思顿科技发展有限公司、南开大学、北京邮电大学、北京航空航天大学、北京交通大学、研华科技股份有限公司、上海横河国际贸易有限公司、北京安控自动化股份有限公司、北京阿尔泰科技发展有限公司。

主要起草人

胡燕祝、张树森、汪卫国、杨春雪、李文洁、高云飞、朱军、吕宏义、常石磊、王仰东、张红光、高宁、吕英华、张洪欣、邢维巍、刘学东、周斌、彭国红、施洪生、马小龙。

适用范围

本规范定义了危险场所网络化监测系统相关的术语，规定了监测系统前端的组成、软硬件及接口要求，以及现场接入、供电/接地、现场施工等技术要求，是构建与评估危险场所网络化监测系统的基本依据。

本规范适用对象为国家法律法规或标准所界定的应实行联网监测的安全生产企业，其他单位或部门构建或评估危险场所网络化监测系统时可参照执行。

危险场所网络化监测系统的现场接入除了应严格按照本规范执行外，还应符合国家现行有关强制性标准的规定。

AQ 9003.2—2008 企业安全生产网络化监测系统技术规范 第2部分：危险场所网络化监测系统集成技术规范

起草单位

北京市安全生产监督管理局、北京首科集团公司、北京亚思顿科技发展有限公司、南开大学、北京邮电大学、北京航空航天大学、北京交通大学、研华科技股份有限公司、上海横河国际贸易有限公司、北京安控自动化股份有限公司、北京阿尔泰科技发展有限公司。

主要起草人

胡燕祝、张树森、汪卫国、杨春雪、李文洁、高云飞、朱军、吕宏义、常石磊、王仰东、张红光、高宁、吕英华、张洪欣、邢维巍、刘学东、周斌、彭国红、施洪生、马小龙。

适用范围

本规范规定了危险场所网络化监测系统传输网络的基本要求，以及系统集成的软硬件、供电、施工、验收等要求，是构建或评估危险场所网络化监测系统的基本依据。

本规范适用于危险场所网络化监测系统的设计、施工、验收和维护。

危险场所网络化监测系统集成除应按本规范执行外，还应符合国家现行的有关强制性标准的规定。

AQ 9003.3—2008 企业安全生产网络化监测系统技术规范 第3部分：危险场所网络化监测设备通用检测检验技术规范

起草单位

北京市安全生产监督管理局、北京首科集团公司、北京亚思顿科技发展有限公司、南开大学、北京邮电大学、北京航空航天大学、北京交通大学、研华科技股份有限公司、上海横河国际贸易有限公司、北京安控自动化股份有限公司、北京阿尔泰科技发展有限公司。

主要起草人

胡燕祝、张树森、汪卫国、杨春雪、李文洁、高云飞、朱军、吕宏义、常石磊、王仰东、张红光、高宁、吕英华、张洪欣、邢维巍、刘学东、周斌、彭国红、施洪生、马小龙。

适用范围

本规范规定了危险场所网络化监测系统中的数据采集设备和网络设备的检测项目、检测周期、检测环境，以及系统检测内容等，是危险场所网络化监测系统及监测设备检测检验的基本依据。

本规范适用于危险场所网络化监测设备的入场检测、工程验收、周期检测及故障检测等。

危险场所网络化监测设备检测检验除应按照本规范执行外，尚应符合国家现行有关强制性标准的规定。

AQ/T 9004—2008 企业安全文化建设导则

起草单位

国家安全生产监督管理总局宣传教育中心、首都经济贸易大学安全与环境科学研究所、北京天地大方科技文化发展有限公司。

主要起草人

毛海峰、贺定超、刘德辉、李强、郝凯瑞、汪勇。

适用范围

本标准适用于开展安全文化建设工作的各类企业，作为其促进自身安全文化发展的工作指南。本标准对具有下列愿望的企业尤为重要：

（1）以严格的安全生产规章或程序为基础，实现在法律和政府监管符合性要求之上的安全自我约束，最大限度地减小生产安全事故风险；

（2）对寻求和保持卓越的安全绩效作出全员承诺并付诸实践；

（3）使自己确信能从任何安全异常和事件中获取经验并改正与此相关的所有缺陷。

AQ/T 9005—2008 企业安全文化建设评价准则

起草单位

国家安全生产监督管理总局宣传教育中心、北京天地大方科技文化发展有限公司、首都经济贸易大学安全与环境科学研究所。

主要起草人

刘德辉、贺定超、毛海峰、李强、曹小云、雷海波。

适用范围

本标准适用于中国境内所有类型的企业。

AQ 4217—2012 粉尘采样器技术条件

起草单位

中钢集团武汉安全环保研究院有限公司。

主要起草人

程钧、蔡夏林、刘宏斌、竺宏峰、陶谦、余晶晶。

适用范围

本标准规定了粉尘采样器的技术要求、试验方法、标志、包装、运输和贮存等。

本标准适用于作业场所定点采集空气中总粉尘和呼吸性粉尘的采样器。

本标准适用于粉尘采样器生产企业，并对使用单位正确选用有指导作用。

本标准不适用于个体粉尘采样器。

AQ/T 9008—2012 安全生产应急管理人员培训大纲及考核规范

起草单位

国家安全生产应急救援指挥中心、中国安全生产科学研究院、中国长江三峡工程开发总公司。

主要起草人

李斌、吴宗之、李克荣、叶坚新、刘功智、王宇航、苏宏杰、李胜利、孙志禹、曾明荣、胡福静、刘先荣。

适用范围

本标准规定了安全生产应急管理人员的培训要求、培训内容、考核要求及考核要点。

本标准适用于政府部门安全生产应急管理人员的培训。

生产经营单位应急管理人员培训及考核工作参照本标准执行。

AQ 7007—2013 造修船企业安全生产技术规范

起草单位

浙江省安全生产科学研究院、浙江省标准化研究院。

主要起草人

吴珂、施培尧、叶峰梅、李伟、朱凯明、金培松、毛远庆、吴岩。

适用范围

本标准规定了钢质船舶建造和修理企业安全生产技术管理基本要求。

本标准适用于钢质一般船舶和钢质渔业船舶建造和修理企业的安全生产技术管理。

其他海洋工程产品（如钻井平台）生产企业的安全生产技术管理可以参照本标准实施。

AQ 8007—2013 城市轨道交通试运营前安全评价规范

起草单位

中国安全生产科学研究院、广州市地下铁道总公司、深圳地铁集团有限公司。

主要起草人

钟茂华、何理、史聪灵、石杰红、冯国冠、黎忠文、许巧祥、楚柏青、贺农农、张岚、汪良旗、伍彬彬、胥旋、周湛波。

适用范围

本标准规定了城市轨道交通试运营前安全评价的程序、内容、方法等基本要求，以及城市轨道交通试运营前安全评价报告的编制格式。

本标准适用于国内城市轨道交通试运营前安全评价工作。

AQ/T 4233—2013 建设项目职业病防护设施设计专篇编制导则

起草单位

中国安全生产科学研究院、国家安全生产监督管理总局研究中心、北京劳动保护科学研究所。

主要起草人

李戬、刘宝龙、张忠彬、郭金玉、陈建武、杜欢永、张伟军。

适用范围

本标准规定了建设项目职业病防护设施设计专篇的内容与格式。

本标准适用于可能产生职业病危害的建设项目，在初步设计（含基础设计）阶段，建设单位委托有资质的设计单位对该建设项目职业病防护设施设计专篇的编制。

AQ/T 7008—2013 造修船企业安全生产标准化基本要求

起草单位

中国船舶工业综合技术经济研究院、泰州口岸船舶有限公司、沪东中华造船（集团）有限公司。

主要起草人

康元、李传明、吴剑、刘建峰、郭俊琦。

适用范围

本标准规定了造修船企业开展安全生产标准化达标建设的一般要求和详细要求。

本标准适用于造修船企业开展安全生产标准化工作以及对标准化工作的咨询、服务和评价。

本标准所指造修船企业是指从事船舶建造（包括船舶分段结构加工）、修理和造修兼营的企业。

本标准所指船舶包括各类排水或非排水、机动或非机动的钢质、铝质、纤维增强塑料和木质的船、艇、潜水器和海洋工程结构物。

AQ/T 8008—2013　职业病危害评价通则

起草单位

中国安全生产科学研究院、国家安全生产监督管理总局研究中心、北京劳动保护科学研究所。

主要起草人

刘宝龙、张忠彬、李戬、杜欢永、郭金玉、陈建武、张伟军。

适用范围

本标准规定了职业病危害评价的类别、基本原则、内容、程序、方法以及质量控制等基本要求。

本标准适用于可能产生职业病危害的建设项目的职业病危害预评价、职业病危害控制效果评价以及用人单位职业病危害现状评价。

AQ/T 8009—2013　建设项目职业病危害预评价导则

起草单位

中国安全生产科学研究院、国家安全生产监督管理总局研究中心、北京劳动保护科学研究所。

主要起草人

刘宝龙、张忠彬、李戬、杜欢永、郭金玉、陈建武、张伟军。

适用范围

本标准规定了建设项目职业病危害预评价的目的和基本原则、依据、范围、方法、程序、内容和报告编制等要求。

本标准适用于可能产生职业病危害的建设项目的职业病危害预评价。

各行业或领域可根据《职业病危害评价通则》和本标准规定的原则制订评价细则。

AQ/T 8010—2013　建设项目职业病危害控制效果评价导则

起草单位

中国安全生产科学研究院、国家安全生产监督管理总局研究中心、北京劳动保护科学研究所。

主要起草人

刘宝龙、张忠彬、李戬、杜欢永、郭金玉、陈建武、张伟军。

适用范围

本标准规定了建设项目职业病危害控制效果评价的目的和基本原则、依据、范围、方法、程序、内容和报告编制等要求。

本标准适用于可能产生职业病危害的建设项目的职业病危害控制效果评价。

各行业或领域可根据《职业病危害评价通则》和本标准规定的原则制订评价细则。

AQ/T 9009—2015 生产安全事故应急演练评估规范

起草单位

中国安全生产科学研究院、国家安全生产应急救援指挥中心、中国南方电网调峰调频发电公司。

主要起草人

吴宗之、雷长群、李定林、孙庆云、时训先、吴志岭、闫立、李永兴、曹云鹏、蔡镇坤、周劲松。

适用范围

本标准规定了生产安全事故应急演练评估的目的、内容、方法与工作程序。

本标准适用于针对生产安全事故应急演练所开展的评估活动。

生产安全事故应急演练评估工作的组织及实施可根据演练内容、演练形式、演练规模和复杂程度参照本标准进行。

AQ/T 8011—2016 安全培训机构基本条件

起草单位

国家安全生产监督管理总局培训中心、华北科技学院、北京市安全生产科学技术研究院。

主要起草人

王磊、冯平章、张庆国、马汉鹏、薄书平、薛映宾、董喜明、郝红、甄妍。

适用范围

本标准规定了从事安全培训活动的单位应具备的基本条件。

本标准适用于中华人民共和国区域内各类安全培训机构以及自主开展安全培训活动的生产经营单位。

AQ/T 8006—2018 安全生产检测检验机构能力的通用要求

起草单位

中国安全生产科学研究院、中煤科工集团唐山研究院有限公司、长沙矿山研究院有限责任公司、煤科集团沈阳研究院有限公司、重庆安标检测研究院有限公司。

主要起草人

马守业、李双会、李德忠、陈在学、翟守忠、刘春富、徐三民、韩俊玲、赵阳、田军、沃磊。

适用范围

本标准规定了安全生产检测检验机构进行安全生产检测检验能力的通用要求。

本标准适用于所有安全生产检测检验机构。

本标准用于安全生产检测检验机构建立检测检验管理体系，是确认安全生产检测检验机构能力的依据。

AQ 9010—2019 安全生产责任保险事故预防技术服务规范

起草单位

中国企业联合会、中国人民财产保险股份公司、中科招商投资管理集团发展战略研究院、中国太平洋财产保险股份有限公司、中国平安财产保险股份有限公司、中国大唐集团有限公司、江泰保险经纪股份有限公司、应急管理部信息研究院。

主要起草人

王建军、李德洁、王冰峰、李桂梅、徐冬仓、杨军、刘向上、朱戈、方晓栋、袁勇民、赵一归、刘毅、杨壮、樊劭、陈瀚舟。

适用范围

本标准规定了保险机构开展安全生产责任保险事故预防技术服务基本原则、服务项目和形式、服务流程、服务保障、服务评估和改进的规范性要求。

本标准适用于保险机构为投保单位开展的安全生产责任保险事故预防技术服务。

AQ/T 9007—2019 生产安全事故应急演练基本规范

起草单位

中国安全生产科学研究院、国家安全生产应急救援中心、南方电网调峰调频发电有限公司、神华集团有限责任公司。

主要起草人

张兴凯、雷长群、高双喜、孔亮、时训先、吴志岭、石国领、李永兴、李晖、蔡镇坤、王文靖、陈兵、赵开功、周劲松。

适用范围

本标准规定了生产安全事故应急演练的计划、准备、实施、评估总结和持续改进规范性要求。

本标准适用于针对生产安全事故所开展的应急演练活动。

AQ/T 9011—2019 生产经营单位生产安全事故应急预案评估指南

起草单位

中国安全生产科学研究院、国家安全生产应急救援中心、南方电网调峰调频发电有限公司。

主要起草人

张兴凯、雷长群、高双喜、孔亮、时训先、闫立、石国领、张明、李定林、王文靖、陈兵、李永兴、李晖、蔡镇坤、周劲松。

适用范围

本标准给出了生产经营单位生产安全事故应急预案评估的基本要求、工作程序与评估内容。

本标准适用于生产经营单位生产安全事故应急预案内容适用性的评估活动。根据预案类别、适用的对象不同，评估工作的组织及实施可参照本标准进行。

二、危险化学品及化工安全

GB 13548—1992 光气及光气化产品生产装置安全评价通则

起草单位

化学工业部化工劳动保护研究所。

主要起草人

王广亮、王如君、沈郁、杨春笋。

适用范围

本标准规定了光气及光气化产品生产装置安全评价的基本原则、要求和方法。

本标准适用于光气及光气化产品生产装置设计、生产阶段的安全评价。

GB 17681—1999 易燃易爆罐区安全监控预警系统验收技术要求

起草单位

原劳动部劳动保护检测技术中心、东华工程公司。

主要起草人

王志民、徐炳华、吕武轩、汪国华、缴瑰。

适用范围

本标准适用于储存气体或液体介质的易燃易爆罐区内设置的安全监控预警系统的验收。凡本标准未作说明者，应符合有关现行国家标准规范的要求。

GB 19041—2003 光气及光气化产品生产安全规程

起草单位

化学工业第二设计院。

主要起草人

许祖龙、闫少伟、万世波、杨在建、潘国平、鲍焕霞。

适用范围

本标准规定了光气及光气化产品生产和生产装置设计的安全要求。

本标准适用于光气及光气化产品生产装置的新建、扩建和改建。

GB 4962—2008 氢气使用安全技术规程

起草单位

上海市安全生产科学研究所、上海华林工业气体有限公司、林德集团（苏州、宁波、厦门）公司。

主要起草人

刘桂玲、李杰、蒋燕锋、唐根妹、龙显森、佘伟宏、傅佳佳。

适用范围

本标准规定了气态氢在使用、置换、储存、压缩与充（灌）装、排放过程以及消防与紧急情况处理、安全防护方面的安全技术要求。

本标准适用于气态氢生产后的地面上各作业场所。

本标准不适用于液态氢、水上气态氢、航空用氢场所及车上供氢系统。

氢气生产中的相应环节可参照执行。

GB 11984—2008 氯气安全规程

起草单位

北京市劳动保护科学研究所、中国化学品安全协会。

主要起草人

邓九兰、岳涛、汪彤、刘利民、常虹、张志航、齐书芳、淡默、路念明、王小庆。

适用范围

本标准规定了氯气在生产、充装、使用、贮存、运输等方面的安全要求。

本标准适用于氯气的生产、使用、贮存和运输等单位。

本标准所指氯气系液氯或气态氯。

GB 14544—2008 电石乙炔法生产氯乙烯安全技术规程

起草单位

安徽省安全生产科学研究院。

主要起草人

吴玉昆、方诚、党宏斌、郑昕。

适用范围

本标准规定了氯乙烯及其聚合物生产的基本规定、生产安全、管道与设备、检维修安全、现场应急处理、安全管理。

本标准适用于新建、改建和扩建的采用电石乙炔法生产氯乙烯和氯乙烯聚合物的单位。

与聚氯乙烯生产有关的部门，亦应参照使用。

GB 16912—2008 深度冷冻法生产氧气及相关气体安全技术规程

起草单位

中钢集团武汉安全环保研究院、武汉钢铁集团氧气有限责任公司、中冶南方工程技术有限公司、中冶赛迪工程技术股份有限公司、中冶华天工程技术有限公司、新余钢铁股份有限公司、攀枝花新钢钒股份有限公司能源动力中心、华陆工程科技有限责任公司、宝钢股份宝钢分公司、长沙贝尔环保节能设备有限公司、江阴市瀚宇机械有限公司冷却器研究发展中心、启东市海鹰冶金机械厂、浙江迎日阀门制造有限公司。

|主要起草人|

曾慕成、马大方、刘凌燕、蔡令放、王苏林、徐华祥、万建余、吴用明、程玉芝、周浩、彭跃、马跃、刘向林、田国庆。

|适用范围|

本规程规定了工业氧气及相关气体的生产（含设计、制造、安装、改造、维修）、储存、输配和使用中应遵守的安全要求。

本规程适用于新建、扩建和改建的采用深度冷冻法生产氧气及相关气体的单位。

GB 13348—2009 液体石油产品静电安全规程

|起草单位|

中国石油化工股份有限公司青岛安全工程研究院、化学品安全控制国家重点实验室。

|主要起草人|

刘全桢、孙立富、刘宝全、胡海燕、高鑫、张婷婷、李义鹏、王婷。

|适用范围|

本标准规定了液体石油产品在生产、运输、贮存、使用等过程中预防静电危害的基本方法和技术措施。

本标准适用于液体石油产品。

GB 15599—2009 石油与石油设施雷电安全规范

|起草单位|

中国石油化工股份有限公司青岛安全工程研究院、化学品安全控制国家重点实验室。

|主要起草人|

刘全桢、刘宝全、孙立富、胡海燕、高鑫、张婷婷、李义鹏、王婷。

|适用范围|

本标准规定了石油和石油产品在生产、输送、贮存过程中避免或减少石油设施雷电危害的基本原则和措施。

本标准适用于石油设施的雷电安全防护。

GB 30077—2013 危险化学品单位应急救援物资配备要求

起草单位
中国石油化工股份有限公司青岛安全工程研究院、危险化学品安全控制国家重点实验室。

主要起草人
付靖春、袁纪武、翟良云、姜春明、赵永华。

适用范围
本标准规定了危险化学品单位应急救援物资的配备原则、总体配备要求、作业场所配备要求、企业应急救援队伍配备要求、其他配备要求和管理维护。
本标准适用于危险化学品生产和储存单位应急救援物资的配备。
危险化学品使用、经营、运输和处置废弃单位应急救援物资的配备，参照本标准执行。

GB/T 30040.1—2013 双层罐渗漏检测系统
第1部分：通则

起草单位
北京铸山科技有限责任公司、中国特种设备检测研究院、国家安全生产北京危险品储罐检测检验中心、中国人民解放军总后勤部油料研究所、北京市环境保护科学研究院。

主要起草人
冷成冰、赵彦修、刘进立、傅苏红、宋光武、张庆强、冷静。

适用范围
GB/T 30040 的本部分规定了储存对水有污染的液体的双层罐、单层罐、管道的渗漏检测系统的分级、要求、标志和合格评估体系。
GB/T 30040 的本部分适用于储存对水有污染的液体的双层罐、单层罐、管道的渗漏检测系统。

GB/T 30040.2—2013 双层罐渗漏检测系统
第2部分：压力和真空系统

起草单位
北京铸山科技有限责任公司、国家安全生产北京危险品储罐检测检验中心、中国人民解放军总后勤部油料研究所、北京市环境保护科学研究院、郑州永邦环保科技有限公司。

主要起草人
冷成冰、赵彦修、傅苏红、刘进立、宋光武、张庆强。

适用范围
GB/T 30040 的本部分规定了储存对水有污染的液体的双层系统的Ⅰ级渗漏检测系统的概述、双层间隙、真空和压力检漏器、试验、防渗漏衬里、防渗漏外套和标志。

GB/T 30040 的本部分适用于储存对水有污染的液体的双层系统的Ⅰ级渗漏检测系统。

GB/T 30040.3—2013 双层罐渗漏检测系统
第3部分：储罐的液体媒介系统

起草单位
北京铸山科技有限责任公司、中国特种设备检测研究院、国家安全生产北京危险品储罐检测检验中心、中国人民解放军总后勤部油料研究所、北京市环境保护科学研究院。

主要起草人
冷成冰、赵彦修、傅苏红、刘进立、宋光武。

适用范围
GB/T 30040 的本部分规定了储存对水有污染的液体的双层罐的Ⅱ级渗漏检测系统的概述、双层间隙、液体媒介系统的渗漏检测器、型式试验和标志。

GB/T 30040 的本部分适用于储存对水有污染的液体的双层罐的Ⅱ级渗漏检漏系统。

GB/T 30040.4—2013 双层罐渗漏检测系统
第4部分：应用于防渗漏设施或双层间隙的液体或蒸气传感器系统

起草单位
北京铸山科技有限责任公司、北京市环境保护科学研究院、国家安全生产北京危险品储罐检测检验中心、中国人民解放军总后勤部油料研究所。

主要起草人
冷成冰、宋光武、赵彦修、傅苏红、刘进立。

适用范围

GB/T 30040 的本部分规定了储存对水有污染的液体的双层系统的双层间隙或单层系统的防渗漏设施的Ⅲ级渗漏检测系统的概述、双层间隙、防渗漏设施、液体传感器、蒸气传感器、渗漏显示装置、液体传感器的型式试验、液体识别传感器的型式试验、蒸气传感器的型式试验和浸没型蒸气传感器的型式试验。

GB/T 30040 的本部分适用于储存对水有污染的液体的双层系统的双层间隙或单层系统防渗漏设施的Ⅲ级渗漏检测系统。

GB/T 30040 的本部分不适用于应用不能重复使用的传感器的渗漏监测系统。

GB/T 30040.5—2013 双层罐渗漏检测系统
第 5 部分：储罐液位仪测漏系统

起草单位

北京铸山科技有限责任公司、北京市环境保护科学研究院、中国特种设备检测研究院、郑州永邦环保科技有限公司。

主要起草人

冷成冰、宋光武、赵彦修、张庆强。

适用范围

GB/T 30040 的本部分规定了储存对水有污染的液体的Ⅳ级渗漏检测系统的概述、动态渗漏检测（A 类）、统计静默期间的渗漏检测［B（1）类］、静态渗漏检测［B（2）类］、渗漏警示装置、A 类和 B（1）类储罐液位仪用于渗漏检测系统的型式试验程序和 B（2）类储罐液位仪测漏系统的型式试验程序。

GB/T 30040 的本部分适用于储存对水有污染的液体，且仅限于 EN 13352 所定义的液体的Ⅳ级渗漏检测系统。

GB/T 30040.6—2013 双层罐渗漏检测系统
第 6 部分：监测井用传感器显示系统

起草单位

北京铸山科技有限责任公司、中国特种设备检测研究院、国家安全生产北京危险品储罐检测检验中心。

主要起草人

冷静、赵彦修、冷成冰。

适用范围

GB/T 30040 的本部分规定了用于设计存放易燃，但闪点不超过 100 ℃的燃料系统的Ⅴ级渗漏检测系统的概述、监测井、液体识别传感器、蒸气传感器和渗漏指示装置。

GB/T 30040 的本部分适用于设计存放易燃，但闪点不超过 100 ℃ 的燃料系统的 V 级渗漏检测系统。

GB/T 30040.7—2013 双层罐渗漏检测系统 第7部分：双层间隙、防渗漏衬里及防渗漏外套的一般要求和试验方法

【起草单位】

北京铸山科技有限责任公司、国家安全生产北京危险品储罐检测检验中心、中国人民解放军总后勤部油料研究所、北京市环境保护科学研究院、郑州永邦环保科技有限公司。

【主要起草人】

冷成冰、赵彦修、傅苏红、刘进立、宋光武、张庆强、冷静。

【适用范围】

GB/T 30040 的本部分规定了双层间隙、防渗漏衬里和防渗漏外套的材料、双层间隙的型式试验、防渗漏衬里和防渗漏外套的一般要求和试验方法。

GB/T 30040 的本部分适用于双层罐渗漏检测系统的双层间隙、防渗漏衬里和防渗漏外套。

GB 30871—2014 化学品生产单位特殊作业安全规范

【起草单位】

中国化学品安全协会、中国化工集团公司、中国化工信息中心、中国海洋石油总公司、中国石油化工集团公司、中化化工标准化研究所。

【主要起草人】

侯明艳、郭风琴、苏峥、石青松、朱小磊、孙春玲、葛晓军、周厚云、赵正宏、赵兰祥、徐钢、郑甜。

【适用范围】

本标准规定了化学品生产单位设备检修中动火、进入受限空间、盲板抽堵、高处作业、吊装、临时用电、动土、断路的安全要求。

本标准适用于化学品生产单位设备检修中涉及的动火作业、受限空间作业、盲板抽堵作业、高处作业、吊装作业、临时用电作业、动土作业、断路作业。

GB/T 32374—2015　化学品危险信息短语与代码

起草单位
国家安全生产监督管理总局化学品登记中心、中国石油化工股份有限公司青岛安全工程研究院。

主要起草人
陈金合、李运才、慕晶霞、陈军、孙吉胜、于风清、郭秀云、翟良云。

适用范围
本标准规定了化学品的象形图、危险性说明、防范说明短语及其代码。
本标准适用于化学品分类及其危险公示。

GB/T 32375—2015　电石生产安全技术规程

起草单位
浙江巨化电石有限公司、中国电石工业协会、中国化学品安全协会、金华市高鑫安全工程咨询有限公司。

主要起草人
吴学红、戎兰狮、孙伟善、项伟、邓建明、吴小英、吴高清、焦阳。

适用范围
本标准规定了电石生产过程各岗位安全技术的要求。
本标准适用于以石灰、炭素材料为原料，采用矿热炉进行的电石生产。

GB 18218—2018　危险化学品重大危险源辨识

起草单位
中国安全生产科学研究院、中国石油化工股份有限公司青岛安全工程研究院。

主要起草人
魏利军、王如君、多英全、师立晨、张圣柱、于立见、罗艾民、杨春生、宋占兵、杨国梁、李运才、赵文芳、王家见。

适用范围
本标准规定了辨识危险化学品重大危险源的依据和方法。
本标准适用于生产、储存、使用和经营危险化学品的生产经营单位。
本标准不适用于：
（1）核设施和加工放射性物质的工厂，但这些设施和工厂中处理非放射性物质的部门除外；

（2）军事设施；

（3）采矿业，但涉及危险化学品的加工工艺及储存活动除外；

（4）危险化学品的厂外运输（包括铁路、道路、水路、航空、管道等运输方式）；

（5）海上石油天然气开采活动。

GB 36894—2018 危险化学品生产装置和储存设施风险基准

起草单位

中国安全生产科学研究院、中国化学品安全协会、南京工业大学。

主要起草人

魏利军、王如君、多英全、杨国梁、蒋军成、于立见、路念明、师立晨、杨春生、张圣柱、吴昊、王媛媛、马大庆、胡敏、孙明亮。

适用范围

本标准规定了危险化学品生产装置和储存设施个人风险和社会风险的可接受风险基准值。

本标准适用于危险化学品生产装置和储存设施选址和周边土地使用规划时的风险判定。

GB 18265—2019 危险化学品经营企业安全技术基本要求

起草单位

中国安全生产科学研究院、中国石油大学（华东）、中国仓储协会危险化学品仓储分会。

主要起草人

魏利军、王如君、多英全、罗艾民、赵东风、孙杰、陈思凝、宋占兵、尹法波、林震宇、易高翔、刘义、徐一星、凌新、李思斯。

适用范围

本标准规定了危险化学品经营企业的安全技术基本要求。

本标准适用于危险化学品经营企业的危险化学品仓库，危险化学品商店的选址、建设、安全设施的安全技术基本要求。

本标准不适用于汽车加油加气站、石油库、无实物陈列营业场所的危险化学品商店及网上销售的危险化学品商店。

GB/T 37243—2019 危险化学品生产装置和储存设施外部安全防护距离确定方法

起草单位
中国安全生产科学研究院、中石化青岛安全工程研究院、北京理工大学。

主要起草人
魏利军、王如君、多英全、于立见、杨国梁、师立晨、党文义、钱新明、罗艾民、杨春生、宋占兵、张圣柱、褚云、曹炳志、黄兰。

适用范围
本标准规定了危险化学品生产装置和储存设施外部安全防护距离确定方法。
本标准适用于确定危险化学品生产装置和储存设施外部安全防护距离。
本标准不适用于民爆行业生产、流通企业，烟花爆竹生产企业和储存仓库，汽车加油加气站，油气输送管道，城镇燃气，港区内以及用于国防科研生产的危险化学品生产装置和储存设施。

GB/T 38710—2020 油气输送管道地理信息系统建设指南

起草单位
中国安全生产科学研究院、北京睿呈时代信息科技有限公司、国信司南（北京）地理信息技术有限公司。

主要起草人
王如君、多英全、张圣柱、魏利军、王建康、曹旭、杨国梁、刘丽芬、徐连伟、陶超、陈思凝、师立晨、罗艾民、吴昊、杨丽红、陈田。

适用范围
本标准给出了油气输送管道地理信息系统的总体设计、数据内容、数据库系统、软件平台、系统功能、系统接口、系统运行环境、系统安全性、系统维护等方面的指导和建议。
本标准适用于输送油气介质的陆上钢质管道地理信息系统的设计、建设、运行和维护等工作。
本标准不适用于海底油气管道、城镇燃气管道、油气田集输管道和机场内的航油管道、石油化工企业的厂际和厂内油气管道。

AQ/T 3001—2021 加油（气）站油（气）储存罐体阻隔防爆技术要求

起草单位

中国安全生产科学研究院、军事科学院系统工程研究院军事新能源技术研究所、中国化工经济技术发展中心、中国石油大学（华东）、北京理工大学、常州大学、南京工业大学。

主要起草人

魏利军、徐曦萌、蒋军成、鲁长波、王如君、吴昊、安高军、多英全、王媛媛、潘勇、宋占兵、师立晨、杨春生、陈思凝、杨国梁、王晓兵、曹梦然、马大庆、黄兰、王黎珣、李思斯、孙明亮、臧充光、郭学永、路帅、臧洪龙、郑哲。

适用范围

本标准规定了采用阻隔防爆技术的加油（气）站油（气）储存罐体的要求、检测方法、检验规则、分类与标记和技术文件。

本标准适用于汽车加油（气）站油（气）储存罐体阻隔防爆的设计、制造、安装和验收。

本标准中加气站储罐技术要求仅适用于液化石油气（LPG）储罐，不适用于压缩天然气（CNG）、液化天然气（LNG）和液化-压缩天然气（L-CNG）储罐。

AQ/T 3002—2021 阻隔防爆橇装式汽车加油（气）装置技术要求

起草单位

中国安全生产科学研究院、军事科学院系统工程研究院军事新能源技术研究所、中国化工经济技术发展中心、中国石油大学（华东）、北京理工大学、常州大学、南京工业大学。

主要起草人

魏利军、徐曦萌、多英全、鲁长波、王媛媛、蒋军成、王如君、安高军、张圣柱、潘勇、于立见、褚云、罗艾民、易高翔、王晓兵、曹梦然、徐一星、张昕宇、王向阳、胡敏、凌新、臧充光、郭学永、张洪玉、蔡海林、郑哲。

适用范围

本标准规定了采用阻隔防爆技术的橇装式加油（气）装置的技术要求。

本标准适用于设置于各种场所、采用子阻隔防爆技术的橇装式加油（气）装置的设计、制造和安装。

本标准所指的橇装式加气装置仅适用于液化石油气（LPG）加气装置，不适用于压缩天然气（CNG）、液化天然气（LNG）和液化-压缩天然气（L-CNG）加气装置。

AQ 3003—2005 危险化学品汽车运输安全监控系统通用规范

起草单位

中国航天科技集团天泰雷兹科技（北京）有限公司、中国化工集团化工标准化研究所。

主要起草人

富斌、何学秋、高晖、梅建、钟云、朱凤山、王琦、刘健。

适用范围

本标准规定了危险化学品汽车运输安全监控系统的组成、结构、功能、性能、系统运行环境和系统测试方法等内容。

本标准适用于危险化学品汽车运输安全监控系统的全国性、区域性、行业级或企业级的建设和应用。

其他汽车安全运输监控系统可参照本标准建设和应用。

AQ 3004—2005 危险化学品汽车运输安全监控车载终端

起草单位

中国航天科技集团天泰雷兹科技（北京）有限公司、中国化工集团化工标准化研究所。

主要起草人

富斌、张欣欣、黄灿林、梅建、周建华、丁火平、王琦、刘健。

适用范围

本标准规定了危险化学品汽车运输安全监控车载终端的要求、测试方法、包装、运输、储存和安装等内容。

本标准适用于基于全球定位系统和无线移动通信技术的危险化学品汽车运输安全监控车载终端。

AQ/T 3005—2006 石油化工建设项目管理方安全管理实施导则

起草单位

中国企业联合会可持续发展工商委员会、中国石油化工股份有限公司青岛安全工程研究院、上海赛科石油化工有限责任公司。

|主要起草人|

翟齐、张海峰、Aidan Hayes、辛平、沈建平、张岩、解丰、翟良云。

|适用范围|

本标准给出了项目安全管理理念、管理模式和管理方法的指南。

本标准适用于石油化工建设项目的安全管理，对于其他行业建设项目的安全管理也有很好的参考。

AQ 3006—2007 危险化学品汽车运输安全监控车载终端安装规范

|起草单位|

中国航天科技集团天泰雷兹科技（北京）有限公司、中国化工集团化工标准化研究所。

|主要起草人|

富斌、张欣欣、梅建、费立纬、王琦、陶意、李刚、刘岩。

|适用范围|

本规范规定了危险化学品汽车运输安全监控车载终端安装的人员要求、环境要求、操作要求、检测规则等内容。

本规范适用于危险化学品汽车运输安全监控车载终端安装操作规程。

AQ 3007—2007 危险化学品汽车运输安全监控系统——车载终端与通信中心间数据接口协议和数据交换技术规范

|起草单位|

中国航天科技集团天泰雷兹科技（北京）有限公司、中国化工集团化工标准化研究所。

|主要起草人|

高晖、梅建、刘永强、王晓兵、沈旻祺、石杰楠、王琦。

|适用范围|

本标准规定了在危险化学品汽车运输监控系统中，车载终端与通信控制处理中心间经移动通信网络进行无线数据传输和数据交换的通信接口协议。

本标准适用于危险化学品汽车运输安全监控系统的各车载终端和通信中心的开发厂商。

其他汽车安全运输监控系统开发商，可参照本技术标准。

AQ 3008—2007 危险化学品汽车运输安全监控系统——通信中心与运营控制中心、客户端监控中心间数据接口和数据交换技术规范

起草单位

中国航天科技集团天泰雷兹科技（北京）有限公司、中国化工集团化工标准化研究所。

主要起草人

高晖、梅建、刘永强、王晓兵、沈旻祺、石杰楠、王琦。

适用范围

本标准规定了在危险化学品汽车运输监控系统中，通信控制处理中心与运营控制中心、客户端监控中心间经通信网络进行数据传输和数据交换的通信接口协议的术语、定义和缩略语及接口要求。

本标准适用于危险化学品汽车运输安全监控系统中通信控制处理中心、运营控制中心和客户端监控中心和其他汽车安全运输监控系统的软件设计和开发。

AQ 3009—2007 危险场所电气防爆安全规范

起草单位

上海市安全生产监督管理局、国家安全生产上海矿用设备检测检验中心、国家安全生产上海防爆电气检测检验中心、国家安全生产南阳防爆电气检测检验中心。

主要起草人

李斌、徐建平、王其坤、葛青、王军、郁文哉、卢巧、曹广辉、谢平凡。

适用范围

本标准规定了爆炸性气体或可燃性粉尘环境中电气设备的选型、安装、使用、维护的安全要求及检查程序。

本标准不适用于下列环境：

（1）煤矿井下；
（2）炸药的制造和加工场所；
（3）医疗室。

AQ 3010—2007 加油站作业安全规范

起草单位

江苏省安全生产研究院。

主要起草人

施祖建、吴龙英、成文东、夏尔淳、谢建兵。

适用范围

本标准规定了在加油站内进行的卸油、加油，油罐计量，设备使用、维护、检修等作业的安全要求及安全标志。

本标准适用于加油站内的作业。

本标准不适用于橇装式加油装置、水上加油站的作业。

AQ 3011—2007 连二亚硫酸钠包装材料安全要求

起草单位

中化化工标准化研究所、广东中成化工股份有限公司、烟台金河保险粉厂有限公司、湖南中成化工股份有限公司。

主要起草人

梅建、钟存仁、王晓兵、张君玺、王国清、郭光远、孙伏云。

适用范围

本标准规定了连二亚硫酸钠包装安全要求。

本标准适用于连二亚硫酸钠贮存、运输和使用。

AQ/T 3012—2008 石油化工企业安全管理体系实施导则

起草单位

中国可持续发展工商理事会、中国石化安全工程研究院、上海赛科石油化工有限责任公司。

主要起草人

翟齐、张海峰、杨筱萍、靳涛、朱耀莉、刘勃、沈建平、陈朗。

适用范围

本标准给出了石油化工企业安全管理模式和管理方法的指南。

本标准适用于石油化工企业全过程的安全管理。企业可根据实际情况选择适用内容，并确保符合有关法律法规和标准的要求。

AQ 3013—2008 危险化学品从业单位安全标准化通用规范

起草单位

国家安全生产监督管理总局化学品登记中心、中国石油化工股份有限公司青岛安全工程研究院。

主要起草人

张海峰、曹永友、曲福年、刘艳萍、董国胜、郭秀云、张秀亭、刘伟、李运才。

适用范围

本标准规定了危险化学品从业单位开展安全标准化的总体原则、过程和要求。

本标准适用于中华人民共和国境内危险化学品生产、使用、储存企业及有危险化学品储存设施的经营企业。

AQ 3014—2008 液氯使用安全技术要求

起草单位

北京市劳动保护科学研究所。

主要起草人

邓九兰、岳涛、汪彤、张志航、齐书芳、淡默、王小庆。

适用范围

本标准规定了在液氯使用过程中，对使用条件、操作方法、工艺设备以及作业人员的要求。

本标准适用于使用液氯的单位。

AQ 3015—2008 氯气捕消器技术要求

起草单位

中化化工标准化研究所、北京绿亿佳环保设备中心、北京市劳动保护科学研究所。

主要起草人

梅建、夏元超、邓九兰、王晓兵、汪彤、周其波、徐建军、岳涛。

适用范围

本标准规定了氯气捕消器的分类、型号标记、要求、检测方法、检验规则、标志、运输、存放和产品有效期。

本标准适用于氯气捕消器的设计、制造、组装和检验。

AQ/T 3016—2008 氯碱生产企业安全标准化实施指南

起草单位

国家安全生产监督管理总局化学品登记中心。

主要起草人
张海峰、曹永友、曲福年、董国胜、张秀亭、刘艳萍、尚连、刘伟。
适用范围
本标准规定了氯碱生产企业开展安全标准化的过程和要求。
本标准适用于中华人民共和国境内采用隔膜法或离子交换膜法电解氯化钠或氯化钾水溶液工艺技术，生产氯气、氢气、氢氧化钠或氢氧化钾等产品的企业。
采用其他工艺技术路线生产氯气的生产企业可参照执行。

AQ/T 3017—2008 合成氨生产企业安全标准化实施指南

起草单位
国家安全生产监督管理总局化学品登记中心。
主要起草人
张海峰、曹永友、曲福年、刘伟、徐元瑞、卢洪杰、董国胜、刘艳萍、陈发源。
适用范围
本标准规定了合成氨生产企业开展安全标准化的技术要求。
本标准适用于中华人民共和国境内采用合成工艺生产氨、甲醇及其衍生产品的企业。

AQ 3018—2008 危险化学品储罐区作业安全通则

起草单位
江苏省安全生产科学研究院、江苏省科瑞安全技术有限公司。
主要起草人
施祖建、王读平、谢建兵、吴龙英、夏尔淳。
适用范围
本标准规定了危险化学品储罐区作业安全的基本要求。
本标准适用于危险化学品储罐区内的作业。
本标准不适用于与装置一同布置的中间罐区、加装防爆材料储罐区、覆土罐区和洞罐区。

AQ 3019—2008 电镀化学品运输、储存、使用安全规程

起草单位
安美特（中国）化学有限公司南京分公司、江苏省安全生产科学研究院、江苏

省机械工业联合会表面工程分会、金华市电镀协会。

主要起草人

杜心荣、张素兰、季雪明、胡义铭、周元富、胡海霞、柏萍。

适用范围

本标准规定了电镀化学品的运输、储存、使用及散落、泄漏和废弃物品处理的安全要求。

本标准适用于电镀化学品供应单位、托运单位、道路承运单位及最终使用者的安全作业过程。

电镀生产中使用的性质属于"危险化学品"的物品，其安全规程应按照相关的危险化学品安全管理条例执行。

AQ 3020—2008 钢制常压储罐 第一部分：储存对水有污染的易燃和不易燃液体的埋地卧式圆形单层和双层储存罐

起草单位

北京铸山科技有限责任公司、中国特种设备检测研究中心、国家安全生产危险品储罐检测检验中心。

主要起草人

冷成冰、王晓兵、李光海、赵彦修、刘清友、陈静。

适用范围

本标准规定了下述范围内储存对水有污染的易燃或不易燃液体的埋地卧式圆柱形钢制焊接单层和双层罐的制造要求。

（1）罐体公称直径 800 mm～3000 mm；

（2）罐体总长不超过公称直径的 6 倍；

（3）所储液体的最大密度为 1.9 g/mL；

（4）最大工作压力（P_0）：0.15 MPa（表压）；

（5）使用真空渗漏检测系统的双层储罐，所储液体的动力学黏度应 ≤ 5×10^{-3} m²/s。

本标准适用于常温（-20 ℃～+50 ℃）条件下的储罐，如果储罐运行温度超出该范围，应考虑附加要求。

所储存的液体——钢材组合见附录 B。

本标准不适用于表 1 所述的具有特殊危险性液体的储存。本标准不涉及储罐的内涂层。

表1　不适用于在本标准范围内的危险品

联合国分类	危险品
1	爆炸品
4.2	易于自燃的物质
4.3	遇水放出易燃气体的物质
5.2	有机过氧化物
6.2	感染性物质
7	放射性物质
其他	液态氰化氢或氢氰酸溶液，金属羰基化合物，氢氟酸，液态溴化物等

注：该分类是联合国危险货物运输专家委员会采纳的危险品分类（与第3.4条的储罐分级属不同概念）。

AQ 3021—2008　化学品生产单位吊装作业安全规范

起草单位

中化化工标准化研究所、中国化学品安全协会、中国化工集团公司、中国化工信息中心。

主要起草人

孙春玲、王晓兵、樊晶光、张金晓、梅建、嵇建军、周玮、张君玺、张润泉。

适用范围

本标准规定了化学品生产单位吊装作业分级、作业安全管理基本要求、作业前的安全检查、作业中安全措施、操作人员应遵守的规定、作业完毕作业人员应做的工作和《吊装安全作业证》的管理。

本标准适用于化学品生产单位的检维修吊装作业。

AQ 3022—2008　化学品生产单位动火作业安全规范

起草单位

中国化学品安全协会、中化化工标准化研究所。

主要起草人

刘利民、梅建、路念明、常虹、张军、郭凤琴、张晓钢、张建敏。

适用范围

本标准规定了化学品生产单位动火作业分级、动火作业安全防火要求、动火分析及合格标准、职责要求及《动火安全作业证》的管理。

本标准适用于化学品生产单位禁火区的动火作业。

本标准不适用于化学品生产单位的固定动火区作业和固定用火作业。

AQ 3023—2008 化学品生产单位动土作业安全规范

起草单位

中化化工标准化研究所、中国化学品安全协会、中国化工集团公司、中国化工信息中心。

主要起草人

葛晓军、梅建、张君玺、王晓兵、嵇建军、张润泉、张金晓、周玮。

适用范围

本标准规定了化学品生产单位的动土作业安全要求和《动土安全作业证》的管理。

本标准适用于化学品生产单位的动土作业。

AQ 3024—2008 化学品生产单位断路作业安全规范

起草单位

中化化工标准化研究所、中国化学品安全协会、中国化工集团公司、中国化工信息中心。

主要起草人

赵正宏、梅建、周玮、嵇建军、张润泉、张金晓、张君玺。

适用范围

本标准规定了化学品生产单位断路作业的术语和定义、总则、《断路安全作业证》管理和安全要求。

本标准适用于化学品生产单位的断路作业。

AQ 3025—2008 化学品生产单位高处作业安全规范

起草单位

中化化工标准化研究所、中国化学品安全协会、中国化工集团公司、中国化工信息中心。

主要起草人

周厚云、梅建、樊晶光、张润泉、张金晓、嵇建军、周玮。

适用范围

本标准规定了化学品生产单位的高处作业分级、安全要求与防护和《高处安全作业证》的管理。

本标准适用于化学品生产单位生产区域的高处作业。

AQ 3026—2008 化学品生产单位设备检修作业安全规范

起草单位

中国化学品安全协会、中国海洋石油总公司、中化化工标准化研究所。

主要起草人

刘利民、宋立崧、张建敏、常虹、樊晶光、张君玺、张军、郭凤琴。

适用范围

本标准规定了化学品生产单位设备检修前的安全要求、检修作业中的安全要求及检修结束后的安全要求。

本标准适用于化学品生产单位的设备大、中、小修与抢修作业。

AQ 3027—2008 化学品生产单位盲板抽堵作业安全规范

起草单位

中国化学品安全协会、中国化工集团公司、中化化工标准化研究所。

主要起草人

刘利民、周乐文、张晓钢、常虹、张军、樊晶光、郭凤琴、张君玺。

适用范围

本标准规定了化学品生产单位设备管道的盲板要求、盲板抽堵作业安全要求、职责要求和《盲板抽堵安全作业证》的管理。

本标准适用于化学品生产单位设备管道的盲板抽堵作业。

AQ 3028—2008 化学品生产单位受限空间作业安全规范

起草单位

中国化学品安全协会、中国石油化工集团公司、中化化工标准化研究所。

主要起草人

刘利民、徐钢、常虹、梅建、樊晶光、路念明、张军、郭凤琴。

〖适用范围〗

本标准规定了化学品生产单位受限空间作业安全要求、职责要求和《受限空间安全作业证》的管理。

本标准适用于化学品生产单位的受限空间作业。

AQ/T 3029—2010 危险化学品生产单位主要负责人安全生产培训大纲及考核标准

〖起草单位〗

中钢集团武汉安全环保研究院、中国石油化工股份有限公司青岛安全工程研究院。

〖主要起草人〗

王志、李永红、王红汉、苏国胜、高泉、向维、刘峰、乐有邦、李敬、陈美龄。

〖适用范围〗

本标准规定了危险化学品生产单位主要负责人安全生产培训的要求，培训和再培训的内容及学时安排，以及安全生产考核的方法、内容，再培训考核的方法、要求与内容。

本标准适用于危险化学品生产单位主要负责人的安全生产培训与考核。

AQ/T 3030—2010 危险化学品生产单位安全生产管理人员安全生产培训大纲及考核标准

〖起草单位〗

中钢集团武汉安全环保研究院、中国石油化工股份有限公司青岛安全工程研究院。

〖主要起草人〗

王志、李永红、王红汉、苏国胜、高泉、向维、刘峰、乐有邦、李敬、陈美龄。

〖适用范围〗

本标准规定了危险化学品生产单位安全生产管理人员安全生产培训的要求，培训和再培训的内容及学时安排，以及安全生产考核的方法、内容，再培训考核的方法、要求与内容。

本标准适用于危险化学品生产单位安全生产管理人员的安全生产培训与考核。

AQ/T 3031—2010 危险化学品经营单位主要负责人安全生产培训大纲及考核标准

起草单位

中钢集团武汉安全环保研究院、中国石油化工股份有限公司青岛安全工程研究院。

主要起草人

王志、李永红、王红汉、苏国胜、高泉、向维、乐有邦、刘峰、袁源。

适用范围

本标准规定了危险化学品经营单位主要负责人安全生产培训的要求，培训和再培训的内容及学时安排，以及安全生产考核的方法、内容，再培训考核的方法、要求与内容。

本标准适用于危险化学品经营单位主要负责人的安全生产培训与考核。

AQ/T 3032—2010 危险化学品经营单位安全生产管理人员安全生产培训大纲及考核标准

起草单位

中钢集团武汉安全环保研究院、中国石油化工股份有限公司青岛安全工程研究院。

主要起草人

王志、李永红、王红汉、苏国胜、高泉、向维、乐有邦、刘峰、袁源。

适用范围

本标准规定了危险化学品经营单位安全生产管理人员安全生产培训的要求，培训和再培训的内容及学时安排，以及安全生产考核的方法、内容，再培训考核的方法、要求与内容。

本标准适用于危险化学品经营单位安全生产管理人员的安全生产培训与考核。

AQ/T 3033—2010 化工建设项目安全设计管理导则

起草单位

中国石油和化工勘察设计协会、中国化学品安全协会。

主要起草人

袁纽、任理坚、陈烽英、樊晶光、杨振奎、刘利民、胡晨、欧阳宪、舒小芹、常虹、邹喜权、王世芳、夏兰生、唐敏、丁晓京。

【适用范围】

本标准规定了化工建设项目安全设计管理的一般模式和基本要素的指南。

本标准适用于新建、改建、扩建危险化学品生产、储存装置和设施，以及伴有危险化学品使用或产生的化学品生产装置和设施的建设项目。化工建设项目安全设计的范围包括业主委托的设计前期、基础工程设计和详细工程设计三个阶段。

本标准不适用于危险化学品的勘探、开采及其辅助的储存，石油、天然气长输管道及其辅助的储存，城镇燃气辅助的储存等建设项目。

AQ/T 3034—2010 化工企业工艺安全管理实施导则

【起草单位】

中国可持续发展工商理事会、中国石油化工股份有限公司青岛安全工程研究院、上海赛科石油化工有限责任公司。

【主要起草人】

翟齐、张海峰、靳涛、杨筱萍、朱耀莉、季清。

【适用范围】

本标准规定了石油化工企业工艺安全管理的要素及要求，并给出了工艺安全管理的应用范例。

本标准适用于石油化工企业工艺过程安全管理。

AQ 3035—2010 危险化学品重大危险源安全监控通用技术规范

【起草单位】

中国安全生产科学研究院、北京华瑞科力恒科技有限公司、南京本安仪表系统有限公司、河南汉威电子股份有限公司。

【主要起草人】

吴宗之、关磊、刘骥、魏利军、马瑞岭、沈磊、董宇、任红军。

【适用范围】

本标准规定了危险化学品重大危险源安全监控预警系统的监控项目、组成和功能设计等技术要求。

本标准适用于化工（含石油化工）行业危险化学品重大危险源新建储罐区、库区及生产场所安全监控预警系统的设计、建设和管理，扩建或改建系统可参照执行。

其他行业可参照执行。

AQ 3036—2010 危险化学品重大危险源 罐区现场安全监控装备设置规范

起草单位

中国安全生产科学研究院、华瑞科力恒（北京）科技有限公司、北京科学技术研究院安全工程技术研究中心。

主要起草人

吴宗之、关磊、魏利军、刘骥、聂剑红、马瑞岭、孔祥霞。

适用范围

本标准规定了危险化学品重大危险源罐区现场安全监控装备的设置要求和管理。

本标准适用于化工（含石油化工）行业危险化学品重大危险源罐区现场安全监控设备的设置。

其他企业可参照执行。

AQ 3037—2010 硫酸生产企业安全生产标准化实施指南

起草单位

国家安全生产监督管理总局化学品登记中心、山东省化工研究院、中国石油化工股份有限公司青岛安全工程研究院、中化山东肥业有限公司、山东红日阿康化工有限公司。

主要起草人

张海峰、曹永友、曲福年、李德波、邹本莲、崔爱红、郑树林、王震、程玉河、王金星、刘艳萍。

适用范围

本标准规定了硫酸生产企业开展安全生产标准化的过程和要求。

本标准适用于中华人民共和国境内采用以硫铁矿（砂）、硫磺、冶炼烟气、石膏、有色金属矿为原料，生产硫酸、二氧化硫等产品的企业，该生产工艺包括原料气的制取、净化、转化、干吸、余热利用等工艺单元。

采用其他原料生产硫酸、二氧化硫的企业可参照执行。

AQ 3038—2010 电石生产企业安全生产标准化实施指南

起草单位

国家安全生产监督管理总局化学品登记中心、中国石油化工股份有限公司青岛安全工程研究院、四川省职业安全健康协会危险化学品分会、浙江巨化电石有限公司、青海东胜化工有限公司。

主要起草人

张海峰、曹永友、曲福年、汪红、孙万军、吴樟生、吴清学、万鸣、董国胜、任佃忠、尚连。

适用范围

本标准规定了电石生产企业安全生产标准化管理的技术要求。

本标准适用于采用密闭炉、内燃式电石炉生产电石的企业。生产工艺主要以石灰、炭素材料为原料，采用电阻电弧炉生产工业电石的企业。

AQ 3039—2010 溶解乙炔生产企业安全生产标准化实施指南

起草单位

国家安全生产监督管理总局化学品登记中心、中国石油化工股份有限公司青岛安全工程研究院、四川省电石溶解乙炔行业协会、福建三钢（集团）有限责任公司电石厂。

主要起草人

张海峰、曹永友、曲福年、汪红、陈启彬、刘汉坤、任佃忠、尚连。

适用范围

本标准规定了溶解乙炔生产企业开展安全生产标准化的过程和技术要求。

本标准适用于采用碳化钙或天然气裂解生产粗乙炔气，经过净化、干燥、加压工序，生产溶解乙炔的企业。

AQ 3040—2010 涂料生产企业安全生产标准化实施指南

起草单位

国家安全生产监督管理总局化学品登记中心、中国石油化工股份有限公司青岛安全工程研究院、广东省涂料行业协会、国家涂料产品质量监督检验中心（广东）、广东华润涂料有限公司、广州珠江化工集团有限公司、中华制漆（深圳）有限公司、广东嘉宝莉化工有限公司、东莞大宝化工制品有限公司。

主要起草人

张海峰、曹永友、曲福年、何炳福、林雪南、张卓杰、方永年、周耀、董国胜、田敏。

适用范围

本标准规定了属于危险化学品行业的涂料生产企业开展安全生产标准化的过程

和要求。

本标准适用于中华人民共和国境内,原料、中间产品或产品属于危险化学品的涂料生产企业,其生产过程包括配料、分散、研磨、调漆、检验、包装、储运等,以及相关的树脂合成或油脂热炼等操作工艺和作业过程。

AQ 3041—2011 气雾剂安全生产规程

起草单位

中山凯中有限公司、深圳市彩虹精细化工股份有限公司、中国包装联合会气雾剂专业委员会。

主要起草人

刘锦宁、杨兴廷、连运增、刘科、梁伟明、王小兵、王建强、梁高健、林跃华、阮慎。

适用范围

本标准规定了气雾剂生产企业的基本要求、作业安全和安全管理要求。
本标准适用于中华人民共和国境内的气雾剂生产企业。

AQ/T 3042—2013 外浮顶原油储罐机械清洗安全作业要求

起草单位

中国石油天然气管道局、中国石油天然气管道局维抢修分公司。

主要起草人

戚建利、黄文、刘金宝、徐洪文、李德宝、郝新伟、马骏宏、张艺新、李慧。

适用范围

本标准规定了外浮顶原油储罐机械清洗安全作业的一般要求和工艺要求。
本标准适用于地面常压外浮顶原油储罐的机械清洗作业。
内浮顶油罐、卧式油罐和拱顶油罐的机械清洗可参照执行。

AQ/T 3043—2013 危险化学品应急救援管理人员培训及考核要求

起草单位

吉林化工学院、中国石油吉林石化公司。

主要起草人

丁斌、李梁、李铁民、李明忠、孙兴国、孙宇。

适用范围

本标准规定了危险化学品应急救援管理人员的培训要求、培训内容、考核办法、考核要点、再培训内容及考核要求。

本标准适用于危险化学品应急救援管理人员的培训及考核。

AQ/T 3044—2013 氨气检测报警仪技术规范

起草单位

中国石油化工股份有限公司青岛安全工程研究院、化学品安全控制国家重点实验室、国家安全生产监督管理总局化学品登记中心。

主要起草人

姜素霞、肖安山、高少华、丁德武、张贺。

适用范围

本标准规定了氨气检测报警仪的性能要求、检验方法。

本标准适用于便携式、移动式、固定式氨气报警器的质量评价、检验与选型。

AQ 3045—2013 车用乙醇汽油储运安全规范

起草单位

中国石油化工股份有限公司青岛安全工程研究院、中国石油化工股份有限公司河北石油分公司、化学品安全控制国家重点实验室。

主要起草人

牟善军、孙立富、刘全桢、贾云良、袁爱国、刘宝全、李义鹏、郎需庆、李叶竹。

适用范围

本标准规定了变性燃料乙醇、车用乙醇汽油调合组分油的储存、调合、装卸以及车用乙醇汽油的公路运输、卸油、储存、加油过程中保证安全运行的技术措施和操作要求。

本标准适用于储存、调合、装卸变性燃料乙醇、车用乙醇汽油调合组分油的油库，车用乙醇汽油公路运输以及车用乙醇汽油加油站。

AQ/T 3046—2013 化工企业定量风险评价导则

起草单位

中国石油化工股份有限公司青岛安全工程研究院、化学品安全控制国家重点实验室、国家安全生产监督管理总局化学品登记中心、国家石化项目风险评估技术中心。

主要起草人

张海峰、牟善军、白永忠、党文义、武志峰、于安峰、沈郁、韩中枢、赵文芳。

适用范围

本标准规定了化工企业定量风险评价过程中的技术要求。

本标准适用于化工企业的定量风险评价。

本标准不适用于公路运输、铁路运输、水上运输、长输管道等企业外运输设施的定量风险评价。

AQ 3047—2013 化学品作业场所安全警示标志规范

起草单位

国家安全生产监督管理总局化学品登记中心、中国石油化工股份有限公司青岛安全工程研究院、化学品安全控制国家重点实验室。

主要起草人

陈军、李运才、郭宗舟、陈金合、慕晶霞、纪国峰、郭秀云、张海峰。

适用范围

本标准规定了化学品作业场所安全警示标志的有关定义、内容、编制与使用要求。

本标准适用于化工企业生产、使用化学品的场所，储存化学品的场所以及构成重大危险源的场所。

AQ/T 3048—2013 化工企业劳动防护用品选用及配备

起草单位

中国石油化工股份有限公司青岛安全工程研究院、危险化学品安全控制国家重点实验室、青岛中化阳光管理体系认证中心有限公司。

主要起草人

蔡宝华、王廷春、于风清、侯凤、于菲菲、孙德青、贺辉宗、林晖。

适用范围

本标准规定了化工企业劳动防护用品的选用、基本配备以及使用和报废的管理。

本标准适用于化工企业及其从业人员的劳动防护用品的选用及配备。

AQ/T 3049—2013 危险与可操作性分析（HAZOP分析）应用导则

起草单位

中国石油化工股份有限公司青岛安全工程研究院、国家安全生产监督管理总局化学品登记中心、中国石化集团洛阳石油化工工程公司、国家石化项目风险评估技术中心。

主要起草人

张海峰、牟善军、白永忠、党文义、武志峰、文科武、张广文、韩中枢、沈郁、万古军、于安峰、赵文芳。

适用范围

本标准规定了应用引导词对系统进行危险与可操作性分析（HAZOP分析）过程中的技术要求和HAZOP分析步骤，包括定义、准备、分析会议、结果记录及跟踪等。另外，本标准提供了HAZOP分析文档以及涵盖不同行业的HAZOP分析示例。

本标准适用于石油、化工、电子等工业的HAZOP分析。

AQ/T 3050—2013 加油加气站视频安防监控系统技术要求

起草单位

北京亚太安讯科技股份有限公司、中国石油化工股份有限公司北京石油分公司、机械科学研究总院、中国石油天然气股份有限公司销售分公司。

主要起草人

吴晓光、葛元仁、张凤武、郭飞鸿、何红奎、王轶宁、郭春、王全占、张晔、金鑫。

适用范围

本标准规定了加油加气站视频安防监控系统的总体架构、接入平台及前端信息采集设施要求、管理平台要求、分控平台要求及系统其他要求。

本标准适用于新建、改建和扩建的加油加气站视频安防监控系统的设计、施工、检验与验收。

AQ 3051—2015 液氯钢瓶充装自动化控制系统技术要求

起草单位

中国石油化工股份有限公司青岛安全工程研究院、中国成达工程有限公司、国家安全生产监督管理总局化学品登记中心。

主要起草人

李玉明、姜巍巍、黄泽茂、曾宇峰、张卫华、庄腾宇、李荣强、于风清。

适用范围

本标准规定了液氯钢瓶充装的工艺单元范围、工艺技术要求及其自动化控制系统的监控项目、硬件和功能设计等技术要求。

本标准适用于液氯钢瓶充装自动化控制系统的建设和应用。

AQ/T 3052—2015 危险化学品事故应急救援指挥导则

起草单位

中国化工信息中心、中化化工标准化研究所、中国化工集团公司。

主要起草人

赵正宏、王利琼、肖文珍、苗军英、伍颖、杨志华。

适用范围

本标准规定了危险化学品事故应急救援指挥的基本原则和程序。

本标准适用于由政府部门、外部救援力量和事故单位共同参与救援的危险化学品事故的应急救援。

AQ 3053—2015 立式圆筒形钢制焊接储罐安全技术规程

起草单位

中国石化工程建设有限公司、中国石化集团公司安全环保局。

主要起草人

元少昀、王子宗、徐钢、段瑞、武铜柱、张晓鹏。

适用范围

本标准规定了立式圆筒形钢制焊接储罐的材料、设计、预制、施工和验收、防雷、防静电、防腐、使用管理、检验和安全附件各方面的基本安全要求。

本标准适用于设计压力小于 0.1 MPa（G）且公称容积大于或等于 1000 m^3，建造在地面上，储存毒性程度为非极度或非高度危害的石油、石油产品或化工液体介质，现场组焊的立式圆筒形钢制焊接储罐。

公称容积小于 1000 m^3 储存其他类似液体介质的储罐，可参照本标准执行。

本标准适用的储罐，其范围包括储罐本体、安全附件和储罐接管的法兰盖、密封垫片及其紧固件。

本标准不适用于冷冻式低温储罐。

AQ/T 3054—2015　保护层分析（LOPA）方法应用导则

起草单位

中国石油化工股份有限公司青岛安全工程研究院、国家石化项目风险评估技术中心、中国石化洛阳工程有限公司。

主要起草人

白永忠、韩中枢、党文义、万古军、文科武、张广文、于安峰、王全国、武志峰、沈郁、赵文芳。

适用范围

本标准规定了化工企业采用LOPA方法的技术要求，包括LOPA基本程序、场景识别与筛选、初始事件确认、独立保护层评估、场景频率技术、风险评估与决策、LOPA报告和LOPA后续跟踪及审查。

本标准适用于化工企业新建、改建、扩建和在役装置（设施）的保护层分析。

AQ/T 3055—2019　陆上油气管道建设项目安全设施设计导则

起草单位

中国石油管道局工程有限公司、石油工业安全专业标准化技术委员会、中国安全生产科学研究院。

主要起草人

潘盼、张文伟、史航、秦琴、杨建、林森、张靓、张志广、窦宏强、吴双、刘长清、陈诚、李松、卢世红、张圣柱。

适用范围

本标准规定了陆上油气管道建设项目安全设施设计的内容及专篇编制的要求。

本标准适用于中华人民共和国境内新建、改建、扩建的陆上油气管道。

本标准不适用于海底油气管道、城镇燃气管道、油气田集输管道和机场内的航油管道、石油化工企业的厂际和厂内油气管道。

AQ/T 3056—2019　陆上油气管道建设项目安全验收评价导则

起草单位

中国石油安全环保技术研究院、中石油管道有限责任公司、石油工业安全专业标准化技术委员会、中石化石油工程设计有限公司、中国安全生产科学研究院、中国石油管道局工程有限公司。

主要起草人

王金友、刘锴、毋勇、陈忱、王宏飞、曾珂、张桂瑞、闫代平、王芳、陆庆、卢世红、多英全、张圣柱、李广群、张邕生。

适用范围

本标准规定了陆上油气管道建设项目安全验收评价的内容及报告编制的要求。

本标准适用于中华人民共和国境内新建、改建、扩建的陆上油气管道。

本标准不适用于海底油气管道、城镇燃气管道、油气田集输管道和机场内的航油管道、石油化工企业的厂际和厂内油气管道。

AQ/T 3057—2019 陆上油气管道建设项目安全评价导则

起草单位

胜利油田检测评价研究有限公司、中国石化股份有限公司天然气分公司、中国安全生产科学研究院、石油工业安全专业标准化技术委员会、中海石油气电集团有限责任公司。

主要起草人

朱丽国、卢彦博、王强、常琳、付荣、闫肃肃、郭爱洪、牛更奇、王如君、张圣柱、孙少光、曹旭、曹广明、卢世红、张克政。

适用范围

本标准规定了陆上油气管道建设项目可行性研究阶段安全评价的内容及其报告编制的要求。

本标准适用于中华人民共和国境内新建、改建、扩建的陆上油气管道。

本标准不适用于海底油气管道、城镇燃气管道、油气田集输管道和机场内的航油管道、石油化工企业的厂际和厂内油气管道。

■ 三、烟花爆竹及民爆品安全

GB 11652—2012 烟花爆竹作业安全技术规程

起草单位

国家轻工业烟花爆竹安全质量监督检测中心、江西李渡烟花集团有限公司、熊猫烟花集团股份有限公司、浏阳东信烟花集团有限公司、浏阳庆泰烟花有限公司、湖南景泰烟花有限公司、浏阳集里出口礼花厂、河北蠡县德茂花炮厂、浙江桐庐县花炮厂、山东夏津县鲁阳花炮有限公司。

主要起草人

黄荼香、宋汉文、刘宁、黎仲畦、罗建社、刘春文、蔺传球、李金明、孙仕定、刘捷光、肖湘杰、赵伟平、范志宇、杜元金、危成焰、刘刚、姜锡松、卢荣秋、赵政。

适用范围

本标准规定了烟花爆竹生产和经营企业在烟花爆竹生产、研制、储存、装卸、企业内运输、燃放试验及危险性废弃物处置过程中的作业安全技术要求。

本标准适用于烟花爆竹生产和经营企业。

AQ 4101—2008 烟花爆竹企业安全监控系统通用技术条件

起草单位

中国民用爆破器材流通协会、北京网新中广科技发展有限责任公司、武汉大学国家多媒体软件工程技术研究中心、大唐高鸿数据网络技术股份有限公司、北京中山消防保安技术有限公司。

主要起草人

韩国庆、彭杰、刘剑、胡瑞敏、杨德印、唐宁。

适用范围

本规范规定了烟花爆竹企业安全监控系统的监控目标和要求、管理实施、组成和结构、前端设备设置和要求、网络传输、监控管理平台、用户终端等通用技术要求，以满足本地和远程监控管理需要。

本规范适用于烟花爆竹企业新建、改建和扩建视频监控、入侵检测、报警系统等监控系统的总体规划、方案设计、工程实施、项目验收以及与之相关的设备开发、生产和质量控制。

本规范可供烟花爆竹零售经营单位参考。

AQ 4102—2008 烟花爆竹流向登记通用规范

起草单位

中国民用爆破器材流通协会、北京网新中广科技发展有限责任公司、上海中京电子标签集成技术有限公司、北京金安国泰科技有限责任公司。

主要起草人

韩国庆、彭杰、冀京秋、周婧。

适用范围

本规范规定了烟花爆竹和氯酸钾流向登记、管理、监督的基本要求。

本规范适用于烟花爆竹，氯酸钾生产、经营单位的流向登记管理和安全监管部门对烟花爆竹、氯酸钾流向的监督管理。

AQ 4103—2008 烟花爆竹 烟火药认定方法

起草单位

北京理工大学、北京市烟花爆竹质量监督检验站、江西李渡烟花集团有限公司、湖南东信烟花集团公司、河北饶阳县东赵市鞭炮厂、河北饶阳县烟花爆竹厂、黑龙江大地烟花集团有限公司、河南淮阳县中原花炮厂、河北蠡县德茂花炮厂、内蒙古敖汉旗德茂花炮厂。

主要起草人

李增义、赵家玉、李亚军、许铁川、张树申、钟自奇、邓庆茂、石柏青、赵勇翔。

适用范围

本标准规定了烟花爆竹用烟火药认定的取样方法、检测项目、检测方法、判定规则。

本标准适用于烟花爆竹用烟火药的认定。

AQ 4104—2008 烟花爆竹 烟火药安全性指标及测定方法

起草单位

北京理工大学、北京市烟花爆竹质量监督检验站、湖南东信烟花集团公司、江西李渡烟花集团有限公司、河北饶阳县烟花爆竹厂、河北蠡县德茂花炮厂、内蒙古敖汉旗德茂花炮厂。

主要起草人

赵家玉、李增义、钱新明、钟自奇、邓庆茂、李亚军、张树申。

适用范围

本标准规定了烟花爆竹用烟火药安全性指标、测定条件和判定规则。

本标准适用于烟花爆竹用烟火药。

AQ 4105—2008　烟花爆竹　烟火药TNT当量测定方法

起草单位

北京理工大学、北京市烟花爆竹质量监督检验站、河北饶阳县东赵市鞭炮厂、河北中兴礼花厂。

主要起草人

张奇、赵家玉、李增义、赵金忠、许铁川。

适用范围

本标准规定了烟花爆竹用烟火药TNT当量测定的适用设备、取样方法、环境条件、安全要求、冲击波超压测定和TNT当量计算方法。

本标准适用于烟花爆竹用烟火药TNT当量的测定。

AQ 4106—2008　烟花爆竹作业场所接地电阻测量方法

起草单位

北京理工大学、北京市烟花爆竹质量监督检验站、黑龙江大地烟花集团有限公司、河北中兴礼花厂、河南淮阳县中原花炮厂。

主要起草人

欧阳吉庭、缪劲松、李增义、赵家玉、李秀普、赵勇翔、赵金忠、石柏青。

适用范围

本标准规定了烟花爆竹作业场所接地电阻测量方法。

本标准适用于烟花爆竹作业场所防静电积累接地装置（包括机械设备接地、人体导静电设施接地、工作台及地面导电接地等）、电气设备保护接地装置、防雷电感应接地装置的接地电阻的测量。

AQ 4107—2008　烟花爆竹机械　滚筒造粒机

起草单位

国家安全生产醴陵烟花爆竹检测检验中心、醴陵神马花炮有限公司。

主要起草人

周联仙、肖湘杰、邹海峰、唐炳祥、易力群、廖建文、钟长虎、陆恩武、李德意。

适用范围

本标准规定了滚筒造粒机的术语和定义、安全技术要求、试验方法、检验规则、包装和标志。

本标准适用于电机驱动的滚筒造粒机的制造、销售、使用、检验和包装。

AQ 4108—2008　烟花爆竹机械　引线机

起草单位
国家安全生产醴陵烟花爆竹检测检验中心。

主要起草人
邹海峰、肖湘杰、唐炳祥、易力群、廖建文、陈妮、钟长虎、周联仙、陆恩武、舒超。

适用范围
本标准规定了引线机的术语和定义、分类、安全技术要求、试验方法、检验规则、包装和标志。
本标准适用于电机驱动的引线机的制造、销售、使用、检验和包装。

AQ 4109—2008　烟花爆竹机械　爆竹插引机

起草单位
国家安全生产醴陵烟花爆竹检测检验中心。

主要起草人
钟长虎、肖湘杰、唐炳祥、邹海峰、易力群、廖建文、周联仙、陆恩武、梁杰。

适用范围
本标准规定了爆竹插引机的术语和定义、安全技术要求、试验方法、检验规则及包装和标志。
本标准适用于爆竹插引机的制造、销售、使用、检验和包装。

AQ 4110—2008　烟花爆竹机械　结鞭机

起草单位
国家安全生产醴陵烟花爆竹检测检验中心、长城机械科技有限公司、陈氏花炮机械集团、金真机械厂、醴陵神马花炮有限公司。

主要起草人
唐炳祥、肖湘杰、邹海峰、易力群、廖建文、周联仙、陆恩武、钟长虎。

适用范围
本标准规定了结鞭机的术语和定义、分类、安全技术要求、试验方法、检验规则、包装和标志。
本标准适用于带电机的自动结鞭机的制造、销售、使用、检验和包装。

AQ 4111—2008 烟花爆竹作业场所机械电器安全规范

起草单位
国家安全生产醴陵烟花爆竹检测检验中心、醴陵神马花炮有限公司。

主要起草人
廖建文、易力群、肖湘杰、唐炳祥、邹海峰、周联仙、钟长虎、陆恩武、周文伟。

适用范围
本规范规定了烟花爆竹作业场所机械电器设计、制造和使用的通用安全技术要求。
本规范适用于烟花爆竹作业场所中使用的各类机械、电器设备。

AQ 4112—2008 烟花爆竹出厂包装检验规程

起草单位
国家安全生产醴陵烟花爆竹检测检验中心、醴陵神马花炮有限公司。

主要起草人
肖湘杰、邹海峰、唐炳祥、易力群、廖建文、陈妮、钟长虎、周联仙、陆恩武、邓琼香。

适用范围
本规程规定了烟花爆竹（烟火药、黑火药除外）出厂包装的技术要求、试验方法和检验规则。
本规程适用于烟花爆竹（烟火药、黑火药除外）出厂包装的检验。

AQ 4113—2008 烟花爆竹企业安全评价规范

起草单位
中国民用爆破器材流通协会、兵器工业安全技术研究所、江西省安全生产监督管理局、湖南省安全生产监督管理局。

主要起草人
韩国庆、魏新熙、余建国、范志宇、李金明。

适用范围
本标准规定了烟花爆竹生产和批发经营企业安全评价的原则、目的、内容、方法、程序以及评价报告的格式和要求。

本标准适用于烟花爆竹企业的安全现状评价和安全验收评价，也适用于烟花爆竹企业自身的安全管理。

本标准不适用于烟花爆竹企业的安全预评价，也不适用于烟花爆竹零售经营单位。

AQ 4114—2011 烟花爆竹安全生产标志

起草单位
国家轻工业烟花爆竹安全质量监督检测中心。

主要起草人
黄荼香、赵政、罗建社。

适用范围
本标准规定了烟花爆竹安全生产标志的分类，标志的图形、设置位置及要求等。
本标准适用于烟花爆竹生产、经营企业。

AQ 4115—2011 烟花爆竹防止静电通用导则

起草单位
北京理工大学、北京市烟花爆竹质量监督检验站、湖南东信烟花集团有限公司。

主要起草人
欧阳吉庭、缪劲松、李增义。

适用范围
本标准规定了在烟花爆竹生产、储存过程中防止静电危害的基本方法和措施，包括静电引燃起因、预防静电危害的基本方法、预防静电危害的技术措施、预防静电危害的管理措施等内容。
本标准适用于烟花爆竹生产、储存过程中静电危害的预防。

AQ/T 4116—2011 烟花爆竹 烟火药氯酸盐定性检测方法

起草单位
国家安全生产醴陵烟花爆竹检测检验中心。

主要起草人
邹海峰、肖湘杰、唐炳祥。

适用范围
本标准规定了烟花爆竹用烟火药及原材料中氯酸盐的定性检测方法。

本标准适用于烟花爆竹用烟火药及原材料中氯酸盐的定性检测。

AQ/T 4117—2011 烟花爆竹 烟火药作功能力测定方法

起草单位
北京理工大学、北京市逗逗烟花爆竹有限公司、江西省李渡烟花集团有限公司。

主要起草人
杜志明、李增义、胡锡树、邓庆茂、罗喜平、张晓成、赵保国、刘玉存、于雁武。

适用范围
本标准规定了烟花爆竹用烟火药作功能力测定原理、仪器和材料、测定准备、爆炸扩张铅墙中心孔试验、测量扩张后铅墙中心孔容积和烟火药作功能力的计算。
本标准适用于烟花爆竹用烟火药作功能力的测定。

AQ/T 4118—2011 烟花爆竹 烟火药猛度测定方法

起草单位
北京理工大学、北京市逗逗烟花爆竹有限公司、抚州市金山出口烟花制造有限公司。

主要起草人
杜志明、李增义、胡厚坤、周锐、熊支文、赵保国、韩骏奇、刘玉存、于雁武。

适用范围
本标准规定了烟花爆竹用烟火药猛度测定的仪器和材料、测定准备、爆炸压缩铅柱、测量压缩后铅柱高度和烟火药猛度的计算。
本标准适用于烟花爆竹用烟火药猛度的测定。

AQ/T 4119—2011 烟花爆竹 烟火药爆发点测定方法

起草单位
国家轻工业烟花爆竹安全质量监督检测中心。

主要起草人
黄若岩、黄茶香、邱志雄。

适用范围
本标准规定了烟花爆竹用烟火药爆发点测定的设备和材料、试样制备、测定步骤及数据处理等事项。
本标准适用于烟花爆竹用烟火药 5 s 延滞期爆发点的测定。

AQ/T 4120—2011 烟花爆竹 烟火药静电火花感度测定方法

起草单位

国家轻工业烟花爆竹安全质量监督检测中心。

主要起草人

黄若岩、黄茶香、邱志雄。

适用范围

本标准规定了烟花爆竹用烟火药静电火花感度测定的设备和材料、试样制备、测定步骤及数据处理等事项。

本标准适用于在规定条件下测定烟花爆竹用烟火药的静电火花感度。

AQ 4121—2012 礼花弹生产安全条件

起草单位

湖南省安全生产监督管理局、兵器工业安全技术研究所、长沙矿山研究院(湖南长斧众和科技有限公司)。

主要起草人

李金明、范军政、邓庆茂、钟自奇、谭林。

适用范围

本标准规定了礼花弹生产企业的规划与选址、总平面与工艺布置、厂(库)房与配套设施、生产设备、安全设施、人员与教育培训、安全管理等条件。

本标准适用于礼花弹生产企业。

AQ/T 4122—2014 烟花爆竹 烟火药吸湿率测定方法

起草单位

北京市烟花爆竹质量监督检验站、北京市逗逗烟花爆竹有限公司。

主要起草人

李增义、杜志明、韩骏奇、胡厚坤、赵金忠。

适用范围

本标准规定了烟火药吸湿率测定的试剂、材料和仪器,试验准备,试验步骤,以及试验结果处理的要求。

本标准适用于烟花爆竹用烟火药吸湿率的测定。

AQ/T 4123—2014 烟花爆竹 烟火药火焰感度测定方法

起草单位

北京市烟花爆竹质量监督检验站、北京市逗逗烟花爆竹有限公司。

主要起草人

李增义、杜志明、胡厚坤、李亚军、韩树勋。

适用范围

本标准规定了烟火药火焰感度测定的材料和仪器、试验准备、试验步骤、发火与瞎火的判别、试验结果处理和火焰感度仪标定方法。

本标准适用于烟花爆竹用烟火药火焰感度的测定。

含烟火药效果件火焰感度可参照执行。

AQ/T 4124—2014 烟花爆竹 烟火药危险性分类定级方法

起草单位

江西省李渡烟花集团有限公司、江西省安全生产科学院、宜春烟花爆竹检测检验中心、湖南安全技术职业学院。

主要起草人

张晓成、邓庆茂、黄同林、程映昭、康斌、曾自志、万军、杨吉明。

适用范围

本标准规定了烟火药危险性的分类定级方法和烟火药危险性分类定级所用到的各种能量输入、输出参数测试方法。

本标准适用于烟花爆竹用烟火药的危险性分类定级。

AQ 4125—2014 烟花爆竹 单基火药安全要求

起草单位

北京理工大学、北京市逗逗烟花爆竹有限公司、国营245厂、浏阳市余氏科技环保烟花厂。

主要起草人

赵家玉、李增义、丛晓民、侯国保、胡厚坤、余本有、余培胜、钟自奇。

适用范围

本标准规定了烟花爆竹用退役单基火药的安全指标，检测方法，产品包装，验收规则，以及运输、贮存和使用安全要求。

本标准适用于烟花爆竹用退役单基火药。

AQ 4126—2018　烟花爆竹工程设计安全审查规范

起草单位

湖南省职业安全健康协会、长沙矿山研究院有限责任公司。

主要起草人

李金明、谭杜艳、宋汉文。

适用范围

本标准规定了烟花爆竹新建、改建和扩建工程建设项目设计安全审查的申请、形式、内容、方法及有关要求。

本标准适用于烟花爆竹新建、改建和扩建工程建设项目安全设施的设计安全审查，也适用于烟花爆竹新建、改建和扩建工程建设项目整体的设计安全审查。

AQ/T 4127—2018　烟花爆竹工程竣工验收规范

起草单位

湖南省职业安全健康协会、长沙矿山研究院有限责任公司。

主要起草人

李金明、谭杜艳、宋汉文。

适用范围

本标准规定了烟花爆竹新建、改建和扩建工程建设项目竣工验收的基本要求、形式、内容、方法及有关要求。

本标准适用于烟花爆竹新建、改建和扩建工程建设项目安全设施的竣工验收，也适用于烟花爆竹新建、改建和扩建工程建设项目整体安全的竣工验收。

AQ 4128—2019　烟花爆竹零售店（点）安全技术规范

起草单位

南京理工中爆安全科技有限公司、江苏省应急管理厅、中国烟花爆竹协会、宜兴市万家乐烟花爆竹有限公司、常州市平安烟花杂品有限公司。

主要起草人

曾宪华、柏立金、王金朝、李江龙、樊宝有、李谦、黄海辉、李增义、巢雍俊、谢仕纯。

适用范围

本标准规定了烟花爆竹零售店、零售点的选址及外部距离、面积和存放限量、平面布置、建筑结构、消防和电气、经营行为及安全管理要求。

本标准适用于烟花爆竹零售店、零售点的设置和安全管理。

AQ 4129—2019　烟花爆竹　化工原材料使用安全规范

起草单位

湖南醴陵神马花炮有限公司、北京市烟花爆竹质量监督检验站、北京市熊猫烟花有限公司、万载县万广源礼花制造有限公司、赣州永安安全生产科技服务有限公司。

主要起草人

黄玉国、李增义、杜志明、潘迪、张汉文、张波勇、曾鸣、刘洪艳、李长波。

适用范围

本标准规定了生产制造烟花爆竹用化工原材料的使用安全规则及储存安全要求。
本标准适用于烟花爆竹（含黑火药、引火线）生产企业。

AQ/T 4130—2019　烟花爆竹生产过程名词术语

起草单位

湖南烟花爆竹产品安全质量监督检测中心。

主要起草人

黄茶香、朱玉平、方钊、徐莉、张璐、黎建芳、刘刚、颜颂华。

适用范围

本标准规定了烟花爆竹生产过程的名词术语和定义。
本标准适用于烟花爆竹行业。

四、矿山安全

（一）煤矿安全

GB 11341—2008　悬挂输送机安全规程

起草单位

开滦（集团）有限责任公司、煤炭科学研究总院唐山研究院、济南南方输送设备有限公司、唐山钢铁股份有限公司。

主要起草人

裴华、张健、梅海斌、刘永革、程玉贵、陈洪香、夏晓光。

适用范围

本标准规定了悬挂输送机在设计、制造、安装、使用、维护和管理等方面的安全技术要求。

本标准适用于通用悬挂输送机和积放式悬挂输送机、地面链式输送机。

单轨悬挂小车输送机可参照使用。

GB 22340—2008　煤矿用带式输送机　安全规范

起草单位

煤炭科学研究总院上海分院。

主要起草人

李云海、陈珏、乐卫良、张健、潘发生。

适用范围

本标准规定了煤矿用带式输送机设计、制造、安装、使用和维护的安全要求。

本标准适用于煤矿井下用带式输送机,也适用于有爆炸性危险的露天煤矿、选煤等工作场所用带式输送机。

本标准不适用于钢丝绳牵引带式输送机。

GB/T 14161—2008　矿山安全标志

起草单位

国家安全生产监督管理总局信息研究院、兖州煤业(集团)有限责任公司、山西焦煤(集团)有限责任公司、开滦矿业(集团)有限责任公司、四川省安全生产监督执法总队。

主要起草人

黄盛初、王捷帆、陈昌、陈国瑞、倪兴华、王登刚、莫志中、杨树民、余致远。

适用范围

本标准规定了矿山传递安全警示信息的主要标志。

本标准主要适用于各类矿山对安全标志的设置要求。

GB/T 15259—2008　矿山安全术语

起草单位

重庆大学资源及环境科学学院。

【主要起草人】
曹树刚、周翔、谢波、卢义玉、顾义磊、康勇、司鹄、刘延保、李勇。
【适用范围】
本标准规定了矿山的一般安全、井巷掘进与支护、矿山开采、矿山通风、矿山提升运输、矿山电气、矿山安全监测监控、矿山爆破、矿井瓦斯、矿山防水、矿山防尘、矿山防灭火、矿山救援等方面的安全术语。

本标准适用于煤矿、金属矿、非金属矿以及石油、天然气等类矿山安全有关的文件、标准、规程、规范、书刊、教材和手册等。

AQ 1008—2007 矿山救护规程

【起草单位】
国家安全生产监督管理总局矿山救援指挥中心、武汉安全与环保研究院。
【主要起草人】
王志坚、孟斌成、邱雁、田得雨、肖文儒、张安琦、李文俊、彭兴文、侯建明、王立兵、张军义、张延寿。
【适用范围】
本标准规定了矿山救护工作涉及的矿山应急救援组织、矿山救护队军事化管理、矿山救护队装备与设施、矿山救护队培训与训练、矿山事故应急救援一般规定、矿山事故救援等各项内容。

本标准适用于中华人民共和国境内矿山企业，矿山救护队伍及管理部门，不适用于石油和天然气、液态矿等。

AQ 1009—2007 矿山救护队质量标准化考核规范

【起草单位】
国家安全生产监督管理总局矿山救援指挥中心、山东煤矿安全监察局、中国安全生产科学研究院。
【主要起草人】
王志坚、孟斌成、田得雨、邱雁、高中强、李刚业、王云海、李春民。
【适用范围】
本标准规定了矿山救护大队、中队质量标准化考核标准及评定办法。
本标准适用于矿山救护大队、中队开展质量标准化考核达标活动。

AQ 1010—2005　选煤厂安全规程

起草单位

中国煤炭工业协会选煤分会。

主要起草人

单忠健、张殿增、岳胜云、蒋志伟。

适用范围

本标准规定了选煤厂（包括筛选厂）在生产、操作和管理上涉及安全生产应遵守的各项规定。

本标准适用于各类筛选厂、选煤厂，也适用水煤浆厂。

AQ 1011—2005　煤矿在用主通风机系统安全检测检验规范

起草单位

矿用产品安全标志办公室、国家安全生产重庆矿用设备检测检验中心、河南煤矿安全监察局。

主要起草人

金小汉、陈东海、杨大明、巨广刚、陈杰。

适用范围

本标准规定了煤矿在用主通风机系统安全检测检验的条件、要求、方法和技术要求。

本标准适用于全国范围内安装在工作网路上的在用主通风机系统的一个工况点或多个工况点性能参数、故障诊断、振动、噪声、轴承和电动机定子温升、外观质量、证件审查、安全防护及设施、电动机参数的检验。也适用于维修后的煤矿主通风机系统的安全检验。

AQ 1012—2005　煤矿在用主排水系统安全检测检验规范

起草单位

矿用产品安全标志办公室、国家安全生产抚顺矿用设备检测检验中心、河南煤矿安全监察局。

主要起草人

陈在学、韩正菊、袁庆国、张大力、王亚林。

适用范围

本标准规定了煤矿在用水泵及主排水系统性能检验方法。

本标准适用于全国各生产矿井在用主排水系统的技术性能的检测。

AQ 1013—2005 煤矿在用空气压缩机系统安全检测检验规范

起草单位

矿用产品安全标志办公室、国家安全生产抚顺矿用设备检测检验中心、河南煤矿安全监察局。

主要起草人

陈在学、韩正菊、臧梦、金小汉、胡继红。

适用范围

本标准规定了煤矿在用空气压缩机性能检验方法和检验用仪器设备。

本标准适用于煤矿在用固定式和移动式空气压缩机的安全技术性能检验。

AQ 1014—2005 煤矿在用摩擦式提升机系统安全检测检验规范

起草单位

矿用产品安全标志办公室、国家安全生产上海矿用设备检测检验中心、河南煤矿安全监察局。

主要起草人

王国键、杨大明、刘宏新、宋宏志、胡瑜。

适用范围

本标准规定了煤矿在用摩擦式提升机系统安全检测检验的项目和技术要求。

本标准适用于煤矿在用摩擦式提升机系统现场检测检验。

AQ 1015—2005 煤矿在用缠绕式提升机系统安全检测检验规范

起草单位

矿用产品安全标志办公室、国家安全生产上海矿用设备检测检验中心、河南煤矿安全监察局。

主要起草人

王国键、袁庆国、刘红新、陈在学、胡韶华。

适用范围

本标准规定了煤矿在用缠绕式提升机系统安全检测检验的项目和技术要求。

本标准适用于煤矿在用缠绕式提升机系统（包括滚筒直径 1.6 m 及以上煤矿在用缠绕式矿井提升机）现场检测检验。

AQ 1016—2005　煤矿在用提升绞车系统安全检测检验规范

起草单位

矿用产品安全标志办公室、国家安全生产上海矿用设备检测检验中心、河南煤矿安全监察局。

主要起草人

王国键、刘宏新、郑卉、孟金锁、宋宏志。

适用范围

本规范规定了煤矿在用提升绞车系统安全检测检验的项目和技术要求。

本规范适用于煤矿在用矿井提升绞车系统（包括滚筒直径 1.2 m 及以下严禁载人的矿用提升绞车）现场检测检验。

AQ 1017—2005　煤矿井下安全标志

起草单位

煤炭信息研究院、兖州煤业（集团）有限公司、山西焦煤（集团）有限责任公司、开滦矿业（集团）有限责任公司、煤炭科学研究总院抚顺分院、煤炭科学研究总院重庆分院。

主要起草人

黄盛初、王捷帆、陈昌、陈国瑞、倪兴华、王登刚、莫志中、杨树民、张延寿、黄声树、岳超平。

适用范围

本标准规定了煤矿井下传递安全警示信息的安全标志。

本标准适用于各类井工开采的煤矿。

AQ 1018—2006　矿井瓦斯涌出量预测方法

起草单位

煤炭科学研究总院抚顺分院。

主要起草人

姜文忠、秦玉金、闫斌移、薛军峰。

适用范围

本标准规定了采用分源预测法与矿山统计法进行矿井瓦斯涌出量预测的方法。

本标准适用于新建矿井、生产矿井新水平延深、新采区以及采掘工作面（放顶煤工作面除外）的瓦斯涌出量预测。

AQ/T 1019—2006 煤层自然发火标志气体色谱分析及指标优选方法

起草单位

煤炭科学研究总院抚顺分院。

主要起草人

杨宏民、罗海珠、梁运涛、牛广珂。

适用范围

本标准规定了煤层自然发火标志气体种类、气相色谱分析技术条件和分析方法，规定了煤层自然发火标志气体及指标优选方法。

本标准适用于煤层自然发火标志气体的气相色谱分析及预测预报指标的优选。

AQ 1020—2006 煤矿井下粉尘综合防治技术规范

起草单位

煤炭科学研究总院重庆分院。

主要起草人

李德文、王树德、隋金君、张设计、胥奎、王自亮。

适用范围

本标准规定了煤矿井下作业场所粉尘综合防治技术的总体要求和粉尘治理、预防和隔绝煤尘爆炸及粉尘检测方法。

本标准适用于煤矿井下作业场所粉尘的综合防治。

AQ 1021—2006 煤矿采掘工作面高压喷雾降尘技术规范

起草单位

煤炭科学研究总院重庆分院。

主要起草人

王树德、隋金君、胥奎、李建国、黄金星、李爱菊、刘涛。

适用范围

本标准规定了煤矿井下采掘工作面高压喷雾降尘技术要求和降尘效果测定方法。

本标准适用于煤矿井采掘进工作面高压喷雾降尘。

AQ 1022—2006 煤矿用袋式除尘器

起草单位

煤炭科学研究总院重庆分院。

主要起草人

胥奎、李建国、王树德、李爱菊、黄金星、刘涛。

适用范围

本标准规定了煤矿用袋式除尘器的要求、试验方法、检验规则、标志、包装、运输和贮存。

本标准适用于煤矿井下及地面常温用袋式除尘器。

AQ 1023—2006 煤矿井下低压供电系统及装备通用安全技术要求

起草单位

煤炭科学研究总院抚顺分院。

主要起草人

李晓光、杨敏、刘炎钊、霍育川、王海洋、翟青妮、潘亮。

适用范围

本标准规定了煤矿井下低压供电系统的安全技术要求，以及控制、测量及用电设备的分类、技术要求、试验方法。

本标准适用于高瓦斯矿井、煤与瓦斯突出矿井低压供电系统及装备。

AQ 1024—2006 煤与瓦斯突出矿井鉴定规范

起草单位

煤炭科学研究总院重庆分院。

主要起草人

胡千庭、赵旭生、邹银辉、李秋林、康建宁、张庆华、雷红艳。

适用范围

本标准规定了煤与瓦斯突出矿井和突出煤层的鉴定方法、审批程序和鉴定报告内容等。

本标准适用于井工开采煤矿进行煤与瓦斯突出矿井鉴定和突出煤层鉴定，也适用于岩石与二氧化碳（瓦斯）突出矿井的鉴定。

AQ 1025—2006 矿井瓦斯等级鉴定规范

起草单位

煤炭科学研究总院重庆分院。

主要起草人

赵旭生、康建宁、李秋林、邹银辉、张庆华、雷红艳。

适用范围

本标准规定了矿井瓦斯等级鉴定的一般要求、鉴定方法和鉴定报告内容。

本标准适用于煤矿井工开采的瓦斯矿井进行矿井瓦斯等级的鉴定。

AQ 1026—2006 煤矿瓦斯抽采基本指标

起草单位

煤炭科学研究总院重庆分院、中国矿业大学、煤炭科学研究总院抚顺分院、阳泉矿业（集团）有限责任公司、淮南矿业（集团）有限责任公司、芙蓉（集团）实业有限责任公司。

主要起草人

胡千庭、文光才、俞启香、王魁军、李宝玉、周德昶、高正强、龙伍见。

适用范围

本标准规定了煤矿瓦斯抽采应达到的指标及其测算方法。

本标准适用于井工煤矿。

AQ 1027—2006 煤矿瓦斯抽放规范

起草单位

中国煤炭工业劳动保护科学技术学会、煤炭科学研究总院抚顺分院。

主要起草人

窦永山、王魁军、邱宝杓、张兴华、高坤、曹垚林、富向。

[适用范围]

本标准规定了建立矿井瓦斯抽放系统的条件及工程设计要求、瓦斯抽放方法、瓦斯抽放管理及职责、瓦斯利用、瓦斯抽放系统的报废程序，以及瓦斯抽放基础参数的测算方法、各类瓦斯抽放方法的抽放率、瓦斯抽放监控系统监测参数的指标要求和瓦斯抽放工程设计有关计算方法。

本标准适用于全国煤矿企业、管理部门及有关事业单位。

AQ 1028—2006 煤矿井工开采通风技术条件

[起草单位]

中国煤炭工业劳动保护科学技术学会、开滦（集团）有限责任公司。

[主要起草人]

窦永山、殷作如、邱宝杓、常文杰、张瑞玺、周凤增、郭达、高伟、陈成桥、武建国。

[适用范围]

本标准规定了采用井工方式开采的煤矿的基本通风技术条件。

本标准适用于全国井工开采的煤矿，包括新建和改、扩建矿井。

AQ 1029—2019 煤矿安全监控系统及检测仪器使用管理规范

[起草单位]

中国矿业大学（北京）、江苏三恒科技股份有限公司、中国煤炭科工集团常州研究院有限公司、兖矿集团有限公司、山西煤炭运销集团信息工程有限公司。

[主要起草人]

孙继平、张元刚、胡穗延、钱晓红、赵旭宏、刘毅、田子建、陶德保。

[适用范围]

本标准规定了煤矿安全监控系统及检测仪器的装备、设计和安装、传感器设置、使用与维护、系统及联网信息处理、管理制度与技术资料等要求。

本标准适用于全国井工煤矿，包括生产、新建和改、扩建矿井。

AQ 1030—2007 煤矿用运输绞车安全检验规范

[起草单位]

安标国家矿用产品安全标志中心（矿用产品安全标志办公室）、煤炭科学研究总院上海分院。

主要起草人

王国键、傅晓刚、杨大明、陈杰、俞喆、张晓君。

适用范围

本标准规定了煤矿用运输绞车的产品分类、检验要求、检验内容、检验方法、检验规则。

本标准适用于煤矿井下在倾角小于 30° 的巷道牵引矿车运输物料的绞车，不适用于提升或运输人员的绞车。

AQ 1031—2007 煤矿用凿井绞车安全检验规范

起草单位

安标国家矿用产品安全标志中心（矿用产品安全标志办公室）、煤炭科学研究总院上海分院。

主要起草人

王国键、袁庆国、吴海华、凌伟民、傅晓刚、黄继强。

适用范围

本标准规定了煤矿用凿井绞车的产品分类、检验要求、检验内容、检验方法、检验规则。

本标准适用于煤矿立井凿井时悬吊设备用的绞车。

AQ 1032—2007 煤矿用 JTK 型提升绞车安全检验规范

起草单位

安标国家矿用产品安全标志中心（矿用产品安全标志办公室）、煤炭科学研究总院上海分院。

主要起草人

王国键、周国庆、孟金锁、梁润富、陈峤鹰、刘英社。

适用范围

本标准规定了煤矿用 JTK 型提升绞车的产品分类、检验要求、检验内容、检验方法、检验规则。

本标准适用于卷筒直径在 1.2 m 及其以上主要用于煤矿地面或井下的倾斜巷道和小型竖井作升降物料及人员的绞车，适用于卷筒直径为 0.8 m 主要用于煤矿地面或井下辅助性的或移动性的专为升降物料的绞车和卷筒直径为 1 m 主要用于煤矿地面或井下专为升降物料的绞车。

AQ 1033—2007 煤矿用JTP型提升绞车安全检验规范

起草单位

安标国家矿用产品安全标志中心（矿用产品安全标志办公室）、煤炭科学研究总院上海分院、锦州矿山机器有限责任公司。

主要起草人

王国键、杨大明、金丽莉、陈杰、羊跃海、刘英社。

适用范围

本标准规定了煤矿用JTP型提升绞车的产品分类、检验要求、检验内容、检验方法、检验规则。

本标准适用于煤矿地面或井下的倾斜巷道和小型立井用来提升物料或者人员所用的绞车。

AQ 1034—2007 煤矿用带式制动提升绞车安全检验规范

起草单位

安标国家矿用产品安全标志中心（矿用产品安全标志办公室）、煤炭科学研究总院上海分院。

主要起草人

王国键、吴海华、梁润富、王惠玲、羊跃海、俞喆。

适用范围

本标准规定了单卷筒直径为 0.5~0.8 m 的煤矿用带式制动提升绞车的产品分类、检验要求、检验内容、检验方法、检验规则。

本标准中隔爆型适用于在有煤尘或爆炸性气体的煤矿井下的移动式的或辅助性的专为升降物料的绞车，非隔爆型适用于煤矿地面移动式的或辅助性的专为升降物料（包括矸石山和向天桥上提升等）的绞车。

本标准不适用于人员运输的绞车。

AQ 1035—2007 煤矿用单绳缠绕式提升机安全检验规范

起草单位

安标国家矿用产品安全标志中心（矿用产品安全标志办公室）、煤炭科学研究总院上海分院。

主要起草人

王国键、袁庆国、周国庆、臧梦、金丽莉、张晓君。

<u>适用范围</u>

本标准规定了煤矿用单绳缠绕式矿井提升机的产品分类、检验要求、检验内容、检验方法、检验规则。

本标准适用于煤矿的地面或井下用来提升物料或者人员所用的提升机。

AQ 1036—2007 煤矿用多绳摩擦式提升机安全检验规范

<u>起草单位</u>

安标国家矿用产品安全标志中心（矿用产品安全标志办公室）、煤炭科学研究总院上海分院。

<u>主要起草人</u>

王国键、周国庆、王路、吴海华、王磊、张晓君。

<u>适用范围</u>

本标准规定了煤矿用多绳摩擦式提升机的产品分类、检验要求、检验内容、检验方法、检验规则。

本标准适用于煤矿地面用立井提升矿物和升降人员、物料及设备之用的提升机。

AQ 1037—2007 煤矿用无极绳绞车安全检验规范

<u>起草单位</u>

安标国家矿用产品安全标志中心（矿用产品安全标志办公室）、煤炭科学研究总院上海分院。

<u>主要起草人</u>

王国键、袁庆国、陈峤鹰、臧梦、黄继强。

<u>适用范围</u>

本标准规定了煤矿用无极绳绞车的产品分类、检验要求、检验内容、检验方法、检验规则。

本标准适用于煤矿地面或井下运输（用）绞车，不适用于提升或运输人员的绞车。

AQ 1038—2007 煤矿用架空乘人装置安全检验规范

<u>起草单位</u>

安标国家矿用产品安全标志中心（矿用产品安全标志办公室）、煤炭科学研究总

院上海分院。

[主要起草人]

王国键、孟金锁、吴海华、胡继红、羊跃海、陈峤鹰。

[适用范围]

本标准规定了煤矿用架空乘人装置的产品分类、检验要求、检验内容、检验方法、检验规则。

本标准适用于煤矿井下和露天煤矿中使用的乘人装置。

AQ 1039—2007 煤矿用耙矿绞车安全检验规范

[起草单位]

安标国家矿用产品安全标志中心(矿用产品安全标志办公室)、煤炭科学研究总院上海分院。

[主要起草人]

王国键、袁庆国、金丽莉、戎明彦、刘晨阳、黄继强。

[适用范围]

本标准规定了煤矿用耙矿绞车的产品分类、检验要求、检验内容、检验方法、检验规则。

本标准适用于水平和倾角不大于44°斜坡耙运煤炭或矿石的电动机驱动绞车。

本标准不适用于提升或运输人员的绞车。

AQ 1040—2007 煤矿用启闭风门绞车安全检验规范

[起草单位]

安标国家矿用产品安全标志中心(矿用产品安全标志办公室)、煤炭科学研究总院上海分院。

[主要起草人]

王国键、杨大明、金丽莉、王磊、刘晨阳。

[适用范围]

本标准规定了煤矿用启闭风门绞车的产品分类、检验要求、检验内容、检验方法、检验规则。

本标准适用于煤矿启闭风门和闸门的绞车。

AQ 1041—2007 煤矿用无极绳调速机械绞车安全检验规范

起草单位

安标国家矿用产品安全标志中心（矿用产品安全标志办公室）、煤炭科学研究总院上海分院。

主要起草人

王国键、傅晓刚、孟金锁、胡继红、陈峤鹰、俞喆。

适用范围

本标准规定了煤矿用无极绳调速机械绞车的产品分类、检验要求、检验内容、检验方法、检验规则。

本标准适用于煤矿地面或井下运输（用）绞车。

本标准不适用于提升的绞车。

AQ 1042—2007 煤矿用液压防爆提升机和提升绞车安全检验规范

起草单位

安标国家矿用产品安全标志中心（矿用产品安全标志办公室）、煤炭科学研究总院上海分院、株洲力达液压机械有限责任公司。

主要起草人

王国键、周国庆、凌伟民、王春平、傅晓刚、张晓君。

适用范围

本标准规定了煤矿用液压防爆提升机和提升绞车的产品分类、检验要求、检验内容、检验方法、检验规则。

本标准适用于煤矿井下有煤尘或爆炸性气体环境中提升、下放物料和升降人员用的提升机。

AQ 1043—2007 矿用产品安全标志标识

起草单位

安标国家矿用产品安全标志中心（矿用产品安全标志办公室）。

主要起草人

袁庆国、孟金锁、杨大明、王春平、胡继红、戎明彦、陈杰、王磊、毛云萍。

适用范围

本标准规定了矿用产品安全标志标识的分类、型式、尺寸、材质、颜色、使用及管理等要求。

本标准适用于纳入安全标志管理并已取得安全标志的矿用产品。

AQ 1044—2007 矿井密闭防灭火技术规范

起草单位

煤炭科学研究总院抚顺分院、湖南省煤炭科学研究所、大同矿务局通风处。

主要起草人

梁运涛、黄翰文、孟凡龙、罗海珠。

适用范围

本标准规定了矿井密闭防灭火技术的使用范围、使用通则；技术方案的制定、实施、管理，防灭火效果强化和效果检验。

本标准适用于采用密闭防灭火技术的煤矿矿井火灾防治。

AQ 1045—2007 煤尘爆炸性鉴定规范

起草单位

煤炭科学研究总院重庆分院。

主要起草人

张延松、张引合、黄维刚、刘新强。

适用范围

本标准规定了煤尘爆炸性鉴定的鉴定机构、人员、鉴定范围、仪器设备、煤样的采取与缩制、鉴定试样及工业分析试样的制备、岩石的采取与岩粉的制备、煤尘爆炸性鉴定的试验步骤及试验结果的评定以及鉴定报告。

本标准适用于利用大管状煤尘爆炸性鉴定装置对开采煤层和地质勘探煤层有无煤尘爆炸性的鉴定。

AQ 1046—2007 地勘时期煤层瓦斯含量测定方法

起草单位

煤炭科学研究总院抚顺分院。

主要起草人

陈大力、姜文忠、孙晓军、张劲松、王辉跃、石永生。

适用范围

本标准适用于在煤层地质勘探钻孔中采取煤芯测定煤层瓦斯含量及瓦斯成分。

本标准不适用于严重漏水钻孔、喷瓦斯钻孔、井下倾斜钻孔中测定煤层瓦斯含量，也不适用于测定岩石瓦斯含量。

AQ/T 1047—2007 煤矿井下煤层瓦斯压力的直接测定方法

起草单位

煤炭科学研究总院重庆分院。

主要起草人

杜子健、龙伍见、张志刚、霍春秀、周厚权、黄学满。

适用范围

本标准规定了煤矿井下直接测定煤层瓦斯压力的测定方法、工艺、设备、材料、封孔等的要求。

本标准适用于煤矿井下直接测定煤层瓦斯压力。

AQ 1048—2007 煤矿井下作业人员管理系统使用与管理规范

起草单位

中国矿业大学（北京）、煤炭科学研究总院常州自动化研究所、平顶山煤业（集团）有限责任公司。

主要起草人

孙继平、彭霞、卫修君、于励民、田子建。

适用范围

本标准规定了煤矿井下作业人员管理系统安装、使用、维护与管理要求。

本标准适用于井工煤矿，包括新建和改扩建矿井。

AQ 1049—2018 煤矿建设项目安全审核基本要求

起草单位

国家煤矿安全监察局安全监察司、国家安全生产监督管理总局研究中心。

主要起草人

颜爱华、王国栋、王世杰、李泽荃、卢鉴章、倪斌、吴国强、沈明、张川、王结义、张达贤、于正义。

[适用范围]

本标准规定了煤矿建设项目安全审核内容和要求。

本标准适用于煤矿建设项目。

AQ 1050—2008 保护层开采技术规范

[起草单位]

中国矿业大学、煤矿瓦斯治理国家工程研究中心。

[主要起草人]

程远平、俞启香、王海锋、周红星。

[适用范围]

本标准规定了煤矿保护层开采的一般要求、规划、设计、瓦斯抽采、效果考察和区域性消除突出危险性评定方法。

本标准适用于井工煤矿煤（岩）与瓦斯突出矿井。

AQ 1051—2008 煤矿职业安全卫生个体防护用品配备标准

[起草单位]

国家煤矿安全监察局、国家安全生产监督管理总局职业安全卫生研究所。

[主要起草人]

商登莹、刘维庸、常进军、赵葆青、马骏、关砚生、郭秀琴、张岩松、刘卫东、牛俊起、张建伟、金城。

[适用范围]

本标准规定了煤矿职业安全卫生个体防护用品的种类、配备范围及使用期限。

本标准适用于在煤矿井下、井上、煤炭洗选和露天煤矿作业职工职业安全卫生个体防护用品的配备。

AQ 1052—2008 矿用二氧化碳传感器通用技术条件

[起草单位]

煤炭科学研究总院抚顺分院、安标国家矿用产品安全标志中心、煤炭科学研究总院北京神州鼎天数码技术信息有限公司。

主要起草人

余进、戴峻、薛元修、李振新、李者、陈福明、余博龙、冯文彬、刘艺平、贾祥之、朱世安、马龙、吴北平、杜学东。

适用范围

本标准规定了矿用二氧化碳传感器的技术要求、试验方法、检验规则、标志、包装、使用说明、运输和贮存等。

本标准适用于矿山井下有可燃气体爆炸环境中使用的矿用二氧化碳传感器。

AQ 1053—2008 隔绝式负压氧气呼吸器

起草单位

煤炭科学研究总院抚顺分院、安标国家矿用产品安全标志中心、太原市神瑞安全救护科技有限公司。

主要起草人

马善清、张君磊、王怡芳、余进、聂雅玲、陈福明、马云龙、吴庆宏、李振新、王鹏、戴峻、马龙、吴北平、肖廷菊。

适用范围

本标准规定了隔绝式负压氧气呼吸器术语和定义、型式、分类、型号、基本参数和使用条件、技术要求、试验方法、检验规则、标志、包装、贮存等。

本标准适用于矿山井下、石油化工、隧道工程、消防等行业安全救护队员到作业危险场所进行抢险救灾使用隔绝式负压氧气呼吸器的设计、生产制造和检验。

AQ 1054—2008 隔绝式压缩氧气自救器

起草单位

煤炭科学研究总院抚顺分院、安标国家矿用产品安全标志中心、山西虹安科技有限公司。

主要起草人

余进、张新民、李新文、孟金锁、马善清、李振新、陈福明、戴峻、朱世安、朱龙辉、张志强、马云龙、董瑾、马龙。

适用范围

本标准规定了隔绝式压缩氧气自救器的产品型式、分类、技术要求、试验方法、检验规则、标志、包装、运输和贮存等。

本标准适用于矿山井下、石油化工、隧道工程等涉及作业人员危险场所个人逃生使用隔绝式压缩氧气自救器的设计、生产制造和检验。

AQ 1055—2018 煤矿建设项目安全设施设计审查和竣工验收规范

起草单位

中国煤炭工业安全科学技术学会、中国煤炭工业发展研究中心、国家安全生产监督管理总局信息研究院。

主要起草人

申宝宏、杨国栋、高富基、周德昶、洪益清、何建平、孙继平、肖文儒、解连江、于新胜、邓星利、檀新忠、李德文、贺明新、夏仕柏、朱泽虎、张步勤、田子建、赵恩彪、张平、郭昭华、刘爱兰、王恺。

适用范围

本标准规定了煤矿建设项目安全设施设计审查和安全设施竣工验收工作的条件、内容和要求。

本标准适用于新建、改建、扩建煤矿建设项目。

AQ 1056—2008 煤矿通风能力核定标准

起草单位

国家煤矿安全监察局监察司、山东省煤炭技术服务有限公司。

主要起草人

陈国新、刘福广、侯登双、陈成星、韩学海、吕学强、安伯超、鹿洪有、宋伟、孙庆鹏、崔晓明、张国玉、来庆新、王雨君、李迅。

适用范围

本标准规定了井工煤矿通风能力核定的条件、要求、方法和技术要求。

本标准适用于全国范围内具有完整独立通风系统井工煤矿的通风能力核定。

AQ 1057—2008 化学氧自救器初期生氧器

起草单位

煤炭科学研究总院抚顺分院。

主要起草人

聂雅玲、聂多、马善清、毛欣、杨进、车仁智。

适用范围

本标准规定了化学氧自救器初期生氧器的术语和定义、分类、技术要求、试验方法、检验规则、标志、包装、运输和贮存。

本标准适用于化学氧自救器用的氯酸盐热分解式初期生氧器、酸瓶起动药剂式初期生氧器、压缩氧小气瓶式初期生氧器等。

AQ 1058—2008 煤矿瓦斯检查工安全技术培训大纲及考核标准

起草单位

中国矿业大学（北京）、河南煤矿安全监察局、河北煤矿安全监察局、河南煤矿安全监察局安全技术培训中心、平煤集团公司天安安全技术培训中心。

主要起草人

周心权、张振普、李谨、瓮立平、时志钢、党国正、杜春立。

适用范围

本标准规定了煤矿瓦斯检查工的基本条件、安全技术培训大纲和安全技术考核要求。

本标准适用于煤矿瓦斯检查工的安全技术培训和安全技术考核。

AQ 1059—2008 煤矿安全检查工安全技术培训大纲及考核标准

起草单位

中国矿业大学（北京）、河南煤矿安全监察局、河北煤矿安全监察局、河南煤矿安全监察局安全技术培训中心、河南永城煤电公司安全技术培训中心。

主要起草人

周心权、张振普、李谨、瓮立平、时志钢、张志春、张国庆。

适用范围

本标准规定了煤矿安全检查工的基本条件、安全技术培训大纲和安全技术考核要求。

本标准适用于煤矿安全检查工的安全技术培训和安全技术考核。

AQ 1060—2008 煤矿井下爆破工安全技术培训大纲及考核标准

起草单位

中国矿业大学（北京）、河南煤矿安全监察局、河北煤矿安全监察局、河南煤矿安全监察局安全技术培训中心、平煤集团公司天安安全技术培训中心、义煤集团公司安全技术培训中心。

主要起草人

周心权、张振普、李谨、瓮立平、时志钢、党国正、易善刚、陈轶平。

适用范围

本标准规定了煤矿井下爆破工的基本条件、安全技术培训大纲和安全技术考核要求。

本标准适用于煤矿井下爆破工的安全技术培训和安全技术考核。

AQ 1061—2008 采煤机司机安全技术培训大纲及考核标准

起草单位

中国矿业大学（北京）、山东煤矿安全监察局、河北煤矿安全监察局、河南煤矿安全监察局、中国煤矿环保安全技术培训中心。

主要起草人

周心权、李谨、张振普、张凤杰、瓮立平、李建民、宁廷全、葛宝臻。

适用范围

本标准规定了采煤机司机的基本条件、安全技术培训大纲和安全技术考核要求。

本标准适用于采煤机司机的安全技术培训和考安全技术考核。

AQ 1062—2008 煤矿井下电钳工安全技术培训大纲及考核标准

起草单位

中国矿业大学（北京）、河北煤矿安全监察局、河南煤矿安全监察局、开滦安全技术培训中心、石家庄工程技术学校、金牛能源集团公司。

主要起草人

周心权、李谨、张振普、瓮立平、杜春艳、李素、霍秋生。

适用范围

本标准规定了煤矿井下电钳工的基本条件、安全技术培训大纲和安全技术考核要求。

本标准适用于煤矿井下电钳工的安全技术培训和安全技术考核。

AQ 1063—2008 煤矿主提升机操作工安全技术培训大纲及考核标准

起草单位

中国矿业大学（北京）、山东煤矿安全监察局、黑龙江煤矿安全监察局、河北煤矿安全监察局、河南煤矿安全监察局、山东煤矿安全技术培训中心。

主要起草人

周心权、李谨、张振普、张凤杰、王永华、瓮立平、李建民、宁廷全、杨世模。

适用范围

本标准规定了煤矿主提升机操作工的基本条件、安全技术培训大纲和安全技术考核标准。

本标准适用于煤矿主提升机操作工的安全技术培训和安全技术考核。

AQ 1064—2008 煤矿用防爆柴油机无轨胶轮车安全使用规范

起草单位

中国煤炭工业劳动保护科学技术学会、国家安全生产邢台矿用防爆柴油机械检测检验中心、安标国家矿用产品安全标志中心、山西永恒机械制造有限公司。

主要起草人

李学成、窦永山、宋顺妙、邱宝杓、杨大明、赵廷赞、杨树林、李恒。

适用范围

本标准规定了煤矿用防爆柴油机无轨胶轮车的基本要求、使用、维护、维修、加油等安全使用要求。

本标准适用于具有瓦斯及煤尘爆炸危险的煤矿井下使用的防爆柴油机无轨胶轮车。

AQ/T 1065—2008 钻屑瓦斯解吸指标测定方法

起草单位

煤炭科学研究总院重庆研究院、煤炭科学研究总院抚顺分院、煤炭科学研究总院北京安全技术研究所。

主要起草人

胡千庭、文光才、邹银辉、赵旭生、张庆华、孙波、李秋林、吴教锟。

适用范围

本标准规定了钻屑瓦斯解吸指标的测定原理、测定仪器、测定步骤和结果表述。

本标准适用于实验室和现场测定钻屑瓦斯解吸指标 K_1 和 Δh_2。

AQ 1066—2008 煤层瓦斯含量井下直接测定方法

起草单位

煤炭科学研究总院抚顺分院、煤炭科学研究总院重庆研究院。

主要起草人

姜文忠、秦玉金、邹银辉、王玉武、薛军峰、张庆华、董全、赵旭生、吴琼。

适用范围

本标准规定了井下直接测定煤层瓦斯含量的采样方法、解吸瓦斯量测定方法、损失瓦斯量补偿方法、残存瓦斯量测定方法及煤层瓦斯含量的计算方法。

本标准适用于煤矿井下利用解吸法直接测定煤层瓦斯含量。

本标准不适用于严重漏水钻孔、瓦斯喷出钻孔及岩心瓦斯含量测定。

AQ/T 1067—2008 矿井风流热力状态预测方法

起草单位

中国煤炭工业劳动保护科学技术委员会、煤炭科学研究总院抚顺分院。

主要起草人

李红阳、杨德源、罗海珠、朱锦文。

适用范围

本标准规定了矿井风流热力状态预测的定义术语、预测的基础资料、内容、范围、精度要求及预测方法。

本标准适用于全国井工开采的矿井，包括生产、新建和改、扩建矿井。

AQ/T 1068—2008 煤自燃倾向性的氧化动力学测定方法

起草单位

中国矿业大学煤炭资源与安全开采国家重点实验室。

主要起草人

王德明、仲晓星、周福宝、戚绪尧、李增华、秦波涛。

适用范围

本标准规定了煤自燃倾向性的氧化动力学测定方法的测试系统、测试条件、测试步骤、分类与分类指标，并界定了相关的术语和定义。

本标准适用于煤自燃倾向性的鉴定。

AQ 1069—2008 煤矿主要负责人安全生产培训大纲及考核标准

起草单位
中国矿业大学（北京）、河南煤矿安全监察局、河北煤矿安全监察局。
主要起草人
周心权、张振普、李谨、瓮立平。
适用范围
本标准规定了申请取得煤矿主要负责人安全资格的基本条件、培训大纲和考核要求。

本标准适用于申请取得煤矿主要负责人安全资格的培训和考核。

AQ 1070—2008 煤矿安全生产管理人员安全生产培训大纲及考核标准

起草单位
中国矿业大学（北京）、河南煤矿安全监察局、河北煤矿安全监察局。
主要起草人
周心权、张振普、李谨、瓮立平。
适用范围
本标准规定了申请取得煤矿安全生产管理人员安全资格的基本条件、培训大纲和考核要求。

本标准适用于申请取得煤矿安全生产管理人员安全资格的培训和考核。

AQ 1071—2009 煤矿用非金属瓦斯输送管材安全技术要求

起草单位
煤炭科学研究总院重庆研究院。
主要起草人
胡千庭、黄声树、孔令刚、刘罡、徐三民、李少辉、王范树、樊小涛、薛少谦。
适用范围
本标准规定了煤矿用非金属瓦斯输送管材的要求、试验方法和检验规则。

本标准适用于以聚乙烯、聚氯乙烯以及其他非金属材料制成的煤矿用瓦斯输送管材（含复合管）。

本标准不适用于涂层复合钢管、玻璃钢管。

AQ 1072—2009 瓦斯管道输送水封阻火泄爆装置技术条件

起草单位

煤炭科学研究总院重庆研究院、国家安全生产重庆矿用设备检测检验中心。

主要起草人

杜子健、康建东、龙伍见、秦晓强、霍春秀、徐三民。

适用范围

本标准规定了瓦斯管道输送水封阻火泄爆装置的要求、试验方法、检验规则、标志、包装、运输和贮存。

本标准适用于输送压力 30 kPa 以内的瓦斯管道输送水封阻火泄爆装置的设计、制造和检验。

AQ 1073—2009 瓦斯管道输送自动阻爆装置技术条件

起草单位

煤炭科学研究总院重庆研究院、国家安全生产重庆矿用设备检测检验中心。

主要起草人

刘胜、林雪峰、岳建平、董积、陈福明、唐勇、樊小涛、李柏均、杨娟。

适用范围

本标准规定了瓦斯管道输送自动阻爆装置的技术要求、试验方法、检验规则、标志、包装、运输和贮存。

本标准适用于瓦斯管道输送自动阻爆装置的设计、制造和检验。

AQ 1074—2009 煤矿瓦斯输送管道干式阻火器通用技术条件

起草单位

胜利油田胜利动力机械集团有限公司。

主要起草人

陈宜亮、王志春、马晓钟、孙岳华、金延亮。

适用范围

本标准规定了煤矿瓦斯输送管道干式阻火器的型号命名、技术要求、试验方法、检验规则、标志、包装、运输和贮存。

本标准适用于煤矿瓦斯输送管道干式阻火器的设计、制造和检验。

AQ 1075—2009 煤矿低浓度瓦斯往复式内燃机驱动的交流发电机组通用技术条件

起草单位

胜利油田胜利动力机械集团有限公司。

主要起草人

陈宜亮、王志春、马晓钟、柏芹水、李锟。

适用范围

本标准规定了以煤矿低浓度瓦斯往复式内燃机为动力配套而成的发电机组的型号命名、技术要求、试验方法、检验规则、标志、包装、运输和贮存。

本标准适用于 200 kW～2000 kW 煤矿低浓度瓦斯往复式内燃机驱动的交流工频发电机组。

AQ 1076—2009 煤矿低浓度瓦斯管道输送安全保障系统设计规范

起草单位

煤炭科学研究总院重庆研究院、淮南矿业（集团）有限责任公司、淮北矿业（集团）有限责任公司、胜利油田胜利动力机械集团有限公司。

主要起草人

胡千庭、文光才、张延松、龙伍见、杜子健、袁亮、李伟、王志春。

适用范围

本标准规定了煤矿低浓度瓦斯管道输送安全保障系统设计时的基本规定、安全设施的安装要求等内容。

本标准适用于煤矿低浓度瓦斯管道输送的安全保障系统设计。

AQ 1077—2009 煤矿瓦斯往复式内燃机发电站安全要求

起草单位

胜利油田胜利动力机械集团有限公司、煤炭工业合肥设计研究院。

主要起草人

陈宜亮、王志春、马晓钟、李荣军、潘正云。

适用范围

本标准规定了以煤矿瓦斯为主要燃料的往复式内燃机驱动交流工频发电机组构成的发电站的安全要求。

本标准适用于煤矿瓦斯往复式内燃机发电站在安全方面的工程设计和运行管理。

AQ 1078—2009 煤矿低浓度瓦斯与细水雾混合安全输送装置技术规范

起草单位

胜利油田胜利动力机械集团有限公司。

主要起草人

陈宜亮、王志春、马晓钟、刘光玉、李锟。

适用范围

本标准规定了煤矿低浓度瓦斯与细水雾混合安全输送装置的设计、组件要求、控制、装置施工和验收。

本标准适用于煤矿低浓度瓦斯与细水雾混合安全输送装置的设计、施工、验收和运行。

AQ 1079—2009 瓦斯管道输送自动喷粉抑爆装置通用技术条件

起草单位

煤炭科学研究总院重庆研究院、国家安全生产重庆矿用设备检测检验中心。

主要起草人

张延松、蔡周全、薛少谦、樊小涛、司荣军、李润之、孔令刚。

适用范围

本标准规定了瓦斯管道输送自动喷粉抑爆装置的一般要求、技术要求、试验方法、检验规则、标志、包装、运输和贮存。

本标准适用于瓦斯管道输送自动喷粉抑爆装置的设计、制造和检验。

AQ 1080—2009 煤的瓦斯放散初速度指标（Δp）测定方法

起草单位
煤炭科学研究总院抚顺研究院。

主要起草人
王魁军、富向、曹垚林、孙波、李江涛、杨宏伟、王军、聂永兴、张哲。

适用范围
本标准规定了测定煤的瓦斯放散初速度指标现场采样、储存、制样、测定方法、测定仪器、测定步骤与结果表述。

本标准适用于煤的瓦斯放散初速度指标（Δp）的实验室测定。

AQ 1081—2010 煤层气地面开采防火防爆安全规程

起草单位
中联煤层气有限责任公司。

主要起草人
张政和、郭本广、王明寿、傅小康、李鸿飞。

适用范围
本标准规定了煤层气地面钻井、井下作业和排水采气防火防爆安全生产的基本要求。

本标准适用于未受煤炭采动影响的煤层气地面钻井、井下作业和排水采气。

AQ 1082—2010 煤层气集输安全规程

起草单位
中联煤层气有限责任公司。

主要起草人
王明寿、郭本广、张政和、傅小康、李鸿飞。

适用范围
本标准规定了煤层气采气管线、集气管线、集气站、中心处理站等煤层气田集输系统的安全生产的基本要求。

本标准适用于采用地面钻采方式开发的、未受煤炭采动影响区域所产的煤层气地面集输系统。

AQ 1083—2011　煤矿建设安全规范

起草单位

中煤能源集团第一建设公司、第五建设公司、平朔煤业有限公司。

主要起草人

孟凡良、刘敏、刘爱兰、孙银河、解志勇、耿孝辉、吕志江、陈士强、黄家贫。

适用范围

本标准规范了煤矿建设期间安全生产设施的设置和安全环境的要求，以及参与建设活动的各责任主体（包括煤矿建设、设计、施工和监理等单位）的安全资格与安全行为。

本标准适用于全国各类煤矿建设活动，包括新建、改建、扩建煤矿。

AQ/T 1084—2011　煤矿灾变环境混合气体测试方法与爆炸危险性判定规则

起草单位

煤炭科学研究总院沈阳研究院。

主要起草人

梁运涛、罗海珠、贺明新、王刚、张卫亮、孙勇。

适用范围

本标准规定了矿井灾变环境混合气体爆炸危险性的测试灾害气体种类、混合灾害气体采集方法、测试方法、测试精度要求，爆炸危险性判定规则。

本标准适用于煤矿井下灾变环境混合气体的测试分析和爆炸危险性判定。

AQ 1085—2011　煤矿进风井地面用燃煤热风炉安全技术条件

起草单位

黑龙江煤矿安全监察局、黑龙江煤矿矿用安全产品检验中心。

主要起草人

郭刚、胡万杰、孙敬明、张雪松、金宇、池海钰。

适用范围

本标准规定了煤矿进风井地面用燃煤热风炉的安全技术与使用要求、检验方法、检验规则、标志、包装和贮存。

本标准适用于煤矿进风井地面使用，加热入井空气，以煤炭为燃料的热风炉。

AQ/T 1086—2011 煤矿矿井瓦斯地质图编制方法

起草单位

河南理工大学、淮南矿业（集团）有限责任公司、郑州煤炭工业（集团）有限责任公司、中国平煤神马能源化工集团有限公司、开滦（集团）有限责任公司。

主要起草人

张子敏、张玉贵、魏国营、闫江伟、贾天让、刘勇、高建良、屈先朝。

适用范围

本标准规定了煤矿矿井瓦斯地质图的术语和定义、内容、要求与编制方法。

本标准适用于煤矿矿井瓦斯地质图编制。

AQ/T 1087—2020 煤矿堵水用高分子材料

起草单位

巴斯夫浩珂矿业化学（中国）有限公司、中国煤炭工业协会生产力促进中心、中国矿业大学、淮北矿业（集团）有限责任公司。

主要起草人

张凯、崔金声、徐忠正、刘富、王多春、张农、张克虎、邓鑫星、杨扬、孙会文、周海贞。

适用范围

本标准规定了煤矿堵水用高分子材料的术语和定义、要求、试验方法、检验规则、标志、包装、运输和贮存以及安全操作规范。

本标准适用于煤矿注浆封堵煤岩体出水用高分子材料。

AQ 1088—2011 煤矿喷涂堵漏风用高分子材料技术条件

起草单位

济宁浩珂矿业工程设备有限公司、中国煤炭工业协会生产力促进中心、中国矿业大学、淮北矿业（集团）有限责任公司。

主要起草人

崔金声、李钊、屈凡瑞、郑厚发、张农、刘国栋、张凯、马玉平、周海贞、仲丽云。

适用范围

本标准规定了煤矿喷涂堵漏风用高分子材料的术语和定义、要求、试验方法、检验规则、标志、包装、运输及贮存。

本标准适用于煤矿喷涂封堵煤岩体漏风裂隙用高分子材料。

AQ/T 1089—2020 煤矿加固煤岩体用高分子材料

起草单位

巴斯夫浩珂矿业化学（中国）有限公司、中国煤炭工业协会生产力促进中心、中国矿业大学、淮北矿业（集团）有限责任公司。

主要起草人

张农、崔金声、郑厚发、张克虎、李培春、徐忠正、张凯、王多春、赵玉新、杨扬。

适用范围

本标准规定了煤矿加固煤岩体用高分子材料的术语和定义、要求、试验方法、检验规则、标志、包装、运输及贮存。

本标准适用于煤矿注浆加固煤岩体用高分子材料。

AQ/T 1090—2020 煤矿充填密闭用高分子发泡材料

起草单位

巴斯夫浩珂矿业化学（中国）有限公司、中国煤炭工业协会生产力促进中心、中国矿业大学、淮北矿业（集团）有限责任公司。

主要起草人

崔金声、李培春、郑厚发、张克虎、张凯、徐忠正、张农、马玉平、杨扬、储春艳、陈焕中。

适用范围

本标准规定了煤矿充填密闭用高分子发泡材料的术语和定义、产品分类、要求、试验方法、检验规则、标志、包装、运输和贮存以及安全操作规范。

本标准适用于煤矿井下空间充填和构筑密闭用高分子发泡材料。

AQ 1091—2011 煤矿瓦斯抽采工安全技术培训大纲及考核要求

起草单位

中国矿业大学（北京）、重庆天府矿业有限责任公司、松藻煤电有限责任公司。

【主要起草人】

刘社育、赵宁德、瓮立平、罗继福、张安坤、周成波。

【适用范围】

本标准规定了煤矿瓦斯抽采工的基本条件、安全技术培训大纲和安全技术考核要求。

本标准适用于煤矿瓦斯抽采工的安全技术培训和安全技术考核。

AQ 1092—2011 煤矿防突工安全技术培训大纲及考核要求

【起草单位】

中国矿业大学（北京）、重庆天府矿业有限责任公司、松藻煤电有限责任公司。

【主要起草人】

刘社育、赵宁德、瓮立平、罗继福、张安坤、周成波。

【适用范围】

本标准规定了煤矿防突工的基本条件、安全技术培训大纲和安全技术考核要求。

本标准适用于煤矿防突工的安全技术培训和考安全技术考核。

AQ/T 1093—2011 煤矿安全风险预控管理体系 规范

【起草单位】

神华集团有限责任公司、国家煤矿安全监察局行业管理司、中国矿业大学。

【主要起草人】

张喜武、郝贵、李东、张光德、宋学锋、翟桂武、高卓辉、国汉君、陈维民、刘海滨。

【适用范围】

本标准规定了煤矿安全风险预控管理体系的术语和定义、管理要素及要求。

本标准适用于井工煤矿的安全风险预控管理。

AQ 1094—2011 煤矿通风安全监测工安全技术培训大纲及考核要求

【起草单位】

中国矿业大学（北京）、淮北矿业（集团）有限责任公司、平顶山煤业（集团）

有限责任公司。

主要起草人

孙继平、田子建、李伟、伍云霞、刘晓阳、于励民。

适用范围

本标准规定了煤矿通风安全监测工的基本条件、安全技术培训大纲和安全技术考核要求。

本标准适用于煤矿通风安全监测工的安全技术培训和安全技术考核。

AQ 1095—2014 煤矿建设项目安全预评价实施细则

起草单位

中国煤炭工业劳动保护科学技术学会、内蒙古安邦安全科技有限公司、山西正诚矿山安全科技研究所。

主要起草人

窦永山、邱宝杓、杨大明、马志禹、宋超英、严涛、袁双喜。

适用范围

本标准规定了煤矿建设项目安全预评价工作的管理规则、工作程序与内容、评价报告编制等的基本要求。

本标准适用于煤矿建设项目，包括新建、改建、扩建等煤矿建设项目安全预评价的相关工作。

AQ 1096—2014 煤矿建设项目安全验收评价实施细则

起草单位

中国煤炭工业劳动保护科学技术学会、内蒙古安邦安全科技有限公司、山西正诚矿山安全科技研究所。

主要起草人

窦永山、邱宝杓、杨大明、马志禹、宋超英、严涛、袁双喜。

适用范围

本标准规定了煤矿建设项目安全验收评价工作的管理、程序、方法、内容、评价报告编制等的基本要求。

本标准适用于煤矿建设项目，包括新建、改建、扩建等煤矿建设项目安全验收评价的相关工作。

AQ 1097—2014　井工煤矿安全设施设计编制导则

起草单位

煤炭工业规划设计研究院。

主要起草人

刘勤江、黄忠、于新胜、何建平、王岩、李瑞峰、田利、刘芳彬、胡伯、宋曦。

适用范围

本标准规定了井工煤矿安全设施设计编制的主要内容及相关要求。

本标准适用于新建、改建及扩建井工煤矿建设项目。

AQ 1098—2014　露天煤矿安全设施设计编制导则

起草单位

煤炭工业规划设计研究院。

主要起草人

刘勤江、黄忠、李汇致、王岩、李瑞峰、严民杰、马培忠、顾小林、高仁义、谢小京。

适用范围

本标准规定了露天煤矿安全设施设计编制的主要内容及相关要求。

本标准适用于新建、改建及扩建露天煤矿建设项目。

AQ/T 1099—2014　煤矿安全文化建设导则

起草单位

河北工程大学。

主要起草人

刘永亮、周娜、王华东、杨琳、郭彩云、贺阿红、陈立、宋云峰、颜会哲、叶玉清、王英臣、鲁娜、苏丽丽。

适用范围

本标准规定了煤矿安全文化术语和定义，安全文化建设指南，安全文化构成，安全文化理念、行为、视觉、听觉、环境识别系统构成及指南，安全文化建设活动构成及指南，安全文化手册等。

本标准适用于煤矿。

AQ 1100—2014 煤矿许用炸药井下可燃气安全度试验方法和判定规则

起草单位

煤炭科学研究总院沈阳研究院、安标国家矿用产品安全标志中心、煤炭科学研究总院爆破技术研究所。

主要起草人

张春雨、董春海、凌伟明、夏斌、弓启祥、段赟、郑锋、刘永明。

适用范围

本标准规定了煤矿许用炸药井下可燃气安全度的术语和定义、符号、技术要求、试验方法和判定规则。

本标准适用于煤矿许用炸药。

AQ 1101—2014 煤矿用炸药抗爆燃性测定方法和判定规则

起草单位

煤炭科学研究总院沈阳研究院、安标国家矿用产品安全标志中心、煤炭科学研究总院爆破技术研究所。

主要起草人

郑锋、宋晶焱、凌伟明、夏斌、张春雨、段赟、弓启祥、王玉成、董春海。

适用范围

本标准规定了炸药抗爆燃性测定装置和器材、试验条件、测定准备、测定步骤和测定结果的判定等。

本标准适用于煤矿用炸药。

AQ 1102—2014 煤矿用炸药爆炸后有毒气体量测定方法和判定规则

起草单位

煤炭科学研究总院沈阳研究院、安标国家矿用产品安全标志中心、煤炭科学研究总院爆破技术研究所。

主要起草人

弓启祥、段赟、凌伟明、夏斌、郑锋、张春雨、王玉成、董春海、刘永明。

适用范围

本标准规定了煤矿用炸药爆炸后有毒气体的术语和定义、方法提要、试样的制备和采集、有毒气体量测定和判定规则。

本标准适用于煤矿用炸药爆炸后有毒气体（一氧化碳和氮氧化物）含量的测定。

AQ 1103—2014 煤矿许用电雷管井下可燃气安全度试验方法和判定规则

起草单位

煤炭科学研究总院沈阳研究院、安标国家矿用产品安全标志中心、煤炭科学研究总院爆破技术研究所。

主要起草人

王玉成、刘永明、凌伟明、夏斌、弓启祥、段赟、张春雨、郑锋。

适用范围

本标准规定了煤矿许用电雷管井下可燃气安全度试验用仪器设备和材料、试验条件、试验步骤和判定规则。

本标准适用于煤矿许用电雷管。

AQ/T 1104—2014 煤矿低浓度瓦斯气水二相流安全输送装置技术规范

起草单位

煤矿瓦斯治理国家工程研究中心、淮南矿业（集团）有限责任公司。

主要起草人

袁亮、金学玉、范辰东、张林、张明、吴志坚。

适用范围

本标准规定了煤矿低浓度瓦斯气水二相流安全输送装置的术语和定义、系统设计要求、系统调试及判定、系统施工及验收。

本标准适用于煤矿低浓度瓦斯气水二相流安全输送装置系统设计、施工及验收。

AQ/T 1105—2014 矿山救援防护服装

起草单位

国家安全生产监督管理总局矿山救援指挥中心、中国安全生产科学研究院。

主要起草人

王志坚、孟斌成、田得雨、邱雁、张振东、赵阳、吴宗之、李双会、董会君。

适用范围

本标准规定了矿山救援防护服装的性能要求、检测方法、检验规则、包装、运输和贮存。

本标准适用于矿山救援人员在矿山事故抢险救援作业时穿戴的矿山救援防护服装，包括矿用安全帽、矿山救援防护服和矿工安全靴。

本标准不适用于救援人员处置放射性物质、生物物质及危险化学物品时穿戴的防护服装。

AQ/T 1106—2014　矿山救护队队旗

起草单位

国家安全生产监督管理总局矿山救援指挥中心、中煤科工集团重庆研究院有限公司。

主要起草人

王志坚、孟斌成、田得雨、邱雁、张振东、唐述明、祁海莹、贾海军、李晶。

适用范围

本标准规定了矿山救护队队旗的技术要求、试验方法、检验规则、标识和包装、使用和管理。

本标准适用于以化学纤维织物（不含人造纤维织物）、丝绸为材料制作的矿山救护队队旗，也适用于以棉、毛、麻织物为材质制作的矿山救护队队旗。

以纸张、塑料等材质制作的矿山救护队队旗外观质量控制亦应参照本标准相关要求执行。

AQ/T 1107—2014　矿山救护队队徽

起草单位

国家安全生产监督管理总局矿山救援指挥中心、中煤科工集团重庆研究院有限公司。

主要起草人

王志坚、孟斌成、田得雨、邱雁、张振东、唐述明、祁海莹、陈波。

适用范围

本标准规定了矿山救护队队徽的技术要求、试验方法、检验规则、标识和包装、使用和管理。

本标准适用于以纤维增强塑料或铝合金等材料制作的，用于悬挂的矿山救护队队徽。

以印刷等工艺制作的其他材质的平面矿山救护队队徽图案亦应参照本标准相关要求执行。

AQ 1108—2014 煤矿井下静态破碎技术规范

起草单位

淮北矿业（集团）有限责任公司、安徽理工大学、中国煤炭工业协会生产力促进中心、四川珙县建洪化工厂。

主要起草人

马芹永、刘尹、马玉平、王和志、卢小雨、刘富、郑厚发、周建。

适用范围

本标准规定了煤矿井下静态破碎的设计要求、施工要求、安全要求和试验方法。

本标准适用于煤矿井下静态破碎的设计与施工。

AQ 1109—2014 煤矿带式输送机用电力液压鼓式制动器安全检验规范

起草单位

中煤科工集团上海研究院、安标国家矿用产品安全标志中心、焦作市长江制动器有限公司。

主要起草人

章伯超、王秋敏、王光炳、奚丽峰、罗毅、牛杰、朱泽君。

适用范围

本标准规定了煤矿带式输送机用电力液压鼓式制动器的术语和定义、检验分类、检验项目、检验设备、检验内容和判定规则。

本标准适用于煤矿井下带式输送机用电力液压鼓式制动器，也适用于露天煤矿、选煤或其他工作场所带式输送机用电力液压鼓式制动器。

AQ 1110—2014 煤矿带式输送机用盘式制动装置安全检验规范

起草单位

中煤科工集团上海研究院、安标国家矿用产品安全标志中心、泰安力博机电科技有限公司。

|主|要|起|草|人|
李锋、臧梦、潘发生、张媛、郭洁、杨球来、卢卫国。

|适|用|范|围|
本标准规定了煤矿带式输送机用盘式制动装置的术语和定义、检验分类、检验项目、检验设备、检验内容和判定规则。

本标准适用于煤矿井下下运带式输送机用盘式制动装置，也适用于有爆炸性危险的露天煤矿、选煤等工作场所用带式输送机用盘式制动装置。

AQ 1111—2014　矿灯使用管理规范

|起|草|单|位|
中煤科工集团上海研究院、济宁高科股份有限公司、兖矿集团有限公司、河南豫光金铅集团有限责任公司、阜新科锐电器有限公司。

|主|要|起|草|人|
闵建中、臧才运、陆鸣、王涛、赵增玉、蒋丽华、侯锐、王红梅。

|适|用|范|围|
本标准规定了矿灯的一般要求、充电管理、使用和维护、技术资料、报废与回收。

本标准适用于煤矿用户对矿灯的使用、维护和管理。

AQ 1112—2014　煤矿在用窄轨车辆连接链检验规范

|起|草|单|位|
山东公信安全科技有限公司、中国安全生产科学研究院、国家煤矿防爆安全产品质量监督检验中心。

|主|要|起|草|人|
张振安、李双会、谭廷帅、吴晓霞、荀明利、刘德君、宋宪旺、贾伟。

|适|用|范|围|
本标准规定了煤矿在用窄轨车辆连接链的检验项目及技术要求、试验方法、检验周期和抽样规定、判定规则。

本标准适用于煤矿倾斜井巷运输用矿车的各种锻造连接链和焊接连接链使用中的检验和斜井使用的各种保险链及矿车的连接环、链的使用前和使用中的检验。

AQ 1113—2014 煤矿在用窄轨车辆连接插销检验规范

起草单位

山东公信安全科技有限公司、中国安全生产科学研究院、国家煤矿防爆安全产品质量监督检验中心。

主要起草人

张振安、李双会、贾伟、谭廷帅、吴晓霞、宋宪旺、荀明利。

适用范围

本标准规定了煤矿在用窄轨车辆连接插销的检验项目、技术要求、试验方法、检验周期、抽样规定、判定规则。

本标准适用于煤矿倾斜井巷运输用矿车的连接销使用中的检验和斜井使用的矿车的连接插销使用前和使用中的检验。

本标准不适用于矿用人车使用的插销。

AQ 1114—2014 煤矿用自吸过滤式防尘口罩

起草单位

中国安全生产科学研究院、中国安全生产协会劳动防护专业委员会、北京市劳动保护科学研究所、北京健翔嘉业日用品有限责任公司、山西晋城无烟煤矿业集团有限责任公司。

主要起草人

李克荣、吕爱民、杨文芬、宫国卓、陈倬为、张朝辉、张明明、郭旭娜、鞠欣亮、罗穆夏、郝秀清、牛海金、张庆丰。

适用范围

本标准规定了煤矿用自吸过滤式防尘口罩的分类、级别、标记、技术要求、测试方法、检验规则、标识和说明、包装和贮存、适用范围等要求。

本标准适用于煤矿行业防御呼吸性煤尘和矽尘的防尘口罩。

本标准不适用于在缺氧环境和毒气环境中使用的呼吸防护装备。

AQ 1115—2018 煤层气地面开发建设项目安全设施设计审查和竣工验收规范

起草单位

山西晋城无烟煤矿业集团有限责任公司、国家煤矿安全监察局安全监察司、山西蓝焰煤层气集团有限责任公司。

主要起草人

贺天才、王保玉、赵向东、田永东、刘刚、丁跃峰、白建平、张典坤、王文平、赵小山、付江。

适用范围

本标准规定了煤层气地面开发建设项目中关于井位布设、煤层气井、管线集输、阀组、中心处理站、压缩站等内容的设计审查和竣工验收要求。

本标准适用于煤层气地面开发建设项目安全设施设计审查和竣工验收。

AQ 1116—2020 煤矿加固、堵水、充填和喷涂用高分子材料通用安全技术规范

起草单位

巴斯夫浩珂矿业化学（中国）有限公司、中国煤炭工业协会生产力促进中心、中国矿业大学、淮北矿业（集团）有限责任公司。

主要起草人

崔金声、郑厚发、徐忠正、张农、张凯、张克虎、王多春、杨扬、李培春、李钊、邓鑫星、赵玉新、陈志博、周海贞、储春艳、孙会文。

适用范围

本标准规定了煤矿加固煤岩体用高分子材料、煤矿堵水用高分子材料、煤矿充填密闭用高分子发泡材料和煤矿喷涂堵漏风用高分子材料的分类、术语和定义、技术要求、试验方法和检验规则。

本标准适用于煤矿加固煤岩体用高分子材料、煤矿堵水用高分子材料、煤矿充填密闭用高分子发泡材料和煤矿喷涂堵漏风用高分子材料。

AQ 1117—2020 煤矿井下注浆用高分子材料安全使用管理规范

起草单位

巴斯夫浩珂矿业化学（中国）有限公司、中国煤炭工业协会生产力促进中心、中国矿业大学、淮北矿业（集团）有限责任公司。

主要起草人

张克虎、郑厚发、徐忠正、张凯、王多春、张农、李培春、邓鑫星、杨扬、陈志博、周海贞。

适用范围

本标准规定了使用煤矿井下注浆用高分子材料的采购管理、使用方现场检验与

储存、施工现场环境、施工准备、施工操作等安全使用要求。

本标准适用于煤矿井下注浆用聚氨脂、酚醛树脂、丙烯酸、脲醛树脂、环氧树脂等高分子材料的安全使用和管理。

AQ 6201—2019　煤矿安全监控系统通用技术要求

[起草单位]

中国矿业大学（北京）、江苏三恒科技股份有限公司、中国煤炭科工集团常州研究院有限公司、中煤科工集团重庆研究院有限公司、北斗天地股份有限公司。

[主要起草人]

孙继平、刘坤、蒋玉华、钱晓红、梁宏、樊荣、伍云霞、刘晓阳。

[适用范围]

本标准规定了煤矿安全监控系统的产品分类和技术要求。

本标准适用于煤矿使用的煤矿安全监控系统。

AQ 6202—2006　煤矿甲烷检测用载体催化元件

[起草单位]

煤炭科学研究总院重庆分院、煤炭科学研究总院抚顺分院、中国船舶重工集团718研究所。

[主要起草人]

朱正和、黄强、王涛、樊荣、于庆、缪亚新、曹贵良、廖德林。

[适用范围]

本标准规定了载体催化元件的术语、分类、技术要求、试验方法、检验规则、标志、包装、运输和贮存等。

本标准适用于煤矿甲烷检测用载体催化元件。

AQ 6203—2006　煤矿用低浓度载体催化式甲烷传感器

[起草单位]

煤炭科学研究总院重庆分院、国家安全生产重庆矿用设备检测检验中心、煤炭科学研究总院抚顺分院。

[主要起草人]

黄强、于庆、樊荣、王涛、金小汉、陈福民、缪亚新、刘强。

适用范围

本标准规定了煤矿用低浓度载体催化式甲烷传感器的技术要求、试验方法、检验规则、标志、包装、使用说明、运输和贮存等。

本标准适用于载体催化式低浓度甲烷传感器。

AQ 6204—2006 瓦斯抽放用热导式高浓度甲烷传感器

起草单位

煤炭科学研究总院重庆分院、国家安全生产重庆矿用设备检测检验中心、煤炭科学研究总院抚顺分院。

主要起草人

樊荣、于庆、黄强、王涛、杜文军、付淑玲、周妮、刘强。

适用范围

本标准规定了瓦斯抽放用热导式高浓度甲烷传感器的技术要求、试验方法、检验规则、标志、包装、使用说明书、运输和贮存等。

本标准适用于采用热导原理监测瓦斯抽放浓度的甲烷传感器。

AQ 6205—2006 煤矿用电化学式一氧化碳传感器

起草单位

煤炭科学研究总院重庆分院、国家安全生产重庆矿用设备检测检验中心、煤炭科学研究总院抚顺分院。

主要起草人

樊荣、于庆、杜文军、黄强、王涛、陈福民、李振新。

适用范围

本标准规定了煤矿用电化学式一氧化碳传感器的技术要求、试验方法、检验规则、标志、包装、说明书、运输和贮存等。

本标准适用于煤矿井下环境监测中使用的电化学式一氧化碳传感器。

AQ 6206—2006 煤矿用高低浓度甲烷传感器

起草单位

煤炭科学研究总院重庆分院、国家安全生产重庆矿用设备检测检验中心。

主要起草人

黄强、樊荣、王涛、于庆、杜文军、陈福民、石发强。

【适用范围】

本标准规定了煤矿用载体催化与热导组合式高低浓度甲烷传感器的技术要求、试验方法、检验规则、标志、包装、使用说明、运输和贮存。

本标准适用于煤矿井下环境监测中使用的量程为（0~40)%CH_4和（0~100)%CH_4载体催化与热导组合式高低浓度甲烷传感器。

AQ 6207—2007 便携式载体催化甲烷检测报警仪

【起草单位】

煤炭科学研究总院重庆分院、煤炭科学研究总院抚顺分院。

【主要起草人】

黄强、于庆、樊荣、陈福民、朱正宪、杜文军、李振兴。

【适用范围】

本标准规定了便携式载体催化甲烷检测报警仪的技术要求、试验方法、检验规则、标志、包装、运输和贮存。

本标准适用于使用载体催化原理的在煤矿井下具有爆炸性气体环境中使用的便携式甲烷检测报警仪。

AQ 6208—2007 煤矿用固定式甲烷断电仪

【起草单位】

煤炭科学研究总院重庆分院、煤炭科学研究总院抚顺分院。

【主要起草人】

李祥和、樊荣、鲁远祥、于庆、杜文军、王涛。

【适用范围】

本标准规定了煤矿用固定式甲烷断电仪的术语和定义、产品分类、技术要求、试验方法、检验规则和标志、包装、使用说明书、运输和贮存。

本标准适用于有瓦斯和煤尘爆炸危险的煤矿中使用的固定式甲烷断电仪。

AQ 6209—2007 数字式甲烷检测报警矿灯

【起草单位】

煤炭科学研究总院重庆分院、煤炭科学研究总院上海分院。

【主要起草人】

于庆、邓永林、樊荣、柏自柄、闵建中。

适用范围

本标准规定了数字式甲烷检测报警矿灯的技术要求、试验方法、检验规则、标志、包装、运输和贮存。

本标准适用于在煤矿井下爆炸性气体环境中使用的采用载体催化原理,具有甲烷浓度数字显示及超限时声光报警功能的矿灯。

AQ 6210—2007 煤矿井下作业人员管理系统通用技术条件

起草单位

中国矿业大学(北京)、煤炭科学研究总院常州自动化研究所、平顶山煤业(集团)有限责任公司。

主要起草人

孙继平、彭霞、卫修君、于励民、田子建。

适用范围

本标准规定了煤矿井下作业人员管理系统的术语和定义、产品分类、技术要求、试验方法和检验规则。

本标准适用于煤矿使用的煤矿井下作业人员管理系统及其产品。

AQ/T 6211—2008 煤矿用非色散红外甲烷传感器

起草单位

煤炭科学研究总院重庆研究院、煤炭科学研究总院抚顺研究院。

主要起草人

于庆、黄强、樊荣、陈福民、莫志刚、杜文军、李振新、张延寿。

适用范围

本标准规定了煤矿用非色散红外甲烷传感器的技术要求、试验方法、检验规则、标志、包装、使用说明、运输和贮存等。

本标准适用于煤矿用非色散红外甲烷传感器。

(二)非煤矿山安全

GB/T 18152—2000 选矿安全规程

起草单位

冶金工业安全环保研究院、山东龙口市黄金矿冶公司。

主要起草人

庞奇志、李文勇、王红汉、初元民、沈传平、李晓飞、张其中、曲欣、孙家寿、张傲时、方和平。

适用范围

本标准对选矿厂的厂址选择及厂区布置、选矿工艺和尾矿设施、运输、起重、电气、防火等的安全技术及工业卫生要求，作出了规定。

本标准适用于冶金（含有色）、化工、建材等行业的选矿厂。

部分采用选矿工艺的企业，亦可参照执行。

本标准不适用于选煤厂和核工业铀矿冶厂。

GB 16423—2020　金属非金属矿山安全规程

起草单位

中国恩菲工程技术有限公司、中钢集团马鞍山矿山研究院有限公司、中冶北方（大连）工程技术有限公司、北京矿冶科技集团有限公司、苏州中材非金属矿工业设计研究院有限公司。

主要起草人

祁保明、伍绍辉、许传华、汪斌、谢良、刘育明、刘召胜、代碧波、彭洪涛、安建英、汪为平、朱瑞军、徐京苑、梅国栋、代永新、浦勇、张伟、夏长念、张西良、樊勇、郭本利、王树勋、杨小聪、常剑、巴家泓、杨海涛。

适用范围

本标准规定了金属非金属矿山的设计、建设、开采和闭坑全过程的安全要求。

本标准适用于金属非金属矿山的设计、建设、开采和闭坑的全过程。

本标准不适用于：

（1）煤系金属非金属矿山的开采；

（2）河砂和海砂开采；

（3）石油、天然气、页岩气、矿泉水等液态或气态矿藏的开采。

GB 39496—2020　尾矿库安全规程

起草单位

中国恩菲工程技术有限公司、长沙有色冶金设计研究院有限公司、北京矿冶科技集团有限公司、长春黄金设计院有限公司、中国安全生产科学研究院、中钢集团马鞍山矿山研究院有限公司、河北铜源矿山工程设计有限责任公司。

主要起草人

岑建、郭天勇、田文旗、郑学鑫、周积果、梅国栋、王晓民、李全明、段蔚平、王树、宋会彬。

适用范围

本标准规定了尾矿库在建设、生产运行、回采、闭库、安全检查、生产经营单位应急管理、安全评价等方面的安全要求。

本标准适用于中华人民共和国境内尾矿库。

AQ 2004—2005　地质勘探安全规程

起草单位

中国地质调查局等。

主要起草人

覃家海、刘国华、杨冠洲、汪乾镇、李跃林、刘铁强。

适用范围

本标准规定了地质勘探工作野外作业、地质测绘、地球物理勘探、地球化学勘探、地质遥感、水文地质、环境地质、工程地质、海洋地质和钻探工程、坑探工程、地质实验测试等方面的安全要求以及职业健康要求。

本标准适用于在中华人民共和国领域内的地质勘探（石油、天然气地质勘探除外）工作设计、生产和安全评价、管理。

本标准不适用于使用地质勘探技术手段和方法从事其延伸业的工作设计、生产和安全评价、管理。

AQ 2005—2005　金属非金属矿山排土场安全生产规则

起草单位

马鞍山矿山研究院。

主要起草人

项宏海、黄礼福、徐志宏、汪斌、江龙剑、常前发、袁先乐。

适用范围

本规则规定了金属非金属矿山排土场的设计、生产作业管理和关闭等环节的安全要求及安全防护、评价与管理、监督与检查要求，以防止排土场事故的发生。

本规则适用于金属非金属矿山的排土场或废石场。水力输送排土场的设计、生产作业、管理和关闭按尾矿库有关规定执行。

AQ 2008—2006　金属非金属矿山主要负责人安全生产培训大纲

起草单位

中钢集团武汉安全环保研究院。

主要起草人

王红汉、周焕明、张兴前、袁源、李永红、高泉。

适用范围

本标准规定了金属非金属矿山主要负责人安全生产培训的要求、培训以及再培训的内容和学时安排。

本标准适用于从事金属非金属矿开采的企业主要负责人的安全生产培训。

从事金属非金属矿地质勘探、采掘施工、尾矿库运营管理的企业，以及开采河砂、砖瓦黏土、水气矿产的企业主要负责人的安全生产培训可参照本标准执行。

本标准不适用于开采煤系硫铁矿以及与煤共生、伴生的矿床的矿山主要负责人的安全生产培训。

AQ 2009—2006　金属非金属矿山主要负责人安全生产考核标准

起草单位

中钢集团武汉安全环保研究院。

主要起草人

王红汉、向维、吴国珉、张兴前、袁源、李永红、高泉。

适用范围

本标准规定了金属非金属矿山主要负责人安全生产考核办法、内容，以及再培训考核的要求和内容。

本标准适用于从事金属非金属矿开采的企业主要负责人的安全生产资格考核。

从事金属非金属矿地质勘探、采掘施工、尾矿库运营管理的企业，以及开采河砂、砖瓦黏土、水气矿产的企业主要负责人的安全生产资格考核可参照本标准执行。

本标准不适用于开采煤系硫铁矿以及与煤共生、伴生矿床的矿山企业的主要负责人的安全生产资格考核。

AQ 2010—2006　金属非金属矿山安全生产管理人员安全生产培训大纲

起草单位

中钢集团武汉安全环保研究院。

主要起草人

王红汉、吴国珉、周焕明、袁源、李永红、高泉。

适用范围

本标准规定了金属非金属矿山企业的安全生产管理人员安全生产培训的要求、培训以及再培训的内容和学时安排。

本标准适用于从事金属非金属矿开采的企业安全生产管理人员的安全生产培训。

从事金属非金属矿地质勘探、采掘施工、尾矿库运营管理的企业，以及开采河砂、砖瓦黏土、水气矿产的企业安全生产管理人员的安全生产培训可参照本标准执行。

本标准不适用于开采煤系硫铁矿以及与煤共生、伴生的矿床的矿山的安全生产管理人员的安全生产培训。

AQ 2011—2006　金属非金属矿山安全生产管理人员安全生产考核标准

起草单位

中钢集团武汉安全环保研究院。

主要起草人

王红汉、向维、吴国珉、周焕明、张兴前、袁源、李永红、高泉。

适用范围

本标准规定了金属非金属矿山安全生产管理人员安全生产考核办法、内容，以及再培训考核的要求与内容。

本标准适用于从事金属非金属矿开采的企业安全生产管理人员的安全生产资格考核。

从事金属非金属矿地质勘探、采掘施工、尾矿库运营管理的企业，以及开采河砂、砖瓦黏土、水气矿产的企业安全生产管理人员的安全生产资格考核可参照本标准执行。

本标准不适用于开采煤系硫铁矿以及与煤共生、伴生的矿床的矿山企业安全生产管理人员的安全生产资格考核。

AQ 2012—2007　石油天然气安全规程

起草单位

中国石油天然气集团公司、中国石油化工集团公司、中国海洋石油总公司、英国劳氏船级社。

主要起草人

李俊荣、杜民、黄刚、左柯庆、闫啸、刘景凯、卢世红、吴庆善、李六有、王智晓、于洪金、徐刚、宋立崧、贺荣芳。

适用范围

本标准规定了石油天然气勘探、开发生产和油气管道储运的安全要求。

本标准适用于石油天然气勘探、开发生产和油气管道储运。

本标准不适用于城市燃气、成品油、液化天然气（LNG）、液化石油气（LPG）和压缩天然气（GNG）的储运。

AQ 2013.1—2008　金属非金属地下矿山通风技术规范　通风系统

起草单位

中钢集团马鞍山矿山研究院、中国安全生产科学研究院。

主要起草人

项宏海、陈宜华、张兴凯、程厉生、吴冷峻、王云海、贾安民。

适用范围

本标准规定了金属非金属地下矿山（含伴山氡及其子体矿山）在安全评价、设计、建设和开采过程中对井下通风系统的技术要求。

本标准适用于金属非金属地下矿山（含伴山氡及其子体矿山）的安全评价、设计、建设和开采，亦适用于深凹露天矿采用地下井巷开拓的部分。

本标准不适用于放射性矿、煤矿、煤系硫铁矿及其他与煤共生矿藏的开采，也不适用于石油、天然气、矿泉水等液态或气态矿藏的开采。

AQ 2013.2—2008　金属非金属地下矿山通风技术规范　局部通风

起草单位

中钢集团马鞍山矿山研究院、中国安全生产科学研究院。

主要起草人

项宏海、陈宜华、张兴凯、程厉生、吴冷峻、王云海、贾安民。

适用范围

本标准规定了金属非金属地下矿山（含伴生氡及其子体矿山）在安全评价、设计、建设和开采过程中对井下局部通风的技术要求。

本标准适用于金属非金属地下矿山（含伴生氡及其子体矿山）的安全评价、设计、建设和开采，亦适用于深凹露天矿采用地下井巷开拓的部分。

本标准不适用于放射性矿、煤矿、煤系硫铁矿及其他与煤共生矿藏的开采，也不适用于石油、天然气、矿泉水等液态或气态矿藏的开采。

AQ 2013.3—2008 金属非金属地下矿山通风技术规范 通风系统检测

起草单位

中钢集团马鞍山矿山研究院、中国安全生产科学研究院。

主要起草人

项宏海、陈宜华、张兴凯、程厉生、吴冷峻、王云海、贾安民。

适用范围

本标准规定了金属非金属地下矿山（含伴生氡及其子体矿山）在安全评价、设计、建设和开采过程中对井下通风系统的检测技术要求。

本标准适用于金属非金属地下矿山（含伴生氡及其子体矿山）的安全评价、设计、建设和开采，亦适用于深凹露天矿采用地下井巷开拓的部分。

本标准不适用于放射性矿、煤矿、煤系硫铁矿及其他与煤共生矿藏的开采，也不适用于石油、天然气、矿泉水等液态或气态矿藏的开采。

AQ 2013.4—2008 金属非金属地下矿山通风技术规范 通风管理

起草单位

中钢集团马鞍山矿山研究院、中国安全生产科学研究院。

主要起草人

项宏海、陈宜华、张兴凯、程厉生、吴冷峻、王云海、贾安民。

适用范围

本标准规定了金属非金属地下矿山（含伴生氡及其子体矿山）在安全评价、设计、建设和开采过程中对井下通风的管理要求。

本标准适用于金属非金属地下矿山（含伴生氡及其子体矿山）的安全评价、设计、建设和开采，亦适用于深凹露天矿采用地下井巷开拓的部分。

本标准不适用于放射性矿、煤矿、煤系硫铁矿及其他与煤共生矿藏的开采，也不适用于石油、天然气、矿泉水等液态或气态矿藏的开采。

AQ 2013.5—2008 金属非金属地下矿山通风技术规范 通风系统鉴定指标

起草单位
中钢集团马鞍山矿山研究院、中国安全生产科学研究院。

主要起草人
项宏海、陈宜华、张兴凯、程厉生、吴冷峻、王云海、贾安民。

适用范围
本标准规定了金属非金属地下矿山（含伴生氡及其子体矿山）在安全评价、设计、建设和开采过程中对井下通风系统的测评和鉴定标准。

本标准适用于金属非金属地下矿山（含伴生氡及其子体矿山）的安全评价、设计、建设和开采，亦适用于深凹露天矿采用地下井巷开拓的部分。

本标准不适用于放射性矿、煤矿、煤系硫铁矿及其他与煤共生矿藏的开采，也不适用于石油、天然气、矿泉水等液态或气态矿藏的开采。

AQ 2014—2008 逆反射型矿山安全标志技术条件和试验方法

起草单位
中国安全生产科学研究院、3M中国有限公司。

主要起草人
董会君、李双会、黄伟、官阳、李晓平、赵阳、张惠军、杜欢永、朱小辉、赵彬彬。

适用范围
本标准规定了矿山用逆反射型安全标志的技术条件和试验方法。
本标准适用于各类矿山井下或井上所设置的逆反射型安全标志。

AQ 2015—2008 石膏矿地下开采安全技术规范

起草单位
中国安全生产科学研究院、安徽省皖东三和石膏开发有限公司。

|主要起草人|

张兴凯、王云海、李全明、何士海、付士根、胡家国、马海涛、王庆。

|适用范围|

本标准规定了石膏矿地下开采的安全技术要求。石膏矿地下开采应在满足《金属非金属矿山安全规程》(GB 16423—2006)相关规定的基础上，满足本标准的技术规定。

本标准仅适用于石膏矿的地下开采。

本标准不适用于石膏矿以外的其他金属非金属矿、煤矿等矿山的设计、建设和开采。

AQ 2016—2008 含硫化氢天然气井失控井口点火时间规定

|起草单位|

中国安全生产科学研究院、中国石油天然气集团公司安全环保部、中国石油化工集团公司安全环保局。

|主要起草人|

张兴凯、邓云峰、曹登泉、吴庆善、席学军、郭再富、王建光、江田汉、李湖生、刘铁民。

|适用范围|

本标准规定了陆上含硫化氢天然气井井口失控时确定井口点火条件、点火时间应遵循的基本准则。

本标准适用于陆上含硫化氢天然气井的失控井口点火处置。

AQ 2017—2008 含硫化氢天然气井公众危害程度分级方法

|起草单位|

中国安全生产科学研究院、中国石油天然气集团公司安全环保部、中国石油化工集团公司安全环保局。

|主要起草人|

邓云峰、李湖生、吴庆善、曹登泉、郭再富、江田汉、王建光、席学军、张兴凯、刘铁民。

|适用范围|

本标准规定了陆上含硫化氢天然气井公众危害程度分级方法。

本标准适用于陆上含硫化氢天然气井。

AQ 2018—2008　含硫化氢天然气井公众安全防护距离

起草单位

中国安全生产科学研究院、中国石油天然气集团公司安全环保部、中国石油化工集团公司安全环保局。

主要起草人

刘铁民、张兴凯、吴庆善、曹登泉、邓云峰、李湖生、郭再富、席学军、王建光、江田汉。

适用范围

本标准规定了陆上含硫化氢天然气井与民宅、铁路及高速公路、公共设施、城镇中心之间所需公众安全防护距离要求。

本标准适用于陆上含硫化氢天然气井的井场选址及安全规划。

AQ 2019—2008　金属非金属矿山竖井提升系统防坠器安全性能检测检验规范

起草单位

国家安全生产长沙矿山机电检测检验中心。

主要起草人

翟守忠、贺建国、李俊、邓宇、季光洲、罗振兴。

适用范围

本标准规定了金属非金属矿山竖井单绳提升系统中防坠器的安全性能检测检验项目、技术要求、检验和判定规则、检验周期。

本标准适用于金属非金属矿山竖井提升系统使用的木罐道防坠器、钢罐道防坠器和制动绳防坠器的现场检测检验。

AQ 2020—2008　金属非金属矿山在用缠绕式提升机安全检测检验规范

起草单位

国家安全生产长沙矿山机电检测检验中心。

主要起草人

翟守忠、贺建国、何万平、季光洲、袁乐安、邓宇。

适用范围

本规范规定了金属非金属矿山在用缠绕式提升机安全检测检验的项目、技术要求、判定规则和检验周期。

本规范适用于金属非金属矿山卷筒直径≥2.0 m的在用缠绕式提升机现场检测检验。

AQ 2021—2008 金属非金属矿山在用摩擦式提升机安全检测检验规范

起草单位
国家安全生产长沙矿山机电检测检验中心。

主要起草人
贺建国、翟守忠、袁乐安、雷小军、李春娟、龚文。

适用范围
本规范规定了金属非金属矿山在用摩擦式提升机安全检测检验的项目、技术要求、判定规则和检验周期。

本规范适用于金属非金属矿山在用摩擦式提升机现场检测检验。

AQ 2022—2008 金属非金属矿山在用提升绞车安全检测检验规范

起草单位
国家安全生产长沙矿山机电检测检验中心。

主要起草人
贺建国、翟守忠、李春娟、王四现、何万平、周懿。

适用范围
本规范规定了金属非金属矿山在用提升绞车安全检测检验的项目、技术要求、判定规则和检验周期。

本规范适用于金属非金属矿山在用提升绞车现场检测检验。

本标准中的提升绞车，是指在矿井中提升或下放人员或物料、卷筒直径2 m以下（不包括2 m）的矿用绞车。

AQ 2026—2010 金属非金属矿山提升钢丝绳检验规范

起草单位
国家安全生产长沙矿山机电检测检验中心。

主要起草人

贺建国、翟守忠、罗红原、陈蓓、袁乐安、肖杨、杨丽华、李春娟、周振华、季光洲、王四现、罗振兴、龚文。

适用范围

本规范规定了金属非金属矿山提升系统中提升和平衡用钢丝绳验收检验、悬挂前检验和在用钢丝绳定期检验的技术要求、检验方法、判定规则和检验周期。

本规范适用于金属非金属矿山提升用途的圆股钢丝绳、异型股钢丝绳、面接触钢丝绳及平衡用扁钢丝绳。

本规范不适用于密封钢丝绳、起重设备吊装用钢丝绳及架空索道用钢丝绳。

AQ 2027—2010 金属非金属露天矿山在用矿用自卸汽车安全检验规范

起草单位

国家安全生产长沙矿山机电检测检验中心。

主要起草人

贺建国、翟守忠、李春娟、骆拓、袁乐安、龚文、周建、邓宇、周振华、王四现、季光洲、罗振兴。

适用范围

本规范规定了金属非金属矿山在用矿用自卸汽车安全检测检验的项目、技术要求、判定规则和检验周期。

本规范适用于金属非金属露天矿山在用矿用自卸汽车现场检测检验。

AQ 2028—2010 矿山在用斜井人车安全性能检验规范

起草单位

国家安全生产长沙矿山机电检测检验中心。

主要起草人

翟守忠、贺建国、何万平、王四现、季光洲、谢勇、卿自强、雷小军、李富伟、袁乐安、朱小龙、龚文、罗振兴。

适用范围

本规范规定了矿山在用斜井人车安全性能检验的项目、技术要求、检验方法、判定规则和检验周期。

本规范适用于矿山在用抱轨式和插爪式斜井人车现场安全性能检验、安全生产监督管理部门的监督管理和企业对斜井人车维护、保养后的检验。

AQ 2029—2010　金属非金属地下矿山主排水系统安全检验规范

起草单位

国家安全生产长沙矿山机电检测检验中心。

主要起草人

翟守忠、贺建国、袁乐安、季光洲、王四现、罗振兴、朱小龙、邓宇、李富伟、龚文。

适用范围

本规范规定了金属非金属地下矿山在用排水泵及主排水系统安全性能检验的项目、技术要求、检验方法、判定规则和检验周期。

本规范适用于金属非金属地下矿山在用排水泵和主排水系统的现场安全检验，也可作为安全生产监管部门安全监督管理的依据。

AQ 2030—2010　尾矿库安全监测技术规范

起草单位

中钢集团马鞍山矿山研究院有限公司、中国安全生产科学研究院、北京矿咨信矿业技术研究有限公司、北京佳尔信息技术有限公司。

主要起草人

王运敏、项宏海、汪斌、周玉新、周敏、朱君星、段蔚平、张兴凯、王云海、谢旭阳、李全明、周鲁生、汪太平。

适用范围

本规范规定了尾矿库及与其安全运行有直接关系的建（构）筑物等安全监测的原则、内容和要求。

本规范适用于中华人民共和国境内金属非金属矿物选矿厂在用尾矿库、氧化铝厂赤泥库。

其他湿式堆存工业废渣库及干式处理的尾矿库可参照执行。

AQ 2031—2011　金属非金属地下矿山监测监控系统建设规范

起草单位

中国安全生产科学研究院、中煤科工集团重庆研究院、中钢矿业开发有限公司、国家安全生产监督管理总局通信信息中心。

主要起草人

何学秋、王云海、谢旭阳、张延松、秦文贵、连民杰、李晓飞、王艺华、梅国栋、李春民、李坤、王东武、牟声远、朱丕凯。

适用范围

本标准规定了金属非金属地下矿山监测监控系统的安装、维护和管理要求。

本标准不适用于与煤共生、伴生的金属非金属地下矿山。

AQ 2032—2011 金属非金属地下矿山人员定位系统建设规范

起草单位

中国安全生产科学研究院、国家安全生产监督管理总局通信信息中心、北京佳尔信息技术有限公司、厦门矿通科技有限公司、中煤科工集团重庆研究院。

主要起草人

何学秋、王云海、谢旭阳、韩富有、马国礼、杨福秋、李雪平、李春民、梅国栋、李坤、张延松、朱丕凯、牟声远。

适用范围

本标准规定了金属非金属地下矿山人员定位系统的安装、维护和管理要求。

本标准不适用于与煤共生、伴生的金属非金属地下矿山。

AQ 2033—2011 金属非金属地下矿山紧急避险系统建设规范

起草单位

中煤科工集团重庆研究院、中国安全生产科学研究院、福建马坑矿业股份有限公司、龙岩龙安安全科技有限公司。

主要起草人

张延松、秦文贵、牟声远、何学秋、梅国栋、姜益丰、汪金洋、朱丕凯、王者鹏、王东武、谢旭阳、李坤、杨志强。

适用范围

本标准规定了金属非金属地下矿山紧急避险系统的建设、维护和管理要求。

本标准不适用于与煤共生、伴生的金属非金属地下矿山。

AQ 2034—2011　金属非金属地下矿山压风自救系统建设规范

起草单位

中煤科工集团重庆研究院、中国有色工程设计研究总院、马鞍山矿山研究院、中国安全生产科学研究院。

主要起草人

张延松、秦文贵、朱丕凯、祁保明、周玉新、王云海、谢旭阳、牟声远、王者鹏、王东武、梅国栋、李坤。

适用范围

本标准规定了金属非金属地下矿山压风自救系统的安装、维护和管理要求。

AQ 2035—2011　金属非金属地下矿山供水施救系统建设规范

起草单位

中煤科工集团重庆研究院、长沙矿山研究院、北京矿冶研究总院、中国安全生产科学研究院。

主要起草人

秦文贵、张延松、王东武、唐绍辉、杨小聪、杨志强、何学秋、谢旭阳、朱丕凯、牟声远、王者鹏、梅国栋、李坤。

适用范围

本标准规定了金属非金属地下矿山供水施救系统的安装、维护和管理要求。

AQ 2036—2011　金属非金属地下矿山通信联络系统建设规范

起草单位

中煤科工集团重庆研究院、国家安全生产监督管理总局通信信息中心、中国安全生产科学研究院、厦门矿通科技有限公司。

主要起草人

张延松、秦文贵、王者鹏、韩富有、马国礼、王云海、李雪平、牟声远、朱丕凯、王东武、梅国栋、李坤。

适用范围

本标准规定了金属非金属地下矿山通信联络系统的安装、维护和管理等要求。

本标准不适用于与煤共生、伴生的金属非金属地下矿山。

AQ 2037—2012 石油行业安全生产标准化 导则

[起草单位]

石油工业安全专业标准化技术委员会、中国石油天然气集团公司安全环保与节能部、中国石油化工集团公司安全环保局、中国海洋石油总公司质量健康安全环保部。

[主要起草人]

卢世红、王强、吴苏江、宋立崧、杜民、彭星来、高瑞芝、支景波、邱少林、周焕波、章焱、孙少光。

[适用范围]

本标准规定了石油行业安全生产标准化建设的总体要求。

本标准适用于在中华人民共和国领域内从事石油天然气勘探、开发生产、储运等生产经营活动的单位。

AQ 2038—2012 石油行业安全生产标准化 地球物理勘探实施规范

[起草单位]

中国石油天然气集团公司安全环保与节能部、中国石油集团东方地球物理勘探有限责任公司、中国石油集团安全环保技术研究院、中国石油化工集团公司胜利石油管理局、中海油田服务股份有限公司。

[主要起草人]

邱少林、田国发、尹洪雷、杜民、鞠义、李识宇、卞文龙、支景波、储庆、延伟。

[适用范围]

本标准规定了石油行业地球物理勘探单位创建安全生产标准化的具体要求。

本标准适用于在中华人民共和国领域内从事石油天然气地球物理勘探作业的单位。

AQ 2039—2012 石油行业安全生产标准化 钻井实施规范

[起草单位]

中国石油天然气集团公司安全环保与节能部、中国石油集团川庆钻探工程有限公司、中国石油集团安全环保技术研究院、中海油田服务股份有限公司、胜利油田检测评价研究有限公司。

主要起草人

吴苏江、李毅、刘寿松、杜民、黎凡、胡月亭、孙旭涛、熊亮、牛更奇、卢世红。

适用范围

本标准规定了石油行业钻井单位创建安全生产标准化的具体要求。

本标准适用于在中华人民共和国领域内从事石油天然气钻井的单位。

AQ 2040—2012 石油行业安全生产标准化测录井实施规范

起草单位

中国石油天然气集团公司安全环保与节能部、中国石油长城钻探工程有限公司、中国石油集团安全环保技术研究院、中国石油化工集团公司江汉石油管理局、中海油田服务股份有限公司。

主要起草人

吴庆善、翟智勇、孙文友、任洪生、陈高松、沈麟书、舒海波、刘国放、张立忱、武志祥、孙少光。

适用范围

本标准规定了石油行业测录井单位创建安全生产标准化的具体要求。

本标准适用于在中华人民共和国领域内从事石油天然气测井、录井作业的单位。

AQ 2041—2012 石油行业安全生产标准化井下作业实施规范

起草单位

中国石油化工集团公司安全环保局、中国石油化工集团公司胜利石油管理局、胜利油田检测评价研究有限公司、中国石油集团渤海钻探工程有限公司、中海油安全技术服务有限公司。

主要起草人

彭国生、胡付军、刘晋禹、高圣新、张庆华、柳立峰、苏富红、古振东、熊亮、延伟、孙少光。

适用范围

本标准规定了石油行业井下作业单位创建安全生产标准化的具体要求。

本标准适用于在中华人民共和国领域内从事石油天然气井下作业的单位。

AQ 2042—2012 石油行业安全生产标准化陆上采油实施规范

起草单位

中国石油天然气集团公司安全环保与节能部、中国石油天然气股份有限公司大庆油田分公司、中国石油集团安全环保技术研究院、中国石油化工股份有限公司河南油田分公司。

主要起草人

吴苏江、单宝坤、刘志文、邱少林、孙华、裴玉起、郭河静、刘灵灵、延伟。

适用范围

本标准规定了石油行业陆上采油单位创建安全生产标准化的具体要求。

本标准适用于中华人民共和国领域内的陆上采油单位。

AQ 2043—2012 石油行业安全生产标准化陆上采气实施规范

起草单位

中国石油化工集团公司安全环保局、中国石油化工股份有限公司西南油气公司、胜利油田检测评价研究有限公司、中国石油天然气股份有限公司西南油气田分公司。

主要起草人

曹登泉、徐晓风、江健、姚华弟、彭星来、刘灵灵、陈学锋、胡月亭、孙少光。

适用范围

本标准规定了石油行业陆上采气单位创建安全生产标准化的具体要求。

本标准适用于在中华人民共和国领域内从事陆上天然气采气作业的单位。

AQ 2044—2012 石油行业安全生产标准化海上油气生产实施规范

起草单位

中国海洋石油总公司质量健康安全环保部、中海油安全技术服务有限公司、中海石油（中国）有限公司深圳分公司、胜利油田检测评价研究有限公司、中国石油天然气股份有限公司冀东油田分公司。

|主要起草人|

李翔、刘怀增、郑珂、高瑞芝、王均、缪灿亮、支景波、崔伟珍、代永进、卢世红。

|适用范围|

本标准规定了在中华人民共和国的内水、领海、毗连区、专属经济区、大陆架，以及中华人民共和国管辖的其他海域内从事海洋石油天然质开采活动的海上油气生产单位创建安全生产标准化的具体要求。

本标准适用于对海洋石油生产设施负有主体责任的海上油气生产单位。

在内陆湖泊从事石油天然气开采活动的油气生产单位的安全生产标准化工作，可参照使用。

AQ 2045—2012 石油行业安全生产标准化管道储运实施规范

|起草单位|

中国石油化工集团公司安全环保局、中国石油化工股份有限公司管道储运分公司、胜利油田检测评价研究有限公司、中国石油天然气股份有限公司管道分公司、中海油安全技术服务有限公司。

|主要起草人|

郝志强、廖达伟、杨志华、王保东、牛更奇、彭星来、鹿广辉、裴玉起、丁增文、卢世红。

|适用范围|

本标准规定了石油行业管道储运单位创建安全生产标准化的具体要求。

本标准适用于在中华人民共和国领域内从事原油天然气管道运输与储存的单位。

AQ 2046—2012 石油行业安全生产标准化工程建设施工实施规范

|起草单位|

中国石油化工集团公司安全环保局、中国石油化工集团公司中原石油勘探局、中国石油化工集团公司胜利石油管理局、中国石油天然气管道局、海洋石油工程股份有限公司。

|主要起草人|

李发东、李松、程家富、王超、王海蛟、陈彦增、单宝坤、许春友、陈建设。

适用范围

本标准规定了石油行业工程建设施工单位创建安全生产标准化的具体要求。

本标准适用于在中华人民共和国领域内从事石油工程建设施工的单位。

AQ 2049—2013 地质勘查安全防护与应急救生用品（用具）配备要求

起草单位

中国地质调查局、中国地质调查局水文地质环境地质调查中心、广东省地质建设工程勘察院、中国地质科学院地球物理地球化学勘查研究所。

主要起草人

覃家海、叶成明、李小杰、周金文、唐承敏、单建新。

适用范围

本标准规定了地质勘查各工种（岗位）从业人员安全防护和应急救生用品（用具）的基本配备要求，以及主要用品、用具的性能指标要求。

本标准适用于地质勘查地质测绘、地球物理勘查、地球化学勘查、地质遥感、地质钻探、地质坑探、地质采样与测试活动安全防护和应急救生用品（用具）配备、工作设计、生产和安全评价、管理。

AQ/T 2050.1—2016 金属非金属矿山安全标准化规范 导则

起草单位

中国安全生产科学研究院、中钢集团武汉安全环保研究院有限公司、安瑞琪（北京）国际风险管理顾问公司、中南大学、中国有色工程设计研究总院、上海宝钢集团公司、中国铝业公司、中国黄金集团公司。

主要起草人

张兴凯、李晓飞、张涌、史秀志、边卫华、高士田。

适用范围

本标准对金属非金属矿山安全标准化系统的创建原则、核心内容以及创建过程作出了规定。

本标准适用于金属非金属矿山企业或其地下开采、露天开采、尾矿库、小型露天采石场、选矿厂等独立生产系统，以及采掘施工单位和地质勘探单位安全标准化建设与监督管理。

本标准不适用于从事液态或气态矿藏、煤系或与煤共（伴）生矿藏、砖瓦黏土和河道砂石开采企业。

AQ/T 2050.2—2016　金属非金属矿山安全标准化规范 地下矿山实施指南

起草单位

中国安全生产科学研究院、中钢集团武汉安全环保研究院有限公司、安瑞琪（北京）国际风险管理顾问公司、中南大学、中国有色工程设计研究总院、上海宝钢集团公司、中国铝业公司、中国黄金集团公司。

主要起草人

张兴凯、李晓飞、张涌、史秀志、边卫华、高士田。

适用范围

本标准规定了创建金属非金属地下矿山企业安全标准化系统的要求。

本标准适用于金属非金属地下矿山企业或其独立生产系统安全标准化建设与监督管理。

本标准不适用于从事液态或气态矿藏、煤系或与煤共（伴）生矿藏开采的地下矿山企业。

AQ/T 2050.3—2016　金属非金属矿山安全标准化规范 露天矿山实施指南

起草单位

中国安全生产科学研究院、中钢集团武汉安全环保研究院有限公司、安瑞琪（北京）国际风险管理顾问公司、中南大学、中国有色工程设计研究总院、上海宝钢集团公司、中国铝业公司、中国黄金集团公司。

主要起草人

张兴凯、李晓飞、张涌、史秀志、边卫华、高士田。

适用范围

本标准规定了创建金属非金属露天矿山企业安全标准化系统的要求。

本标准适用于金属非金属露天矿山企业或其独立生产系统安全标准化建设与监督管理。

AQ/T 2050.4—2016　金属非金属矿山安全标准化规范 尾矿库实施指南

起草单位

中国安全生产科学研究院、中钢集团武汉安全环保研究院有限公司、安瑞琪

（北京）国际风险管理顾问公司、中南大学、中国有色工程设计研究总院、上海宝钢集团公司、中国铝业公司、中国黄金集团公司。

主要起草人

张兴凯、李晓飞、张涌、史秀志、边卫华、高士田。

适用范围

本标准规定了创建尾矿库安全标准化系统的要求。

本标准适用于金属非金属矿山企业或独立选厂所属的尾矿库安全标准化建设与监督管理。

AQ/T 2050.5—2016 金属非金属矿山安全标准化规范 小型露天采石场实施指南

起草单位

中国安全生产科学研究院、中钢集团武汉安全环保研究院有限公司、安瑞琪（北京）国际风险管理顾问公司、中南大学、中国有色工程设计研究总院、上海宝钢集团公司、中国铝业公司、中国黄金集团公司。

主要起草人

张兴凯、李晓飞、张涌、史秀志、边卫华、高士田。

适用范围

本标准规定了创建小型露天采石场安全标准化系统的要求。

本标准适用于小型露天采石场安全标准化建设与监督管理。

AQ/T 2050.6—2018 金属非金属矿山安全标准化规范 采掘施工企业实施指南

起草单位

江西省安全生产科学技术研究中心、江西省赣华安全科技有限公司、江西理工大学、江西铜业集团（德兴）建设有限公司、江西核工业建设有限公司、江西南方矿山建设有限公司。

主要起草人

李海港、徐永宁、陈勇、袁宝明、胥达广、邬长福、朱纯富、李佳、黄德福、张勇、雷子懿、汪军武、王进、王建峰、蔡报珍。

适用范围

本标准规定了金属非金属矿山采掘施工企业安全标准化系统的要求。

本标准适用于金属非金属矿山采掘施工企业。

AQ/T 2051—2016　金属非金属地下矿山人员定位系统通用技术要求

起草单位

中国安全生产协会、安标国家矿用产品安全标志中心、镇江中煤电子有限公司、中煤科工集团常州研究院有限公司。

主要起草人

张勇、樊晶光、任建国、贾幼鹏、梁宏、邱宝杓、沙凤华、常琳、王雷、陈海舰。

适用范围

本标准规定了金属非金属地下矿山人员定位系统的分类、技术要求、试验方法、检验规则等内容。

本标准适用于金属非金属地下矿山人员定位系统。

本标准不适用于与煤共生、伴生的金属非金属地下矿山人员定位系统。

AQ/T 2052—2016　金属非金属地下矿山通信联络系统通用技术要求

起草单位

中国安全生产协会、安标国家矿用产品安全标志中心、镇江中煤电子有限公司、中煤科工集团常州研究院有限公司。

主要起草人

沙凤华、樊晶光、任建国、贾幼鹏、梁宏、邱宝杓、张勇、常琳、王雷、奚强。

适用范围

本标准规定了金属非金属地下矿山通信联络系统的分类、技术要求、试验方法、检验规则。

本标准适用于金属非金属地下矿山通信联络系统。

本标准不适用于与煤共生、伴生的金属非金属地下矿山通信联络系统。

AQ/T 2053—2016　金属非金属地下矿山监测监控系统通用技术要求

起草单位

中国安全生产协会、安标国家矿用产品安全标志中心、镇江中煤电子有限公司、中煤科工集团常州研究院有限公司。

>主要起草人<

常琳、樊晶光、贾幼鹏、邱宝杓、贾祥芝、任建国、沙凤华、张勇、王雷、张鹏。

>适用范围<

本标准规定了金属非金属地下矿山监测监控系统的分类、技术要求、试验方法、检验规则等内容。

本标准适用于金属非金属地下矿山监测监控系统。

本标准不适用于与煤共生、伴生的金属非金属地下矿山监测监控系统。

AQ 2054—2016 金属非金属矿山在用主通风机系统安全检验规范

>起草单位<

国家安全生产长沙矿山机电检测检验中心、中国安全生产科学研究院、金属矿山安全技术国家重点实验室、长沙矿山研究院有限责任公司。

>主要起草人<

贺建国、翟守忠、李双会、王四现、季光洲、邓宇、姚耀、张立博、王正、曹凤金、何万平、王西涛、曾怀灵。

>适用范围<

本标准规定了金属非金属矿山在用主通风机系统安全检验的检验项目、技术要求、检验方法、判定规则和检验周期。

本标准适用于金属非金属矿山在用主通风机系统现场安全检验。

本标准不适用于煤矿、煤系硫铁矿及其他与煤共生的金属非金属地下矿山在用主通风机系统。

AQ 2055—2016 金属非金属矿山在用空气压缩机安全检验规范 第1部分：固定式空气压缩机

>起草单位<

国家安全生产长沙矿山机电检测检验中心、金属矿山安全技术国家重点实验室、中国安全生产科学研究院、长沙矿山研究院有限责任公司。

>主要起草人<

翟守忠、贺建国、李富伟、李双会、朱小龙、龚文、肖慧明、梁松、周建、付鹏飞、陈健伟、左英杰、何俊峰。

>适用范围<

本标准规定了金属非金属矿山在用固定式空气压缩机安全检验的基本要求、检验项目、技术要求、检验方法、判定规则和检验周期。

本标准适用于金属非金属矿山在用固定式空气压缩机安全性能检验。

AQ 2056—2016 金属非金属矿山在用空气压缩机安全检验规范 第2部分：移动式空气压缩机

起草单位

国家安全生产长沙矿山机电检测检验中心、金属矿山安全技术国家重点实验室、中国安全生产科学研究院、长沙矿山研究院有限责任公司。

主要起草人

翟守忠、贺建国、李双会、何万平、李勇、张杰、梁龙、王晨、陈文占、曹胜、谭斯格、李文斌、赵祎。

适用范围

本标准规定了金属非金属矿山在用移动式空气压缩机安全检验的检验项目及技术要求、检验方法、判定规则和检验周期。

本标准适用于金属非金属矿山在用移动式空气压缩机安全性能检验。

本标准不适用于驱动功率小于 18.5 kW 的空气压缩机。

AQ 2057—2016 金属非金属矿山在用货运架空索道安全检验规范

起草单位

国家安全生产长沙矿山机电检测检验中心、中国黄金集团公司、金属矿山安全技术国家重点实验室、长沙矿山研究院有限责任公司、中国安全生产科学研究院。

主要起草人

贺建国、翟守忠、慕守宝、李双会、张景奎、李富伟、李广、罗振兴、杨锦涛、曾怀灵、陈晓鹏、刘逸忻、余洪伟、曹超。

适用范围

本标准规定了金属非金属矿山在用货运架空索道安全检验的基本要求、检验项目及技术要求、检验方法、判定规则和检验周期。

本标准适用于金属非金属矿山在用货运架空索道现场检验。

AQ 2058—2016 金属非金属矿山在用矿用电梯安全检验规范

起草单位

国家安全生产长沙矿山机电检测检验中心、安标国家矿用产品安全标志中心、东南电梯股份有限公司、长沙矿山研究院有限责任公司、金属矿山安全技术国家重点实验室、中国矿业大学。

主要起草人

翟守忠、贺建国、陈杰、岳岭、常琳、杜海军、朱真材、曹国华、陈淼、李宇、何万平、王四现、朱小龙、龚文、李富伟、李广、姚耀、李勇、陈健伟、肖慧明、梁松、张立博、王正、陈文占。

适用范围

本标准规定了金属非金属矿山在用矿用电梯安全检验的一般要求、技术要求、检验规则和检验方法。

本标准适用于金属非金属矿山竖井用于升降人员的曳引式矿用电梯的安装、改造或者重大维修后的验收检验和定期检验。

本标准不适用于煤系硫铁矿及其他与煤共生的矿山竖井用于升降人员的曳引式矿用电梯的安装、改造或者重大维修后的验收检验和定期检验。

AQ 2059—2016 磷石膏库安全技术规程

起草单位

上海交通大学、瓮福（集团）有限责任公司、深圳市胜义环保有限公司、中国城市建设研究院有限公司、长沙有色冶金设计研究院有限公司、中国环境科学研究院。

主要起草人

刘宁、杨三可、周晓晖、徐文龙、黄进、范福平、董路、何同庆、盛勇、陈龙珠、陆庆国、许宇彪、刘晶昊。

适用范围

本标准规定了磷石膏库建设、生产运行、安全检查、闭库、库内回采等方面的安全要求。

本标准适用于中华人民共和国境内磷石膏库。

本标准不适用于磷石膏临时堆存和周转堆场。

AQ 2061—2018 金属非金属地下矿山防治水安全技术规范

起草单位

长沙矿山研究院有限责任公司、金属矿山安全技术国家重点实验室、中国恩菲工程技术有限公司、东北大学、华北理工大学、深圳市中金岭南有色金属股份有限公司凡口铅锌矿。

主要起草人

容玲聪、徐必根、姚曙、甘德清、杨天鸿、朱承敏、高超、徐京苑、欧阳仕元、马亚杰、张湘生。

适用范围

本标准规定了金属非金属地下矿山各阶段防治水工作的内容、方法、步骤、技术要求以及矿山水害评估和报告编写要求。

本标准适用于国内各类金属非金属地下矿山的水文地质勘探、规划设计、建设、开采和闭坑各阶段及有关单位的防治水工作。

本标准不适用于煤系共伴生金属非金属地下矿产的矿山和石油、天然气、矿泉水等液态或气态矿藏的矿山。

AQ 2062—2018 超深竖井施工安全技术规范

起草单位

金诚信矿业管理股份有限公司、中国安全生产科学研究院、中国恩菲工程技术有限公司、铜陵有色金属集团铜冠山建设股份有限公司、中信重工机械股份有限公司。

主要起草人

张兴凯、王先成、李红辉、付士根、杜贵文、安建英、胡彦华、张步斌、关洪海、郑亚利、刘风坤、谢旭阳、朱兴明、朱学胜、夏云平。

适用范围

本标准规定了超深竖井施工安全技术总则，提升系统、辅助系统要求及重大危害的预防。

本标准适用于采用钻爆法连续掘砌施工深度大于 1200 m 的金属和非金属矿山竖井工程。

AQ/T 2063—2018 金属非金属露天矿山高陡边坡安全监测技术规范

起草单位

中国安全生产科学研究院、中钢集团马鞍山矿山研究院有限公司、首钢矿业公司、北京科技大学、攀钢集团矿业有限公司、紫金矿业集团股份有限公司。

主要起草人

马海涛、张兴凯、李全明、于正兴、刘勇锋、项宏海、李如忠、刁虎、齐宝军、李长洪、高文远、赵东寅、林德才、杨晓琳、秦宏楠。

适用范围

本规范规定了金属非金属露天矿山采场高陡边坡安全监测的原则、内容、方法和预警等技术要求,以及监测系统安装、维护和监测资料整理分析等管理要求。

本规范不适用于煤共生、伴生的金属非金属露天矿山采场边坡。

矿区自然边坡可参照执行。

AQ/T 2064—2018 金属非金属矿产资源地质勘查单位安全生产标准化实施指南

起草单位

湖北省地质局、中国地质大学(武汉)、湖北省安全生产监督管理局、中钢集团武汉安全环保研究院、中国冶金地质总局。

主要起草人

周兴和、赵云胜、胡东涛、舒永健、郑应国、王先华、谢汉辉、张昭军、周兴连、曾旺、周焕明、刘国圣、吴军、张所邦、李建璞、郭海林、林强。

适用范围

本标准规定了金属非金属矿产资源地质勘查单位安全生产标准化系统的创建原则、核心内容以及创建过程。

本标准适用于金属非金属矿产资源地质勘查单位安全生产标准化建设工作的技术咨询、服务、评审与监督管理。

AQ 2065—2018 地下运矿车安全检验规范

起草单位

国家安全生产长沙矿山机电检测检验中心、安标国家矿用产品安全标志中心、中国黄金集团公司、金属矿山安全技术国家重点实验室、长沙矿山研究院有限责任公司。

主要起草人

贺建国、翟守忠、沃磊、史志远、张景奎、李广、曹凤金、李富伟、季光洲、陈淼、曹胜、付鹏飞、杨锦涛、贺雪琼、周建。

适用范围

本标准规定了地下运矿车的产品分类、技术要求、检验规则和检验方法。

本标准适用于金属非金属地下矿山中使用的无防爆要求的地下矿车。

AQ/T 2066—2018　陆上油气田安全生产标准化评审报告编写规则

起草单位

胜利油田检测评价研究有限公司、中国石油集团安全环保技术研究院、原国家安全生产监督管理总局通信信息中心、青岛中油华东院安全环保有限公司。

主要起草人

刘灵灵、李俊荣、牛更奇、毋勇、张玉明、李义娟、李志勇、胡芳芳、李志光、许箐、支景波、陈忱、李治灵、殷冬培、彭星来。

适用范围

本标准规定了陆上油气田安全生产标准化评审报告的编写规则。

本标准适用于从事陆上石油天然气勘探、开发、生产等生产经营活动的单位安全生产标准化评审报告的编写。

陆上油气田生产经营单位安全生产标准化自评报告的编写也可参照执行。

AQ/T 2067—2018　国家级陆上油气田应急救援队伍装备配备要求

起草单位

国家安全生产应急救援指挥中心、中国石油集团安全环保技术研究院、中国石油集团川庆钻探工程有限公司、中国石化集团中原油田普光分公司。

主要起草人

储胜利、李娜、王海军、郭治武、王留洋、杨永钦、姚勇、王维、孙文勇、何建锋、卿玉、王庆银、李升龙、牛蕴、栾国华、石明杰、郭宏地、谢意湘。

适用范围

本标准规定了国家级陆上油气田（井控、消气防）应急救援队伍装备的配备原则、总体配备要求、应急救援装备分类和配备要求、救援装备的管理和维护。

本标准适用于国家级陆上油气田应急救援队伍井控、消防、气防等装备的配备。

AQ 2068—2019　金属非金属矿山提升系统日常检查和定期检测检验管理规范

起草单位

山东公信安全科技有限公司、中国安全生产科学研究院、洛阳正方圆重矿机械检验技术有限责任公司、鲁中矿业有限公司、山东金岭矿业股份有限公司、招金矿业股份有限公司。

主要起草人

张振安、李双会、李旗、荀明利、宋宪旺、毕波、王永起、郝宁波、姜建军。

适用范围

本标准规定了金属非金属矿山在用提升系统的基本要求、日常检查、定期检测检验和结果处理。

本标准适用于金属非金属矿山企业对在用提升系统的日常检查和定期检测检验管理。

AQ 2069—2019 矿用电梯安全技术要求

起草单位

长沙矿山研究院有限责任公司、湖北电梯厂、安标国家矿用产品安全标志中心有限公司、国家安全生产长沙矿山机电检测检验中心、金属矿山安全技术国家重点实验室、中国矿业大学。

主要起草人

翟守忠、贺建国、杨大明、李广、熊新洲、朱真才、李富伟、钟㵮生、陈淼、王四现、朱华平、郭鑫、王西涛、余洪伟、左英杰、王秋敏、张立博、龚文、季光洲、曹国华、曹胜、谭斯格、周建、王正、杨锦涛、李勇。

适用范围

本标准规定了矿用电梯的术语与定义、基本要求、安全技术要求、安全使用要求、检验检测方法、检验检测规则。

本标准适用于矿山竖井升降人员或升降人员和物料的电力驱动的曳引式矿用电梯。

AQ 2070—2019 金属非金属地下矿山无轨运人车辆安全技术要求

起草单位

国家安全生产长沙矿山机电检测检验中心、长沙矿山研究院有限责任公司、北京安期生技术有限公司、青岛中鸿重型机械有限公司、招远华丰机械设备有限公司、汶上弘德工程机械有限公司、泰安市固安特工程机械有限公司、江苏凯途液压传动机械科技有限公司、金属矿山安全技术国家重点实验室。

主要起草人

贺建国、翟守忠、何定源、齐吉富、刘志刚、刘立民、赵兴国、叶强、付鹏飞、陈森、李广、李富伟、曹凤金、李宇、史志远、王四现、张杰、梁龙、曹胜、贺雪琼。

适用范围

本标准规定了金属非金属地下矿山无轨运人车辆的安全技术要求、检验方法和检验规则。

本标准适用于在金属非金属地下矿山斜坡道和（或）巷道中行驶的无防爆要求、柴油机驱动的无轨运人车辆。

采用其他动力驱动的无轨运人车辆可参照使用。

AQ/T 2071—2019 地质勘查安全防护与应急救生用品（用具）技术规范

起草单位

中国地质调查局水文地质环境地质调查中心、华地同创（北京）科技发展有限公司、北京探路者控股集团股份有限公司、中国地质科学院地球物理地球化学勘查研究所、陕西地矿集团有限公司。

主要起草人

覃家海、李小杰、叶成明、郑宝锋、陈百顺、刘红万、丁鸿弼、符海琴、刘珍宝、单建新、范臧辉、李刚、李梦、胡海波。

适用范围

本标准规定了地质勘查作业人员安全防护与应急救生用品（用具）的功能要求、技术指标、检验方法和判定规则，及其产品包装、运输和贮存要求。

本标准适用于地质勘查作业人员安全防护与应急救生用品（用具）的设计、生产与检验。

AQ/T 2072—2019 金属非金属矿山在用电力绝缘安全工器具电气试验规范

起草单位

山东公信安全科技有限公司、中国安全生产科学研究院、中平能化集团中南矿用产品检测检验有限公司、山东金岭矿业股份有限公司。

主要起草人

荀明利、张振安、李旗、田军、宋宪旺、肖巍、梁冠营、孙广。

适用范围

本标准规定了金属非金属矿山在用电力绝缘安全工器具电气试验的试验项目及周期、一般要求、技术要求及试验方法和试验后的要求。

本标准适用于金属非金属矿山在用电力绝缘安全工器具电气试验。

AQ/T 2073—2019 金属非金属矿山在用高压开关设备电气安全检测检验规范

起草单位

山东公信安全科技有限公司、中国矿业大学、中平能化集团中南矿用产品检测检验有限公司、山东金岭矿业股份有限公司。

主要起草人

张振安、史丽萍、李旗、宋宪旺、肖巍、张峰、梁冠营、孙广。

适用范围

本标准规定了金属非金属矿山在用 6 kV、10 kV、35 kV 高压开关设备电气安全检测检验基本条件、检测检验项目及周期、技术要求、检测检验方法、检测检验规则和判定规则。

本标准适用于金属非金属矿山在用高压开关设备电气安全定期检测检验、新安装投运前检测检验。

AQ/T 2074—2019 金属非金属矿山在用设备设施安全检测检验报告通用要求

起草单位

山东公信安全科技有限公司、中国安全生产科学研究院、中平能化集团中南矿用产品检测检验有限公司、河北省安全生产监督管理局安全科学技术中心、广东省安全生产技术中心、招金矿业股份有限公司、鲁中矿业有限公司、洛阳正方圆重矿机械检验技术有限责任公司。

主要起草人

张振安、李旗、田军、郭英俊、梁冠营、李朝博、宋宪旺、张艳会、高浩亮、刘利波、王永起、胡桂花、徐士伟。

适用范围

本标准规定了金属非金属矿山在用设备设施安全检测检验报告的基本内容、编排、表述规则、编制与审查。

本标准适用于金属非金属矿山在用设备设施安全检测检验报告的编制。

AQ/T 2075—2019 金属非金属矿山在用设备设施安全检测检验目录

起草单位

山东公信安全科技有限公司、中国安全生产科学研究院、河北省安全生产监督管理局安全科学技术中心、辽宁省安全科学研究院、山东金岭矿业股份有限公司、招金矿业股份有限公司、鲁中矿业有限公司、广东省安全生产技术中心、洛阳正方圆重矿机械检验技术有限责任公司。

主要起草人

张振安、李双会、荀明利、李旗、张艳会、李建龙、姜群山、郝宁波、董鑫、王永起、范银华、寇红杰。

适用范围

本标准规定了金属非金属矿山应进行检测检验的在用设备设施、检测检验依据及检测检验周期。

本标准适用于金属非金属矿山在用设备设施检测检验管理。

AQ/T 2076—2020 页岩气钻井井控安全技术规范

起草单位

重庆科技学院、中石化重庆涪陵页岩气勘探开发有限公司。

主要起草人

陈星星、刘洪、江建飞、苏堪华、李伟、王文和、杨圆鉴、周伯均、艾军、张爽、鲁宁、刘继林、樊沐佼、王力、李猛、陈坤、何泊龙、陈序、姜艳、章雪艳。

适用范围

本标准规定了页岩气钻井井控设计、井控装置安装与试压、钻开气层前验收、测录井井控管理、溢流和井喷处置、应急处置等方面的安全技术基本要求。

本标准适用于陆上页岩气（开发井）钻井工程作业。

AQ/T 2077—2020 页岩气井独立式带压作业机起下管柱作业安全技术规范

起草单位

重庆科技学院、中石化重庆涪陵页岩气勘探开发有限公司、中石化江汉油田分公司、中石化胜利石油工程有限公司、中国石油集团川庆钻探工程有限公司钻采工程技术研究院。

主要起草人

刘星、李爱春、刘洪、李伟、肖晖、范玉斌、王文和、杨圆鉴、鲁宁、黄仲尧、郑爱国、周林、赵昆、林耀军、董成会、罗卫华、刘俊男、赵恒、李超、康超、李英杰、陈志强、胡光辉、蒋佶洋。

适用范围

本标准规定了陆上页岩气井带压作业设计、设备安装与试压、施工作业、检测和应急处置等安全技术的基本要求。

本标准适用于陆上页岩气井独立式带压作业机起下管柱作业。

AQ 2078—2020 老龄化海上固定式安全生产设施主结构安全评估导则

起草单位

中海石油技术检测有限公司、中海油能源发展装备技术有限公司、中海油安全技术服务有限公司。

主要起草人

陈海林、张伯莹、高尚磊、刘万超、杨光、翟翔、石烜、薛建、高正华、张充霖。

适用范围

本标准规定了老龄化海上固定式生产设施主结构安全评估的总体要求、数据收集、检验、设计水平评估、极限强度评估、安全评估报告、整改措施、报废等方面的要求。

本标准适用于海洋石油钢制桩基和导管架生产设施主结构。

本标准不适用于其他结构形式的生产设施。

AQ 2079—2020 海洋石油生产设施发证检验工作通则

起草单位

中国船级社、中海油安全技术服务公司、必维国家检验集团（中国）有限公司。

主要起草人

朱琪、孙希兴、丁果林、宋吉哲、石烜、焦国栋。

适用范围

本通则适用于对在中华人民共和国内海、领海、毗连区、专属经济区、大陆架以及中华人民共和国管辖的其他海域内设置或者将在上述海域内设置的海洋石油生产设施的发证检验工作。

五、粉尘防爆安全

GB 18245—2000　烟草加工系统粉尘防爆安全规程

起草单位

国家烟草专卖局、冶金部安全环保研究院、北京卷烟厂、山东省烟草专卖局、石家庄铜铝制品厂。

主要起草人

卢炎华、张一峰、周豪、杨双义、刘晓星、徐东进。

适用范围

本标准规定了烟草加工系统粉尘防爆的基本要求。

本标准适用于烟草加工系统粉尘防爆的设计、施工、运行和管理。

GB/T 18154—2000　监控式抑爆装置技术要求

起草单位

煤炭科学研究总院重庆分院。

主要起草人

夏自柱、蔡周全。

适用范围

本标准规定了监控式抑爆装置的技术要求、试验方法、检验规划与标志、包装和贮存。

本标准适用于工业生产流程中抑制可燃粉尘燃烧与爆炸的各种型式的监控式抑爆装置的设计与制造。

GB 17269—2003　铝镁粉加工粉尘防爆安全规程

起草单位

武汉安全环保研究院、东北轻金属粉业公司、北京鑫利华镁粉研究所。

主要起草人

周豪、于永芳、邓煦帆、吴长海、王洪进、李晓飞、才安。

适用范围

本标准规定了铝镁粉生产、贮运过程中的防爆安全技术要求。

本标准适用于铝镁加工厂（车间）的设备、施工、生产、维修和管理。

GB 19881—2005 亚麻纤维加工系统粉尘防爆安全规程

起草单位

黑龙江省纺织工业设计院、哈尔滨亚麻纺织厂、中国纺织科学研究院。

主要起草人

周维、王福华、王燕津、王树桐。

适用范围

本标准规定了亚麻纤维加工系统粉尘防爆的基本要求。

本标准适用于亚麻纤维加工系统粉尘防爆设计、施工、运行和管理。

亚麻原料厂及亚麻棉厂可参照执行。

GB 16543—2008 高炉喷吹烟煤系统防爆安全规程

起草单位

中钢集团武汉安全环保研究院、中冶华天工程技术有限公司、鞍山钢铁（集团）公司、武汉钢铁（集团）公司、中国冶金设备南京有限公司。

主要起草人

李晓飞、赵丹力、汤清华、林顺清、韩忠礼、朱炳安、杜刚、张桂华、胡涛、陈义、朱春梅。

适用范围

本标准规定了炼铁厂高炉喷吹烟煤系统中煤粉爆炸预防与防护措施的基本要求。

本标准适用于炼铁厂高炉喷吹烟煤以及烟煤与无烟煤混合喷吹系统的新建、扩建和改造工程项目的设计、施工与验收，以及操作、维护、检修及管理。

无烟煤喷吹系统可参照执行。

GB 17440—2008 粮食加工、储运系统粉尘防爆安全规程

起草单位

国家粮食储备局郑州科学研究设计院、无锡威勒机电设备工程有限公司、科林

环保装备股份有限公司、广东江门南方输送机械工程有限公司、广东江门振达机电工程成套有限公司、许昌邦迪蛋白有限公司。

主要起草人

李玺、李军五、闫汉书、刘锦瑜、黄霞云、周和荣、李孔成、徐刚、王建国、沈卫星、沈倩钰、朱国伟、齐志高。

适用范围

本标准规定了粮食加工、储运系统粉尘防爆的基本要求。

本标准适用于粮食装卸、运输、储藏和加工过程中出现或可能出现粮食粉尘爆炸性危险场所的新建、扩建、改建工程的设计、施工、生产和管理全过程。

本标准不适用于油脂浸出车间和粮食干燥装备。

GB 17918—2008 港口散粮装卸系统粉尘防爆安全规程

起草单位

中钢集团武汉安全环保研究院、大连港散粮码头公司、天津港二公司、广州港新港港务分公司、无锡威勒机电设备工程有限公司、九江市粮油机械厂（有限公司）、无锡市中良设备工程有限公司、江门振达机电工程成套公司、南方输送机械工程有限公司、武汉厚博安全技术研究所。

主要起草人

孙云翔、周豪、钟则都、刘青山、朱国伟、劳林安、王荀、李孔成、沙宪斌、谷庆红、吴笑。

适用范围

本标准规定了港口散粮装卸系统粉尘防爆的基本要求。

本标准适用于港口散粮装卸系统粉尘防爆的设计、施工、运行和管理。

GB 19081—2008 饲料加工系统粉尘防爆安全规程

起草单位

河南工业大学、武汉安全环保研究院、国家粮食储备局无锡科研设计院、国家粮食储备局郑州科研设计院、北京国家粮食储备局科研设计院。

主要起草人

周乃如、朱凤德、王卫国、王永昌、齐志高、李玺、林西、王志、谷庆红。

适用范围

本标准规定了饲料加工系统粉尘防爆安全的基本要求。

本标准适用于饲料加工系统粉尘防爆的设计、施工、运行和管理。

GB/T 15604—2008 粉尘防爆术语

起草单位
煤炭科学研究总院重庆研究院。

主要起草人
张延松、费国云、樊小涛、刘新强。

适用范围
本标准规定了粉尘防爆的专业术语。

本标准适用于粉尘防爆规定的制定、技术文件的编制、专业手册及教材书刊编写和翻译。

本标准不适用于炸药粉尘和烟花爆竹。

GB/T 15605—2008 粉尘爆炸泄压指南

起草单位
东北大学工业爆炸及防护研究所、沈阳航天新光安全系统有限公司。

主要起草人
钟圣俊、邓煦帆、党君祥、李刚、徐欣。

适用范围
本标准给出了在出现可燃粉尘和杂混物的场所进行爆炸泄压设计的基本方法。

本标准适用于一般工业粉尘。

本标准不适用于有毒性和腐蚀性的粉尘、火炸药或含能材料，不适用于受到爆轰灾害的设备。

本标准的爆炸泄压技术仅在它不严重危害周围环境、不导致人员的安全和健康受到伤害的条件下才允许使用。

如果通过实际试验证明，可保证获得与本标准相同的安全水平，则采用的方法和计算的泄压面积允许偏离本标准。

GB/T 17919—2008 粉尘爆炸危险场所用收尘器防爆导则

起草单位
中钢集团武汉安全环保研究院、中钢集团天澄环保科技有限公司、中国冶金设备南京有限公司。

|主要起草人|

王志、陈隆枢、赵丹力、胡东涛、朱炳安、陈强。

|适用范围|

本标准规定了粉尘爆炸危险场所用收尘器的防爆要求。

本标准适用于粉尘爆炸危险场所收尘器的设计、安装、使用与维护。

本标准不适用于矿山井下、烟花爆竹及民用爆炸器材生产场所。

GB 32275—2015 纺织工业防火防爆管道安全装置技术规范

|起草单位|

武汉纺织大学、中钢集团武汉安全环保研究院、江苏菲特滤料有限公司、上海艾金空气设备有限公司。

|主要起草人|

石建中、徐国平、汪秀清、王爱民、李宇、蔡来胜、丁敬芝、王正纲、陈军、吴晓煜、乐有邦。

|适用范围|

本标准规定了纺织工业防火防爆管道安全装置的类型、使用范围、选择原则、安装和维护。

本标准适用于纺织工业防火防爆管道安全装置的设计、安装、使用与维护。

GB 32276—2015 纺织工业粉尘防爆安全规程

|起草单位|

武汉纺织大学、中钢集团武汉安全环保研究院、江苏菲特滤料有限公司、山东省金信纺织风机空调设备有限公司。

|主要起草人|

石建中、徐国平、汪秀清、王爱民、李宇、吴子才、丁敬芝、王正纲、陈军、吴晓煜、乐有邦。

|适用范围|

本标准规定了纺织工业中粉尘爆炸危险场所的防爆安全要求。

本标准适用于使用棉、麻、毛、混纺、化纤、丝等为原料的纺织工业粉尘爆炸危险场所的工程设计、施工、生产管家理。

使用其他原料的纺织工业企业可参照本标准执行。

GB 15577—2018　粉尘防爆安全规程

起草单位

中钢集团武汉安全环保研究院有限公司、东北大学、广东金方圆安全技术检测有限公司、国家防爆设备质量监督检验中心（广东）。

主要起草人

王志、李刚、钟圣俊、孟宪卫、王新华、乐有邦、吴晓煜、张倩倩。

适用范围

本标准规定了粉尘防爆安全总则、粉尘爆炸危险场所的建（构）筑物的结构与布局、防止粉尘云与粉尘层着火、粉尘爆炸的控制、除尘系统、粉尘控制与清理、设备设施检修和个体防护。

本标准适用于粉尘爆炸危险场所的工程及工艺设计、生产加工、存储、设备运行与维护。

本标准不适用于煤矿井下、烟花爆炸、火炸药和强氧化剂的粉尘场所。

GB/T 16425—2018　粉尘云爆炸下限浓度测定方法

起草单位

中煤科工集团重庆研究院有限公司、上海化工研究院。

主要起草人

马忠斌、李润之、张引合、肖秋平、司荣军。

适用范围

本标准规定了粉尘-空气混合物爆炸下限浓度测定的试验装置、试验程序、其他可替代的试验方法、安全措施和试验报告。

本标准适用于依赖空气中的氧维持其氧化反应的可燃粉尘。

本标准不适用于火炸药或不依赖空气中的氧即可燃烧爆炸的物质。

GB/T 16427—2018　粉尘层电阻率测定方法

起草单位

中煤科工集团重庆研究院有限公司。

主要起草人

张引合、马忠斌、司荣军、王渝、李润之。

适用范围

本标准规定了粉尘层电阻率测定的试验装置、试样、测定步骤、安全防护和试验报告。

本标准不适用于一般工业粉尘。

本标准不适用于火炸药或不依赖空气中的氧即可燃烧爆炸的物质。

GB/T 16430—2018 粉尘层最低着火温度测定方法

起草单位

中煤科工集团重庆研究院有限公司。

主要起草人

李润之、张引合、司荣军、马斌、王磊。

适用范围

本标准规定了粉尘层最低着火温度测定的试样、试验装置、测定步骤和测定结果表述。

本标准适用于依赖空气中的氧维持其氧化反应的可燃性粉尘。

本标准不适用于火炸药或不依赖空气中的氧即可燃烧爆炸的物质。

GB/T 37241—2018 惰化防爆指南

起草单位

应急管理部天津消防研究所、东北大学工业爆炸与防护研究院、陕西省消防救援总队、中国五环工程有限公司、中国石化工程建设有限公司、中冶赛迪工程技术股份有限公司、威特龙消防安全集团股份有限公司、神华集团有限责任公司。

主要起草人

任常兴、杜霞、李野、钟圣俊、张明、李晋、张欣、张网、王婕、杨建国、董海斌、王若青、陈乐、李伟、李会英、李华。

适用范围

本标准给出了可燃粉尘或可燃气体爆炸性环境进行气氧惰化防爆的基本方法和惰化系统技术要求。

本标准适用于向可燃粉尘、可燃气体或其混合物爆炸性环境通入惰化气体进行完全惰化防爆的惰化技术，部分惰化可参照执行。

本标准不适用于下列情况：

（1）采用向可燃粉尘中添加惰性粉尘以防止粉尘爆炸的惰化技术；

（2）采用在容器或储罐内的气体空间设置阻火金属网以防止可燃液体蒸气爆炸的技术；

（3）灭火；

（4）采用控制可燃物质浓度超出爆炸上限以避免形成爆炸性环境的技术；

（5）控制粉尘层或粉尘堆积物发生着火、自燃、放热反应或燃烧在粉尘层中传播的保护措施。

AQ 4228—2012 木材加工系统粉尘防爆安全规范

起草单位

吉林省安全科学技术研究院、广东省岭南综合勘察设计院、中钢集团武汉安全环保研究院。

主要起草人

张春慧、郑凡颖、周玉申、谷庆红、孙宝铁、刘凌燕。

适用范围

本标准规定了工业生产中木材及木制品、人造板、木粉的加工处理系统中产生的木质及其他纤维质材料的粉尘的防爆安全要求。

本标准适用于木材加工厂、人造材厂、家具厂、木粉厂以及其他行业中的木工车间。

本标准不适用于以木粉为原料加工制作火药及烟花爆竹类产品的场所。

AQ 4229—2013 粮食立筒仓粉尘防爆安全规范

起草单位

国家粮食储备局郑州科学研究设计院、上海粮油仓储有限公司、江门振达机电工程成套有限公司、广东江门南方输送机械工程有限公司、无锡威勒机电工程成套有限公司。

主要起草人

李堃、杨松山、刘锦瑜、闫汉书、顾伟、李孔成、黄银平、黄霞云、徐刚、齐志高、赵庆和。

适用范围

本标准规定了粮食立筒仓粉尘防爆的基本要求。

本标准适用于粮食立筒仓的新建、扩建、改建工程的设计、施工、生产、维修和管理全过程。

AQ 4230—2013 粮食平房仓粉尘防爆安全规范

起草单位

国家粮食储备局郑州科学研究设计院、上海粮油仓储有限公司、江门振达机电工程成套有限公司、广东江门南方输送机械工程有限公司。

[主要起草人]

闫汉书、李玺、杨松山、刘锦瑜、顾伟、李孔成、黄银平、黄霞云、齐志高、周乃如。

[适用范围]

本标准规定了粮食平房仓粉尘防爆安全的基本要求。

本标准适用于储存原粮、成品粮的粮食平房仓的新建、扩建、维修,改建工程的设计、施工、生产和管理全过程。

AQ 4231—2013 散粮码头爆炸性粉尘环境施工及装卸设备维修安全规范

[起草单位]

深圳赤湾港航股份有限公司港务本部、江门振达成套设备安装有限公司、江苏牧羊集团有限公司、深圳市海洋王照明工程有限公司、山东迎春钢板仓制造有限公司。

[主要起草人]

张兆胜、赵庆和、陈华定、张选芹、张胜利、易年丰、黄银平、曾钦坚、周金彪、朱有春、张艳丰、陈铁生、刘凌燕。

[适用范围]

本标准规定了散粮码头爆炸性粉尘环境施工及装卸设备维修安全的基本要求。

本标准适用于散粮码头在爆炸性粉尘产生、积聚环境下施工和装卸设备的维修。

AQ 4232—2013 塑料生产系统粉尘防爆规范

[起草单位]

南京理工大学。

[主要起草人]

周本谋。

[适用范围]

本标准规定了塑料生产系统粉尘防爆的技术要求。

本标准适用于以烯烃类气体为原料,主要工艺过程为聚合反应得到塑料粉末料,经造粒得到塑料颗粒料粉体的生产系统;以塑料、合成聚合物粉末或颗粒料为原料,通过熔融与注塑等工艺生产与加工塑料用品的生产系统,包括废旧塑料回收处理与加工生产系统。

AQ 4241—2015　纺织工业除尘设备防爆技术规范

起草单位

武汉纺织大学、中钢集团武汉安全环保研究院、盐城国泰环保科技有限公司、山东省金信纺织风机空调设备有限公司。

主要起草人

石建中、徐国平、汪秀清、王爱民、李宇、吴子才、丁敬芝、王正纲、陈军、吴晓煜、乐有邦。

适用范围

本标准规定了纺织工业粉尘爆炸危险场所用除尘设备的防爆要求。

本标准适用于纺织工业粉尘爆炸危险场所用除尘设备的设计、安装、使用与维护。

AQ 4272—2016　铝镁制品机械加工粉尘防爆安全技术规范

起草单位

广东金方圆安全技术检测有限公司、广东省安全生产协会、海南省安全生产协会、格力电器（中山）小家电制造有限公司、广州汽车集团零部件有限公司。

主要起草人

孟宪卫、冯桂深、孟婷婷、周耀、邱德诚、汤彩成、林伟佳、王艳红、冯刚、杨戈。

适用范围

本标准规定了铝镁制品机械加工过程的粉尘防爆措施，以及防火安全、设备及设施安全、作业安全、粉尘清理和安全管理的要求。

本标准适用于铝镁制品机械加工的车间、场所及设备和设施。

本标准不适用于铝镁粉生产及加工的企业。

AQ 4273—2016　粉尘爆炸危险场所用除尘系统安全技术规范

起草单位

广东金方圆安全技术检测有限公司、中钢集团武汉安全环保研究院、东北大学安全工程研究中心、广州市赣丰机械设备有限公司、广州同胜环保科技有限公司。

主要起草人

孟宪卫、徐国平、李刚、赵丹力、孟婷婷、周金彪、张卫、冯刚、冯桂深、罗醒悦、肖功赠。

适用范围

本标准规定了粉尘爆炸危险场所除尘系统的防爆措施、维护检修及检测校验的要求。

本标准适用于粉尘爆炸危险场所用除尘系统的设计、制造、安装、验收、使用与维护。

本标准不适用于化工、采矿、隧道、烟花爆竹及民用爆破器材生产场所用的除尘系统。

六、涂装作业安全

GB 7691—2003 涂装作业安全规程 安全管理通则

起草单位

甘肃省劳动科学研究所、中国兵器工业第五设计研究院、江苏省劳动保护科学技术研究所、承德三杰涂装环保工程公司、无锡市南兴涂装输送设备厂。

主要起草人

周建平、韩蕴生、金雪芳、张勤、祁昌贤、黄兴南、孙新研。

适用范围

本标准规定了涂装（涂覆、涂布）作业使用的涂料及有关化学品、涂装工艺、涂装设备器械、作业场所和涂装施工的安全管理基本原则。

本标准适用于使用涂料及有关化学品（包括有机溶剂）在金属或非金属表面的涂装作业，包括露天涂装作业，建筑物、构筑物内外涂饰作业，塑料制品、纺织品、皮革制品、漆布等非金属的涂覆、涂布、印染、上光等有机溶剂作业。也适用于涂料及有关化学品、涂装工艺术、涂装设备器械、涂装厂房（涂装作业场所）的科研、设计、生产、制造、运输、施工安装、经营（包括经营活动的技术交流、商品展览）与管理。

其他有机溶剂作业亦可参照执行本标准。

GB 12367—2006 涂装作业安全规程 静电喷漆工艺安全

起草单位

五洲工程设计研究院（中国兵器工业第五设计研究院）、江苏省劳动保护科学技术研究所、五洲大气社工程有限公司。

主要起草人

胡铸生、吴超、金雪芳、庞广龙。

适用范围

本标准规定了静电喷漆工艺及其装备、涂料储存和输送、操作和维修等的安全要求。

本标准适用于使用可燃或易燃涂料的静电喷漆工艺及其装备的设计、制造、使用和监督管理。

使用其他易燃易爆材料或水性涂料的静电工艺可参照执行。

GB 14444—2006 涂装作业安全规程 喷漆室安全技术规定

起草单位

上海市机电设计研究院、江苏省劳动保护科学技术研究所、上海爱姆意涂装工程设备有限公司、常州市惠普机械厂。

主要起草人

陶伟民、徐忠国、金雪芳。

适用范围

本标准规定了涂漆工艺中各类喷漆室的通用安全技术要求。

本标准适用于使用易燃或可燃涂料喷漆室的设计、制造、安装、检验、使用、维修和监督管理。

使用水性涂料的喷漆室可参照执行。

GB 20101—2006 涂装作业安全规程 有机废气净化装置安全技术规定

起草单位

江苏省劳动保护科学技术研究所、北京市劳动保护科学研究所、江苏省化工研究所、扬州琼花环保工程设备有限公司、苏州捷能有机废气净化设备有限公司。

主要起草人

金雪芳、张益铮、韩航、孙新研、陆哲明、顾卫东、吴中直。

适用范围

本标准规定了涂装作业有机废气净化装置的通用安全技术要求。主要包括：活性炭吸附、催化燃烧、活性炭吸附－催化燃烧、热力燃烧、液体吸收五类净化装置。

本标准适用于涂装作业上述五类有机废气净化装置的设计、制造、安装、验收、运行和维护。

GB 14443—2007 涂装作业安全规程 涂层烘干室安全技术规定

|起草单位|

江苏省安全生产科学研究院、常州正英工业燃烧设备有限公司、浙江明泉工业涂装有限公司、扬州琼花环保工程设备有限公司、浙江华立涂装有限公司、上海博缘燃烧设备有限公司。

|主要起草人|

沈立、孙明义、金雪芳、黄立明、奚兴宜、吕春华、吴中直。

|适用范围|

本标准规定了涂层烘干室的设计、制造、安装、检验、使用和维修的基本安全技术要求。

本标准适用于各类基材涂层的干燥、固化用烘干室。

GB 14773—2007 涂装作业安全规程 静电喷枪及其辅助装置安全技术条件

|起草单位|

江苏省安全生产科学研究院、浙江明泉工业涂装有限公司。

|主要起草人|

朱和平、沈立、金雪芳、邬克、黄立明、赵瑛、茅立安。

|适用范围|

本标准规定了在静电喷漆区和静电喷粉区使用的手持式或自动式静电喷枪及其辅助装置的安全技术条件。

本标准适用于各种手持式或自动式静电喷枪及其辅助装置的设计、制造、试验、检测、使用和维护。

本标准不适用于本质安全型静电喷枪。

GB 6514—2008 涂装作业安全规程 涂漆工艺安全及其通风净化

|起草单位|

江苏省安全生产科学研究院、机械工业第一设计研究院、江苏长虹涂装机械有

限公司、浙江明泉工业涂装有限公司、中德合资扬州斯普莱涂装机械有限公司、浙江华立涂装设备有限公司、广东佛山奥通工业设备有限公司、扬州琼花涂装工程设备有限公司。

|主|要|起|草|人|
胡义铭、徐洪洲、仇洪根、黄立明、潘立峰、吕建立、王京、吴中直、茅立安。

|适|用|范|围|
本标准规定了涂漆工艺及其通风净化的安全卫生技术要求。
本标准适用于涂漆工艺及其通风净化系统的设计、安装及使用。
桥梁、建筑物、大型储罐、船舶等大型构件的室外涂漆工艺的通风净化亦可参照使用。

GB 15607—2008 涂装作业安全规程 粉末静电喷涂工艺安全

|起|草|单|位|
江苏省安全生产科学研究院、浙江华立涂装设备有限公司、浙江明泉工业涂装有限公司、上海志林工程有限公司。

|主|要|起|草|人|
孙明义、李忠慧、柏萍、吕建立、黄立明、茅立安、潘元琛。

|适|用|范|围|
本标准规定了粉末静电喷涂工艺设计及其设备的设计、安装、操作、维修和管理方面的安全卫生要求。
本标准适用于粉末静电喷涂工艺设计及其设备的设计、安装、使用、维修和管理，也适用于粉末静电喷涂工程的验收。
静电流化床法、流化床法及其他流化涂装法也可参照执行。

GB/T 8264—2008 涂装技术术语

|起|草|单|位|
武汉材料保护研究所、佛山市科富科技有限公司。

|主|要|起|草|人|
李新立、李安忠、袁兴、钟萍、张天鹏、韩琳、刘海峰。

|适|用|范|围|
本标准规定了涂装技术常用术语及其定义或说明。

GB/T 14441—2008 涂装作业安全规程 术语

起草单位

江苏省安全生产科学研究院、浙江华立涂装有限公司、浙江明泉工业涂装有限公司。

主要起草人

朱坚平、柏萍、张丽、吕建立、黄立明。

适用范围

本标准规定了涂装作业安全的通用术语。

本标准适用于涂装作业，以及与此有关的生产、管理、设计、科研、教学、出版等。

GB 7692—2012 涂装作业安全规程 涂漆前处理工艺安全及其通风净化

起草单位

江苏省安全生产科学研究院、浙江华立涂装有限公司、东莞丰裕电机有限公司、浙江明泉工业涂装有限公司、浙江鱼童发达造漆有限公司、扬州琼花环保工程设备有限公司、遂昌神牛涂料有限公司、苏州捷能有机废气净化设备有限公司、无锡市顺达物流涂装设备有限公司、苏州捷能环保科技有限公司。

主要起草人

胡义铭、吕建立、郑锡辉、黄立明、吴中直、金赞芳、李胜、顾卫东、陈春红、高建飞、王福兴。

适用范围

本标准规定了涂漆前处理工艺及其通风净化的通用安全技术要求。

本标准适用于涂漆前处理工艺及其通风净化系统的设计、安装、验收及使用。

GB 17750—2012 涂装作业安全规程 浸涂工艺安全

起草单位

机械工业第一设计研究院、江苏省安全生产科学研究院、浙江华立涂装设备有限公司、浙江明泉工业涂装有限公司、浙江鱼童发达造漆有限公司、浙江志强涂料有限公司、扬州琼花涂装工程设备有限公司、无锡锡洲电磁线有限公司、重庆长江涂装设备有限责任公司、东莞丰卓机电设备有限公司。

主要起草人

徐洪洲、胡义铭、吕建立、黄立明、茅立安、吴中直、徐进法、石安涛、周国栋、金赞芳、梁新方、卢志强。

适用范围

本标准规定了涂装作业中浸涂工艺的浸涂区及其作业场所、浸涂设备、电气设备的防火防爆、通风、涂料的贮存、使用和输送、消防、操作、维修和培训的要求。

本标准适用于使用易燃或可燃液态涂料的浸涂工艺及其设备设计、制造、安装、验收和使用。

水性涂料浸涂的通风及滚涂、淋涂、幕涂等工艺也可参照使用。

AQ 5201—2007 涂装工程安全设施验收规范

起草单位

江苏省安全生产科学研究院、浙江明泉工业涂装有限公司。

主要起草人

沈立、胡义铭、朱坚平、陈云、吴思明、沈一平。

适用范围

本标准规定了新建、改建、扩建涂装工程（包括涂装设备、器械）和作业场所安全设施验收的基本原则。

本标准适用于使用涂料及有关化学品（包括有机溶剂）在金属或非金属表面进行涂装的涂装工程，包括塑料制品、纺织品、皮革制品、木制品等非金属的涂装工程安全设施验收。

涂装工艺、涂装作业场所、涂装设备器械的设计、生产、制造和安装等的安全技术审查；露天涂装作业，建筑物、构筑物内外涂饰等涉及涂装工程安全的技术审查亦可参照本标准。

AQ 5202—2008 电镀生产安全操作规程

起草单位

南通市申海特种镀饰有限责任公司、江苏省机械工业联合会表面工程分会、江苏省安全生产科学研究院、南京市国营第五一三厂、义乌市化安化工有限公司、常州现代金属表面处理有限公司、太原市电镀协会。

主要起草人

吴飚、仇士学、张伟明、桑保华、柏萍、樊健、陈线。

适用范围

本标准规定了电镀（包括化学镀）生产作业操作过程中的一般性安全技术管理要求。

本标准适用于进行电镀（包括化学镀）加工的生产企业，其他表面处理作业也可参照执行。

AQ 5203—2008　电镀生产装置安全技术条件

起草单位

南京四方表面技术有限公司、江苏省安全生产科学研究院、江苏省机械工业联合会表面工程分会、义乌市化安化工有限公司、上海爱铝美克斯工程设备有限公司、浙江明泉工业涂装有限公司。

主要起草人

林源、袁华、胡义铭、杨定峰、冉飞、徐超英。

适用范围

本标准规定了电镀生产装置的设计、制造、安装中安全技术的基本要求。

本标准适用于电镀设备的设计、制造、安装和维护。

电镀生产企业的设备改造也可参照执行。

AQ 5204—2008　涂料生产企业安全技术规程

起草单位

浙江省涂料工业协会、江苏省安全生产科学研究院、浙江省天正设计工程有限公司、杭州油漆有限公司、浙江环球制漆集团股份有限公司、浙江天女集团制漆有限公司、杭州灯塔涂料玻璃有限公司、浙江南方涂料工业有限公司、浙江环达漆业集团有限公司、宁波飞轮造漆责任有限公司、浙江鱼童发达造漆有限公司、浙江兰歌化学工业有限公司、中国涂料工业协会、四川省涂料工业协会、福建省涂料工业协会、广东顺德涂料商会、浙江华特实业集团华特化工有限公司、浙江飞鲸漆业有限公司、永康金闪闪漆业有限公司、浙江顺虎德邦涂料有限公司、杭州传化涂料有限公司、杭州一韦涂料化工有限公司、台州厦光涂料有限公司、浙江博星涂料化工有限公司、杭州浙大凯得丽化工有限公司、浙江志强涂料有限公司、遂昌神牛涂料有限公司、浙江明泉工业涂装有限公司、广东顺德华隆涂料有限公司、福建百花化学股份有限公司、福建省腾龙工业有限公司、福州金风涂料有限公司、泉州市信和涂料有限公司。

主要起草人

马新华、胡义铭、包晓跃、华永康、叶晓秧、包天雄、胡志成、姚生铭、岳望坤、黄添源、崔保忠、林雄、陈观其、方永年、王春伟、叶峰、吴东升、袁泉利、邱玉清、梁新方、程外亮、郁继民、蒋方群、周克尧、曹震靖、胡志旺、王君瑞、曹银祥、李祥超、魏进、卢志强、周显亮、王炳华、沈秉强、纪金华。

适用范围

本标准规定了涂料生产企业基本安全技术措施，包括工厂总平面规划、防火防爆、防雷防静电、电气安全、生产装置安全、工业管道安全、安全标志、防尘防毒、防噪声、防护用品、涂料生产安全和安全管理等方面内容。

本标准适用于中华人民共和国境内从事溶剂型涂料、水性涂料、粉末涂料等不同类型（包括涂料用树脂、危险化学品的涂料产品和非危险化学品的涂料产品）的涂料生产企业。

油墨、黏合剂、树脂生产企业可参照使用。

AQ 5205—2008　油漆与粉刷作业安全规范

起草单位

江苏省安全生产科学研究院。

主要起草人

孙明义、柏萍、邢培育、李忠慧、谢建兵、郝若锦、王晓斌。

适用范围

本标准规定了油漆与粉刷作业的基本安全要求，对使用油漆与粉刷作业材料、机具以及对危险地点施工作了具体规定。

本标准适用于工业与民用建（构）筑物表面涂饰、抹灰、刷浆、防腐、防水涂层作业以及建筑工程范围内的家具、物件的油漆作业。

AQ 5206—2011　涂装工程安全评价导则

起草单位

江苏省安全生产科学研究院、浙江明泉工业涂装有限公司、江苏长虹涂装机械有限公司、大连华立国阳科技发展有限公司。

主要起草人

刘小勇、朱坚平、茅立安、仇洪根、赵天喜、邬克。

适用范围

本标准规定了涂装工程建设项目安全预评价、安全验收评价和涂装工程安全现状评价的程序、内容、报告格式等基本要求。

本标准适用于新建、改建、扩建的涂装工程建设项目以及投入生产经营中的涂装工程的安全评价。

对于大型建设工程中涂装部分的安全专篇，可参照本标准。

AQ/T 5207—2011　涂装企业事故应急预案编制要求

起草单位

江苏省安全生产科学研究院、江苏长虹涂装机械有限公司、浙江博星化工涂料有限公司。

主要起草人

王晓明、朱坚平、仇洪根、王君瑞、韩辉、张浩。

适用范围

本标准规定了涂装企业事故应急预案编制的程序、内容和编制注意事项。

AQ 5208—2011 涂装职业健康安全通用要求

起草单位

江苏省安全生产科学研究院、浙江明泉工业涂装有限公司、浙江志强涂料有限公司、江苏长虹涂装机械有限公司、浙江佳隆防腐工程有限公司。

主要起草人

张丽、胡义铭、黄立明、仇洪根、卢志强、王赞芳、王家德、茅立安。

适用范围

本标准规定了涂装职业健康安全的基本要求。主要内容包括：一般要求，防尘、防毒、防噪声、防高温安全技术措施，个体防护措施，事故应急处置措施，职业健康安全管理。

本标准适用于涂装企业的防尘、防毒、防噪声、防高温、个体防护、事故应急处置等安全技术措施的设计、施工、验收、运行以及职业健康管理，也适用于安全生产和职业危害控制的监督管理部门对涂装企业生产过程中粉尘、毒物、噪声、高温危害等的监督管理。

户外涂装作业、其他企业的涂装作业岗位可参照执行。

AQ/T 5209—2011 涂装作业危险有害因素分类

起草单位

江苏省安全生产科学研究院、江苏长虹涂装机械有限公司、遂昌神牛涂料有限公司、浙江博星化工涂料有限公司。

主要起草人

柏萍、沈立、仇洪根、李胜、王君瑞。

适用范围

本标准规定了涂装作业过程中各种主要危险、有害因素的分类。

本标准适用于涂装作业在规划、设计和组织生产时，对危险、有害因素的预测和预防，也适用于伤亡事故的统计分析和应用计算机管理，及涂装职业健康安全信息的处理和交换。

AQ 5210—2011　建筑涂装安全通则

起草单位

江苏省安全生产科学研究院、浙江富德漆业有限公司、浙江志强涂料有限公司、浙江永固为华涂料有限公司、浙江佳隆防腐工程有限公司。

主要起草人

韩雪莲、李忠慧、祝海珍、杨子江、汪丽莉、曹鑫、孙明义、毛立法、卢志强、金辉、王家德。

适用范围

本标准规定了建筑涂装作业安全的基本要求，包括建筑涂装施工要求、作业场所（部位）安全条件、涂料及化学品、危害告知、健康监护、培训、应急措施等。对建筑涂装从业人员职业健康安全基本技能及建筑涂装作业危害辨识等作了具体规定。

本标准适用于新建、扩建及既有建筑内外墙面、梁柱、顶面、地面及建筑物内的家具、门窗、饰物及其他配套件的涂料施工，也适用于防水涂层及防腐涂层作业。

装饰装修的其他分部工程可参照执行。

AQ 5211—2011　电弧热喷涂设备安全技术条件

起草单位

江苏中矿大正表面工程技术有限公司、江苏省安全生产科学研究院、河北中工防腐科技有限公司、上海康阜实业有限公司、徐州艾利浦电气设备有限公司。

主要起草人

晁宇、沈亚郯、桑保华、邬克、李海文、舒俊、李东法。

适用范围

本标准规定了电弧热喷涂设备设计、制造、安装中安全技术的基本要求。

本标准适用于电弧热喷涂设备的设计、制造、安装、使用和维护。

电弧热喷涂设备生产企业或电弧热喷涂施工企业的设备改造也可参照执行。

AQ 5212—2011　通风净化装置安全性能检测要求及方法

起草单位

苏州捷能有机废气净化设备有限公司、江苏省安全生产科学研究院、苏州捷能环保科技有限公司、浙江鱼童发达造漆有限公司、遂昌神牛涂料有限公司。

主要起草人

顾卫东、王福兴、郭萍、张丽、韩辉、金赞芳、梁新方、李胜。

适用范围

本标准规定了通风净化装置基本安全性能的检测要求及方法，主要包括基本检测项目、活性炭吸附净化装置检测项目、催化燃烧净化装置检测项目等内容。

本标准适用于涂装及相关行业有机废气的通风净化装置的安全性能检测。

AQ 5213—2011 鳞片状锌（铝）粉/防腐涂层涂装作业安全规定

起草单位

江苏达克罗涂装技术有限公司、平高集团金属防腐工程有限公司、安徽海程涂复科技有限公司、江苏科创金属新材料有限公司、靖江达克罗涂复工业有限公司、合肥启明工贸有限公司、成都金成标紧固件制造有限公司、常州博业表面涂装工程技术有限公司。

主要起草人

肖合森、孙海、刘冠松、宋新民、范祚玉、翟国华、杨善庆、李磊、葛捷、蔡继斌。

适用范围

本标准规定了鳞片状锌（铝）粉/防腐涂层涂装的前处理作业，喷锌、喷铝、渗锌作业，涂覆作业，固化作业，鳞片状锌（铝）粉/防腐涂层表面后涂覆作业等的安全规定及鳞片状锌（铝）粉/防腐涂料的配制、运输、储存、作业环境及职业健康管理和作业人员的要求。

本标准适用于鳞片状锌（铝）粉/防腐涂层涂装设备的设计、制造、安装调试，涂覆作业以及鳞片状锌（铝）粉/防腐涂层的涂料配制。

AQ 5214—2013 烘干设备安全性能检测方法

起草单位

北京市劳动保护科学研究所、中国航空规划建设发展有限公司、扬州市恒通环保科技有限公司。

主要起草人

吴芳谷、孙赟、要栋梁、张益铮、陈成新、姜中亚、张璞、李培省、陈虹桥、刘晓评、刘劲松、陆誉文。

适用范围

本标准规定了涂装烘干设备安全性能的检测要求和方法。

本标准适用于涂装烘干设备的出厂检验、验收和运行的安全性能检测。
其他类型烘干设备的安全性能检测可参照本标准执行。

AQ 5215—2013 喷漆室安全性能检测方法

起草单位

上海市机电设计研究院有限公司、常州市骠马涂装系统工程有限公司、上海爱姆意涂装工程设备有限公司。

主要起草人

陶伟民、刘继荣、蒋小平、赵雪林、徐红璘、徐春、杨璐、陆佳伟、殷文懋、吴伟玲、黄立明、吕建立。

适用范围

本标准规定了喷漆室安全性能检查测试方法的基本要求，主要内容包括室体、送排风系统、漆雾捕捉系统、喷漆系统、电气等方面。

本标准适用于各类喷漆室的设计、采购、制造、安装、验收、维护和运行的安全性能检查测试。

AQ 5216—2013 涂料与辅助材料使用安全通则

起草单位

浙江省涂料工业协会、浙江天女集团制漆有限公司、杭州传化涂料有限公司。

主要起草人

马新华、金赞芳、张丽、姚珏铭、李彦海、叶峰、程外亮、沈秉强、杨亚良、吴勇、李祥超、王君瑞。

适用范围

本标准规定了涂料与辅助材料调配使用安全的基本要求，主要内容包括涂料与辅助材料的选用、工作场所安全卫生、安全作业、贮存与运输、安全管理、危险信息与事故应急措施。

本标准适用于GB/T 2705—2003规定范围的涂料与辅助材料品种的使用。

AQ 5217—2015 木器涂装职业安全健康要求

起草单位

江苏省安全生产科学研究院、浙江明泉工业涂装有限公司、浙江华立涂装设备有限公司、浙江环球制漆集团股份有限公司、浙江鱼童新材料股份有限公司。

主要起草人

张丽、柏萍、韩辉、黄立明、吕建立、吕萍、茅立安、梁新方。

适用范围

本标准规定了木器涂装职业安全健康的基本要求、总体布局、防火防爆、通风净化与防尘防毒、涂料的储存与输送、检修与维护、个体防护措施、安全健康管理措施。

本标准适用于木器涂装作业过程中火灾、爆炸、粉尘、毒物、噪声等危险有害因素的预防、控制和管理。

七、冶金有色安全

GB 6222—2005　工业企业煤气安全规程

起草单位

武汉安全环保研究院、武汉钢铁设计研究总院、上海宝钢集团公司、武汉钢铁集团公司、鞍山钢铁集团公司、河南亚天集团公司、北京科力恒公司。

主要起草人

卢春雪、万成略、李晓飞、魏萍、张文秀、邹明森、张兴良、胡云、韦裕国、吉卫星、朱刚。

适用范围

本标准规定了并适用于工业企业厂区内的发生炉、水煤气炉、半水煤气炉、高炉、焦炉、直立连续式炭化炉、转炉等煤气及压力小于或等于 12×10^5 Pa（1.22×10^5 mmH$_2$O）的天然气（不包括开采和厂外输配）的生产、回收、输配、贮存和使用设施的设计、制造、施工、运行、管理和维修等。

本标准不适用于城市煤气市区干管、支管和庭院管网及调压设施、液化石油气等。

因采用新技术、引进技术和引进工程而不能执行本规程的有关规定时，需提出相应的安全规定（附科学依据），报省、自治区、直辖市的安全监督管理部门备案后，才能使用和运行。

GB 12710—2008　焦化安全规程

起草单位

中钢集团武汉安全环保研究院、武钢集团焦化有限责任公司、中冶焦耐工程技术有限公司、上海宝钢化工有限公司、首钢股份有限公司焦化厂、广东韶钢松山股份有限责任公司、宣化钢铁集团有限责任公司焦化厂、辽宁省安全科学研究院、化学工业第二设计院。

主要起草人

卢春雪、梁治学、蔡承祐、王奇、李保国、蔡啸岭、孙凤江、王先华、高成凤、沈素仙。

适用范围

本标准规定了焦化厂安全生产的有关要求。

本标准适用于各类焦化厂新建、扩建和改造工程项目的设计、施工与验收,以及现有的设施的生产、维护、检修和管理。

因采用新技术、引进技术和引进工程而不能执行本标准的有关规定时,需提出相应的安全规定(附科学依据),报所在地省级安全生产监督管理部门审查备案后,方能使用和运行。

GB 26488—2011 镁合金压铸安全生产规范

起草单位

重庆博奥铁业有限公司、力劲集团领威科技有限公司、中国有色金属工业标准计量质量研究所、国家镁合金材料工程技术研究中心、南京云海特种金属股份有限公司、山西闻喜银光镁业(集团)有限责任公司、北京广灵精华科技有限公司、北京有色金属研究总院。

主要起草人

曹建勇、廖正陶、刘兆明、蔡恒志、杨晓娟、张静。

适用范围

本标准规定了镁合金压铸生产过程中有关压铸机、周边设备、熔炉、个体防护、建筑物结构与布局、镁合金废料、厂区安全防护等安全生产规范。

本标准适用于涉及镁合金高压铸造工艺过程的各个环节。

GB 29741—2013 铝电解安全生产规范

起草单位

中电投宁夏青铜峡能源铝业集团有限公司、山东南山铝业股份有限公司、云南铝业股份有限公司、中国有色金属工业标准计量质量研究所、中国铝业股份有限公司。

主要起草人

牛庆仁、吴连成、詹磊、潘志远、陈泓钧、张建宇、俞成斌、郭中华、车立志、陈京晖、张辉、马志军、杨福光、李玉莲。

适用范围

本标准规定了铝电解安全生产的基本安全要求、工序及设备设施安全作业要求及其他要求。

本标准适用于铝电解企业的设计、施工、验收、生产、维护、检修中的安全生产管理。

GB 29742—2013 镁及镁合金冶炼安全生产规范

起草单位

宁夏华亿镁业股份有限公司、山西广灵精华化工集团有限公司、河南宇航金属材料有限公司、山西银光华盛镁业股份有限公司、中国有色金属工业标准计量质量研究所。

主要起草人

王秀荣、拓万兰、李庆荣、仝重强、杨海波、孙金凤、李琦、文钰、陶卫建、孙前、仝重贵。

适用范围

本标准规定了镁及镁合金冶炼安全生产的基本安全要求、设备设施安全作业要求以及事故应急措施等。

本标准适用于镁及镁合金冶炼企业的设计、施工、验收、生产、维护、检修和管理等。

GB 30039—2013 碳化钨粉安全生产规程

起草单位

厦门金鹭特种合金有限公司、深圳市格林美高新技术股份有限公司。

主要起草人

吴冲浒、吴高潮、张守全、谢屹峰、樊智锐、高观金、邹建平、闫梨、魏余堃、刘咏良、晏平。

适用范围

本标准规定了碳化钨粉生产的基本安全要求、生产工序、设备的安全作业要求、事故应急预案及应急措施。

本标准适用于碳化钨粉的安全生产。

GB 30078—2013 变形铝及铝合金铸锭安全生产规范

起草单位

东北轻合金有限责任公司、中国有色金属工业标准计量质量研究所、中铝瑞闽铝板带有限公司、山东南山铝业股份有限公司、山东兖矿轻合金有限公司。

主要起草人

陈思仁、王国军、吴欣凤、葛立新、王志、黄瑞银、聂波、张丽华、郭义庆、陈守辉、侯波、陈丽君。

适用范围

本标准规定了变形铝及铝合金铸锭产品生产的基本安全要求、生产设备、设施的安全作业要求、事故应急预案及应急措施。

本标准适用于变形铝及铝合金铸锭的安全生产。

GB 30079.1—2013 铝及铝合金板、带、箔安全生产规范
第1部分：铸轧

起草单位

中铝瑞闽铝板带有限公司、中国有色金属工业标准计量质量研究所、云南浩鑫铝箔有限公司、东北轻合金有限责任公司、华北铝业有限公司。

主要起草人

李谢华、吴新滔、谢汉青、朱天、陈思仁、高珺、王国军、郭义庆、王志、王红星、马美珍、郑建清。

适用范围

GB 30079 的本部分规定了铝及铝合金铸轧带产品生产的基本安全要求、生产设备、设施的安全作业要求、事故应急预案及应急措施。

GB 30079 的本部分适用于铝及铝合金铸轧带的安全生产。

GB 30079.2—2013 铝及铝合金板、带、箔安全生产规范
第2部分：热轧

起草单位

西南铝业（集团）有限责任公司、中国有色金属工业标准计量质量研究所、东北轻合金有限责任公司、山东南山铝业股份有限公司、中铝瑞闽铝板带有限公司。

主要起草人

陈守辉、李瑞山、葛立新、刘洪彬、王国军、王志、邱少辉、张丽华、章冰、郭义庆、何惠刚。

适用范围

GB 30079 的本部分规定了铝及铝合金热轧板、带材生产的基本安全要求、设备、设施的安全作业要求、事故应急预案及应急措施。

GB 30079 的本部分适用于铝及铝合金热轧板、带材的安全生产。

GB 30079.3—2013　铝及铝合金板、带、箔安全生产规范
第3部分：冷轧

起草单位

西南铝业（集团）有限责任公司、中国有色金属工业标准计量质量研究所、东北轻合金有限责任公司、厦门厦顺铝箔有限公司、中铝瑞闽铝板带有限公司。

主要起草人

陈守辉、李瑞山、张丽华、刘洪彬、陈思仁、朱天、林耀光、王志、郭义庆、李文波、刘俐、邓小华、原必胜、魏长传、侯波。

适用范围

GB 30079 的本部分规定了铝及铝合金冷轧板、带、箔材生产的基本安全要求、生产设备、设施的安全作业要求、事故应急预案及应急措施。

GB 30079 的本部分适用于铝及铝合金冷轧板、带、箔材的安全生产。

GB 30080—2013　铜及铜合金熔铸安全生产规范

起草单位

浙江海亮股份有限公司、上海飞驰铜铝材有限公司、中国有色金属工业标准计量质量研究所、宁波长振铜业有限公司、绍兴市力博电气有限公司。

主要起草人

曹建国、魏连运、郭莉、沈守稳、何观平、傅建国、冯焕峰、徐高磊、杨章辉、李晟旻、徐勇、刘永。

适用范围

本标准规定了铜及铜合金熔铸安全生产的危险源辨识与风险评价、风险控制、基本要求、设备、动力保障、事故应急措施、作业环境、环境与卫生等内容。

本标准适用于铜加工企业熔铸的安全生产管理。

GB 30186—2013　氧化铝安全生产规范

起草单位

中国铝业股份有限公司山东分公司、山东南山铝业股份有限公司、中国有色金属工业标准计量质量研究所、中国铝业股份有限公司河南分公司、洛阳香江万基铝业股份有限公司。

主要起草人

杜祥兵、马海燕、钟沂妹、杨泽玉、温金德、刘维成、周庆军、刘海石、陈泓

钧、李玉莲。

[适用范围]

本标准规定了氧化铝安全生产的基本安全要求、设备设施安全作业要求以及事故应急措施等。

本标准适用于氧化铝企业的设计、施工、安装、生产和设备检修中的安全管理。

GB 30187—2013 铜及铜合金熔铸安全设计规范

[起草单位]

苏州有色金属研究院有限公司、洛阳有色金属加工设计研究院、中铝洛阳铜业有限公司、长沙有色冶金设计研究院有限公司、贵阳铝镁设计研究院有限公司。

[主要起草人]

余铭皋、林道新、周迎光、刘国金、施修峰、宋德周、许冠浩、李华清、白华、张毅、杨松、杨春晖、杭晓玲、杨敬协、杨春秀、张书远、孙丹、舒见义、黄俊、代国才。

[适用范围]

本标准规定了铜及铜合金加工企业熔铸安全设计的术语和要求。

本标准适用于铜及铜合金加工企业新建、扩建和改建工程的熔铸安全设计。

GB 30756—2014 镍冶炼安全生产规范

[起草单位]

金川集团股份有限公司、中国有色金属工业标准计量质量研究所。

[主要起草人]

闫文彬、赵永善、吴亚辉、岳占斌、王玉沛、刘军位、吴泽生、朱标、王淑英。

[适用范围]

本标准规定了镍冶炼安全生产的术语和定义、基本安全要求、工艺作业安全、设备设施安全技术要求、检修维护、危险源辨识与风险评价、风险控制以及应急管理、职业健康和事故处理管理等。

本标准适用于镍产品冶炼的安全生产管理。

AQ 2023—2008 耐火材料生产安全规程

[起草单位]

中钢集团武汉安全环保研究院、中冶焦耐工程技术有限公司、中钢集团洛阳耐火材料研究院、中钢集团耐火材料有限公司。

主要起草人

李晓飞、高士林、赵丹力、梁占超、王瑞、李慎忠、胡东涛、熊建华、左大武、崔远海、陈强。

适用范围

本标准规定了耐火材料安全生产的技术要求。

本标准适用于耐火材料厂（或车间）的设计、设备制造、施工安装、验收以及生产和检修。

AQ 2024—2010 铁合金安全规程

起草单位

中钢集团武汉安全环保研究院有限公司、中钢集团吉林铁合金股份有限公司、湖南华菱湘潭钢铁有限公司。

主要起草人

王志、赵丹力、王洋、胡东涛、刘维国、佘宏彦、李贵仁、张敬东、刘珂君、韩永光、王松涛。

适用范围

本标准规定了铁合金安全生产的技术要求。

本标准适用于铁合金生产企业的设计、设备制造、施工安装、验收以及生产和检修。

AQ 2025—2010 烧结球团安全规程

起草单位

中钢集团武汉安全环保研究院有限公司、湖南华菱湘潭钢铁有限公司、武汉钢铁（集团）公司。

主要起草人

王志、赵丹力、佘宏彦、胡东涛、吴启兵、谭银河、徐泽进、黄霖。

适用范围

本标准规定了烧结球团安全生产的技术要求。

本标准适用于烧结球团厂（或车间）的设计、设备制造、施工安装、验收以及生产和检修。

AQ 2048—2012　煤气隔断装置安全技术规范

起草单位

河南亚天高压阀门制造有限公司、常州电站辅机总厂有限公司、郑州市大吉阀业有限公司、武汉钢铁集团公司、中冶南方工程技术有限公司、攀枝花攀钢集团设计研究院有限公司。

主要起草人

侯峰伟、杜发平、钱红辉、孙德英、陈乐、施锦德、李玉秀、肖志军、孙文合、徐华祥。

适用范围

本标准规定了煤气隔断装置的生产（含设计、制造、安装、改造、维修）、使用、检验检测及其监督检查过程中应遵守的安全要求。

本标准适用于工业企业厂区内高炉、竖炉、转炉、焦炉、煤气发生炉、炭化炉煤气及压力不大于 12×10^5 Pa 天然气（不包括开采和集输）的产生、净化、输配、储存和使用系统。

本标准不适用于城镇燃气系统、液化石油气系统、石油及天然气田采掘集输系统、长输管道系统、军事核设施、航天航空设施等。

AQ/T 2060—2016　金属冶炼单位主要负责人／安全生产管理人员安全生产培训大纲和考核标准

起草单位

国家安全生产监督管理总局培训中心、国家安全生产监督管理总局监管四司、中钢集团武汉安全环保研究院有限公司、大连安全科学研究院、太原钢铁集团有限公司、太原钢铁集团教培中心。

主要起草人

相桂生、冯智慧、王红汉、李敬、刘倩、袁源、刘翠霞、马楠、隋旭、孟永刚、雷锦华。

适用范围

本标准规定了金属冶炼单位主要负责人和安全生产管理人员安全生产培训要求、培训和再培训的内容、学时和考核标准。

本标准适用于金属冶炼单位主要负责人和安全生产管理人员的安全生产培训与考核。

AQ 2001—2018 炼钢安全规程

起草单位

中钢集团武汉安全环保研究院有限公司、中冶南方工程技术有限公司、北京金恒博远科技股份有限公司、中国宝武钢铁集团有限公司、首钢京唐钢铁联合有限责任公司。

主要起草人

王志、秦平果、徐肖伟、展之发、刘峰、吴启兵、刘红军、邬开发、沈星、李敬。

适用范围

本标准规定了炼钢安全生产的技术要求。

本标准适用于炼钢厂的设计、设备制造、施工安装、生产和设备检修。

AQ 2002—2018 炼铁安全规程

起草单位

中钢集团武汉安全环保研究院有限公司、中冶南方工程技术有限公司、北京金恒博远科技股份有限公司、中国宝武钢铁集团有限公司、宁波钢铁有限公司、湖南华菱湘潭钢铁有限公司。

主要起草人

王志、汤楚雄、徐肖伟、吴启兵、刘峰、周爱林、任国强、展之发、邬开发、李敬。

适用范围

本标准规定了高炉炼铁安全生产的技术要求。

本标准适用于炼铁厂的设计、设备制造、施工安装、生产和设备检修。

AQ 2003—2018 轧钢安全规程

起草单位

中钢集团武汉安全环保研究院有限公司、中冶南方工程技术有限公司、北京金恒博远科技股份有限公司、中国宝武钢铁集团有限公司、湖南华菱湘潭钢铁有限公司、大冶特殊钢股份有限公司。

主要起草人

王志、廖砚林、展之发、徐肖伟、刘峰、邬开发、任国强、吴启兵、李盛、严明强、陈美龄。

适用范围

本标准规定了轧钢安全生产的技术要求。

本标准适用于轧钢厂的设计、设备制造、施工安装、生产和设备检修。

AQ 7011—2018 高温熔融金属吊运安全规程

起草单位

中钢集团武汉安全环保研究院有限公司、湖南华菱湘潭钢铁有限公司、中国宝武钢铁集团有限公司、山西华泽铝电有限公司、内蒙古鄂尔多斯电力冶金集团股份有限公司。

主要起草人

王红汉、展之发、王峰、佘宏彦、李盛、刘峰、徐文高、王维佳、李敬、沈星。

适用范围

本标准规定了工业企业高温熔融金属吊运安全生产的技术要求和安全管理要求。

本标准适用于金属冶炼企业高温熔融金属及熔渣吊运设备设施的设计、运行、维护和安全管理。

AQ 7012—2018 煤气排水器安全技术规程

起草单位

中钢集团武汉安全环保研究院有限公司、河南亚天高压阀门制造有限公司、湖南华菱湘潭钢铁有限公司、首钢京唐钢铁联合有限责任公司、攀钢集团有限公司、中冶南方工程技术有限公司、中钢集团吉林铁合金股份有限公司。

主要起草人

王红汉、展之发、佘宏彦、侯峰伟、潘宏、蔡令放、刘继云、吕勇、吕万春、石伟、赖虎、陈美龄。

适用范围

本标准规定了冶金企业厂区内煤气（燃气）管道排水器的性能、结构、制作、设置、冷凝水处理及操作与运行管理的安全要求。

本标准适用于冶金企业内高炉煤气、转炉煤气、焦炉煤气、铁合金炉煤气、发生炉煤气及混合煤气、丙烷气、液化石油气、天然气等煤气（燃气）管道的冷凝水排水器。

AQ 7013—2018 干法熄焦安全规程

起草单位

中钢集团武汉安全环保研究院有限公司、武汉平煤武钢联合焦化有限责任公司、中冶焦耐（大连）工程技术有限公司、广东韶钢松山股份有限公司、唐山首钢京唐西山焦化有限责任公司、河钢集团邯钢分公司。

|主要起草人|

卢春雪、盛军波、王志、刘玉虎、李国保、朱长军、薛德业、卢庆华、王琦、郝玉泽、贾向刚、郑亚杰。

|适用范围|

本标准规定了焦化企业干法熄焦的平面布置、消防、电气仪表、工艺及设备、检修、职业卫生等生产安全的基本要求。

本标准适用于焦化企业新建、扩建和改造干法熄焦项目的设计、施工与验收，以及现有设施的生产、维护、检修和管理。

因采用新技术、引进国外技术而不能执行本标准的有关规定时，需提出相应的安全规定（附科学依据），组织相关专家论证通过后，方能使用和运行。

■ 八、工贸安全

GB 19288—2003 打火机生产安全规程

|起草单位|

机械工业规划研究院。

|主要起草人|

王正格、于俊祥、惠明、石玉田、梅国威。

|适用范围|

本标准规定了打火机生产企业厂址、厂区布置、厂房、车间布置、生产工艺、设备和模具、打火机贮存和运输等方面的安全要求和规则。

本标准适用于所有打火机生产企业。

GB 13887—2008 冷冲压安全规程

|起草单位|

机械工业第九设计研究院、第一汽车集团公司。

|主要起草人|

王野青、邓雪松、李春兰、安太玉、陆振东。

|适用范围|

本标准规定了冷冲压安全的术语、定义和安全技术要求，包括冲压件结构、工艺、压力机、安全装置和冲模等方面的安全细则。

本标准适用于冷冲压生产领域。

GB 15606—2008　木工（材）车间安全生产通则

起草单位

福州木工机床研究所。

主要起草人

肖晓晖、郑莉。

适用范围

本标准规定了木工（材）车间的作业环境、平面布置、防火与防爆的要求、设备与安全装置、安全操作、安全管理与教育等。

本标准适用于原木制材、配料仓库、木制品加工、三板二次加工、木模加工等木工（材）车间。

GB 4674—2009　磨削机械安全规程

起草单位

煤炭科学研究总院唐山研究院、开滦（集团）有限责任公司、中国北车集团唐山轨道交通装备有限责任公司。

主要起草人

张文君、王中昌、张瑞玺、何晓群、魏广厚、陈英、牟建华。

适用范围

本标准规定了磨削机械的设计与制造、使用、管理和维护的安全技术要求。

本标准适用于使用砂轮或砂瓦进行手动、机动或自动加工的磨削机械。

本标准不适用于使用带柄磨头、涂附磨具、油石和研磨膏的磨加工机械。

AQ 7001—2007　机械压力机安全使用要求

起草单位

国家铸造锻压机械质量监督检验中心、上海盛安制动器制造有限公司。

主要起草人

郭来平、冯建平。

适用范围

本标准规定了机械压力机的安全使用要求。

本标准适用于生产过程中正在使用的机械压力机。

AQ 7002—2007 纺织工业企业安全管理规范

起草单位

中国纺织工业协会、上海纺织控股（集团）公司。

主要起草人

宋伟克、程皓、张建平、柴胜乔、张耀春、庄洁。

适用范围

本规范规定了纺织工业企业安全管理的基本要求。

本规范适用于各类纺织工业企业。

AQ 7003—2007 棉纺织企业安全生产规程

起草单位

中国纺织工业协会、上海纺织控股（集团）公司、富润控股集团。

主要起草人

宋伟克、黄锡强、黄承平、程皓、张建平、柴胜乔、颜立强、钮裕东、周宝弟、郑云生、于立平、程继淼、蒋彩平等。

适用范围

本标准规定了棉纺织企业安全生产的基本要求。

本标准适用于各类棉纺织企业。

AQ 7004—2007 制冷空调作业安全技术规范

起草单位

天津市安全生产监督管理局、中国安全生产科学研究院、天津市安全生产技术研究中心、天津商学院。

主要起草人

张时善、刘旭荣、李耀杰、刘生昌、申江、黄明颖、阎中山、沈俊、高军、徐文生。

适用范围

本标准规定了有关制冷、空调系统的设计、安装、调试、操作、维护、检修等作业中的有关安全技术要求。

本标准适用于采用各种型式的蒸气压缩式制冷机及吸收式制冷机的制冷、空调系统。

AQ 7005—2008 木工机械 安全使用要求

起草单位

广东金方圆安全技术检测有限公司、中国质量认证中心。

主要起草人

孟宪卫、刘彦宾、王海龙。

适用范围

本标准规定了木工机械的安全使用要求。

本标准适用于在固定生产场所使用的木工机械。

其他场所如林场、房屋装修等使用的木工机械科参照执行。

AQ 2047—2012 水泥工厂筒型储存库人工清库安全规程

起草单位

合肥水泥研究设计院、武汉理工大学、中国联合水泥集团有限公司、南方水泥有限公司、浙江三狮集团有限公司。

主要起草人

丁奇生、张健、陆树标、邓飞飞、张世雄、崔云龙、王勇、江忠华、周俊牛、蒋昌松、熊卫东、何峻、李广明、胡光、解姗姗。

适用范围

本标准规定了筒型储存库人工清库的人员基本要求、外包要求、安全措施、应急处理、验收要求。

本标准适用于水泥工厂各种固体物料的筒型储存库人工清库作业。

AQ/T 7006—2012 白酒企业安全管理规范

起草单位

北京红星股份有限公司、中国安全生产科学研究院、北京职安健业科技中心。

主要起草人

于吉广、郭魁建、高景炎、王平安、李娜、谢康纪、张兴凯、孙庆云、刘功智、孙世刚、毛仲云、周力、陈志国。

适用范围

本标准规定了白酒企业的生产工艺安全、库房和车间及储酒罐区安全、生产现场安全、生产设备设施安全、安全监控管理信息系统、生产安全管理、事故应急救援及事故处理的要求。

本标准适用于白酒生产企业，受传统工艺制约的白酒生产制造企业以及其他酒类企业可参照执行。

AQ/T 7009—2013 机械制造企业安全生产标准化规范

起草单位

中国机械工业安全卫生协会。

主要起草人

李培珍、付培元、王朝富、侯永民、陈霖、董长松、陈忠德、徐远荣、蒋宗鼐、刘占杰、范新建、任凤臣、许敏。

适用范围

本标准规定了机械制造企业安全生产标准化的基本要求。

本标准适用于机械制造企业开展安全生产标准化建设工作，以及对安全生产标准化工作的咨询、服务和评审。

AQ/T 7010—2013 家具生产企业安全生产标准化规范

起草单位

广东金方圆安全技术检测有限公司、中国质量认证中心、广东省安全生产监督管理局、四川省产品质量监督检验检测院、成都市产品质量监督检验院。

主要起草人

孟宪卫、王海龙、孟婷婷、李波、董平、张永泽、陈勋惠、冯桂深、汤德坚、陈中伟、余双平。

适用范围

本标准规定了家具生产企业安全生产标准化的要求和评定方法。

本标准适用于家具生产企业的安全生产标准化建设以及安全生产标准化建设的咨询、服务和评审。

本标准不适用于生产布料、皮革、金属、石材、玻璃、塑胶等家具材料及与其他材料组合生产加工成家具制品的企业。

AQ 7014—2018 新型干法水泥生产安全规程

起草单位

中国建材集团有限公司、中国联合水泥集团有限公司、滕州深信机电工程有限公司、中国建材检验认证集团股份有限公司。

主要起草人

张健、赵庆辉、张金栋、崔云龙、袁亮国、王克东、朱其川、钱林、祝尊峰、邵明静、赵崇良、王勇、刘友莲、石兴、支跃、王雪。

适用范围

本标准规定了新型干法水泥安全生产的基本安全管理要求、一般规定、生产条件与环境、设备安全、设备维修作业安全、电气安全技术、高危作业安全、员工行为规范、相关方管理、职业健康、应急救援、事故调查与报告。

本标准适用于新型干法水泥企业的安全生产、设备维修和常态标准化安全管理。

AQ 7015—2018　氨制冷企业安全规范

起草单位

中国制冷学会、国内贸易工程设计研究院、北京二商集团有限责任公司、中国安全生产科学研究院、国家商用制冷设备检测检验中心、广州食品企业集团有限公司、北京市工业技术开发中心。

主要起草人

杨一凡、王昕、胡福静、刘钊、赵彤宇、朱建平、邓建平、张伟、范薇、唐俊杰、李鹏、邓伟良、罗艾民、綦长茂、司春强、张力。

适用范围

本标准规定了氨制冷企业安全要求,包括:厂区建设,制冷系统及作业场所的安全设施、运行、维护、应急救援和安全管理等。

本标准适用于采用以氨为制冷剂的直接制冷系统及以氨为制冷剂、无相变介质为载冷剂的间接制冷系统的制冷企业,采用其他制冷剂的企业可参照执行。

九、个体防护

GB/T 12903—2008　个体防护装备术语

起草单位

北京市劳动保护科学研究所、总后军需装备研究所、中国安全生产科学研究院。

主要起草人
杨文芬、周红、傅雅惠、卢伟、赵阳、许超、罗穆夏、刘兰英、张明明。

适用范围
本标准规定了个体防护装备的术语及定义。

本标准适用于有关标准制、修订，技术文件的编制，专业手册、教材、书刊等的编写和翻译。

本标准不适用于医疗救护用个人防护装备。

GB 39800.1—2020 个体防护装备配备规范

第1部分：总则

起草单位
北京市劳动保护科学研究所、中国化工油气股份有限公司、恒力石化（大连）炼化有限公司、中国化学品安全协会、3M中国有限公司、烟台泰和新材料股份有限公司、梅思安（中国）安全设备有限公司、福建春晖服装科技有限公司、中科贝思达（厦门）环保科技股份有限公司。

主要起草人
杨文芬、宫国卓、罗穆夏、黄海俊、赵宇宏、太文哲、李屹高、宋西全、孔媛、潘丽金、陈澍。

适用范围
GB 39800的本部分规定了个体防护装备（即劳动防护用品）配备的总体要求，包括配备原则、配备流程、作业场所危害因素的辨识、个体防护装备的选择、追踪溯源、判废和更换、培训和使用等。

GB 39800的本部分适用于各用人单位个体防护装备的配备及管理。

GB 39800的本部分不适用于各用人单位消防用个体防护装备的配备及管理。

GB 39800.2—2020 个体防护装备配备规范

第2部分：石油、化工、天然气

起草单位
北京市劳动保护科学研究所、中国石油天然气集团有限公司、中国中化集团有限公司、巴斯夫（中国）有限公司、中国化学品安全协会、宜禾股份有限公司、安思尔（上海）商贸有限公司、南通谐好安全科技有限公司、山东太阳鸟服饰有限公司、上海宝亚安全装备股份有限公司。

主要起草人
宫国卓、杨文芬、陈倬为、胡月亭、吴树坤、张琴、陈娟、太文哲、马金芳、田蕴墨、安彪、周丽、张守政。

适用范围

GB 39800 的本部分规定了石油、化工、天然气行业用人单位个体防护装备（即劳动防护用品）配备的总体要求、危害因素的辨识和评估及个体防护装备的配备。

GB 39800 的本部分适用于石油、化工、天然气行业用人单位个体防护装备的配备及管理。

GB 39800 的本部分不适用于石油、化工、天然气行业用人单位消防用个体防护装备的配备及管理。

GB 39800.3—2020　个体防护装备配备规范

第 3 部分：冶金、有色

起草单位

上海市安全生产科学研究所、鞍山钢铁集团有限公司、中国铝业集团有限公司、中国宝武钢铁集团有限公司、应急管理部国际交流合作中心、3M 中国有限公司、霍尼韦尔安全防护设备（上海）有限公司、优普泰（深圳）科技有限公司、湖南永霏特种防护用品有限公司。

主要起草人

童遂放、褚小丽、贝峰、孙广慧、聂常青、李盛、蔡忠、邓黎黎、顾新、吴银、李文辉。

适用范围

GB 39800 的本部分规定了冶金、有色行业各用人单位个体防护装备（即劳动防护用品）配备的总体要求、危害因素的辨识和评估及个体防护装备的配备。

GB 39800 的本部分适用于冶金、有色行业的各用人单位及其从业人员个体防护装备的配备及管理。

GB 39800 的本部分不适用于采矿、选矿行业及冶金、有色行业各用人单位消防用个体防护装备的配备及管理。

GB 39800.4—2020　个体防护装备配备规范

第 4 部分：非煤矿山

起草单位

上海市安全生产科学研究所、中国铝业集团有限公司、中国五矿集团有限公司、五矿矿业控股有限公司、山东星宇手套有限公司、浙江耐特科技有限公司、荆州思创科技开发有限公司、安徽多力服装有限责任公司、上海百集鞋业有限公司。

主要起草人

龙显淼、商景林、蒋瑞靓、聂常青、刘士龙、吴晓君、张增学、周星余、蒋旭日、陈思敏、杨本顺、胡战峰。

适用范围

GB 39800 的本部分规定了非煤矿山行业各用人单位个体防护装备（即劳动防护用品）配备的总体要求、危害因素的辨识和评估及个体防护装备的配备。

GB 39800 的本部分适用于非煤矿山，包括金属矿、非金属矿、水气矿和除煤矿、石油天然气以外能源矿的各用人单位及其从业人员个体防护装备的配备及管理。

GB 39800 的本部分不适用于非煤矿山行业各用人单位消防用个体防护装备的配备及管理。

GB 2812—2006 安全帽测试方法

起草单位

北京市劳动保护科学研究所、无锡梅思安安全设备有限公司、北京力达塑料制造有限公司、北京慧缘有限责任公司。

主要起草人

杨文芬、肖义庆、臧兰兰、邓保举、袁人熙、项树乔、张东伟、姚海峰。

适用范围

本标准规定了安全帽测试方法。

本标准适用于 GB 2811 中规定的安全帽及安全帽的技术要求。

GB/T 30041—2013 头部防护 安全帽选用规范

起草单位

北京市劳动保护科学研究所、梅思安（中国）安全设备有限公司、北京力达塑料制造有限公司。

主要起草人

杨文芬、许超、陈倬为、肖义庆、邓宝举、胡平、罗穆夏。

适用范围

本标准规定了安全帽的选择、安全帽的使用及维护和安全帽的判废等要求。

本标准适用于职业用安全帽。

本标准不适用于体育运动、消防、摩托车驾驶等用途的头部防护装备的选择和使用。

GB/T 31421—2015　防静电工作帽

起草单位

北京市劳动保护科学研究所、南通市包健特种职业服装有限公司、浙江蓝天海纺织服饰科技有限公司、日照市太阳鸟贸易有限公司。

主要起草人

杨文芬、陈倬为、臧兰兰、许超、刘基、张鹏、成玉明、陈明青、周丽。

适用范围

本标准规定了防静电工作帽的尺寸要求、技术要求、测试方法、检验规则、标识等内容。

本标准适用于在可能引发电击、火灾及爆炸危险场所等配戴的以防静电织物为主要原料生产的工作帽。

本标准不适用于除防静电织物之外的其他材料为主制成的防静电工作帽。

GB 2811—2019　头部防护　安全帽

起草单位

北京市劳动保护科学研究所、梅思安（中国）安全设备有限公司、北京慧缘有限责任公司、浙江耐特科技有限公司、北京力达塑料制造有限公司。

主要起草人

杨文芬、陈倬为、许超、肖义庆、张意飞、项树乔、蒋旭日、张东伟。

适用范围

本标准规定了安全帽的分类与标记、技术要求、检验及标识。

本标准适用于作业场所头部防护所用的安全帽。

本标准不适用于消防、应急救援、运动用和车用头部防护用品。

GB/T 38305—2019　头部防护　救援头盔

起草单位

军事科学院系统工程研究院军需工程技术研究所、北京市劳动保护科学研究所、北京慧缘有限责任公司、浙江耐特科技有限公司、梅思安（中国）安全设备有限公司。

主要起草人

杨文芬、许超、任鹏飞、陈倬为、周宏、项树乔、蒋旭日、姚海锋。

适用范围

本标准规定了救援头盔的技术要求、测试方法、检验规则、标识、制造商提供的信息等内容。

本标准适用于工矿商贸企业生产安全事故（如冒顶片帮、塌方、高处坠落）、道路交通事故（公路交通事故、铁路交通事故）、自然灾害事故（如地质灾害、气象灾害）救援及相关活动中使用的头部防护装备。

本标准不适用于消防员在灭火救援时佩戴的头部防护装备。

GB/T 23466—2009 护听器的选择指南

起草单位

北京市劳动保护科学研究所、斯博瑞安（中国）安全防护设备有限公司。

主要起草人

方向明、姚琨、宋瑞祥、王世强、卢伟健、朱亦丹、李孝宽。

适用范围

本标准规定了护听器的选择原则、方法和培训要求。

本标准适用于工业企业噪声作业场所护听器类个人防护用品的选择，其他行业可参考执行。

本标准不适用于头盔和应用电子技术的特殊类型护听器的选择，不适用于脉冲噪声的防护。

GB/T 31422—2015 个体防护装备 护听器的通用技术条件

起草单位

北京市劳动保护科学研究所、3M中国有限公司、霍尼韦尔综合科技（中国）有限公司、厦门高科防静电装备有限公司、江西联创电声有限公司。

主要起草人

杨文芬、刘宏娟、方向明、刘玉飞、徐盛、林国成、刘基、罗穆夏、陈倬为、智红亮、张鹏、余萌、刘金艳、宫国卓、谢小静。

适用范围

本标准规定了耳罩式和耳塞式护听器的要求、物理性能测试、声学性能测试及标识等。

本标准适用于在工作场所中使用的耳罩式和耳塞式护听器。

本标准不适用于带孔或阀的护听器的声学性能测试和带电路护听器的电路开启状态下的声学性能测试。

GB 14866—2006　个人用眼护具技术要求

起草单位
上海市劳动保护科学研究所。

主要起草人
王桂芬、顾建栋、宋毅、唐一鸣。

适用范围
本标准规定了个人用眼护具的技术性能要求及相应的试验方法。

本标准适用于除核辐射、X 光、激光、紫外线、红外线及其他辐射以外的各类个人眼护具。

GB/T 3609.1—2008　职业眼面部防护　焊接防护

第 1 部分：焊接防护具

起草单位
上海市安全生产科学研究所、浙江正泰仪器仪表有限责任公司、斯博瑞安（中国）安全防护设备有限公司、泰安市吉盛机电有限公司、利克尔迅（常州）科技有限公司。

主要起草人
王桂芬、宋毅、蒋瑞靓、唐一鸣、王继生、李莉、童旭芬。

适用范围
GB/T 3609 的本部分规定了焊接防护具的分类、标记、技术要求、包装、标识和储运。

GB/T 3609 的本部分适用于各类焊接工防御有害弧光、熔融金属飞溅或粉尘等有害因素对眼睛、面部伤害的防护具。

GB/T 3609.2—2009　职业眼面部防护　焊接防护

第 2 部分：自动变光焊接滤光镜

起草单位
北京极光安防护科技有限公司、上海市安全生产科学研究所、北京市劳动保护科学研究所、河北冀雅电子有限公司。

主要起草人
邵宝仁、杨文芬、杨晓红、胡红军、唐一鸣、陈倬为、于晓路、战伟、孙晓涤、蔡绪忠、富强、寇峰、孙彦水、王晓燕。

适用范围

GB/T 3609 的本部分规定了自动变光焊接滤光镜的结构、光学性能、非光学性能、测试方法、检验规则、包装、标识、储运。

GB/T 3609 的本部分适用于安装在焊接工防护面罩上的自动变光焊接滤光镜,可预防有害强光、紫外辐射和红外辐射对眼部的伤害。

GB/T 30042—2013 个体防护装备 眼面部防护 名词术语

起草单位

中国标准化研究院、广州市标准化研究院、中国计量科学研究院、太恒新纪元科技股份有限公司、上海市安全生产科学研究所。

主要起草人

郭娅、郭德华、程丽萍、王煜、商景林、黄帅、杨晓红、黄海、李育豪、张斌、马胜男。

适用范围

本标准定义及解释了个体眼面部防护的主要名词术语。

本标准适用于太阳镜、职业眼面部防护、运动眼面部防护及个体眼面部防护的其他有关领域。

GB 30863—2014 个体防护装备 眼面部防护 激光防护镜

起草单位

上海市安全生产科学研究所、太恒新纪元科技股份有限公司、中国标准化研究院、中国安全生产科学研究院、太仓市锐杰实验仪器制造有限公司。

主要起草人

商景林、张斌、李嘉、王翔、杨晓红、郭德华、黄帅、郭娅、童遂放、张翼、李曼、蒋瑞靓、唐一鸣、毛志康。

适用范围

本标准规定了激光防护镜的要求、试验方法、产品信息和标识。

本标准适用于防意外激光辐射(激光辐射波长在 180 nm~1000 μm 范围内)的眼护具。

本标准不适用于:

(1)直接观察激光光束的眼护具;

(2)作为观察窗用于激光设备上的激光防护产品,如激光防护屏(参见 GB/T

18151）；
（3）光学设备（如显微镜）中的激光防护滤光片。
注：按本标准选择激光防护镜之前，宜先进行风险评估（参见附录A）。

GB/T 31419—2015 火灾逃生面具有毒有害物质检测方法

起草单位

北京市劳动保护科学研究所、梅思安（中国）安全设备有限公司、荆州思创科技开发有限公司、上海宝亚安全装备有限公司。

主要起草人

杨文芬、宫国卓、张鹏、刘基、陈倬为、张守政、袁人煦、陈绍南、丁洁谨、罗穆夏、刘宏娟、刘金艳、智红亮、余萌、许超。

适用范围

本标准规定了火灾逃生面具中铅、镉、六价铬及挥发物含量的检测方法。
本标准适用于不同类型火灾逃生面具中有毒有害物质的检测。

GB 32166.1—2016 个体防护装备 眼面部防护
职业眼面部防护具 第1部分：要求

起草单位

中国标准化研究院、上海市安全生产科学研究所、霍尼韦尔安全防护设备（上海）有限公司、台州市裕源安全防护用品有限公司、广州计量检测技术研究院。

主要起草人

黄帅、郭德华、商景林、王翔、郭娅、徐盛、陈文斌、马胜男、李育豪。

适用范围

GB 32166的本部分规定了职业眼面部防护具的分类、基本要求和特殊要求。
GB 32166的本部分适用于在职业眼面部防护中（主要是工业防护）用于保护眼部或面部安全的平光防护具或部件。
GB 32166的本部分不适用于：
（1）一般用途太阳镜和太阳镜片或带有视力矫正效果的眼面部防护具；
（2）患者在进行诊断或治疗时用来防护曝光的眼面部防护具；
（3）直接观测太阳的产品，如观测日食等的眼部防护具；
（4）运动眼面部防护具；
（5）短路电弧眼面部防护具；
（6）焊接眼面部防护具；
（7）激光眼面部防护具。

GB/T 32166.2—2015　个体防护装备　眼面部防护职业眼面部防护具　第2部分：测量方法

起草单位

上海市安全生产科学研究所、中国标准化研究院、3M中国有限公司、霍尼韦尔安全防护设备（上海）有限公司、梅思安（中国）安全设备有限公司、浙江省台州市路桥德裕劳保用品有限公司。

主要起草人

商景林、童遂放、郭德华、黄帅、郭娅、唐一鸣、蒋瑞靓、马罡亮、张文渊、顾新、朱翔、陈强、袁人煦。

适用范围

GB 32166的本部分规定了职业眼面部防护具的光学和非光学性能测量方法。

GB 32166的本部分适用于在工业中用于保护眼部或面部安全的平光防护具或部件。

GB 32166的本部分不适用于处方镜片和处方装成镜的测试。

GB/T 38144.1—2019　眼面部防护　应急喷淋和洗眼设备第1部分：技术要求

起草单位

中国标准化研究院、盐城市斯壮格安全设备有限公司、合肥旭龙机械有限公司、天津贝迪安全设备有限公司、斯比克曼技术开发（北京）有限公司。

主要起草人

郭德华、刘小林、刘春琳、刘立新、杭娜、张博旺、孙彩英。

适用范围

GB/T 38144的本部分规定了应急喷淋和洗眼设备的产品分类、技术要求、试验方法、标识和使用说明等。

GB/T 38144的本部分适用于作业人员的眼部和身体在作业场所暴露于危险化学品等危险物品后，进行紧急冲洗处理的应急喷淋和洗眼设备。

GB/T 38144.2—2019　眼面部防护　应急喷淋和洗眼设备第2部分：使用指南

起草单位

中国标准化研究院、河北润旺达洁具制造有限公司、天津贝迪安全设备有限公司、斯比克曼技术开发（北京）有限公司、盐城市斯壮格安全设备有限公司。

|主要起草人|
郭德华、张博旺、刘立新、刘春琳、杭娜、刘小林、孙彩英。

|适用范围|
GB/T 38144 的本部分给出了应急喷淋和洗眼设备的选型、安装、调试、使用方法、维护、人员培训和安全注意事项的指南。

GB/T 38144 的本部分适用于指导应急喷淋和洗眼设备的正确使用。

GB/T 38696.1—2020 眼面部防护 强光源（非激光）防护镜
第1部分：技术要求

|起草单位|
上海市安全生产科学研究所、中国标准化研究院、太仓市锐杰实验仪器制造有限公司。

|主要起草人|
商景林、郭德华、童遂放、龙显淼、孙彩英、毛志康。

|适用范围|
GB/T 38696 的本部分规定了强光源（非激光）防护镜的分类、技术要求、标识和使用说明书。

GB/T 38696 的本部分适用于防御辐射波长介于 250 nm~3000 nm 之间强光源危害的眼部护具。

GB/T 38696 的本部分不适用于焊接防护镜、激光防护镜、太阳镜、眼科仪器、日晒或其他医疗美容设备上装配的部件。

GB/T 38696.2—2020 眼面部防护 强光源（非激光）防护镜
第2部分：使用指南

|起草单位|
中国标准化研究院、上海市安全生产科学研究所、太仓市锐杰实验仪器制造有限公司。

|主要起草人|
郭德华、商景林、童遂放、孙彩英、毛志康。

|适用范围|
GB/T 38696 的本部分规定了强光源（非激光）防护镜的光辐射伤害风险评估与控制措施、防护镜的选择、佩戴舒适性和二次安全等内容。

GB/T 38696 的本部分适用于防御辐射波长介于 250 nm~3000 nm 之间强光源危害的眼部护具。

GB/T 38696 的本部分针对强光源（非激光）防护镜的选择提供指南，为防止眼部受到来自强光源（非激光）设备光谱输出的伤害提供了一套更为严格的防护程序，可供强光源（非激光）防护镜的用户、生产商、供应商和安全咨询机构使用。

GB/T 38696 的本部分不适用于焊接防护镜、激光防护镜、太阳镜、眼科仪器、日晒或其他医疗美容设备上装配的部件。

GB/T 18664—2002 呼吸防护用品的选择、使用与维护

起草单位

3M 中国有限公司、武汉安全环保研究院、防化研究院。

主要起草人

姚红、佘启元、丁松涛、李小银、刘江歌、奈芳、黎钦华。

适用范围

本标准规定了呼吸防护用品的选择、使用和维护的原则、方法与要求。

本标准适用于为预防作业场所缺氧和空气污染物等对人体的危害所使用的呼吸防护用品。

本标准不适用于水下作业、航空及医疗救护用呼吸设备。

GB/T 16556—2007 自给开路式压缩空气呼吸器

起草单位

防化研究院、巴固德洛（中国）安全防护设备有限公司。

主要起草人

李小银、顾新、杨瑜、陆宇铮。

适用范围

本标准规定了自给开路式压缩空气呼吸器的技术要求、检验规则、试验方法、分类、标记、标志、包装、贮存和运输要求。

本标准适用于正压自给式压缩空气呼吸器。

本标准不适用于氧气呼吸器、潜水呼吸器、逃生用空气呼吸器和负压空气呼吸器。

GB 2890—2009 呼吸防护 自吸过滤式防毒面具

起草单位

北京市劳动保护科学研究所、防化研究院、梅思安（中国）安全设备有限公司、

山西新华防护器材有限责任公司、3M中国有限公司。

主要起草人
杨文芬、刘江歌、丁松涛、周芸芸、姚海峰、赵大力、姚红、陈倬为。

适用范围
本标准规定了自吸过滤式防毒面具的分类及标记、技术要求、面罩测试方法、过滤件测试方法、检验规则及标识。

本标准适用于基于自吸过滤原理的防毒面具。

本标准不适用于缺氧环境、水下作业、逃生和消防热区用呼吸防护用品。

GB 6220—2009 呼吸防护 长管呼吸器

起草单位
北京市劳动保护科学研究所、防化研究院、梅思安（中国）安全设备有限公司。

主要起草人
杨文芬、丁松涛、肖义庆、姚海峰、陈倬为、臧兰兰、周芸芸、罗穆夏。

适用范围
本标准规定了长管呼吸器的产品分类及组成、技术要求、测试方法及标识。

本标准规定的产品不适用于消防和救援场所。

GB 23394—2009 自给闭路式压缩氧气呼吸器

起草单位
山西虹安科技股份有限公司、防化研究院、煤炭科学研究总院抚顺分院。

主要起草人
李小银、余进、李新年、金守祥、李新文、杨东星。

适用范围
本标准规定了自给闭路式压缩氧气呼吸器和压缩氧－氮混合气呼吸器的技术要求、试验方法、分类、检验规则、标志、包装、储存和运输要求。

本标准适用于以正压供气方式使用的自给闭路式压缩氧气呼吸器和压缩氧－氮混合气呼吸器。

本标准不适用于负压式氧气呼吸器、空气呼吸器、潜水呼吸器、逃生用氧气呼吸器。

GB/T 23465—2009 呼吸防护用品 实用性能评价

起草单位

防化研究院、中国安全生产科学研究院、北京劳动保护科学研究所、3M中国有限公司。

主要起草人

丁松涛、刘宝龙、杨文芬、李颖、姚红、袁晓华、田军、陆林、黄强。

适用范围

本标准规定了呼吸防护用品的实用性能评价的试验要求和试验方法。

本标准适用于预防呼吸性危害的各类呼吸防护用品。

本标准不适用于潜水呼吸器。

GB 30864—2014 呼吸防护 动力送风过滤式呼吸器

起草单位

防化研究院、北京市劳动保护科学研究所、中国安全生产科学研究院、公安部消防局装备处、3M中国有限公司、霍尼韦尔安全防护设备（上海）有限公司、梅思安（中国）安全设备有限公司、德尔格安全设备（中国）有限公司、上海依格安全装备有限公司、国营第八〇九厂。

主要起草人

杨小兵、丁松涛、杨文芬、姚红、陈倬为、张明明、毕赢、姚海峰、孙延华、吴丽娟、刘瑞民、房鹤、陈丑和、赵宾、杨博、袁晓华。

适用范围

本标准规定了动力送风过滤式呼吸器的分类、标记、技术要求、测试方法和标识。

本标准适用于防护颗粒物和有毒有害气体或蒸气的动力送风过滤式呼吸器。

本标准不适用于燃烧、爆炸、缺氧环境及逃生用呼吸器。

GB/T 31975—2015 呼吸防护用压缩空气技术要求

起草单位

中国安全生产科学研究院、总装备部防化研究院、总后勤部军需装备研究所、梅斯安（中国）安全设备有限公司、德尔格安全设备（中国）有限公司。

主要起草人

张明明、丁松涛、傅雅慧、董会君、姚海峰、常虹、杨小兵、张惠军、朱华。

适用范围

本标准规定了呼吸防护用压缩空气的质量指标和测试方法。

本标准适用于职业防护用和逃生用的自给开路式压缩空气呼吸器、压缩空气长管呼吸器。

本标准不适用于医疗用压缩空气、潜水用呼吸装备和航空呼吸装备用的压缩空气。

GB/T 38228—2019 呼吸防护 自给闭路式氧气逃生呼吸器

起草单位

军事科学院防化研究院、中国安全生产科学研究院、霍尼韦尔安全防护设备（上海）有限公司、德尔格安全设备（中国）有限公司、陆军航空兵学院。

主要起草人

杨小兵、杨博、张明明、刘翔、郭建树、梁国杰、张守政、张守鑫、张重杰、杨东星、丁松涛、李佐华、高宁军。

适用范围

本标准规定了逃生用自给闭路式氧气呼吸器的分类、分级、技术要求、试验方法、标识和包装。

本标准适用于作业场所、公共场所逃生（含危化事故逃生）用呼吸器。

本标准不适用于潜水作业逃生用呼吸器。

GB 38451—2019 呼吸防护 自给开路式压缩空气逃生呼吸器

起草单位

军事科学院防化研究院、军事科学院系统工程研究院军需工程技术研究所、梅思安（中国）安全设备有限公司、上海宝亚安全装备股份有限公司、霍尼韦尔安全防护设备（上海）有限公司。

主要起草人

杨小兵、王春宇、张明明、傅雅慧、姚海锋、张守政、马闯、王德生、周川、颜晓珊、丁松涛、吴磊、刘瑞民、陆宇铮。

适用范围

本标准规定了逃生用自给开路式压缩空气呼吸器的分类、分级、标记、技术要求、试验方法、标识和包装。

本标准适用于作业和公共场所发生意外事故逃生用自给开路式压缩空气呼吸器。

本标准不适用于氧气呼吸器、潜水呼吸器、作业用自给开路式压缩空气呼吸器。

GB 2626—2019 呼吸防护 自吸过滤式防颗粒物呼吸器

起草单位

中钢集团武汉安全环保研究院有限公司、军事科学院防化研究院、3M中国有限公司。

主要起草人

程钧、丁松涛、杨小兵、姚红、周小平、蔡夏林、张守鑫、余晶晶。

适用范围

本标准规定了自吸过滤式防颗粒物呼吸器的分类和标记、技术要求、检测方法和标识。

本标准适用于防护颗粒物的自吸过滤式呼吸器。

本标准不适用于防护有害气体和蒸气的呼吸器，不适用于缺氧环境、水下作业、逃生和消防用呼吸器。

GB/T 20654—2006 防护服装 机械性能 材料抗刺穿及动态撕裂性的试验方法

起草单位

中国人民解放军总后勤部军需装备研究所、国家特种防护服装质量监督检验中心。

主要起草人

张华、倪济云、仇美军、权美子、张燕。

适用范围

本标准规定了防护服装材料抗刺穿及动态撕裂性的试验方法。

这种刺穿和撕裂会损伤服装或因服装的完整性被破坏而对穿着者产生伤害。当发生意外伤害的风险与刺穿和撕裂的程度相关时，确定其性能级别就可以规定要使用的材料。

GB/T 20655—2006 防护服装 机械性能 抗刺穿性的测定

起草单位

中国人民解放军总后勤部军需装备研究所、国家特种防护服装质量监督检验中心。

主要起草人
张华、张燕、仇美军、权美子、倪济云。
适用范围
本标准规定了防护服装和防护服装材料的抗刺穿性的测定方法。

GB/T 20097—2006 防护服 一般要求

起草单位
中国安全生产科学研究院、上海锦泽诚工业防护用品有限公司。
主要起草人
邢娟娟、胡福静、陈胜、张矢超。
适用范围
本标准规定了防护服的人类工效学、老化、尺寸、标识方面的一般要求和建议，并规定了生产厂商应提供的有关信息。
本标准适用于防护服的一般要求。

GB/T 13640—2008 劳动防护服号型

起草单位
际华三五零二职业装有限公司、中国标准化研究院、国家体育总局体育科学研究所、中国科学院数学与系统科学研究院、总后军需装备研究所、北京服装学院。
主要起草人
肖惠、仇满亮、姜崇民、冯士雍、苏扬、郑嵘、徐枫、刘壮宏、王丽霞、晁储芝、杜曙光。
适用范围
本标准规定了劳动防护服号型、控制部位尺寸系列与号型标志。
本标准适用于劳动防护服的设计、生产与选用。
本标准也适用于其他工作服，包括宽松类职业服的设计、生产与选用。

GB/T 23462—2009 防护服装 化学物质渗透试验方法

起草单位
中国人民解放军防化研究院、中国安全生产科学研究院、杜邦中国集团有限公司、北京邦维高科特种纺织品有限责任公司。

主要起草人

李护彬、杨光、杜欢永、陆林、赵阳、金郡潮、刘帆、房鹤、朱华。

适用范围

本标准规定了在持续或间歇接触条件下，化学防护材料抗液态或气态化学物质渗透能的试验方法。

本标准只适用于不透气化学防护材料渗透性能的测试。

GB/T 23463—2009 防护服装 微波辐射防护服

起草单位

总后勤部军需装备研究所。

主要起草人

张燕、王群、袁岩兴、王翰林、施楣梧。

适用范围

本标准规定了适用频率范围为 1300 MHz~300 GHz 微波辐射防护服的要求、试验方法、标识与使用说明等内容。

本标准适用于采用金属纤维混纺、织物金属化加工等方法生产制得的反射型微波辐射防护服，也适用于采用吸波材料衰减微波辐射的吸收型微波辐射防护服。

GB/T 23467—2009 用假人评估轰燃条件下服装阻燃性能的测试方法

起草单位

总后勤部军需装备研究所、解放军医学图书馆。

主要起草人

谌玉红、蒋毅、郝俊勤、倪济云、李晨明。

适用范围

本标准规定了在热通量、火焰分布和持续时间可控的模拟轰燃环境下，特征描述防护服阻燃性能的定量测量和主观观测方法。

本标准适用于防护服阻燃性能的测试与评价，也可用于预测人体组织的烧伤程度和烧伤总面积。

注：本标准适用于测量和描述材料、产品或组合物在可控条件下对热量和火焰的响应，它不宜用来描述和评价材料、产品或组合物在实际火场中着火的危害和可能性。但用本标准测试的结果可以作为着火危害评估或着火风险评估的依据，该评估考虑了特定使用中着火危害或着火风险评估的相关因素。

GB/T 24536—2009 防护服装 化学防护服的选择、使用和维护

起草单位

中国人民解放军防化研究院、中国安全生产科学研究院、杜邦中国集团有限公司、北京邦维高科特种纺织品有限责任公司。

主要起草人

丁松涛、李秀明、赵阳、霍晓兵、刘江歌、李护彬、金郡潮、陆林、董会君。

适用范围

本标准规定了化学防护服的选择、使用和维护。

本标准适用于作业人员在作业环境及应急救援活动中所使用的化学防护服。

GB 24539—2009 防护服装 化学防护服通用技术要求

起草单位

中国人民解放军防化研究院、中国安全生产科学研究院、杜邦中国集团有限公司、北京市劳动保护科学研究所、北京邦维高科特种纺织品有限责任公司。

主要起草人

刘江歌、金郡潮、丁松涛、赵阳、李护彬、霍晓兵、杨光、李双会、房鹤、罗穆夏。

适用范围

本标准规定了化学防护服的分类、分级和标识,确立了化学防护服基本技术要求和试验方法。

本标准适用于从业人员在作业场所及应急救援工作中所需要的化学防护服。

本标准不适用于消防等场合使用的化学防护服。

本标准不专门提出手套、防护靴/鞋、防护面具、视窗、安全眼镜以及呼吸装置等个体防护装备的性能指标要求,除非该防护装备属于防护服整体的一部分,并提供相应的化学防护性能。

注:本标准所涉及的防护对象包括气态、液态、固态化学物质。本标准对化学防护服按其应用场合和防护对象进行了分类,并对各个级别防护服防护性能的基本要求及测试方法进行了规范。

GB 24540—2009 防护服装 酸碱类化学品防护服

起草单位

北京市劳动保护科学研究所、南通友诚工贸有限公司、丹东辽科工业丝绸防护

织品有限公司。

主要起草人
杨文芬、罗穆夏、程德亮、孙承科、周芸芸、宋丽芬。

适用范围
本标准规定了酸碱类化学品防护服的分级、技术要求、测试方法、检验规则及标识等。

本标准适用于工业作业场所作业人员使用的防护液态酸碱类化学品的防护服。

本标准不适用于消防、应急救援等作业场所使用的酸碱类化学品防护服，不适用于针对氢氟酸、氨水、有机酸碱的防护服。

注： 本标准涉及的产品防护对象为液态酸碱类化学品，但本标准无法涵盖对所有液态酸碱类化学品的防腐，使用者应根据作业现场的实际情况，结合生产商提供的防护性能数据，并参考相关选择和配备标准选用适合的防护装备。

GB/T 28408—2012 防护服装 防虫防护服

起草单位
总后军需装备研究所、新兴职业装备生产技术研究所、中国安全生产科学研究院、浙江经纬公证检验行、汕头市奥山服饰有限公司、咸阳际华新三零印染有限公司。

主要起草人
张燕、李世军、赵阳、茅明华、吴嵩彬、吴汉荣、施楣梧。

适用范围
本标准规定了防虫防护服的技术要求、试验方法、标识与使用说明、包装、运输和贮存要求。

本标准适用于存在蚊虫、蚂蚁等昆虫侵扰环境中工作的人员穿用的、有趋避昆虫效果的防护服。

GB/T 28895—2012 防护服装 抗油易去污防静电防护服

起草单位
总后军需装备研究所、新兴职业装备生产技术研究所、中国安全生产科学研究院、汕头市奥山服饰有限公司、胜利油田技术检测中心、咸阳际华新三零印染有限公司。

主要起草人

张燕、李世军、赵阳、吴汉荣、吴嵩彬、向诗国、于新民、张秀文、施楣梧。

适用范围

本标准规定了抗油易去污防静电防护服的技术要求、试验方法、标识等。

本标准适用于石油、石化等行业作业人员穿着的防护服。

GB/T 29511—2013　防护服装　固体颗粒物化学防护服

起草单位

中国安全生产科学研究院、中国人民解放军防化研究院、杜邦中国集团有限公司、北京英特莱科技有限公司、中国人民解放军第二炮兵装备研究院。

主要起草人

赵阳、丁松涛、金郡潮、何晴芳、李双会、李护彬、丁志新、杨培英。

适用范围

本标准规定了固体颗粒物化学防护服的分级、基本性能要求、测试方法以及标识。

本标准适用于防护作业场所环境中存在颗粒物化学污染的工作人员皮肤防护所需的防护服。

本标准不包括配套使用的呼吸防护用品、防护手套、防护鞋等其他个体防护装备的技术要求。

GB/T 31420—2015　阻燃服有毒有害物质检测方法

起草单位

北京市劳动保护科学研究所、杜邦中国集团有限公司、南通市包健特种职业服装有限公司、深圳优普泰服装科技有限公司。

主要起草人

杨文芬、丁洁瑾、刘基、何晴芳、成明玉、邹文敏、陈倬为、宫国卓、刘宏娟、智红亮、刘金艳、许超、余萌。

适用范围

本标准规定了阻燃服中偶氮染料、含氯苯酚、重金属等有毒有害物质的检测方法。

本标准适用于服用者从事有明火、散发火花、在熔融金属附近操作和有易燃物质并有发火危险的场所穿的阻燃服。

本标准不适用于消防救援中穿用的防护服。

GB/T 38300—2019 防护服装 冷环境防护服

起草单位
军事科学院系统工程研究院军需工程技术研究所、3M中国有限公司、汕头市奥山服饰有限公司。

主要起草人
谌玉红、李晨明、葛玥、吴汉荣、郭亚飞。

适用范围
本标准规定了冷环境防护服装的技术要求、测试方法、标识和制造商提供的信息。
本标准适用于冷环境中使用的防护服装。

GB/T 38302—2019 防护服装 热防护性能测试方法

起草单位
军事科学院系统工程研究院军需工程技术研究所、杜邦（中国）研发管理有限公司、公安部特种警用装备质量监督检验中心、国家消防装备质量监督检验中心、中国安全生产科学研究院。

主要起草人
何晴芳、张燕、吴爽、徐兰娣、张勇、张明明、张婷婷、王昕、吴银、张俊、房琳、邹亮。

适用范围
本标准规定了热防护材料的热防护性能值（TPP）和热防护性能评估（TPE）的测试方法，内容包含了原理、实验室人员健康与安全、设备和材料、试样的制备和调湿、校准和维护保养、测试步骤、结果计算等方面。
本标准适用于单层或多层材料的热防护性能测试，应用于暴露在对流及辐射热危害的从业人员的热防护材料的评估。
本标准不适用于非阻燃及遇高温易熔融、滴落等材料的测试。

GB 38453—2019 防护服装 隔热服

起草单位
北京市劳动保护科学研究所、美利肯商贸（上海）有限公司、陕西元丰纺织技术研究有限公司、浙江蓝天海纺织服饰科技有限公司、深圳优普泰服装科技有限公司。

主要起草人

杨文芬、刘基、罗穆夏、李叔隆、张莹、陈明青、吴银。

适用范围

本标准规定了隔热服的技术要求、测试方法、检验规则、标识、包装及储存。

本标准适用于作业人员为了避免环境中高温物体、高温热源所产生的接触热、对流热和辐射热造成的伤害所使用的防护服。

本标准不适用于消防用隔热服和熔融金属及焊接用防护服。

GB 12014—2019 防护服装 防静电服

起草单位

北京市劳动保护科学研究所、日照市太阳鸟贸易有限公司、保定三源纺织科技有限公司、陕西元丰纺织技术研究有限公司。

主要起草人

杨文芬、刘基、罗穆夏、周丽、樊争科、房树基。

适用范围

本标准规定了防静电服的技术要求、测试方法、检验规则、标识等。

本标准适用于可能因静电引发电击、火灾及爆炸危险的场所穿用的防静电服。

本标准不适用于无纺布类防静电服和抗电源电压用防静电服。

GB 8965.1—2020 防护服装 阻燃服

起草单位

北京市劳动保护科学研究所、南通谐好安全科技有限公司、烟台泰和新材料股份有限公司、鞍山钢铁集团有限公司、优普泰（深圳）科技有限公司、安徽多力服装有限责任公司。

主要起草人

杨文芬、刘基、孙广慧、宋西全、安彪、吴银、罗穆夏、袁媛、杨本顺、闵春新。

适用范围

本标准规定了阻燃服的分级、要求、试验方法、检验规则、标识、包装及储存。

本标准适用于在有明火、散发火花，或在有易燃物质并有轰燃风险的场所使用的阻燃服。

GB 8965.2—2009 防护服装 阻燃防护
第2部分：焊接服

<u>起草单位</u>

中冶集团建筑研究总院、中国安全生产科学研究院、奥山职业装研究所、烟台氨纶股份有限公司。

<u>主要起草人</u>

刘景凤、赵阳、张友权、马德志、李双会、陆立平、洪军、邵正丽、吴汉荣、刘春。

<u>适用范围</u>

GB 8965 的本部分规定了焊接及相关作业场所用防护服装的技术要求、试验方法、检验规则、标志、包装及储存。

GB 8965 的本部分适用于焊接及相关作业场所，可能遭受熔融金属飞溅及其热伤害的作业人员用防护服。

GB 20653—2020 防护服装 职业用高可视性警示服

<u>起草单位</u>

中国安全生产科学研究院、公安部特种警用装备质量监督检验中心、交科院检测技术（北京）有限公司、3M 中国有限公司、浙江舜发反光服饰有限公司、优普泰（深圳）科技有限公司、道明光学股份有限公司

<u>主要起草人</u>

张明明、吴爽、张勇、李丹、贾佳、吴海波、张燕、孙萌、张婷婷、吴银、王宏、邹亮。

<u>适用范围</u>

本标准规定了职业用高可视性警示服的设计要求、材料性能要求、反光性能要求、试验方法、标志、维护标签和使用说明。

本标准适用于在可视性较低的环境中，作业人员为提升其视觉可见性而穿着的高可视性警示服。

GB 24541—2009 手部防护 机械危害防护手套

<u>起草单位</u>

北京安源咨询有限公司、上海市安全生产科学研究所、安思尔（上海）商贸有限公司、杜邦中国集团有限公司、帝斯曼（中国）有限公司、北京君安泰防护科技

有限公司。

主要起草人

奈芳、邵宝仁、马罡亮、田蕴墨、戚敏、金郡潮、吴军、高长德、高铁夫。

适用范围

本标准规定了机械危害防护手套的技术要求、测试方法和标识。

本标准适用于具有防护摩擦、切割、穿刺中一种机械危害的手套。

本标准中所使用的测试方法也适用于独立于手套和服装的手臂保护装备。

GB 28881—2012 手部防护 化学品及微生物防护手套

起草单位

北京安源咨询有限公司、防化研究院、安思尔（上海）商贸有限公司、浙江东亚手套有限公司、北京首都国际机场股份有限公司、上海市安全生产科学研究所、桂林乳胶厂。

主要起草人

奈芳、杨光、田蕴墨、俞清秀、王哲、李护彬、唐一鸣、龙益敏、刘俊强。

适用范围

本标准规定了化学品及微生物防护手套的技术要求、试验方法及标识。

本标准适用于职业用化学品及微生物防护手套。

GB/T 29512—2013 手部防护 防护手套的选择、使用和维护指南

起草单位

广州职安健安全科技有限公司、中钢集团武汉安全环保研究院有限公司、浙江东亚手套有限公司、上海赛立特安全用品有限公司。

主要起草人

刘钜源、梁志强、杨明娜、刘宏斌、俞清秀、赵卫、王禧、章国权、庄洁凌、赖小明、罗洁漫。

适用范围

本标准规定了防护手套的选择、使用和维护的原则、方法与要求。

本标准适用于建筑、机械制造、金属冶炼、化工、电子等行业为预防作业中物理和化学因素伤害手部而需要的防护手套。

本标准不适用于医疗、食品加工行业的微生物防护手套。

GB/T 30865.1—2014 手部防护 手持刀具割伤和刺伤的防护手套 第1部分：金属链甲手套和护臂

起草单位

中钢集团武汉安全环保研究院有限公司、赛立特（南通）安全用品有限公司、霍尼韦尔安全防护设备（上海）有限公司、江苏省安全生产科学研究院、北京君安泰防护科技有限公司。

主要起草人

程钧、郭婧雯、赵卫、高健、佘宏彦、陈拉结、高长德、王宗宁。

适用范围

GB 30865 的本部分规定了金属链甲手套和护臂的式样、技术要求、测试方法、标识和制造商应提供的信息。

GB 30865 的本部分适用于为使用手持刀具作业而穿戴的金属链甲手套和金属或塑料护臂。

GB 30865 的本部分不适用于接触高速转动刀具、冲压作业、搅拌作业、带电作业等场所的防护手套。

GB/T 38304—2019 手部防护 防寒手套

起草单位

浙江东亚手套有限公司、中钢集团武汉安全环保研究院有限公司、赛立特（南通）安全用品有限公司、台州市博尔格手套有限公司、上海兰浪劳动保护用品有限公司。

主要起草人

俞捷、程钧、赵卫、俞清秀、王智慧、叶尔冲、王啸、张秀云、汪小贞。

适用范围

本标准规定了防护用防寒手套的技术要求、测试方法、标识和制造商提供的信息。

本标准适用于最低至 −50 ℃ 的气候环境或作业活动中防低温伤害的手套。

GB/T 38306—2019 手部防护 防热伤害手套

起草单位

中钢集团武汉安全环保研究院有限公司、上海赛立特安全用品股份有限公司、浙江东亚手套有限公司、杜邦（中国）研发管理有限公司、安徽玉杯防护用品有限公司。

主要起草人

程钧、赵卫、俞捷、胡迎祥、任昭晋、余晶晶、张秀云、邵良林、蔡夏林。

适用范围

本标准规定了防热伤害手套的技术要求、测试方法、标识和制造商提供的信息。

本标准适用于防护火焰、接触热、对流热、辐射热、少量熔融金属飞溅或大量熔融金属泼溅等一种或多种形式热伤害的手套。

本标准不适用于消防和焊接作业用手套。

注：本标准测试提供的是性能等级而非防护等级。

GB 38452—2019 手部防护 电离辐射及放射性污染物防护手套

起草单位

上海市安全生产科学研究所、浙江东亚手套有限公司、上海天健地坤防护科技有限公司。

主要起草人

唐一鸣、俞清秀、奈芳、童遂放、商景林、俞捷。

适用范围

本标准规定了电离辐射及放射性污染物防护手套的要求、测试方法、标识及产品信息。

本标准适用于保护穿戴者的手部免遭作业区域电离辐射及放射性污染物危害的手套、可安装在永久性密封箱室的手套，以及手套与永久性密封箱室之间的中间袖筒。

本标准不适用于医用辐射防护手套。

GB/T 12624—2020 手部防护 通用测试方法

起草单位

上海市安全生产科学研究所、辽宁省安全科学研究院、代尔塔（中国）安全防护有限公司、山东星宇手套有限公司、山东登升安防科技有限公司、天津双安劳保橡胶公司、浙江东亚手套有限公司。

主要起草人

童遂放、唐一鸣、杨晓彪、徐毅、周星余、赵磊、刘钢、俞捷、马罡亮、任克京。

适用范围

本标准规定了防护手套的无害性、尺寸、穿戴时间与脱卸时间、灵活性、水蒸气渗透性、水蒸气吸收性、抗渗水性、抓握性能的测试方法。

本标准适用于工业用防护手套的通用测试方法。

本标准不适用于消防员用防护手套、医疗用防护手套以及防护手套的特殊防护性能测试方法。

注：特殊防护性能是指针对特定危害种类而提供的防护性能，例如机械危害防护、化学危害防护等等。

GB/T 20098—2006 低温环境作业保护靴通用技术要求

起草单位
武汉安全环保研究院、重庆沙坪坝皮鞋厂有限公司。

主要起草人
佘启元、刘宏斌、张元虎、程钧、黎钦华、唐正鹏。

适用范围
本标准规定了用于低温环境作业保护靴的技术要求、检测方法和标识。
本标准适用于在温度5 ℃及以下的低温环境作业的保护靴的质量评价。

GB/T 20991—2007 个体防护装备 鞋的测试方法

起草单位
中钢集团武汉安全环保研究院、国家劳动保护用品质量监督检验中心（武汉）、广州职安健安全科技有限公司、天祥（广州）技术服务有限公司、钜威仪器股份有限公司、江苏省金湖县国祥工贸有限公司、温州市来利斯（鞋业）安全防护用品有限公司。

主要起草人
程钧、张元虎、佘启元、刘钜源、黄宁、黎钦华、林宇海、朱国侯、胡利星。

适用范围
本标准规定了个体防护装备中鞋的测试方法。
本标准适用于安全鞋、防护鞋和职业鞋，也适用于其他用于个体防护的鞋类。

GB/T 28287—2012 足部防护 鞋防滑性测试方法

起草单位
中钢集团武汉安全环保研究院有限公司、国家劳动保护用品质量监督检验中心（武汉）、东莞市新虎威实业有限公司、湖南华菱湘潭钢铁有限公司、扬州健步鞋业有限公司、天祥（广州）质量技术服务有限公司、青岛山纺仪器有限公司。

主要起草人

程钧、陶谦、蔡夏林、佘宏彦、叶肖丽、朱春、刘宏斌、竺宏峰、章文福、余晶晶、余宝林、黄宁、董鹏叶、杨超。

适用范围

本标准规定了鞋的防滑性测试方法。

本标准适用于具有传统类型鞋底的鞋。

本标准不适用于有鞋钉、金属钉或类似结构的鞋。

注：传统类型指采用注射、硫化、胶粘、模压和缝合等工艺的鞋底。

GB/T 28288—2012 足部防护 足趾保护包头和防刺穿垫

起草单位

中钢集团武汉安全环保研究院有限公司、温州铭瑞鞋材有限公司、河北省广平县金广源金属制品有限公司、国家劳动保护用品质量监督检验中心（武汉）、东莞市新虎威实业有限公司、湖南华菱湘潭钢铁有限公司、扬州健步鞋业有限公司、凌志（香港）国际有限公司。

主要起草人

蔡夏林、程钧、王章云、陶谦、邵玉振、刘宏斌、竺宏峰、朱春、李香臣、余晶晶、叶肖丽、章文福、佘宏彦、余宝林、邓复苏。

适用范围

本标准规定了足趾保护包头和防刺穿垫的技术要求、测试方法和标识。

本标准适用于作为足部防护装备中鞋的部件的保护包头和防止机械刺穿的垫。

GB/T 28409—2012 个体防护装备 足部防护鞋（靴）的选择、使用和维护指南

起草单位

广州职安健安全科技有限公司、中钢集团武汉安全环保研究院有限公司、东莞市新虎威实业有限公司、深圳市京泰进出口有限公司、肇庆华兴华为劳保用品有限公司、广州市劳动保护用品有限公司。

主要起草人

梁志强、王禧、程钧、罗蕾霖、叶肖丽、严义敏、苏建华、张元虎、庄洁凌、杨明娜。

适用范围

本标准给出了足部防护鞋（靴）的常见种类及其选择、使用和维护的指南。

本标准适用于生产经营单位对足部防护鞋（靴）的选择、使用和维护。

GB 20265—2019　足部防护　防化学品鞋

[起草单位]
中钢集团武汉安全环保研究院有限公司、天津双安劳保橡胶有限公司、东莞市新虎威实业有限公司。

[主要起草人]
程钧、陈铁、刘天一、余晶晶、章文福、周子超。

[适用范围]
本标准规定了防化学品鞋的术语和定义、分类和分级、技术要求、测试方法、标识和制造商提供的信息。

本标准适用于保护穿着者足部免遭作业过程中化学品伤害的鞋靴。

GB 21148—2020　足部防护　安全鞋

[起草单位]
中钢集团武汉安全环保研究院有限公司、上海百集鞋业有限公司、霍尼韦尔安全防护设备（上海）有限公司、扬州健步鞋业有限公司。

[主要起草人]
程钧、余晶晶、胡战峰、张建华、赵莉南、赵光明、任昭晋、邵良林。

[适用范围]
本标准规定了安全鞋的术语和定义、分类、式样和标记、基本要求、防护性能、附加要求、标识和制造商提供的信息。

本标准适用于保护穿着者足部免遭作业区域危害或工作区域安全的鞋。

GB/T 31009—2020　足部防护　鞋（靴）限量物质要求及测试方法

[起草单位]
中钢集团武汉安全环保研究院有限公司、中国安全生产科学研究院、温州旭美科技有限公司、际华三五一三实业有限公司。

[主要起草人]
程钧、张惠军、王晓杰、陈建武、杨斌、项有春、林琴、姚涛、贺养田、朱国花。

[适用范围]
本标准规定了足部防护鞋（靴）中的限量物质分类、安全性要求分级、鞋（靴）中存在的限量物质及其类别、安全性要求、测试方法和检验报告。

本标准适用于保护穿着者足腿部免遭作业区域危害的鞋（靴）。

本标准不适用于含电子和电器元件的鞋（靴），不包含对金属部件的化学分析。

GB 5725—2009 安全网

起草单位

北京市劳动保护科学研究所、山东省特种设备检验研究院、泰州市大华化纤厂、泰州市君安绳网厂。

主要起草人

杨文芬、陈倬为、肖义庆、张波、陆冰、邓宝举、刘宏娟。

适用范围

本标准规定了安全网的分类标记、技术要求、测试方法、检验规则及标识。

本标准适用于建筑等高处作业场所使用，防止人员或物体坠落的安全网。

GB 6095—2009 安全带

起草单位

北京市劳动保护科学研究所、斯博瑞安（中国）安全防护设备有限公司、泰州市华泰劳保用品有限公司、乐清市华东安全器材厂、江苏曼杰克有限公司。

主要起草人

杨文芬、肖义庆、臧兰兰、陆冰、陈倬为、邓宝举、章康明、王俊本。

适用范围

本标准规定了安全带的分类和标记、技术要求、检验规则及标识。

本标准适用于高处作业、攀登及悬吊作业中使用的安全带，适用于体重及负重之和不大于 100 kg 的使用者。

本标准不适用于体育运动、消防等用途的安全带。

GB/T 23468—2009 坠落防护装备安全使用规范

起草单位

北京市劳动保护科学研究所、北京市建设工程安全质量监督总站。

主要起草人

杨文芬、陈倬为、魏吉祥、赵虹齐、罗穆夏、卢伟。

适用范围

本标准规定了安全网、安全带等坠落防护装备的配备要求、安全使用要求、使用期限、定期检验要求及标识管理要求。

本标准适用于高处作业、攀登及悬吊作业中使用的安全网、安全带等坠落防护装备。

本标准不适用于体育运动、消防等用途的坠落防护装备。

GB/T 23469—2009 坠落防护 连接器

起草单位

北京市劳动保护科学研究所、攀士福安全装备（上海）有限公司、斯博瑞安（中国）安全防护设备有限公司。

主要起草人

杨文芬、肖义庆、潘卫、陈倬为、邓宝举、许超。

适用范围

本标准规定了连接器的一般要求、技术性能、测试方法及标识。

本标准规定的连接器适用于 GB 6095 规定的安全带。

GB/T 24537—2009 坠落防护 带柔性导轨的自锁器

起草单位

北京市劳动保护科学研究所、河北沈三开电器制造有限公司、斯博瑞安（中国）安全防护设备有限公司。

主要起草人

杨文芬、陈倬为、刘长庚、肖义庆、邓宝举、刘宏娟、许超、罗穆夏。

适用范围

本标准规定了带柔性导轨的自锁器的技术要求、测试方法、检验规则及标识。

本标准适用于体重及负重之和不大于 100 kg 的人员使用的带柔性导轨的自锁器，当使用者的总质量（包括其工具和装备）超过 100 kg 时，应征询制造商的意见，并经测试合格后方可使用。

本标准不适用于倾斜角度与垂直方向超过 15° 的柔性轨道。

GB/T 24538—2009 坠落防护 缓冲器

起草单位

北京市劳动保护科学研究所、梅思安（中国）安全设备有限公司。

|主要起草人|
杨文芬、刘宏娟、臧兰兰、袁人煦、肖义庆、陈倬为、邓宝举、许超、孙佳伟。

|适用范围|
本标准规定了缓冲器的分类、技术要求、测试方法、检验规则及标识。

本标准适用于体重及负重之和不大于 100 kg 的人员高处作业、登高及悬吊作业中使用的缓冲器。

GB 24542—2009 坠落防护 带刚性导轨的自锁器

|起草单位|
北京市劳动保护科学研究所、河北沈三开电器制造有限公司、斯博瑞安（中国）安全防护设备有限公司、宁波天弘电力器具有限公司。

|主要起草人|
杨文芬、陈倬为、刘长庚、吕伟宏、肖义庆、邓宝举、刘宏娟、许超、罗穆夏。

|适用范围|
本标准规定了带刚性导轨的自锁器的技术要求、测试方法、检验规则及标识。

本标准适用于体重及负重之和不大于 100 kg 的人员使用的带刚性导轨的自锁器，当使用者的总质量（包括其工具和装备）超过 100 kg 时，应征询制造商的意见，并经测试合格后方可使用。

本标准仅适用于垂直方向的导轨。

注：如存在导轨水平使用的情况，可参考附录 A 中的相关测试方法。

GB 24543—2009 坠落防护 安全绳

|起草单位|
北京市劳动保护科学研究所、河北大城新育织带厂、泰安鲁普耐特塑料有限公司。

|主要起草人|
杨文芬、刘宏娟、臧兰兰、肖义庆、陈倬为、张占厂、宋维广、邓宝举、许超。

|适用范围|
本标准规定了安全绳的分类与标记、技术要求、测试方法、检验规则及标识。

本标准适用于体重及负重之和不大于 100 kg 的人员高处作业、登高及悬吊作业中使用的安全绳。

本标准不适用于体育运动、消防等用途的安全绳。

GB 24544—2009　坠落防护　速差自控器

起草单位

北京市劳动保护科学研究所、斯博瑞安（中国）安全防护设备有限公司、乐清市华东安全防护器材厂。

主要起草人

杨文芬、许超、章康明、陈倬为、肖义庆、邓宝举、刘宏娟。

适用范围

本标准规定了速差自控器的技术要求、测试方法、检验规则和标识等。

本标准适用于高处作业、登高及悬吊作业中体重及负重之和不大于 100 kg 的人员使用的速差器。

GB 30862—2014　坠落防护　挂点装置

起草单位

北京市劳动保护科学研究所、凯比特安全设备（上海）有限公司、霍尼韦尔（中国）有限公司、梅思安（中国）安全设备有限公司。

主要起草人

杨文芬、陈倬为、蔡纪泓、许超、戴明、袁人煦、肖义庆、邓宝举、刘基、盛海涛。

适用范围

本标准规定了高处坠落防护挂点装置的技术要求、检验方法、检验规则及标识。

本标准适用于防护高处坠落的挂点装置。

本标准不适用于体育及消防用挂点装置。

GB/T 38230—2019　坠落防护　缓降装置

起草单位

北京市劳动保护科学研究所、凯比特安全设备（上海）有限公司、霍尼韦尔安全防护设备（上海）有限公司、宁波天弘电力器具有限公司。

主要起草人

陈倬为、许超、林凌、吕伟宏、肖义庆、蔡纪泓。

适用范围

本标准规定了缓降装置的分类、分级与标记、技术要求、测试方法、检验规则及标识等内容。

本标准适用于垂直使用的自动及手动缓降装置。

本标准不适用于建筑火灾逃生缓降装置。

GB 38454—2019 坠落防护 水平生命线装置

[起草单位]

北京市劳动保护科学研究所、凯比特安全设备（上海）有限公司、霍尼韦尔安全防护设备（上海）有限公司、梅思安（中国）安全设备有限公司。

[主要起草人]

杨文芬、刘基、许超、蔡纪泓、顾新、陈进宇、张意飞。

[适用范围]

本标准规定了水平生命线装置的技术要求、测试方法、标识及制造商提供的信息等内容。

本标准适用于为防止高处坠落的水平生命线装置，且体重及负重之和不大于100 kg的作业人员所使用的水平生命线装置。

本标准不适用于消防和体育用水平生命线装置。

GB/T 6096—2020 坠落防护 安全带系统性能测试方法

[起草单位]

北京市劳动保护科学研究所、梅思安（中国）安全设备有限公司、宁波天弘电力器具有限公司、江苏曼杰克有限公司。

[主要起草人]

陈倬为、杨文芬、许超、彭云飞、吕伟宏、王俊本。

[适用范围]

本标准规定了高处作业用安全带的测试设备、测试方法、数据处理等内容。

本标准适用于高处作业用安全带。

本标准不适用于体育运动、消防行业所使用的安全带。

AQ 6103—2007 焊工防护手套

[起草单位]

上海市安全生产科学研究所。

[主要起草人]

邵宝仁、梅灿华、唐一鸣、蒋瑞靓、王桂芬、尹建国。

适用范围

本标准规定了在手工金属焊接、气割和类似作业中使用的防护手套的要求和试验方法。

本标准适用于在焊接和相关的作业过程中对手部和腕部起保护作用的焊工防护手套。

本标准不适用于特殊焊接作业使用的防护手套。

AQ 6109—2012 坠落防护 登杆脚扣

起草单位

江苏省安全生产科学研究所、无锡上力电工设备有限公司。

主要起草人

王宁生、高健、徐鹤鸣、王宗宁、程凌、陶陈华、罗穆夏、刘基。

适用范围

本标准规定了登杆脚扣的分类和标记、技术要求、测试方法、检验规则和标识等。

本标准适用于电力、通信及广播电视等行业从事电杆（或称线杆）攀登作业使用的脚扣。

本标准不适用于木质电杆攀登用脚扣。

AQ/T 6110—2012 工业空气呼吸器安全使用维护管理规范

起草单位

北京市劳动保护科学研究所、梅思安（中国）安全设备有限公司、上海宝亚安全装备有限公司、上海全中安防设备有限公司、北京吉祥德尔格安全设备有限公司、华瑞科力恒（北京）科技有限公司。

主要起草人

刘宇、贾鸥、石凯、姚海峰、张守政、高哲宇、王正琛、赵磊、赵红义、李冀川、文峰。

适用范围

本标准规定了工业用自给开路式正压空气呼吸器的管理、使用、维护、定期技术检测等要求。

本标准适用于工业、城市公共事业等行业中使用的空气呼吸器。

本标准不适用于消防用空气呼吸器。

第二部分 消防救援标准

一、基础标准

GB 15630—1995 消防安全标志设置要求

起草单位
公安部天津消防研究所。

主要起草人
刘伶凯、韩占先、姚松经。

适用范围
本标准规定了消防安全标志的设置场所、原则、要求和方法等。
本标准适用于使用消防安全标志作为传递消防安全信息的场所。

GB/T 5332—2007 可燃液体和气体引燃温度试验方法

起草单位
公安部天津消防研究所。

主要起草人
李晋、王钢、张网、张欣、孙金香、果春盛、吴彩虹、王婕。

适用范围
本标准规定了常压下空气中化学纯净的可燃液体蒸气和气体引燃温度（自燃温

度）的测定方法。

GB/T 803—2008 空气中可燃气体爆炸指数测定方法

起草单位

公安部天津消防研究所。

主要起草人

张欣、李晋、张网、孙金香、果春盛、吴彩虹、王捷、任常兴、吕东。

适用范围

本标准规定了在密闭容器内，可燃气体与空气的混合气爆炸指数测定方法，并给出其他试验方法测定爆炸指数时应遵循的准则。

GB/T 4327—2008 消防技术文件用消防设备图形符号

起草单位

公安部天津消防研究所。

主要起草人

王颖、姚松经、郑巍、梁广喜、李春强。

适用范围

本标准规定了有关建筑、工程、建筑物及其他相关设计领域的消防技术文件中使用的、表示各种消防设备的基本符号、辅助符号和单独使用的符号，并举例说明了部分组合图形符号。

本标准适用于新建、改建或扩建工程中，在编制消防设计、施工、维护或审核等技术文件时使用的有关防火、灭火和疏散方法的下列消防设备：

（1）灭火器；

（2）固定灭火系统；

（3）消防供水线；

（4）其他灭火设备；

（5）控制与指示设备；

（6）报警启动装置；

（7）火灾报警装置；

（8）消防通风口；

（9）疏散路线；

（10）火灾和爆炸危险区域。

GB/T 4968—2008 火灾分类

起草单位
公安部天津消防研究所。

主要起草人
姚松经、郑巍。

适用范围
本标准根据可燃物的类型和燃烧特性将火灾定义为六个不同的类别。
本标准适用于选用灭火器灭火等灭火和防火领域。

GB/T 12474—2008 空气中可燃气体爆炸极限测定方法

起草单位
公安部天津消防研究所、天津市公安消防总队。

主要起草人
李晋、张网、孙金香、张欣、马玉河、王婕、吴彩虹、果春盛、王钢、任常兴、吕东。

适用范围
本标准规定了可燃气体在空气中爆炸极限的测定方法。
本标准适用于常压下可燃气体在空气中爆炸极限的测定。

GB/T 13464—2008 物质热稳定性的热分析试验方法

起草单位
公安部天津消防研究所。

主要起草人
陈迎春、邓震宇、卓萍、龚承先。

适用范围
本标准规定了用差热分析仪和/或差示扫描量热仪测量物质热稳定性的试验方法所用的仪器和材料、试样、试验步骤、试验结果、精确度、安全事项和局限性等。
本标准适用于在一定压力下（包括常压）的惰性或反应性气氛中，在 −50℃ ~ 1500℃ 的温度范围内有焓变的固体、液体和浆状物质热稳定性的评价。

GB/T 17802—2011 热不稳定物质动力学常数的热分析试验方法

起草单位
公安部天津消防研究所。

主要起草人
陈迎春、邓震宇、卓萍、梁亚东。

适用范围
本标准规定了使用差热分析仪（DTA）和差示扫描量热仪（DSC）测量热不稳定性物质放热反应的阿仑尼乌斯方程动力学常数的热分析试验的术语和定义、原理、仪器和材料、试样、试验步骤、数据处理、误差和试验报告。

本标准适用于能用阿仑尼乌斯方程和一般速率规律描述的反应。

本标准不适用于曲线偏离直线、部分反应被抑制、同步或连续反应、经历相变且反应速率在转变温度上十分显著及不能控制的化学反应。

GB/T 28752—2012 火焰在垂直表面的横向蔓延试验方法

起草单位
公安部天津消防研究所。

主要起草人
薛岗、胡英年、牛坤、王荣基、包志明、陈涛。

适用范围
本标准规定了火焰沿样品垂直表面的横向蔓延性能试验方法。

本标准适用于建筑物和运输工具（如船舶、火车等）曝露面上使用的平板型单一材料、复合材料或组件的表面特性，管状制品通过特殊的安装和固定（见附录D），也可用本标准的方法进行测试。

本标准用于描述和测量实验室内有引燃火焰存在时，与辐射热相应的材料、制品或组件的特性。

本标准不适用于独立评价材料、制品或组件在实际火灾中的火灾危害和火灾风险。

安全警示：测试时应注意安全，测试样品的曝露面可能会释放出有毒或有害气体，见附录C中的安全建议。

GB/T 29174—2012　物质恒温稳定性的热分析试验方法

起草单位
公安部天津消防研究所。

主要起草人
陈迎春、刘昛亚、卓萍、郭歌、邓震宇、张彰。

适用范围
本标准规定了用微量量热仪测试物质恒温稳定性的术语和定义、原理、仪器和标定、试样、试验程序、试验结果记录、精确度以及试验报告等。
本标准适用于有放热反应的固体、液体或浆状物等物质的恒温稳定性的热分析试验。

GB/T 5907.1—2014　消防词汇　第1部分：通用术语

起草单位
公安部天津消防研究所、中国科学技术大学、安徽省公安消防总队、江苏省公安消防总队。

主要起草人
姚松经、屈励、毕少颖、程晓舫、唐晓亮。

适用范围
GB/T 5907 的本部分界定了与消防有关的通用术语和定义。
GB/T 5907 的本部分适用于消防管理、消防标准化、消防安全工程、消防科学研究、教学、咨询、出版及其他有关的工作领域。

GB/T 5907.2—2015　消防词汇　第2部分：火灾预防

起草单位
公安部天津消防研究所、中国人民武装警察部队学院、公安部四川消防研究所、江苏省公安消防总队。

主要起草人
姚松经、沈纹、康青春、毕少颖、唐晓亮、韩伟平、丁敏、陆世昌。

适用范围
GB/T 5907 的本部分界定了与火灾预防有关的常用术语和定义。
GB/T 5907 的本部分适用于火灾预防、消防管理、消防标准化、消防安全工程、消防科学研究、教学、咨询、出版及其他有关的工作领域。

GB/T 5907.3—2015　消防词汇　第3部分：灭火救援

起草单位

公安部天津消防研究所、中国人民武装警察部队学院、江苏省公安消防总队、公安部上海消防研究所。

主要起草人

姚松经、康青春、毕少颖、唐晓亮、诸容、张智、王严。

适用范围

GB/T 5907 的本部分界定了与灭火救援有关的常用术语和定义。

GB/T 5907 的本部分适用于消防管理、灭火救援、消防标准化、消防科学研究、教学、咨询、出版及其他有关的工作领域。

GB/T 5907.4—2015　消防词汇　第4部分：火灾调查

起草单位

公安部天津消防研究所、公安部沈阳消防研究所。

主要起草人

鲁志宝、姚松经、韩子忠、邱曼、刘振刚、毕少颖、陈克、田桂花、张得胜、张明。

适用范围

GB/T 5907 的本部分界定了与火灾调查有关的常用术语和定义。

GB/T 5907 的本部分适用于火灾调查、消防管理、消防标准化、消防科学研究、教学、咨询、出版及其他有关的工作领域。

GB/T 5907.5—2015　消防词汇　第5部分：消防产品

起草单位

公安部天津消防研究所、公安部上海消防研究所、公安部沈阳消防研究所、公安部四川消防研究所、公安部消防产品合格评定中心。

主要起草人

屈励、姚松经、李毅、庄爽、朱青、毛毅平、张德成、程道彬、韩伟平、沈坚敏、隋虎林、毕少颖、诸容、卢韶然、王艳娥、丁敏、高云升。

适用范围

GB/T 5907 的本部分界定了消防产品的常用术语和定义。

GB/T 5907 的本部分适用于消防管理、消防标准化、消防工程、消防科学研究、教学、咨询、出版及其他有关工作领域。

GB 13495.1—2015　消防安全标志　第 1 部分：标志

【起草单位】
公安部天津消防研究所。

【主要起草人】
姚松经、屈励、沈纹、张银花、冯珂星、李钰、俞颖飞。

【适用范围】
GB 13495 的本部分规定了用于消防安全领域的标志。

GB 13495 的本部分广泛适用于所有需要设置消防安全标志的场所。

GB 13495 的本部分不适用于 GB/T 4327 涉及的消防技术文件和各类地图所用的图形符号。

注：GB 13495 的本部分消防安全标志的颜色不作为标准颜色匹配使用，颜色匹配按 GB 2893—2008《安全色》第 5 章的规定。

GB/T 38301—2019　可燃气体或蒸气极限氧浓度测定方法

【起草单位】
应急管理部天津消防研究所、吉林市宏源科学仪器有限公司、上海化工研究院。

【主要起草人】
任常兴、李野、李晋、张网、管长勇、张欣、马千里、肖秋平、柴一波、吕东、伍晗、王婕。

【适用范围】
本标准规定了可燃气体（蒸气）极限氧浓度的测定方法。

本标准适用于常压下可燃气体（蒸气）极限氧浓度的测定。

警示：按照本标准规定的方法点燃可燃气体、惰性气体和空气混合气后，即使未形成火焰传播，也不能完全认为该混合气体不会发生爆炸。

XF 480.1—2004　消防安全标志通用技术条件
第 1 部分：通用要求和试验方法

【起草单位】
公安部天津消防研究所。

【主要起草人】
姚松经、刘伶凯、韩占先、迟立发、刘连喜。

适用范围

XF 480 的本部分对消防安全标志产品的产品分类、技术要求、试验方法、检验规则、标志、包装、运输和储存等提出了通用要求。

XF 480 的本部分适用于向公众表达消防安全信息的各种消防安全标志产品。

XF 480.2—2004 消防安全标志通用技术条件
第 2 部分：常规消防安全标志

起草单位

公安部天津消防研究所。

主要起草人

姚松经、刘伶凯、韩占先、迟立发、刘连喜。

适用范围

XF 480 的本部分规定了常规消防安全标志产品的技术要求、试验方法及检验规则等。

XF 480 的本部分适用于向公众表达消防安全信息的常规消防安全标志产品。

XF 480.3—2004 消防安全标志通用技术条件
第 3 部分：蓄光消防安全标志

起草单位

公安部天津消防研究所、公安部沈阳消防研究所、大连路明科技集团有限公司、深圳市清华彩虹纳米材料高科技有限公司、哈尔滨北斗特种材料有限公司。

主要起草人

姚松经、张德成、刘伶凯、韩占先、迟立发、刘连喜、张学军。

适用范围

XF 480 的本部分规定了蓄光消防安全标志产品的技术要求、试验方法及检验规则等。

XF 480 的本部分适用于向公众表达消防安全信息的蓄光消防安全标志产品。

XF 480.4—2004 消防安全标志通用技术条件
第 4 部分：逆向反射消防安全标志

起草单位

公安部天津消防研究所。

|主要起草人|
姚松经、刘伶凯、韩占先、迟立发、刘连喜。
|适用范围|
XF 480 的本部分规定了逆向反射消防安全标志产品的技术要求、试验方法及检验规则等。
XF 480 的本部分适用于向公众表达消防安全信息的逆向反射消防安全标志产品。

XF 480.5—2004 消防安全标志通用技术条件
第 5 部分：荧光消防安全标志

|起草单位|
公安部天津消防研究所。
|主要起草人|
姚松经、刘伶凯、韩占先、迟立发、刘连喜。
|适用范围|
XF 480 的本部分规定了荧光消防安全标志产品的技术要求、试验方法及检验规则等。
XF 480 的本部分适用于向公众表达消防安全信息的荧光消防安全标志产品。

XF 480.6—2004 消防安全标志通用技术条件
第 6 部分：搪瓷消防安全标志

|起草单位|
公安部天津消防研究所。
|主要起草人|
姚松经、刘伶凯、韩占先、迟立发、刘连喜。
|适用范围|
XF 480 的本部分规定了搪瓷消防安全标志产品的技术要求、试验方法及检验规则等。
XF 480 的本部分适用于向公众表达消防安全信息的搪瓷消防安全标志产品。

XF/T 536.1—2013 易燃易爆危险品 火灾危险性分级及试验方法 第 1 部分：火灾危险性分级

|起草单位|
公安部天津消防研究所。

☒主☒☒要☒☒起☒☒草☒☒人☒
张网、李野、任常兴、吕东、王婕、张欣、吴伟、马千里、李涛、张鸿鹤、李晋。
☒适☒☒用☒☒范☒☒围☒
XF/T 536 的本部分规定了易燃易爆危险品的火灾危险性分级及对应的试验方法。

XF/T 536 的本部分适用于需要确定火灾危险性分级的易燃易爆危险品。

XF/T 536.2—2005　易燃易爆危险品　火灾危险性分级及试验方法　第2部分：易燃固体分级试验方法

☒起☒☒草☒☒单☒☒位☒
公安部天津消防研究所、河北省公安厅消防局。
☒主☒☒要☒☒起☒☒草☒☒人☒
李晋、王钢、盛文克、高强、郑端文。
☒适☒☒用☒☒范☒☒围☒
XF/T 536 的本部分规定了易燃固体的分级试验方法。

XF/T 536 的本部分适用于需要确定火灾危险性分级的易燃固体。

XF/T 536 的本部分不适用于自反应物质及固体退敏爆炸品。

XF/T 536.3—2005　易燃易爆危险品　火灾危险性分级及试验方法　第3部分：易于自燃的物质分级试验方法

☒起☒☒草☒☒单☒☒位☒
公安部天津消防研究所、河北省公安厅消防局。
☒主☒☒要☒☒起☒☒草☒☒人☒
李晋、王钢、盛文克、高强、郑端文。
☒适☒☒用☒☒范☒☒围☒
XF/T 536 的本部分规定了易于自燃的物质的分级试验方法。

XF/T 536 的本部分适用于需要确定火灾危险性分级的易于自燃的物质。

XF/T 536.4—2005　易燃易爆危险品　火灾危险性分级及试验方法　第4部分：遇水放出易燃气体物质分级试验方法

☒起☒☒草☒☒单☒☒位☒
公安部天津消防研究所、河北省公安厅消防局。

主要起草人

李晋、王钢、盛文克、高强、郑端文。

适用范围

XF/T 536 的本部分规定了遇水放出易燃气体物质分级试验方法。

XF/T 536 的本部分适用于需要确定火灾危险性分级的遇水放出易燃气体物质。

XF/T 536.5—2005 易燃易爆危险品 火灾危险性分级及试验方法 第 5 部分：固体氧化性物质分级试验方法

起草单位

公安部天津消防研究所、河北省公安厅消防局。

主要起草人

李晋、王钢、盛文克、高强、郑端文。

适用范围

XF/T 536 的本部分规定了固体氧化性物质的分级试验方法。

XF/T 536 的本部分适用于需要确定火灾危险性分级的固体氧化性物质。

XF/T 536.6—2010 易燃易爆危险品 火灾危险性分级及试验方法 第 6 部分：液体氧化性物质分级试验方法

起草单位

公安部天津消防研究所、吉林市宏源科学仪器有限公司。

主要起草人

张网、李晋、任常兴、王婕、孙金香、张欣、吕东、果春盛、马玉河、赵雅娟、管长勇。

适用范围

XF/T 536 的本部分规定了液体氧化性物质的火灾危险性分级试验方法。

XF/T 536 的本部分适用于需要确定火灾危险性分级的液体氧化性物质。

XF/T 536.7—2013 易燃易爆危险品 火灾危险性分级及试验方法 第 7 部分：易燃气雾剂分级试验方法

起草单位

公安部天津消防研究所、吉林市宏源科学仪器有限公司。

|主要起草人|
吕东、李野、张欣、任常兴、白晓辉、马千里、王婕、吴伟、张鸿鹤、李涛、张网、李晋、管长勇。

|适用范围|
XF/T 536 的本部分规定了易燃气雾剂的火灾危险性分级试验方法。

XF/T 536 的本部分适用于需要确定火灾危险性分级的喷雾气雾剂和泡沫气雾剂。

XF 185—2014 火灾损失统计方法

|起草单位|
公安部天津消防研究所、国家发展改革委物价认证中心、天津市房屋质量安全鉴定检测中心、公安部上海消防研究所、天津市公安消防总队、上海市公安消防总队、山西省公安消防总队、黑龙江省公安消防总队、福建省公安消防总队。

|主要起草人|
田亮、王刚、果春盛、张欣、刘高文、江春、王婕、初绽、谈迅、连长华、阮景文、孙渊、韩晓鹏、潘洵、吕东、任常兴、杨君涛、陈也。

|适用范围|
本标准规定了火灾损失统计的术语和定义、统计分类、统计要求、损失物识别、统计技术方法等。

本标准适用于公安机关消防机构对单起火灾损失的统计。

本标准不适用于军事设施、矿井地下部分、核电厂、海上石油天然气设施、森林和草原等场所火灾损失的统计。

XF/T 720—2014 消防标准制修订工作程序

|起草单位|
公安部消防局、公安部天津消防研究所、公安部上海消防研究所、公安部沈阳消防研究所、公安部四川消防研究所。

|主要起草人|
屈励、韩伟平、李彦军、郭歌、沈纹、胡锐、姚松经、刘连喜、庄爽、朱青、毛毅平、张德成、程道彬、刘激扬、张学魁、鲁志宝、沈坚敏、刘军军、隋虎林。

|适用范围|
本标准规定了消防标准制修订工作的代号、基本要求、各阶段工作程序以及标

准修改单制定、标准项目计划调整、标准宣贯与日常管理等。

本标准适用于消防国家标准和行业标准的制修订工作。消防地方标准的制修订工作可参照执行。

本标准不适用于工程建设消防技术标准（消防规范）的制修订工作。

■ 二、固定灭火系统

GB 5135.1—2019 自动喷水灭火系统
第1部分：洒水喷头

起草单位

应急管理部天津消防研究所、上海金盾消防安全设备有限公司、浙江瑞城消防设备有限公司。

主要起草人

张少禹、啜凤英、李毅、李强、张强、张中飞、张兆宪、冯伟、王帅、马六甲。

适用范围

GB 5135的本部分规定了自动喷水灭火系统洒水喷头的分类、公称流量系数、接口螺纹、颜色标志、型号、要求、试验方法、检验规则、使用说明书和包装、运输、贮存等。

GB 5135的本部分适用于自动喷水灭火系统中的洒水喷头。

GB 5135的本部分不适用于早期抑制快速响应（ESFR）喷头、家用喷头、特殊应用喷头和启闭式喷头。

GB 5135.2—2003 自动喷水灭火系统
第2部分：湿式报警阀、延迟器、水力警铃

起草单位

公安部天津消防研究所、浙江省公安厅消防局。

主要起草人

杨震铭、白殿涛、啜凤英、陈泽民、严晓龙、迟立发。

适用范围

GB 5135的本部分规定了自动喷水灭火系统湿式报警阀、延迟器和水力警铃的要求、试验方法、检验规则及标志、包装、运输、贮存等。

GB 5135 的本部分适用于自动喷水灭火系统中湿式报警阀、延迟器和水力警铃。

GB 5135.3—2003 自动喷水灭火系统
第 3 部分：水雾喷头

起草单位
公安部天津消防研究所。

主要起草人
啜凤英、杨震铭、张强、赵永顺、迟立发。

适用范围
GB 5135 的本部分规定了自动喷水灭火系统水雾喷头的要求、试验方法、检验规则和标志、包装、运输、贮存等。

GB 5135 的本部分适用于自动喷水灭火系统水雾喷头。

GB 5135.4—2003 自动喷水灭火系统
第 4 部分：干式报警阀

起草单位
公安部天津消防研究所。

主要起草人
凌桂道、杨震铭、李毅。

适用范围
GB 5135 的本部分规定了自动喷水灭火系统干式报警阀的要求、试验方法、检验规则和标志、使用说明书、包装、运输、贮存等。

GB 5135 的本部分不适用于干式报警阀以外的其他附件。

GB 5135.5—2018 自动喷水灭火系统
第 5 部分：雨淋报警阀

起草单位
公安部天津消防研究所、广东永泉阀门科技有限公司、浙江快达消防科技有限公司、唯特利管道设备（大连）有限公司、泰科消防设备贸易（上海）有限公司。

主要起草人

白殿涛、罗宗军、田立伟、杨震铭、刘连喜、李毅、王诣青、卢政强、马六甲、陈键明、陈方明、李政宏、陈启掌、赵雷。

适用范围

GB 5135 的本部分规定了雨淋报警阀的术语和定义、分类与代号、型号、要求、试验方法、检验规则、标志、使用说明书及包装、运输、贮存。

GB 5135 的本部分适用于自动喷水灭火系统使用的雨淋报警阀。

GB 5135.6—2018 自动喷水灭火系统
第 6 部分：通用阀门

起草单位

公安部天津消防研究所、广东永泉阀门科技有限公司、上海冠龙阀门机械有限公司、武汉大禹阀门股份有限公司。

主要起草人

白殿涛、罗宗军、田立伟、李习民、杨震铭、李毅、经子彤、宋志昆、陈键明、李政宏、李习洪。

适用范围

GB 5135 的本部分规定了自动喷水灭火系统用通用阀门的分类、型号编制、要求、试验方法、检验规则、标志、使用说明书和包装、运输、贮存。

GB 5135 的本部分适用于自动喷水灭火系统中使用的通用阀门。

GB 5135.7—2018 自动喷水灭火系统
第 7 部分：水流指示器

起草单位

公安部天津消防研究所、上海金盾消防安全设备有限公司、西安盛赛尔电子有限公司、水力消防科技有限公司。

主要起草人

罗宗军、白殿涛、李习民、田立伟、李毅、刘连喜、杨震铭、张君娜、王达、张兆宪、张雄飞、王秋良。

适用范围

GB 5135 的本部分规定了自动喷水灭火系统水流指示器的分类、型号、要求、试验方法、检验规则、标志、使用说明书及包装、运输、贮存。

GB 5135 的本部分适用于自动喷水灭火系统中的叶片型水流指示器，其他类型的水流指示器可参照使用。

GB 5135.8—2003 自动喷水灭火系统
第8部分：加速器

起草单位

公安部天津消防研究所。

主要起草人

陈泽民、张强。

适用范围

GB 5135 的本部分规定了自动喷水灭火系统加速器的要求、试验方法和检验规则和标志、使用说明书、包装、运输、贮存等。

GB 5135 的本部分适用于自动喷水灭火系统干式和干湿两用报警阀配套的加速器。

GB 5135.9—2018 自动喷水灭火系统
第9部分：早期抑制快速响应（ESFR）喷头

起草单位

公安部天津消防研究所、公安部消防局、浙江瑞城消防设备有限公司、萃联（中国）消防设备制造有限公司、泰科安全设备（上海）有限公司。

主要起草人

杨震铭、刘欣、李毅、张强、刘激扬、沈贺坤、王健强、孙甲斌、于东兴、赵婷、王静萱、王德凤、张中飞、赵雷。

适用范围

GB 5135 的本部分规定了早期抑制快速响应（ESFR）喷头的分类、公称动作温度、颜色标志、型号规格、要求、试验方法、检验规则和包装、运输、贮存等。

GB 5135 的本部分适用于公称流量系数 K 202（下垂型和直立型）、K 242（下垂型和直立型）、K 323（下垂型）、K 363（下垂型）的早期抑制快速响应（ESFR）喷头，其他类型的早期抑制快速响（ESFR）喷头可参照本部分。

GB 5135 的本部分不适用于特殊应用喷头。

GB 5135.10—2006 自动喷水灭火系统
第10部分：压力开关

起草单位

公安部天津消防研究所。

主要起草人

李习民、高云升、刘连喜、白殿涛。

适用范围

GB 5135 的本部分规定了自动喷水灭火系统压力开关的型号编制、分类、要求、试验方法及检验规则、标志、包装、运输和贮存。

GB 5135 的本部分适用于自动喷水灭火系统中压力开关。

GB 5135 的本部分不适用于气体灭火系统的压力开关和易燃易爆危险场合下使用的防爆型压力开关。

GB 5135.11—2006　自动喷水灭火系统
第 11 部分：沟槽式管接件

起草单位

公安部天津消防研究所、山西省公安消防总队、上海威逊机械连接件有限公司、佛山市南海永兴阀门制造有限公司、上海瑞孚管路系统有限公司、北京天宁亿赫管路系统设备有限公司。

主要起草人

白殿涛、罗宗军、马建明、张强、曹文红、白晓辉、陆志刚、陈键明、陶松岳、孙凤明。

适用范围

GB 5135 的本部分规定了自动喷水灭火系统沟槽式管接件的要求、试验方法、检验规则、标志、包装、运输、贮存等。

GB 5135 的本部分适用于自动喷水灭火系统中沟槽式管接件。

GB 5135.13—2006　自动喷水灭火系统
第 13 部分：水幕喷头

起草单位

公安部天津消防研究所、南京消防器材股份有限公司。

主要起草人

张强、赵勇顺、李毅、罗宗军、魏名选、梁俊。

适用范围

GB 5135 的本部分规定了自动喷水灭火系统水幕喷头的要求、试验方法、检验规则和标志、包装、运输、贮存。

GB 5135 的本部分适用于自动喷水灭火系统水幕喷头。

GB 5135.14—2011 自动喷水灭火系统

第14部分：预作用装置

|起草单位|

公安部天津消防研究所、浙江省公安厅消防局、辽宁省公安厅消防局、佛山市南海永兴阀门制造有限公司、唯特利管道设备大连有限公司。

|主要起草人|

白殿涛、杨震铭、张君娜、罗宗军、王诣青、宋焕瞳、赵庆平、王伟、陈键明、陈启掌。

|适用范围|

GB 5135 的本部分规定了自动喷水灭火系统预作用装置的型号编制、要求、试验方法、检验规则、标志、包装、运输、贮存等。

GB 5135 的本部分适用于自动喷水灭火系统中的预作用装置。

GB 5135.15—2008 自动喷水灭火系统

第15部分：家用喷头

|起草单位|

公安部天津消防研究所、泰科流体控制国际贸易（上海）有限公司、广东胜捷消防设备有限公司。

|主要起草人|

张强、李毅、啜凤英、张少禹、赵永顺、卢政强、宋焕瞳、甘晓虹、赵雷、伍建许。

|适用范围|

GB 5135 的本部分规定了自动喷水灭火系统家用喷头的要求、试验方法、检验规则和标志、使用说明书、包装、运输、贮存等。

GB 5135 的本部分适用于自动喷水灭火系统家用喷头。

GB 5135.16—2010 自动喷水灭火系统

第16部分：消防洒水软管

|起草单位|

公安部天津消防研究所、台州圣禹橡胶管件有限公司。

|主要起草人|

罗宗军、白殿涛、李毅、宋波、啜凤英、张强、赵永顺、宋焕瞳、张丽梅、

蔡庆军、龚承先。

适用范围

GB 5135 的本部分规定了自动喷水灭火系统消防洒水软管的分类、型号编制、要求、试验方法、检验规则及标志、包装、运输、贮存等。

GB 5135 的本部分适用于自动喷水灭火系统中的消防洒水软管。

GB 5135.17—2011 自动喷水灭火系统

第 17 部分：减压阀

起草单位

公安部天津消防研究所、佛山市南海永兴阀门制造有限公司、上海冠龙阀门机械有限公司、泰科流体控制国际贸易（上海）有限公司。

主要起草人

罗宗军、白殿涛、李毅、刘连喜、王舒艳、田立伟、陈键明、李政宏、赵雷。

适用范围

GB 5135 的本部分规定了自动喷水灭火系统减压阀的术语和定义、分类、型号编制、要求、试验方法、检验规则及标志、包装、运输、贮存等。

GB 5135 的本部分适用于自动喷水灭火系统中的直接作用式和先导式减压阀。

GB/T 5135.18—2010 自动喷水灭火系统

第 18 部分：消防管道支吊架

起草单位

公安部天津消防研究所、上海威逊机械连接件有限公司、黑龙江省日泽管业有限公司。

主要起草人

杨震铭、罗宗军、白殿涛、张强、刘连喜、李毅、赵永顺、陈民、陆志刚、王秀岩。

适用范围

GB/T 5135 的本部分规定了自动喷水灭火系统消防管道支吊架的术语和定义、分类、型号编制、要求、试验方法、检验规则及标志、包装、运输、贮存等。

GB/T 5135 的本部分适用于自动喷水灭火系统中的消防管道支吊架，用于其他系统的给水管道支吊架也可参照执行。

GB/T 5135.19—2010　自动喷水灭火系统
第19部分：塑料管道及管件

起草单位

公安部天津消防研究所、路博润特种化工（上海）有限公司、中国佑利控股集团有限公司、环琪（太仓）塑胶工业有限公司。

主要起草人

宋波、李毅、杨震铭、张强、罗宗军、杨丙杰、吴璠、林华义、曾相铎。

适用范围

GB/T 5135的本部分规定了自动喷水灭火系统用塑料管道及管件的要求、试验方法、检验规则和包装、运输、贮存等。

GB/T 5135的本部分适用于GB 50084—2001（2005年版）规定的火灾危险等级为轻危险级、中危险级Ⅰ级场所设置的湿式系统中，作为配水管及配水支管使用的氯化聚氯乙烯（PVC-C）塑料管道及管件。其他塑料管道及管件也可参照使用。

GB/T 5135.20—2010　自动喷水灭火系统
第20部分：涂覆钢管

起草单位

公安部天津消防研究所、广东联塑科技实业有限公司、浙江金洲管道科技股份有限公司、潍坊东方钢管有限公司、上海德士净水管道制造有限公司。

主要起草人

李毅、张强、罗宗军、宋波、白殿涛、杨震铭、高洪菊、杨丙杰、闫吉云、蒋建明、林少全、徐志茹。

适用范围

GB/T 5135的本部分规定了自动喷水灭火系统用涂覆钢管的要求、试验方法、检验规则、包装、运输和贮存等。

GB/T 5135的本部分适用于应用在自动喷水灭火系统中公称通径不大于300 mm的内涂层材料为环氧树脂的涂覆钢管。

GB 5135.21—2011　自动喷水灭火系统
第21部分：末端试水装置

起草单位

公安部天津消防研究所、广东胜捷消防科技有限公司、杭州建安消防设备有限公司。

主要起草人

曹文红、啜凤英、胡群明、李毅、罗宗军、毕少颖、张银花、张丽梅、陈涛、余卓浩。

适用范围

GB 5135 的本部分规定了自动喷水灭火系统用末端试水装置的术语和定义、分类、型号编制、要求、试验方法、检验规则、标志、使用说明书和包装、运输、贮存。

GB 5135 的本部分适用于自动喷水灭火系统中使用的末端试水装置。

GB 5135.22—2019 自动喷水灭火系统
第 22 部分：特殊应用喷头

起草单位

应急管理部天津消防研究所、上海金盾消防安全设备有限公司、杭州建安消防设备有限公司。

主要起草人

宋波、李毅、杨丙杰、张强、杨震铭、张少禹、田立伟、刘欣、沈贺坤、啜凤英、陈民、赵永顺、王健强、于东兴、甘晓红、张磊、张兆宪、祝冠华。

适用范围

GB 5135 的本部分规定了自动喷水灭火系统特殊应用喷头的分类、公称动作温度、颜色标志、型号规格、要求、试验方法、检验规则和包装、运输、贮存等。

GB 5135 的本部分适用于公称流量系数 K 161、K 202、K 242、K 363 的非仓库型特殊应用喷头及公称流量系数 K 161、K 242、K 282、K 363 的仓库型特殊应用喷头。其他类型的特殊应用喷头可参照本部分。

GB 5135 的本部分不适用于早期抑制快速响应（ESFR）喷头。

GB 5908—2005 石油储罐阻火器

起草单位

公安部天津消防研究所。

主要起草人

王钢、李晋、高云升、盛文克、高强。

适用范围

本标准规定了石油储罐阻火器的术语和定义、型号编制、分类、要求、试验方法、检验规则、标志、包装、运输和储存、产品合格证及使用说明书编写要求等。

本标准适用于原油、汽油和煤油等轻质油品储罐上安装的石油储罐阻火器性能的评定和试验。

GB 20031—2005　泡沫灭火系统及部件通用技术条件

起草单位
公安部天津消防研究所、江苏省消防局。

主要起草人
杨震铭、李毅、王诣青、白殿涛、马建明、唐晓亮。

适用范围
本标准规定了泡沫灭火系统及部件[包括泡沫比例混合器、泡沫比例混合装置、低倍数空气泡沫产生器、高背压泡沫产生器、泡沫喷头、泡沫钩管、泡沫炮、泡沫枪、中倍数泡沫产生器、高倍数泡沫产生器、泡沫消火栓、单向阀、控制阀门、过滤器、控制盘、控制柜、半固定式（轻便式）泡沫灭火装置、连接软管、泡沫消火栓箱、闭式泡沫-水喷淋系统等]的性能要求、试验方法、检验准则、包装、运输贮存要求等。
本标准适用于各类泡沫灭火系统及部件。

GB 16670—2006　柜式气体灭火装置

起草单位
公安部天津消防研究所、四川威龙消防设备有限公司、南京消防器材股份有限公司。

主要起草人
刘连喜、高云升、董海斌、李习民、汪映标、周平、张君娜。

适用范围
本标准规定了柜式气体灭火装置的性能要求、试验方法、检验规则、标志、包装运输、储存和使用说明书编写要求。
本标准适用于柜式高压二氧化碳、七氟丙烷、氮气、氩气、三氟甲烷气体灭火装置，充装其他气体灭火剂的柜式气体灭火装置也可参照使用。
本标准不适用于柜式低压二氧化碳灭火装置。

GB 795—2008　卤代烷灭火系统及零部件

起草单位
公安部天津消防研究所、福建天广消防器材有限公司。

主要起草人
盛彦锋、刘连喜、林峰、李习民、董海斌、高云升、赵青松、陈秀玉。

[适用范围]

本标准规定了卤代烷灭火系统及构成部件中的灭火剂瓶组、容器、容器阀、喷嘴、安全泄放装置、选择阀、单向阀、驱动装置、集流管、连接管、控制盘、压力表、信号反馈装置的要求、试验方法、检验规则和使用说明书编写要求。

本标准适用于卤代烷1301灭火系统。使用其他种类卤代烷灭火剂的气体灭火系统也可参照采用。

GB/T 13347—2010 石油气体管道阻火器

[起草单位]

公安部天津消防研究所、中国科学技术大学、胜利油田胜利动力机械集团、启东混合器厂有限公司、西安中油石化设备厂、江苏启东海鹰冶金机械厂。

[主要起草人]

高云升、刘连喜、周凯元、董海斌、盛彦锋、卢政强、马晓钟、黄维贤、杨静、杨裕能。

[适用范围]

本标准规定了石油气体管道阻火器的术语和定义、型号编制方法、分类和基本参数、要求、试验方法、检验规则、标志、包装、运输和储存、产品合格证及使用说明书编写要求。

本标准适用于安装在石油气体管道上的干式阻火器。其他干式阻火器产品可参照采用。

GB 16668—2010 干粉灭火系统及部件通用技术条件

[起草单位]

公安部天津消防研究所、陕西省公安消防总队、广东胜捷消防实业集团、上海金盾消防安全设备有限公司、山东环绿康新材料科技有限公司、美国安素公司北京代表处、昆明泰康消防器材有限公司。

[主要起草人]

董海斌、刘连喜、宋旭东、王舒艳、李习民、高云升、盛彦锋、高振锡、裴丽萍、伍建许、张兆宪、秦玉旺、云宏、林向芳。

[适用范围]

本标准规定了干粉灭火系统及部件的术语和定义、分类、型号编制、要求、试验方法、检验规则和使用说明书编写要求等。

本标准适用于固定式和半固定式干粉灭火系统（含柜式干粉灭火装置）。

本标准适用于ABC干粉灭火系统和BC干粉灭火系统，D类干粉灭火系统可参照采用。

GB 16669—2010 二氧化碳灭火系统及部件通用技术条件

起草单位

公安部天津消防研究所、美国安素公司（北京）、深圳因特安全技术有限公司、南京消防器材股份有限公司、北京美力马消防设备有限公司、广东平安消防设备有限公司、西安核设备有限公司卫士消防设备分公司、上海金盾消防安全设备有限公司、四川威龙消防设备有限公司。

主要起草人

刘连喜、陈泽民、宋波、董海斌、李毅、杨震铭、高云升、李习民、盛彦锋、啜凤英、许春元、张国壁、廖平、赵邦戟、冯松、杜增虎、张兆宪、汪映标。

适用范围

本标准规定了高压二氧化碳灭火系统及构成部件的术语和定义、基本参数和型号编制方法、要求、试验方法、检验规则和使用说明书编写要求。

本标准适用于高压二氧化碳灭火系统及部件。

GB 18428—2010 自动灭火系统用玻璃球

起草单位

公安部天津消防研究所、德国久保有限公司北京代表处、成都微巨科技有限责任公司。

主要起草人

张少禹、啜凤英、王军、李毅、梁志宏、沙崇伟。

适用范围

本标准规定了自动灭火系统用玻璃球的要求、试验方法、检验规则、使用说明书和产品数据单、包装、贮存和运输等。

本标准适用于自动灭火系统用玻璃球，用于其他消防装置的感温玻璃球也可参照使用。

GB 25972—2010 气体灭火系统及部件

起草单位

公安部天津消防研究所、美国安素公司（北京）、深圳因特安全技术有限公司、南京消防器材股份有限公司、北京美力马消防设备有限公司、广东平安消防设备有限公司、西安核设备有限公司卫士消防设备分公司、上海金盾消防安全设备有限公司、四川威龙消防设备有限公司。

主要起草人

刘连喜、陈泽民、杨震铭、宋波、董海斌、李毅、高云升、李习民、盛彦锋、啜凤英、许春元、张国壁、廖平、赵邦戟、冯松、杜增虎、张兆宪、汪映标。

适用范围

本标准规定了气体灭火系统及构成部件的术语和定义、型号编制方法、要求、试验方法、检验规则、使用说明书编写要求、灭火剂充装要求。

本标准适用于七氟丙烷（HFC227ea）灭火系统、三氟甲烷（HFC23）灭火系统、惰性气体灭火系统[包括IG01（氩气）灭火系统、IG100（氮气）灭火系统、IG55（氩气、氮气）灭火系统、IG541（氩气、氮气、二氧化碳）灭火系统]。

GB/T 25205—2010 雨淋喷头

起草单位

公安部天津消防研究所、辽阳天河消防自动设备制造有限公司。

主要起草人

张强、张桂芳、王舒艳、李毅、啜凤英、盛彦锋、刘连喜、赵永顺、马建明、陈泽民、卢政强、甘晓虹、张维顶。

适用范围

本标准规定了雨淋喷头的术语和定义、分类、型号编制、要求、试验方法、检验规则、标志、使用说明书、包装、运输、贮存等。

本标准适用于大空间场所或露天堆场用的雨淋喷头。

GB/T 25208—2010 固定灭火系统产品环境试验方法

起草单位

公安部天津消防研究所。

主要起草人

王诣青、宋焕瞳、赵青松、刘连喜、李毅、白殿涛、张强、赵永顺、董海斌、王舒艳、李习民、盛彦锋、巩玉斌、张璐、郭堃。

适用范围

本标准规定了用于评定固定灭火系统及部件在运输、贮存和伺应状态下的环境适应能力的环境条件试验方法。

本标准适用于一般安装扬所（包括户外）使用的固定灭火系统产品。

警告：本标准中的二氧化硫腐蚀试验方法、二氧化硫和二氧化碳混合气体腐蚀试验方法所使用的二氧化硫和硫化氢气体腐蚀试验方法所使用的硫化氢都是有毒气体，其贮存、运输和使用只能在密闭的气体系统中进行。二氧化硫具有刺激性难闻气味，硫化氢具有可燃性和恶臭气味，必须备有充足的排风以应付意外泄漏。试验操作人员还应采取有效措施进行呼吸防护。

本标准附录 A 二氧化硫化学制备方法和附录 B 硫化氢化学制备方法中所使用的硫酸试剂，具有强烈的腐蚀性，属于化学危险品。应根据所规定的试验程序制定出安全操作规程，并对试验操作人员进行必要的培训；应按照国家化学危险品安全管理条例规定进行硫酸试剂的存放和处理，以策安全。

GB 27898.1—2011　固定消防给水设备

第 1 部分：消防气压给水设备

起草单位
公安部天津消防研究所。

主要起草人
赵永顺、刘连喜、张强、罗宗军、盛彦锋、高云升、李习民、陈键明。

适用范围
GB 27898 的本部分规定了消防气压给水设备的术语和定义、分类、要求、试验方法、检验规则、标志牌和操作指导书、包装、运输和贮存。

GB 27898 的本部分适用于消防气压给水设备。工作原理类似的气压给水设备可参照采用。

GB 27898.2—2011　固定消防给水设备

第 2 部分：消防自动恒压给水设备

起草单位
公安部天津消防研究所、陕西航天动力高科技股份有限公司。

主要起草人
啜凤英、赵永顺、盛彦锋、马建明、马六甲、韩卫钊、闫茹。

适用范围
GB 27898 的本部分规定了消防自动恒压给水设备的术语和定义、分类、要求、试验方法、检验规则、标志牌和操作指导书、包装、运输和贮存。

GB 27898 的本部分适用于消防自动恒压给水设备。工作原理类似的恒压给水设备可参照采用。

GB 27898.3—2011　固定消防给水设备
第3部分：消防增压稳压给水设备

起草单位
公安部天津消防研究所、青岛三利集团有限公司。

主要起草人
赵永顺、李习民、马六甲、刘连喜、张强、罗宗军、王洪刚。

适用范围
GB 27898 的本部分规定了消防增压稳压给水设备的术语和定义、分类、要求、试验方法、检验规则、标志牌和操作指导书、包装、运输和贮存。

GB 27898 的本部分适用于消防增压稳压给水设备。工作原理类似的增压稳压给水设备可参照采用。

GB 27898.4—2011　固定消防给水设备
第4部分：消防气体顶压给水设备

起草单位
公安部天津消防研究所、上海连成集团有限公司。

主要起草人
赵永顺、高云升、刘连喜、马建明、张锡森。

适用范围
GB 27898 的本部分规定了消防气体顶压给水设备的术语和定义、分类、要求、试验方法、检验规则、标志牌和操作指导书、包装、运输和贮存。

GB 27898 的本部分适用于消防气体顶压给水设备。工作原理类似的气体顶压给水设备可参照采用。

GB 27898.5—2011　固定消防给水设备
第5部分：消防双动力给水设备

起草单位
公安部天津消防研究所、广州三业科技有限公司。

主要起草人
赵永顺、罗宗军、郑浩、张彬、盛彦锋、刘连喜、高云升、李习民。

适用范围
GB 27898 的本部分规定了消防双动力给水设备的术语和定义、分类、要求、试验方法、检验规则、标志牌和操作指导书、包装、运输和贮存。

GB 27898 的本部分适用于消防双动力给水设备。工作原理类似的双动力给水设备可参照采用。

GB/T 26785—2011 细水雾灭火系统及部件通用技术条件

起草单位

公安部天津消防研究所、广东省公安厅消防局、天津盛达安全科技实业公司、上海金盾消防安全设备有限公司、广东胜捷消防企业集团、中国科学技术大学火灾科学国家重点实验室、河南海力特机电制造有限公司、德国雾特灭火系统有限责任两合公司上海代表处、准信集团北京市正天齐消防工程设备有限公司。

主要起草人

李毅、张强、啜凤英、刘连喜、陈泽民、杨震铭、高云升、卢致强、李宝利、郝爱玲、陈映雄、张兆宪、伍建许、廖光煊、许智远、胡明、周禄紫。

适用范围

本标准规定了细水雾灭火系统及部件的术语和定义、分类与型号编制、基本参数、要求、试验方法、检验规则、标志和使用说明书。

本标准适用于细水雾灭火系统及部件。

GB 19572—2013 低压二氧化碳灭火系统及部件

起草单位

公安部天津消防研究所、西安核设备有限公司、四川威特龙消防设备有限公司。

主要起草人

董海斌、刘连喜、杨震铭、高云升、盛彦锋、卢政强、马建琴、赵青松、党玲、徐洪勋。

适用范围

本标准规定了低压二氧化碳灭火系统及部件的术语和定义、分类、型号编制、要求、试验方法、检验规则、标志、标签及使用说明书等。

本标准适用于二氧化碳灭火剂以低压形式贮存的二氧化碳灭火系统。

GB/T 31431—2015 灭火系统A类火灾试验用标准燃烧物

起草单位

公安部天津消防研究所。

|主要起草人|

宋波、田立伟、韩伟平、李毅、刘欣、杨震铭、庄爽、刘连喜、杨丙杰、杨亮、王健强、于东兴。

|适用范围|

本标准规定了灭火系统A类火试验用标准燃烧物的术语和定义、分类、要求、试验方法以及包装、运输和贮存等。

本标准适用于灭火系统A类火试验用标准燃烧物。

GB/Z 34603—2017 气体灭火系统 预设计流量计算方法及验证试验

|起草单位|

公安部天津消防研究所、浙江信达可恩消防实业有限责任公司、深圳因特安全技术有限公司、杭州新纪元消防科技有限公司、艾赛孚消防科技（天津）有限公司。

|主要起草人|

马建琴、刘连喜、董海斌、高云升、盛彦锋、卢政强、王岚、邓红、许春元、王俊扬、云虹。

|适用范围|

本指导性技术文件对开发气体灭火系统预设计流量计算方法（软件）时考虑的设计参数及其限制条件提供了建议，并给出了对流量计算方法（软件）进行试验验证的方法和评判准则。

本指导性技术文件适用于无设计规范可参考的气体灭火系统，在预设计中进行流量计算方法或软件的验证。

GB 3445—2018 室内消火栓

|起草单位|

公安部天津消防研究所、天广消防股份有限公司、福建闽山消防有限公司。

|主要起草人|

王舒艳、周世楠、张丽梅、李亚男、陈启元、李国彪、陈秀玉、黄种斗。

|适用范围|

本标准规定了室内消火栓的术语和定义、分类、型号和基本参数、技术要求、试验方法、检验规则、使用说明书、标志、包装、运输和贮存。

本标准适用于室内消火栓。

GB 36660—2018　低压二氧化碳气体惰化保护装置

起草单位

公安部天津消防研究所、威特龙消防安全集团股份公司、南京消防器材股份有限公司、陕西中安消防股份有限公司、西安核设备有限公司、广东省公安消防总队、宁夏回族自治区公安消防总队。

主要起草人

董海斌、刘连喜、盛彦锋、马建琴、张君娜、卢政强、赵青松、王颖、羡学磊、张玉贤、杨震铭、高云升、任常兴、严洪、王晴、汪映兴、周平、孙成忠、王世荣。

适用范围

本标准规定了低压二氧化碳气体惰化保护装置的术语和定义、分类、型号编制、要求、试验方法、检验规则、使用说明书编写要求。

本标准适用于发电厂、水泥厂等场所煤粉制备过程及天然气输配气场站使用的低压二氧化碳气体惰化保护装置。

GB/T 14561—2019　消火栓箱

起草单位

应急管理部天津消防研究所、福建省白沙消防工贸有限公司、深圳市集安消防设备有限公司。

主要起草人

王舒艳、刘连喜、张杰、赵永顺、张璐、庄诸葛、李少滨、陈启元、王晴。

适用范围

本标准规定了消火栓箱的术语和定义、分类和型号、要求、试验方法、检验规则、标志、使用说明书、包装、运输和贮存等。

本标准适用于建筑物内室内消火栓给水系统用消火栓箱。

XF 13—2006　悬挂式气体灭火装置

起草单位

公安部天津消防研究所、广东平安消防设备有限公司、上海杜然消防设备制造有限公司。

主要起草人

高云升、刘连喜、李习民、董海斌、盛彦锋、冯松、周军。

适用范围

本标准规定了悬挂式气体灭火装置型号编制、性能要求、试验方法、检验规则、标志、包装、运输与储存和使用说明书编写要求。

本标准适用于悬挂式七氟丙烷（HFC-227ea）气体灭火装置、悬挂式六氟丙烷（HFC-236fa）气体灭火装置、悬挂式卤代烷1301灭火装置。使用其他气体灭火剂的装置也可参照使用。

本标准不适用于悬挂式卤代烷1211灭火装置。

XF 821—2009　消防水鹤

起草单位

公安部天津消防研究所、黑龙江省公安消防总队、哈尔滨市异型管件厂。

主要起草人

赵永顺、孙甲斌、陈星、王舒艳、罗宗军、高云升、宋扬、司俊奎。

适用范围

本标准规定了消防水鹤的术语和定义、分类和规格、型号编制、要求、试验方法、检验规则、使用说明书的编写要求和标志、包装、运输、贮存等。

本标准适用于消防水鹤。

XF 834—2009　泡沫喷雾灭火装置

起草单位

公安部天津消防研究所、黑龙江省公安厅消防局、浙江省公安厅消防局、东北电力设计院、杭州安士诚消防器材有限公司、杭州新纪元消防科技有限公司。

主要起草人

白殿涛、王诣青、宋波、罗宗军、李毅、陈泽民、杨震铭、张强、王秋彧、俞颖飞、李强、李向东、高志成、徐康辉。

适用范围

本标准规定了泡沫喷雾灭火装置及装置中部件的要求、试验方法、检验规则、标志、包装、运输和贮存要求。

本标准适用于泡沫灭火系统中泡沫喷雾灭火装置。

XF 835—2009 油浸变压器排油注氮灭火装置

起草单位

公安部天津消防研究所、国家电力公司东北电力设计院、常州苏源华电电力装备有限公司、保定天威卓创电工设备科技有限公司、深圳华电电力消防技术有限公司。

主要起草人

董海滨、田亮、刘连喜、李习民、高云升、盛彦锋、杨国富、吴建鑫、范会、陈可。

适用范围

本标准规定了油浸变压器注氮式灭火装置及其氮气瓶组、氮气释放阀、排油阀、断流阀、减压装置、消防控制柜、火灾探测装置、油气隔离装置等部件的性能要求、试验方法、检验规则、使用说明书编写要求等。

本标准适用于油浸变压器排油注氮灭火装置。

保护油浸电抗器等设备的排油注氮灭火装置可参照采用。

XF 61—2010 固定灭火系统驱动、控制装置通用技术条件

起草单位

公安部天津消防研究所、南京飞龙特种消防设备制造有限公司、广州市远华日用电器总厂。

主要起草人

马建明、庄爽、刘连喜、董海斌、张渊、路景志。

适用范围

本标准规定了固定灭火系统驱动及控制装置的术语和定义、分类、驱动装置、控制装置、试验方法、检验规则及使用说明书。

本标准适用于一般工业及民用建筑中安装的固定灭火系统驱动、控制装置。

XF 499.1—2010 气溶胶灭火系统
第1部分：热气溶胶灭火装置

起草单位

公安部天津消防研究所、陕西省消防总队、江西省消防总队。

主要起草人

刘连喜、庄爽、李姝、董海斌、高云升、盛彦锋、卢政强、卞建峰、曾悦雷。

|适用范围|

XF 499 的本部分规定了热气溶胶灭火装置的术语和定义、分类、型号编制、要求、试验方法、检验规则、使用说明书编写要求和标志、包装、运输、贮存。

XF 499 的本部分适用于无管网热气溶胶灭火装置。

XF 499 的本部分不适用于管网式热气溶胶灭火系统、冷气溶胶灭火装置及应用于具有爆炸危险场所的气溶胶灭火装置。

XF 863—2010 消防用易熔合金元件通用要求

|起草单位|

公安部天津消防研究所。

|主要起草人|

王诣青、宋焕瞳、赵青松、李毅、刘连喜、张强、卢政强、巩玉斌、张璐、郭堃。

|适用范围|

本标准规定了消防用易熔合金元件的要求、试验方法、检验规则以及使用说明书和产品数据单。

本标准适用于自动灭火和防火系统中作为感温控制便用的易熔合金元件。

XF 498—2012 厨房设备灭火装置

|起草单位|

公安部天津消防研究所、杭州捷安消防设备有限公司、四川威特龙消防设备有限公司。

|主要起草人|

王舒艳、刘连喜、高云升、董海斌、赵永顺、傅杉、唐柳。

|适用范围|

本标准规定了厨房设备灭火装置的术语和定义、分类、型号编制、基本参数、要求、试验方法、检验规则和使用说明书编写要求。

本标准适用于建筑内设置的厨房设备灭火装置。

XF 602—2013 干粉灭火装置

|起草单位|

公安部天津消防研究所、山东环绿康新材料科技有限公司、国安达消防科技（厦门）有限公司、埃波托斯（上海）消防装备有限公司、陕西兰德森茂消防科技有

限公司、北京世纪联保消防新技术有限公司。

主要起草人

高云升、刘连喜、卢政强、李习民、董海斌、盛彦锋、马建琴、赵青松、秦玉旺、洪伟艺、米秋林、高春来、梁荣。

适用范围

本标准规定了干粉灭火装置的定义、分类、型号编制、要求、试验方法、检验规则、使用说明书和标志、包装、运输、储存。

本标准适用于悬挂式、壁挂式和其他方式固定安装的干粉灭火装置。

本标准不适用于柜式和移动式干粉灭火装置。

XF 1149—2014 细水雾灭火装置

起草单位

公安部天津消防研究所、天津盛达安全科技实业有限公司、上海金盾消防安全设备有限公司、上海同泰火安科技有限公司。

主要起草人

李毅、张强、啜凤英、刘连喜、杨震铭、胡群明、沈贺坤、刘欣、李宝利、张君娜、王健强、于东兴、甘晓虹、张兆宪、丛北华。

适用范围

本标准规定了细水雾灭火装置的术语和定义、分类与型号、基本参数、要求、试验方法、检验规则、标志和使用说明书。

本标准适用于细水雾灭火装置。

XF 1167—2014 探火管式灭火装置

起草单位

公安部天津消防研究所、安徽省公安消防总队、陕西陆方安全科技有限责任公司、昆山宁华消防系统有限公司、山东环绿康新材料科技有限公司、广东胜捷消防科技有限公司、上海优贝环保科技有限公司、安徽成威消防科技有限公司、国安达股份有限公司、亿江（北京）科技发展有限公司。

主要起草人

董海斌、刘连喜、汪礼苗、高云升、盛彦锋、卢政强、马建琴、武丽珍、张桂芳、岳大可、许慷、秦玉旺、余高峰、黄利明、尹曙、洪清泉。

适用范围

本标准规定了探火管式灭火装置的术语和定义、分类、型号编制、要求、试验方法、检验规则、标志、包装、运输、贮存和使用说明书编写要求等。

XF 1203—2014　气体灭火系统灭火剂充装规定

起草单位

公安部天津消防研究所、上海磊诺工业气体有限公司、上海高压容器有限公司、艾赛孚消防科技（天津）有限公司、南京消防器材股份有限公司、公安部消防产品合格评定中心、吉林省公安消防总队。

主要起草人

刘连喜、董海斌、高云升、盛彦锋、卢政强、马建琴、邓丽红、冯伟、张根华、陈伟明、云虹、周平。

适用范围

本标准规定了气体灭火系统灭火剂充装的充装能力要求、充装前的检查与处理、灭火剂充装、充装后瓶组的检验、充装记录、充装后瓶组的储存与运输等。

本标准适用于二氧化碳灭火剂、三氟一溴甲烷灭火剂（1301灭火剂）、六氟丙烷（HFC236fa）灭火剂、七氟丙烷（HFC227ea）灭火剂、惰性气体灭火剂[IG-01（氩气）灭火剂、IG-100（氮气）灭火剂、IG-55（氩气、氮气）灭火剂、IG-541（氩气、氮气、二氧化碳）灭火剂]等气体灭火系统瓶组的充装。

其他气体灭火系统瓶组的充装，可参照本标准。

XF 1206—2014　注氮控氧防火装置

起草单位

公安部天津消防研究所、深圳因特安全技术有限公司、公安部消防产品合格评定中心、西安核设备有限公司、首消节洁科技（北京）有限公司。

主要起草人

盛彦锋、卢政强、马建琴、高云升、余威、刘连喜、赵青松、张蕾、董海斌、陈泽民、许春元、孙成忠、李振锁。

适用范围

本标准规定了注氮控氧防火装置的术语和定义、分类、型号编制、要求、试验方法、检验规则、使用说明书、标志、贮存和运输。

本标准适用于注氮控氧防火装置。

XF 1264—2015　公共汽车客舱固定灭火系统

起草单位

四川省公安消防总队、公安部天津消防研究所、四川威特龙消防设备有限公司。

主要起草人

宋晓勇、汪映标、黄勇、刘海燕、朱渝生、应朝阳、刘连喜、易红、叶旅、杨剑波、李德、张宗勤、李伟、徐洪勋、唐柳、杨曦。

适用范围

本标准规定了公共汽车客舱固定灭火系统的术语和定义，型号编制，要求，试验方法，检验规则，标志，包装，运输，贮存，系统设计，安装、调试及验收，维护管理。

本标准适用于以水系灭火剂和泡沫灭火剂为灭火介质的单层公共汽车客舱固定灭火系统。

XF 180—2016 轻便消防水龙

起草单位

公安部天津消防研究所、富阳永明消防设备厂。

主要起草人

王舒艳、张玉贤、周世楠、毛莹、李亚男、李国彪、刘梅梅、刘连喜、徐凤良。

适用范围

本标准规定了轻便消防水龙的术语和定义、分类、型号和基本参数、技术要求、试验方法、检验规则、标志、包装、运输及储存。

本标准适用于轻便消防水龙。

XF 1288—2016 七氟丙烷泡沫灭火系统

起草单位

公安部天津消防研究所、天津市公安消防总队、中石化青岛安全工程研究院、中国天辰工程有限公司、杭州新纪元消防科技有限公司、萃联（中国）消防设备制造有限公司、上海金盾消防安全设备有限公司。

主要起草人

白殿涛、智会强、刘连喜、罗宗军、田立伟、王海娟、周建红、王诣青、秘义行、谈龙妹、汤麟、王俊扬、王德凤、邵红林。

适用范围

本标准规定了七氟丙烷泡沫灭火系统及部件的术语和定义、分类和型号、技术要求、试验方法、检验规则、标志、包装、运输、贮存。

本标准适用于七氟丙烷泡沫灭火系统及部件。

三、灭火剂

GB 4065—1983 二氟一氯一溴甲烷灭火剂

起草单位
浙江省化学工业研究所。

主要起草人
夏国钧。

适用范围
本标准适用于二氟一氯一溴甲烷（1211）灭火剂，用于扑灭B类（系指液体或可融化的固体）、C类（系指气体）火灾。

GB 6051—1985 三氟一溴甲烷灭火剂（1301灭火剂）

起草单位
公安部天津消防研究所。

主要起草人
彭承欣、陈玉潜。

适用范围
本标准是对卤代烃类灭火剂三氟一溴甲烷产品质量的具体要求。本标准不论述该产品在灭火装置中的使用条件。

GB 4396—2005 二氧化碳灭火剂

起草单位
公安部天津消防研究所。

主要起草人
庄爽、侯敬成。

适用范围
本标准规定了二氧化碳灭火剂的要求、试验方法、检验规则、标志、标签和包装。

本标准适用于灭火剂用二氧化碳。

GB 15308—2006　泡沫灭火剂

起草单位
公安部天津消防研究所、美国安素公司、宁波能林消防器材有限公司、扬州江亚消防药剂有限公司。

主要起草人
刘玉恒、金洪斌、戴桂红、宋扬、张国壁、张翊林、童样友、刘金声。

适用范围
本标准规定了泡沫灭火剂的定义、要求、试验方法、检验规则、标志等内容。
本标准适用于低倍、中倍和高倍泡沫灭火剂以及灭火器用泡沫灭火剂。
本标准不适用于化学反应式灭火器用泡沫灭火剂。

GB 20128—2006　惰性气体灭火剂

起草单位
公安部天津消防研究所。

主要起草人
庄爽、李姝。

适用范围
本标准规定了惰性气体灭火剂的定义、要求、试验方法、检验规则、标志、包装、运输、贮存等内容。
本标准适用于惰性气体灭火剂。

GB/T 20702—2006　气体灭火剂灭火性能测试方法

起草单位
公安部天津消防研究所。

主要起草人
李铭、王万刚、庄爽、陈忠信。

适用范围
本标准规定了使用杯式燃烧器确定气体灭火剂灭可燃气体和可燃液体火时，灭火剂在空气中灭火浓度的试验方法和在三元体系中（燃料、灭火剂、空气）基于燃烧性曲线数据，测定灭火剂的惰化浓度的试验方法。

本标准适用于气体灭火剂灭火浓度和惰化浓度的测试。

GB 17835—2008 水系灭火剂

起草单位
公安部天津消防研究所。

主要起草人
刘玉恒、庄爽、李姝、刘慧敏、戴桂红、孙甲斌。

适用范围
本标准规定了水系灭火剂的术语和定义、要求、试验方法、检验规则、标志和运输等内容。

本标准适用于水系灭火剂。

GB 25971—2010 六氟丙烷（HFC236fa）灭火剂

起草单位
公安部天津消防研究所、云南天霄系统集成消防安全技术有限公司。

主要起草人
庄爽、李姝、田野、刘慧敏。

适用范围
本标准规定了六氟丙烷（HFC236fa）灭火剂的术语和定义、要求、试验方法、检验规则、标志、包装、运输和贮存等内容。

本标准适用于六氟丙烷（HFC236fa）灭火剂。

GB 27897—2011 A类泡沫灭火剂

起草单位
公安部天津消防研究所、昆山宁华消防系统有限公司、厦门一泰消防科技开发有限公司、兴化锁龙消防药剂有限公司、扬州江亚消防药剂有限公司。

主要起草人
傅学成、包志明、陈涛、刘慧敏、张国壁、郑建兵、李江东、薛岗、马天元、童祥友。

适用范围
本标准规定了A类泡沫灭火剂的术语和定义、产品分类、要求、试验方法、检验规则、标志、包装、运输和储存等。

本标准适用于A类泡沫灭火剂。

GB 18614—2012　七氟丙烷（HFC227ea）灭火剂

起草单位

公安部天津消防研究所。

主要起草人

庄爽、李姝、马建明、张彬、王帅、张璐。

适用范围

本标准规定了七氟丙烷（HFC227ea）灭火剂的术语和定义、要求、试验方法、检验规则、标志、包装、运输、贮存等内容。

本标准适用于七氟丙烷（HFC227ea）灭火剂。

GB 4066—2017　干粉灭火剂

起草单位

公安部天津消防研究所、江苏锁龙消防科技有限公司、青岛楼山消防器材厂、泰康消防化工集团股份有限公司、江苏江亚消防药剂有限公司、佛山市华昊化工有限公司、山东环绿康新材料科技有限公司、国安达股份有限公司、宁波能林消防器材有限公司。

主要起草人

戴殿峰、李姝、刘玉恒、马建明、董海滨、薛岗、李习民、聂颖、王钢、张琦、徐友萍、刘欣传、林向芳、童祥友、李志成、宋明韬、洪清泉。

适用范围

本标准规定了干粉灭火剂的术语和定义、型号、技术要求、试验方法、检验规则、标志、包装、运输和贮存等。

本标准适用于第一主要组分含量不小于75%的干粉灭火剂。

本标准不适用于 XF 578 规定的超细干粉灭火剂和 XF 979 规定的 D 类干粉灭剂。

GB 35373—2017　氢氟烃类灭火剂

起草单位

公安部天津消防研究所、浙江省化工研究院有限公司、四川齐盛消防设备制造有限公司。

主要起草人

李姝、马建明、庄爽、刘玉恒、刘慧敏、包志明、张彬、王帅、陈培瑶、史婉君、张毅。

适用范围

本标准规定了氢氟烃类灭火剂的术语和定义、缩略语、通用要求、试验方法、检验规则、包装、标志、充装、运输和贮存。

本标准适用于氢氟烃类灭火剂。

XF 578—2005　超细干粉灭火剂

起草单位

公安部天津消防研究所、湖北省公安消防总队、北京世纪联保消防新技术有限公司、武汉绿色消防器材有限公司。

主要起草人

李姝、刘玉恒、庄爽、付学成、刘慧敏、谢涛、梁荣、秦玉旺。

适用范围

本标准规定了超细干粉灭火剂的定义、分类、要求、试验方法、检验规则、标志、包装、运输和贮存等。

本标准适用于 BC 超细干粉灭火剂和 ABC 超细干粉灭火剂。

XF/T 636—2006　气体灭火剂的毒性试验和评价方法

起草单位

公安部天津消防研究所、浙江荧光化工有限公司。

主要起草人

戴殿峰、刘玉恒、王天鄂、田野、薛思强、王伯涛、冯珂星、李涛。

适用范围

本标准规定了气体灭火剂的自然毒性与火场毒性的试验方法、评价方法、检验与抽样、试验报告。

本标准适用于气体灭火剂。

气雾溶胶类灭火剂可参照执行。

XF 979—2012　D 类干粉灭火剂

起草单位

公安部天津消防研究所、山东环绿康新材料科技有限公司、安素消防设备（上海）有限公司。

|主要起草人|
李姝、戴殿峰、马建明、刘玉恒、包志明、张彬、张璐、秦玉旺、云洪。

|适用范围|
本标准规定了D类干粉灭火剂的术语和定义、分类和型号、要求、试验方法、检验规则、标志、包装、运输和贮存等。

本标准适用于能扑灭D类火灾的干粉灭火剂。

安全警示：灭火试验对人身和财产可能带来危害，应注意做好防护措施；试验用金属钠应严禁与水接触，取放时应采取适当措施，严禁与皮肤直接接触。

XF/T 3007—2020 F类火灾水系灭火剂

|起草单位|
应急管理部天津消防研究所、浙江省消防救援总队、江苏兴化锁龙消防有限公司、宁波环峰消防技术有限公司、四川齐盛消防设备制造有限公司、扬州江亚消防药剂有限公司、四川迪威消防设备有限公司。

|主要起草人|
李姝、张宪忠、马建明、庄爽、刘玉恒、周洋、傅学成、包志明、刘慧敏、陈培瑶、张丽梅、杨亮、王钧奇、应跃远、张毅、童祥友、尧智伟。

|适用范围|
本标准规定了F类火灾水系灭火剂的要求、试验方法、检验规则、标志、包装、运输和贮存等。

本标准适用于F类火灾水系灭火剂。

四、消防车、泵

GB 19157—2003 远控消防炮系统通用技术条件

|起草单位|
公安部上海消防研究所。

|主要起草人|
闵永林、邱洪芳、周凤兰、龚晖、顾瑜平。

|适用范围|
本标准规定了远控消防炮系统的系统分类、性能要求、试验方法、检验规则等。

本标准适用于远控消防泡沫（水）炮系统。

GB 8181—2005　消防水枪

起草单位
公安部上海消防研究所。
主要起草人
史兴堂、金韡、吴赟。
适用范围
本标准适用于工作压力为 0.2 MPa~4.0 MPa，流量不大于 16 L/s 的消防水枪。
本标准不适用于脉冲气压喷雾水枪。

GB/T 12553—2005　消防船消防性能要求和试验方法

起草单位
公安部上海消防研究所。
主要起草人
万明、王达英、顾文杰、金韡。
适用范围
本标准规定了满载排水量不大于 750 t 的消防船消防性能要求和试验方法。
本标准适用于以灭火为主要目的，在内河和沿海港湾(含三类海区)使用的消防船。

GB 13365—2005　机动车排气火花熄灭器

起草单位
公安部上海消防研究所。
主要起草人
韩翔、万明、顾文杰、金韡。
适用范围
本标准规定了机动车排气火花熄灭器的性能要求和试验方法。
本标准适用于机动车排气火花熄灭器的定型试验和质量检查试验。

GB 6245—2006　消防泵

起草单位
公安部上海消防研究所。

主要起草人

田骅、范桦、史兴堂、万明、韩翔、杨志军。

适用范围

本标准规定了消防泵,包括无动力消防泵、消防泵组的术语和定义、分类与型号、性能要求、试验方法、检验规则、标志等。

本标准适用于输送介质以清水、泡沫灭火剂或泡沫溶液为主要灭火剂的消防泵。

GB 25200—2010 干粉枪

起草单位

公安部上海消防研究所。

主要起草人

戎军、金韡、池巧灵、李芙萍、王怡、朱赟。

适用范围

本标准规定了干粉枪的术语和定义、分类与型号、性能要求、试验方法、检验规则、标志、包装、贮存、运输和使用说明书等要求。

本标准适用于以干粉为喷射介质的各类干粉枪。

GB 25202—2010 泡沫枪

起草单位

公安部上海消防研究所。

主要起草人

戎军、金韡、徐学军、严洪、王怡、朱赟。

适用范围

本标准规定了泡沫枪的术语和定义、分类与型号、性能要求、试验方法、检验规则、标志、包装、贮存、运输和使用说明书等要求。

本标准适用于以泡沫混合液为喷射介质的各类泡沫枪。

本标准不适用于压缩空气泡沫系统中所用的泡沫枪。

GB 25204—2010 自动跟踪定位射流灭火系统

起草单位

公安部上海消防研究所。

主要起草人

戎军、万明、金韡、闵永林、薛林、王怡、张燕、李建中、徐琰、王丽晶、俞颖飞、颜日明、顾胜康。

适用范围

本标准规定了自动跟踪定位射流灭火系统的定义、分类与型号、性能要求、试验方法、检验规则、标志、包装、贮存、运输和使用说明书等要求。

本标准适用于以水或泡沫混合液为喷射介质的,利用红外线、数字图像或其他火灾探测组件进行早期火灾的自动定位,并运用自动控制技术来实现灭火的各种自动跟踪定位射流灭火系统。

GB 7956.1—2014 消防车 第1部分:通用技术条件

起草单位

公安部上海消防研究所。

主要起草人

范桦、万明、李宝忠、戎军、蒋旭东、胡勇、殷伟德、陆明。

适用范围

GB 7956 的本部分规定了消防车的术语和定义、分类及型号、通用技术要求和试验方法。

GB 7956 的本部分适用于各类消防车。

GB 7956.2—2014 消防车 第2部分:水罐消防车

起草单位

公安部上海消防研究所。

主要起草人

田永祥、万明、严攸高、傅建桥、朱赟、何宁、苏琳、邹宗华、殷伟德。

适用范围

GB 7956 的本部分规定了水罐消防车的术语和定义、技术要求、试验方法、检验规则及标志、包装、运输和贮存。

GB 7956 的本部分适用于水罐消防车,供水消防车参照执行本部分。

GB 7956.3—2014 消防车 第3部分：泡沫消防车

起草单位
公安部上海消防研究所。

主要起草人
苏琳、万明、王志辉、蒋旭东、田永祥、傅建桥、殷伟德、邹宗华。

适用范围
GB 7956 的本部分规定了泡沫消防车的术语和定义、技术要求、试验方法、检验规则及标志、包装、运输和贮存。

GB 7956 的本部分适用于泡沫消防车。

GB 7956 的部分不适用于压缩空气泡沫消防车和高倍泡沫消防车。

GB 7956.4—2019 消防车 第4部分：干粉消防车

起草单位
应急管理部上海消防研究所、应急管理部消防救援局、江西荣和特种消防设备制造有限公司、长沙中联消防机械有限公司。

主要起草人
王丽晶、南江林、王治安、冯伟、万明、蒋旭东、严攸高、袁野、涂建新、董松林。

适用范围
GB 7956 的本部分规定了干粉消防车的术语和定义、型号、技术要求、试验方法和检验规则及包装、运输和贮存。

GB 7956 的本部分适用于干粉消防车及干粉泡沫联用消防车和干粉水联用消防车的干粉系统。

GB 7956.5—2019 消防车 第5部分：气体消防车

起草单位
应急管理部上海消防研究所、应急管理部消防救援局、萃联（中国）消防设备制造有限公司、上海金盾特种车辆装备有限公司、昆山宁华消防系统有限公司。

主要起草人

朱赟、毕赢、王怡、王蔚、万明、周象义、廖鸿、朱立强。

适用范围

GB 7956 的本部分规定了气体消防车的术语和定义、技术要求、试验方法、检验规则以及包装、运输和贮存。

GB 7956 的本部分适用于装载氮气、二氧化碳等灭火剂的气体消防车。

GB 7956.6—2015 消防车 第 6 部分：压缩空气泡沫消防车

起草单位

公安部上海消防研究所。

主要起草人

蒋旭东、薛林、王丽晶、朱赟、万明、胡勇、崔小锋。

适用范围

GB 7956 的本部分规定了压缩空气泡沫消防车的术语和定义、技术要求、试验方法、检验规则以及标志、包装、运输和贮存。

GB 7956 的本部分适用于压缩空气泡沫消防车。

GB 7956.7—2019 消防车 第 7 部分：泵浦消防车

起草单位

应急管理部上海消防研究所、应急管理部消防救援局、新兴重工湖北三六一一机械有限公司、捷达消防科技（苏州）股份有限公司。

主要起草人

田永祥、刘激扬、陆强、杨海涛、万明、张保国、苏琳、傅建桥、张建明、郭峻秀。

适用范围

GB 7956 的本部分规定了泵浦消防车的术语和定义、技术要求、试验方法、检验规则及包装、运输和贮存。

GB 7956 的本部分适用于泵浦消防车。

GB 7956.12—2015　消防车　第12部分：
举高消防车

起草单位

公安部上海消防研究所。

主要起草人

万明、戎军、田永祥、张杰、陈相奇、刘召华、王长伟、王怡。

适用范围

GB 7956 的本部分规定了举高消防车的术语和定义、技术要求、试验方法、检验规则及标志、包装、运输和贮存。

GB 7956 的本部分适用于各类举高消防车。

GB 7956.14—2015　消防车　第14部分：
抢险救援消防车

起草单位

公安部上海消防研究所。

主要起草人

金义重、王丽晶、朱义、沈坚敏、张静、万明、蒋旭东、何宁。

适用范围

GB 7956 的本部分规定了抢险救援消防车的术语和定义、技术要求、试验方法、检验规则及标志、包装、运输和贮存。

GB 7956 的本部分适用于抢险救援消防车。

GB 7956.16—2019　消防车　第16部分：
照明消防车

起草单位

应急管理部上海消防研究所、应急管理部消防救援局、四川川消消防车辆制造有限公司、南京德沃克自动化有限公司。

主要起草人

蒋旭东、余威、常松、万明、朱义、张杰、李睿堃、王志辉、滕伟黎、胡勇、马小叶。

适用范围

GB 7956 的本部分规定了照明消防车的术语和定义、技术要求、试验方法、检验规则及包装、运输和贮存。

GB 7956 的本部分适用于照明消防车。

GB 7956.17—2019 消防车 第 17 部分：排烟消防车

起草单位

应急管理部上海消防研究所、应急管理部消防救援局、捷达消防科技（苏州）股份有限公司、陕西银河消防科技装备股份有限公司。

主要起草人

万明、刘激扬、王长伟、王鹏翔、韩翔、杨昀、胡群明、彭嫔嫔、方戍、李宗浩、张建明、傅建桥。

适用范围

GB 7956 的本部分规定了排烟消防车的术语和定义、技术要求、试验方法、检验规则及包装、运输和贮存。

GB 7956 的本部分适用于排烟消防车。

GB 7956.23—2019 消防车 第 23 部分：供气消防车

起草单位

应急管理部上海消防研究所、应急管理部消防救援局、牡丹江森田特种车辆改装有限责任公司、汉纬尔机械（上海）有限公司、普瑞格斯压缩机（上海）有限公司。

主要起草人

金义重、张全灵、田永祥、王长伟、朱义、安冰、万明、凌新亮、沈旸、李洪林、王浩楠。

适用范围

GB 7956 的本部分规定了供气消防车的术语和定义、技术要求、试验方法、检验规则及包装、运输和贮存。

GB 7956 的本部分适用于供气消防车。

GB 32157—2015 消防车用功率输出装置

起草单位

公安部上海消防研究所。

主要起草人

蒋旭东、万明、张建明、朱赟、王怡、郭刚建、刘咏梅。

适用范围

本标准规定了消防车用功率输出装置的术语和定义、分类及型号、技术要求、试验方法、检验规则及标志、包装、运输和储存。

本标准适用于消防车用功率输出装置。

GB 19156—2019 消防炮

起草单位

应急管理部上海消防研究所、江西荣和特种消防设备有限公司、浙江佑安高科消防系统有限公司、合肥科大立安安全技术股份有限公司。

主要起草人

闵永林、王丽晶、戎军、薛林、史兴堂、王志辉、严攸高、朱赟、涂建新、顾胜康、张克年。

适用范围

本标准规定了消防炮的术语和定义、分类与型号、性能要求、试验方法、检验规则和包装、运输和贮存。

本标准适用于各类消防炮。

XF 534—2005 脉冲气压喷雾水枪通用技术条件

起草单位

公安部上海消防研究所。

主要起草人

史兴堂、金韡、吴志强。

适用范围

本标准规定了脉冲气压喷雾水枪的术语和定义、分类与型号、技术要求、试验方法、检验规则、标志、包装、运输、贮存和使用说明书等。

本标准适用于脉冲气压喷雾水枪。

XF 137—2007 消防梯

起草单位

公安部上海消防研究所、黄山市屯溪登月消防器材厂、泰州市华通消防装备厂。

主要起草人

顾文杰、武镜华、王永福、傅建桥、王丽晶、王怡、金鞼。

适用范围

本标准规定了消防梯的术语和定义、分类、型号、基本参数、技术要求、试验方法、检验规则以及标志、包装和贮存。

本标准适用于消防员在灭火、救援和训练时使用的消防梯。

XF 768—2008 消防摩托车

起草单位

公安部上海消防研究所。

主要起草人

戎军、范桦、万明、阙兴贵、屈励、蒋旭东、毕赢、朱赟。

适用范围

本标准规定了消防摩托车的术语和定义、分类与型号、性能要求、试验方法、检验规则、标志、包装、运输、贮存和使用说明书等。

本标准适用于消防摩托车。

XF 892.1—2010 消防机器人 第1部分：通用技术条件

起草单位

公安部上海消防研究所。

主要起草人

胡传平、李建中、薛林、陈引初、徐琰、胡斌、戎军。

适用范围

XF 892 的本部分规定了消防机器人的术语和定义、分类、型号编制、功能、性能要求、试验方法、标志、包装、运输、贮存等。

XF 892 的本部分适用于在地面行走的各类消防机器人。

XF 892 的本部分不适用于在空中、水面或水下等执行消防作业的其他特种机器人。

XF 39—2016 消防车消防要求和试验方法

起草单位

公安部上海消防研究所。

主要起草人
闵永林、金义重、胡群明、万明、蒋旭东、沈坚敏、朱赟、王长伟、朱义、田永祥、王怡。
适用范围
本标准规定了各类消防车的技术要求、试验方法和检验规则。
本标准适用于 GB 7956.1—2014 中规定的各类消防车。

XF 1298—2016　细水雾枪

起草单位
公安部上海消防研究所。
主要起草人
金韡、戎军、王怡、阙兴贵、苏琳、顾文杰、马其诚、朱凤林。
适用范围
本标准规定了细水雾枪的术语和定义、分类与型号、技术要求、试验方法、检验规则、标志、包装、运输和贮存等要求。
本标准适用于以灭火为目的、以水为主要喷射介质的细水雾枪。
本标准不适用于带有切割、穿刺或呼吸等功能的细水雾装置。

■ 五、消防器具、配件

GB/T 17906—1999　液压破拆工具通用技术条件

起草单位
公安部上海消防研究所。
主要起草人
李宝忠、马伟光、韩翔。
适用范围
本标准规定了液压破拆工具的定义、产品分类、技术要求、试验方法、检验规则及标志、包装、运输和贮存。
本标准适用于火灾发生时抢险救灾用的液压破拆工具、动力源及其附件。
道路交通事故及其他突发性灾难事故所用的液压破拆工具、动力源及其附件可参照本标准。

GB 6969—2005　消防吸水胶管

起草单位
公安部上海消防研究所。

主要起草人
马伟光、李宝忠、沈坚敏、凌新亮、谷惠珍。

适用范围
本标准规定了消防吸水胶管的性能要求、试验方法、检验规则和标志。
本标准适用于抽吸消防用水的直管式和盘管式胶管。

GB 4351.1—2005　手提式灭火器
第 1 部分：性能和结构要求

起草单位
公安部上海消防研究所。

主要起草人
康鸿翔、李跃伟、冯巧娣、陆聆泉。

适用范围
GB/T 4351 的本部分规定了手提式灭火器的定义、分类、规格与型号、技术要求、试验方法、检验规则、标志等要求。
GB/T 4351 的本部分适用于手提式灭火器。

GB 4351.2—2005　手提式灭火器
第 2 部分：手提式二氧化碳灭火器钢质无缝瓶体的要求

起草单位
公安部上海消防研究所。

主要起草人
康鸿翔、李跃伟、冯巧娣、陆聆泉。

适用范围
GB/T 4351 的本部分规定了手提式二氧化碳灭火器用钢质无缝瓶体的型式与参数、技术要求、试验方法、检验规则等要求。
GB/T 4351 的本部分适用于手提式二氧化碳灭火器钢质无缝瓶体。

GB/T 4351.3—2005　手提式灭火器
第3部分：检验细则

起草单位
公安部上海消防研究所。

主要起草人
康鸿翔、李跃伟、冯巧娣、陆聆泉。

适用范围
GB/T 4351的本部分规定了以控制和验收手提式灭火器安全与质量性能为目的的计数抽样检查规则。

GB/T 4351的本部分适用于产品质量检验部门对经生产定型后，稳定连续生产的手提式灭火器，做成批出厂或入库时产品质量的验收检查；适用于对产品作定型检验时，生产过程稳定性的检查及定型后核实是否继续保持规定稳定性的周期检查。

产品的质量监督检查及订货合同等技术文件可引用并执行本部分的规定。

GB 8109—2005　推车式灭火器

起草单位
公安部上海消防研究所。

主要起草人
李跃伟、康鸿翔、邵国平、毛毅平、陈兴璐。

适用范围
本标准规定了推车式灭火器的定义、分类、灭火剂、驱动气体、充装量和型号、性能要求、试验方法、检验规则和标志等要求。

本标准适用于总质量大于25 kg，但不大于450 kg的推车式灭火器。

本标准不适用于灭D类火的推车式灭火器。

GB 15090—2005　消防软管卷盘

起草单位
公安部上海消防研究所。

主要起草人
曹家胜、徐耀亮、陈刚、徐兰娣、顾钟红。

适用范围
本标准规定了消防软管卷盘的产品分类与型号、技术要求、试验方法、检验规则、标志。

本标准适用于水、干粉、泡沫灭火剂的消防软管卷盘的型式检验和出厂检验。

GB 12514.1—2005　消防接口

第1部分：消防接口通用技术条件

起草单位
公安部上海消防研究所。

主要起草人
徐耀亮、沈坚敏、金义重、凌新亮、徐兰娣。

适用范围
GB 12514 的本部分规定了各类消防接口的性能要求和试验方法。

GB 12514 的本部分适用于消防水带接口、消防吸水管接口和配置在消火栓、消防泵、消防水泵接合器、分水器、集水器、消防水枪和其他消防装备上的接口以及各种异径接口、异型接口、闷盖等。

GB 12514.2—2006　消防接口

第2部分：内扣式消防接口型式和基本参数

起草单位
公安部上海消防研究所、芜湖消防器材总厂。

主要起草人
徐耀亮、沈坚敏、冯学农、金义重、凌新亮、徐兰娣。

适用范围
GB 12514 的本部分规定了内扣式消防接口的型式和基本参数。

GB 12514 的本部分适用于消防供水系统中的内扣式消防水带接口、吸水管接口、管牙接口、闷盖、内螺纹固定接口、外螺纹固定接口、异径接口。

GB 12514 的本部分不适用于钢带冲制的接口。

GB 12514.3—2006　消防接口

第3部分：卡式消防接口型式和基本参数

起草单位
公安部上海消防研究所、芜湖消防器材总厂。

主要起草人

徐耀亮、沈坚敏、冯学农、金义重、凌新亮、徐兰娣。

适用范围

GB 12514 的本部分规定了卡式消防接口的型式、规格和基本参数。

GB 12514 的本部分适用于消防供水系统中的卡式消防水带接口、管牙接口、闷盖和异径接口。

GB 12514.4—2006 消防接口
第4部分：螺纹式消防接口型式和基本参数

起草单位

公安部上海消防研究所、芜湖消防器材总厂。

主要起草人

徐耀亮、沈坚敏、冯学农、金义重、凌新亮、徐兰娣。

适用范围

GB 12514 的本部分规定了螺纹式消防接口的型式、规格和基本参数。

GB 12514 的本部分适用于消防供水系统中的螺纹式消防吸水管接口、闷盖和同型接口。

GB 21976.1—2008 建筑火灾逃生避难器材
第1部分：配置指南

起草单位

公安部上海消防研究所、浙江省消防总队、吉林省消防总队。

主要起草人

李宝忠、金义重、严晓龙、孙宇、金韡、马伟光、韩翔、凌新亮。

适用范围

GB 21976 的本部分规定了建筑火灾逃生避难器材的配备、安装、检查、更换、报废等方面的要求。

GB 21976 的本部分适用于各类已建、新建、扩建、改建的人员密集的公共建筑，如宾馆、饭店、商场、会堂等场所。

各类居住建筑可参照本部分执行。

GB 21976.2—2012　建筑火灾逃生避难器材

第 2 部分：逃生缓降器

起草单位

公安部上海消防研究所。

主要起草人

李宝忠、周维全、金韡、马伟光、韩翔、李申、孙卫东。

适用范围

GB 21976 的本部分规定了逃生缓降器的型号、技术要求、试验方法、检验规则、标志、包装、运输和贮存。

GB 21976 的本部分适用于由调速器、绳索、安全带、安全钩、金属连接件和绳索卷盘组成，依靠使用者自重安全下降并能往复使用的逃生缓降器。

GB 21976.3—2012　建筑火灾逃生避难器材

第 3 部分：逃生梯

起草单位

公安部上海消防研究所。

主要起草人

李宝忠、万明、金韡、蒋旭东、韩翔、顾文杰、李景海。

适用范围

GB 21976 的本部分规定了逃生梯的术语和定义、分类和型号、技术要求、试验方法、检验规则以及标志、包装、运输和贮存。

GB 21976 的本部分适用于建筑火灾发生时，供被困人员逃生使用的专用固定式逃生梯和悬挂式逃生梯。

GB 21976.4—2012　建筑火灾逃生避难器材

第 4 部分：逃生滑道

起草单位

公安部上海消防研究所。

主要起草人

马伟光、李宝忠、韩翔、金韡、顾文杰、朱凤林。

适用范围

GB 21976 的本部分规定了逃生滑道的型号、技术要求、试验方法、检验规则以及标志、包装、运输和贮存。

GB 21976 的本部分适用于建筑火灾发生时，使用者依靠自重以一定的速度在其内部滑降逃生，配置高度不高于 60 m 并能反复使用的柔性逃生滑道。

GB 21976.5—2012　建筑火灾逃生避难器材
第 5 部分：应急逃生器

起草单位

公安部上海消防研究所。

主要起草人

韩翔、朱青、李宝忠、金鞞、王怡、朱赟、李长林。

适用范围

GB 21976 的本部分规定了应急逃生器的术语和定义、型号、技术要求、试验方法、检验规则以及标志、包装、运输和贮存。

GB 21976 的本部分适用于建筑火灾发生时，供被困人员一次性使用的专用应急逃生器。

GB 21976.6—2012　建筑火灾逃生避难器材
第 6 部分：逃生绳

起草单位

公安部上海消防研究所。

主要起草人

金鞞、李宝忠、顾文杰、王怡、朱赟、彭嫔嫔。

适用范围

GB 21976 的本部分规定了逃生绳的型号、技术要求、试验方法、检验规则、标志、包装、运输和贮存。

GB 21976 的本部分适用于由绳索、安全钩和安全带（选配）组成，供发生建筑火灾时单人使用的逃生绳。

GB 21976.7—2012　建筑火灾逃生避难器材
第 7 部分：过滤式消防自救呼吸器

起草单位

公安部上海消防研究所。

主要起草人

凌新亮、戴国定、杨小时、汪礼苗、曾悦雷、杨晓华。

适用范围

GB 21976 的本部分规定了过滤式消防自救呼吸器的型式、型号、技术要求、试验方法、检验规则、标志、包装、运输、贮存等要求。

GB 21976 的本部分适用于发生火灾时空气中氧气浓度不低于 17% 的场所中,供人员逃生时佩戴的一次性使用的过滤式消防自救呼吸器。

GB 4452—2011　室外消火栓

起草单位

公安部上海消防研究所。

主要起草人

徐耀亮、杨晓华、曹家胜、凌新亮、陈刚、安冰。

适用范围

本标准规定了室外消火栓的术语和定义、产品分类、技术要求、试验方法、检验规则、标志和包装。

本标准适用于消防给水管道中的各种室外消火栓及其附件。

GB 6246—2011　消防水带

起草单位

公安部上海消防研究所。

主要起草人

金义重、徐耀亮、沈坚敏、凌新亮、姜敏、陈忠信、沙月华、葛振良、赵良、陈秀玉、裴哲华。

适用范围

本标准规定了消防水带的型号规格、性能要求、试验方法、检验规则以及标志、包装、运输、使用与维护。

本标准适用于有衬里消防水带、消防湿水带等消防水带。

GB 26755—2011　消防移动式照明装置

起草单位

公安部上海消防研究所。

主要起草人

沈坚敏、戴国定、朱江、李睿堃、张燕、曾悦雷。

适用范围

本标准规定了消防移动式照明装置的术语和定义、分类与型号、技术要求、试验方法、检验规则、标志、包装、运输和贮存。

本标准适用于消防移动式照明装置。

GB 26783—2011　消防救生照明线

起草单位

公安部上海消防研究所。

主要起草人

沈坚敏、诸容、张燕、张艳、李睿堃、葛亮。

适用范围

本标准规定了消防救生照明线的术语和定义、型号、技术要求、试验方法、检验规则、标志、包装、运输和贮存。

本标准适用于有供电系统的消防救生照明线。

GB 27901—2011　移动式消防排烟机

起草单位

公安部上海消防研究所。

主要起草人

阙兴贵、薛林、马伟光、苏琳、韩翔、王志辉、王丽晶。

适用范围

本标准规定了移动式消防排烟机的术语和定义、型号、技术要求、试验方法、检验规则以及标志、包装、贮存。

本标准适用于人力移动式消防排烟机。

本标准不适用于固定式、车载式或用于防爆场合的消防排烟机。

GB/T 27906—2011　救生抛投器

起草单位

公安部上海消防研究所。

主要起草人

葛亮、陈刚、金鞒、王春燕、汪环。

适用范围

本标准规定了救生抛投器的术语和定义、型号、技术要求、试验方法、检验规则和产品标志、包装、使用说明书、运输与贮存。

本标准适用于以压缩气体作为动力的救生抛投器。

GB 28735—2012　消防用开门器

起草单位

公安部上海消防研究所。

主要起草人

阮桢、傅建桥、施巍、张磊、赵轶惠。

适用范围

本标准规定了消防用开门器的术语和定义、型号、技术要求、试验方法、检验规则以及标志、包装、运输、贮存。

本标准适用于消防队员在灭火和应急救援中使用的开门器。

GB 3446—2013　消防水泵接合器

起草单位

公安部上海消防研究所。

主要起草人

徐耀亮、杨晓华、曹家胜、凌新亮、陈刚、池巧灵、李强、屈天翊。

适用范围

本标准规定了消防水泵接合器的术语和定义、分类、技术要求、试验方法、检验规则及标志、包装。

本标准适用于消防管道中的各种消防水泵接合器。

GB 32459—2015　消防应急救援装备
手动破拆工具通用技术条件

起草单位

公安部上海消防研究所。

主要起草人
阮桢、赵轶惠、朱青、张磊、傅建桥、施巍。
适用范围
本标准规定了消防应急救援装备中手动破拆工具的术语和定义、分类和型号、技术要求、试验方法、检验规则以及标志、包装、运输与贮存。
本标准适用于消防员在灭火和抢险救援中破拆作业时使用的手动破拆工具。

GB 32460—2015 消防应急救援装备破拆机具通用技术条件

起草单位
公安部上海消防研究所。
主要起草人
毛毅平、腾伟黎、杨小时、金韡、顾文杰、王怡。
适用范围
本标准规定了消防应急救援装备中破拆机具的术语和定义、分类和型号、技术要求、试验方法、检验规则以及标志、包装、运输和贮存。
本标准适用于灭火和抢险救援中破拆作业时使用的锯类破拆机动工具。

XF 411—2003 化学氧消防自救呼吸器

起草单位
公安部上海消防研究所。
主要起草人
凌新亮、戴国定、沈坚民、徐兰娣。
适用范围
本标准规定了化学氧自救呼吸器的型式和型号、技术要求、试验方法、检验规则、标志、包装、运输、贮存等要求。
本标准适用于发生火灾时人员以逃生为目的的一次性使用的以碱金属超氧化物为生氧剂的隔绝式呼吸器。
本标准不适用于作业型和救护型呼吸器，也不适用于潜水型呼吸器。
本标准规定的呼吸器，基本设计尺寸为成人使用。

XF 631—2006　消防救生气垫

起草单位
公安部上海消防研究所。

主要起草人
李宝忠、李瑜璋、韩翔、金鞾、施巍、殷海波、朱赟。

适用范围
本标准规定了消防救生气垫的术语和定义、型号、要求、试验方法、检验规则、标志、使用、贮存。

本标准适用于仅供消防部队紧急救援且无其他任何可替代方法时所使用、限定最大救援高度不超过 16 m 的各种消防救生气垫。

本标准不适用于训练用或其他用途的气垫。

XF/T 635—2006　消防用红外热像仪

起草单位
公安部上海消防研究所、广州飒特电力红外技术有限公司。

主要起草人
沈坚敏、周维全、吴一冈、吴涛、张燕、胡斌。

适用范围
本标准规定了消防用红外热像仪术语和定义、结构与分类、型号、技术要求、试验方法、检验规则、标志、包装与运输。

本标准适用于灭火救援、抢险救灾作业及防火监督人员在防火检查时使用的红外热像仪。

XF 86—2009　简易式灭火器

起草单位
公安部上海消防研究所、北京久久神龙消防器材有限公司。

主要起草人
毛毅平、杨小时、周奕、张艳、贾香娥。

适用范围
本标准规定了简易式灭火器的产品分类、要求、试验方法、检验规则和标志、包装、运输、贮存。

本标准适用于各种类型的简易式灭火器。

XF 139—2009　灭火器箱

⌈起⌉⌈草⌉⌈单⌉⌈位⌉
公安部上海消防研究所。
⌈主⌉⌈要⌉⌈起⌉⌈草⌉⌈人⌉
诸容、马伟光、朱青、唐祝华、宋醒醒、曹丽英、王根彬。
⌈适⌉⌈用⌉⌈范⌉⌈围⌉
本标准规定了灭火器箱的分类与型号、技术要求、试验方法、检验规则、标志、使用说明书、包装、运输和贮存等。
本标准适用于箱体材料为金属的灭火器箱产品，箱体材料为非金属的灭火器箱产品可参照使用。

XF 79—2010　消防球阀

⌈起⌉⌈草⌉⌈单⌉⌈位⌉
公安部上海消防研究所。
⌈主⌉⌈要⌉⌈起⌉⌈草⌉⌈人⌉
金韡、顾文杰、徐俊高、胡斌、刘丰年。
⌈适⌉⌈用⌉⌈范⌉⌈围⌉
本标准规定了消防球阀的分类、型号、技术要求、试验方法、检验规则、包装、标志、运输和贮存。
本标准适用于输送水、泡沫混合液及其他液体灭火剂，介质温度为 −40 ℃ ~70 ℃ 的消防球阀。
本标准不适用于输送气体灭火剂、干粉灭火剂的消防球阀。

XF 138—2010　消防斧

⌈起⌉⌈草⌉⌈单⌉⌈位⌉
公安部上海消防研究所。
⌈主⌉⌈要⌉⌈起⌉⌈草⌉⌈人⌉
施巍、傅建桥、阮桢、李宝忠。
⌈适⌉⌈用⌉⌈范⌉⌈围⌉
本标准规定了消防斧的产品分类、技术要求、试验方法、检验规则以及标志、包装、运输与贮存。
本标准适用于消防抢险救援作业时破拆用消防平斧、消防尖斧。

本标准不适用于消防腰斧。

XF 868—2010　分水器和集水器

起草单位
公安部上海消防研究所。

主要起草人
王丽晶、徐耀亮、王永福、王志辉、严攸高。

适用范围
本标准规定了分水器和集水器的术语和定义、性能和结构参数及型号编制方法、性能要求、试验方法、检验规则以及标志、包装、储存和使用说明书。

本标准适用于消防用分水器和集水器。

XF 1204—2014　移动式消防储水装置

起草单位
公安部上海消防研究所。

主要起草人
戎军、朱赟、王怡、王长伟、朱义、马振明、何肇瑜、彭嫔嫔。

适用范围
本标准规定了移动式消防储水装置的术语和定义、分类和型号、技术要求、试验方法、检验规则、标志、包装、运输、贮存和使用说明书等。

本标准适用于消防部队在扑救火灾、抢险救援或后勤保障中使用的以水为储存介质的移动式储水装置。

XF 1205—2014　灭火毯

起草单位
公安部上海消防研究所、江苏省公安厅消防局、公安部天津消防研究所、常熟市耀星玻纤绝缘制品有限公司、北京喜安妮科技发展有限公司。

主要起草人
杨晓华、徐耀亮、唐晓亮、杨亮、王昕、梁华峰、金喜春。

适用范围
本标准规定了灭火毯的术语和定义、型号、规格、要求、试验方法、检验规则、标志、包装、运输和贮存。

本标准适用于单人使用且不可重复使用的、主要用于扑灭初起小面积火的灭火毯，如扑灭烹饪器具内的烹饪物的着火（即F类火）等。

注： 灭火毯也可被用来扑灭人员身上的着火。

XF/T 95—2015　灭火器维修

起草单位

公安部上海消防研究所。

主要起草人

李跃伟、王鹏翔、余威、赵婷、冯伟、严洪、宋醒醒、李申、曹顺学、金义重、朱青、李寅、陆聆泉、唐晓亮、汪礼苗、杨洋。

适用范围

本标准规定了灭火器维修的术语和定义、总要求、维修条件、维修技术要求、报废与回收处置、试验方法和检验规则。

本标准适用于手提式灭火器和推车式灭火器维修。

XF/T 3009—2020　救援三脚架

起草单位

应急管理部上海消防研究所、江苏曼杰克有限公司、九江消防装备有限公司、泰州市华通消防装备厂有限公司。

主要起草人

金鞲、朱赟、王怡、王长伟、朱义、顾文杰、王俊本、柳峰、朱凤林。

适用范围

本文件规定了救援三脚架的术语与定义、型号、技术要求、试验方法、检验规则以及包装、运输和贮存等。

本文件适用于在城市、山地、洞穴和井下环境进行抢险救援作业时使用的救援三脚架。

XF/T 3010—2020　消防用雷达生命探测仪

起草单位

应急管理部上海消防研究所、西安必肯科技发展有限公司、湖南华诺星空电子技术有限公司。

主要起草人

马伟光、李睿堃、李德亮、张燕、吴赟、刘西民、王健琪、荆西京、王博。

适用范围

本标准规定了消防用雷达生命探测仪的结构与分类、型号、技术要求、试验方法、检验规则、标志、包装与运输。

本标准适用于消防应急抢险救援作业中使用的雷达生命探测仪。

■ 六、火灾探测与报警

GB/T 15662—1995 导电、防静电塑料体积电阻率测试方法

起草单位

公安部沈阳消防研究所。

适用范围

本标准规定了导电、防静电塑料体积电阻率的测试原理、测试仪器和测试方法。本标准适用于体积电阻率小于 $10^6\ \Omega \cdot m$ 的塑料。

GB 12978—2003 消防电子产品检验规则

起草单位

公安部沈阳消防研究所。

主要起草人

宋希伟、窦保东、张德成、吴礼龙、卢韶然。

适用范围

本标准规定了消防电子产品的检验分类、抽样、型号编制、分型产品控制、技术文件要求、设计更改控制、样品标识和接收方法及型式检验、委托检验、监督检验、科技成果鉴定检验和仲裁检验的规则。

本标准适用于消防电子产品质量监督检验机构的检验。

GB 4715—2005 点型感烟火灾探测器

起草单位

公安部沈阳消防研究所、中国人民武装警察部队学院、辽宁省消防局、西安盛

赛尔电子有限公司。

主要起草人

宋希伟、丁宏军、张颖琮、杨隽、李宁、马莉、刘美华。

适用范围

本标准规定了点型感烟火灾探测器的一般要求、要求与试验方法、检验规则和标志。

本标准适用于一般工业与民用建筑中安装的使用散射光、透射光工作原理的点型光电感烟火灾探测器和电离原理的点型离子感烟火灾探测器。其他环境中安装的或使用其他工作原理的点型感烟火灾探测器，除特殊要求应由有关标准另行规定外，亦应执行本标准。

GB 4716—2005　点型感温火灾探测器

起草单位

公安部沈阳消防研究所、西安盛赛尔电子有限公司。

主要起草人

窦保东、张德成、王艳娥、王学来、康卫东、廉钰、张雄飞。

适用范围

本标准规定了点型感温火灾探测器的一般要求、要求与试验方法、检验规则和标志。

本标准适用于一般工业与民用建筑中安装使用的点型感温火灾探测器。其他环境中安装的、具有特殊性能的点型感温火灾探测器，除特殊要求应由有关标准另行规定外，亦应执行本标准。

GB 4717—2005　火灾报警控制器

起草单位

公安部沈阳消防研究所、中国人民武装警察部队学院、辽宁省消防局、深圳市赋安安全系统有限公司。

主要起草人

厉剑、宋希伟、丁宏军、郭铁男、费春祥、张德成、郭树林、张学军、李丁、李宁、孙宇。

适用范围

本标准规定了火灾报警控制器的分类、术语和定义、技术要求、试验、检验规则和使用说明书。

本标准适用于一般工业与民用建筑中安装使用的火灾报警控制器。其他环境中安装的、具有特殊性能的火灾报警控制器，除特殊要求应由有关标准另行规定外，亦应执行本标准。

GB 14003—2005　线型光束感烟火灾探测器

起草单位
公安部沈阳消防研究所、西安盛赛尔电子有限公司、沈阳消防电子设备厂。

主要起草人
丁宏军、张颖琮、郭春雷、杨颖、卢韶然、石滢、黄军团、张雄飞。

适用范围
本标准规定了线型光束感烟火灾探测器的术语和定义、一般要求、要求和试验方法、检验规则和标志。

本标准适用于一般工业与民用建筑中安装使用的利用减光原理探测烟雾的相对部件间光路长度为 1 m~100 m，且最小光路长度不大于 10 m 的线性光束感烟火灾探测器及带有探测热扰动功能的线型光束感烟火灾探测器。其他环境中安装使用的具有特殊要求的线型光束感烟火灾探测器，除特殊要求由有关标准另行规定外，亦应执行本标准。

GB 19880—2005　手动火灾报警按钮

起草单位
公安部沈阳消防研究所。

主要起草人
张德成、杨波、康卫东、王学来、黄军团、孙爽、许峰。

适用范围
本标准规定了手动火灾报警按钮的一般要求、要求与试验方法、检验规则和标志。

本标准适用于一般工业与民用建筑中安装使用的手动火灾报警按钮，其他具有特殊功能的火灾报警启动按钮亦应执行本标准。

GB/T 16838—2005　消防电子产品环境试验方法及严酷等级

起草单位
公安部沈阳消防研究所。

主要起草人
窦保东、王艳娥、刘美华、李海涛、仝瑞涛。

适用范围

本标准规定了消防电子产品的环境试验方法和严酷等级。

本标准适用于一般安装场所使用的消防电子产品的环境试验、特殊场所安装使用的消防电子产品的环境试验方法及严酷等级,除特殊要求应由有关标准另行规定外,亦应参照本标准。

GB 12791—2006 点型紫外火焰探测器

起草单位

公安部沈阳消防研究所。

主要起草人

宋希伟、丁宏军、刘程、郭春雷、李惠菁、王泓燕、李克亭、王菲。

适用范围

本标准规定了点型紫外火焰探测器的一般要求、要求和试验方法、检验规则和标志。

本标准适用于一般工业与民用建筑中安装的波长范围低于 300 nm 的点型紫外火焰探测器。对于其他环境中安装的具有特殊性能的点型紫外火焰探测器,除特殊性能由有关标准另行规定外,也应执行本标准。

GB 16806—2006 消防联动控制系统

起草单位

公安部沈阳消防研究所、沈阳消防电子设备厂、西安盛赛尔电子有限公司、上海市松江电子仪器厂、北京世宗智能有限公司、深圳市赋安安全系统有限公司、北京利达华信电子有限公司、北京狮岛消防电子有限公司、海湾安全技术有限公司、西安莱克思电子工程有限公司、北京崇正华盛应急照明系统有限责任公司、大连国彪应急电源有限公司、合肥阳光电源有限公司、广东志成冠军集团有限公司、青岛创统科技集团、北京恒业世纪电气技术有限公司、北京原杰电子有限责任公司、秦皇岛海湾报警网络有限公司。

主要起草人

宋希伟、郭铁男、朱力平、丁宏军、张颖琮、刘程、张德成、张学军、王学来、孙爽、隋虎林、仝瑞涛、王军、杨波、吕欣驰、卢韶然、刘美华、王艳娥、杨颖、李海涛、王玉祥、郭春雷、林强、刘长安、康卫东、孙珍慧、郭立治、刘子巍、郭锐、马清波、马莉、李惠菁、李丁、陈映雄、赵英然、栾军、李宁、蔡钧、孙毅彪、曹仁贤、隋学礼、严志明。

适用范围

本标准规定了消防联动控制系统的定义、一般要求、要求和试验方法、检验规则和标志。

本标准适用于一般工业与民用建筑中安装使用的消防联动控制系统的各类设备，包括消防联动控制器、气体灭火控制器、消防电气控制装置、消防设备应急电源、消防应急广播设备、消防电话、传输设备、消防控制室图形显示装置、模块、消防电动装置、消火栓按钮等。

其他环境中安装的具有特殊性能的消防联动控制系统及组成系统的各类设备，除特殊要求由有关标准另行规定外，亦应执行本标准。

GB 20517—2006 独立式感烟火灾探测报警器

起草单位

公安部沈阳消防研究所、西安盛赛尔电子有限公司。

主要起草人

窦保东、王艳娥、赵英然、李海涛。

适用范围

本标准规定了独立式感烟火灾探测报警器的产品分类、技术要求、试验方法、检验规则、标志和产品使用说明书。

本标准适用于民用建筑中安装的根据散射光、透射光工作原理（光电感烟）和电离原理（离子感烟）工作的报警器。其他环境中安装的或使用其他原理工作的报警器，除特殊要求应由有关标准另行规定外，亦应执行本标准。

GB 15631—2008 特种火灾探测器

起草单位

公安部沈阳消防研究所、安徽省消防局、西安博康电子有限公司、深圳市赋安安全系统有限公司、科大立安安全技术有限责任公司。

主要起草人

丁宏军、屈励、窦保东、郭春雷、袁宏永、张颖琮、张学军、费春祥、王文青、宋立巍、梅志斌、李海涛、李宁宁、孙爽、李瑞、邓丽红。

适用范围

本标准规定了特种火灾探测器的分类、技术要求、试验方法、检验规则、标志和使用说明书。

本标准适用于一般工业与民用建筑中安装的特种火灾探测器。其他环境中安装使用的具有特殊要求的探测器，除特殊要求由有关标准另行规定外，亦应执行本标准。

GB 16808—2008 可燃气体报警控制器

起草单位
公安部沈阳消防研究所。
主要起草人
宋希伟、费春祥、张学军、李瑞、谢锋、冯万波。
适用范围
本标准规定了可燃气体报警控制器的分类、一般要求、要求与试验方法、标志、检验规则和使用说明书。
本标准适用于一般工业与民用建筑中安装使用的可燃气体报警控制器，也适用于其他环境中安装使用的具有特殊性能的控制器（特殊要求由有关标准另行规定）。

GB 22134—2008 火灾自动报警系统组件兼容性要求

起草单位
公安部沈阳消防研究所。
主要起草人
张德成、卢韶然、杨波、刘美华、郭锐。
适用范围
本标准规定了火灾自动报警系统组件兼容性和可连接性的要求。
本标准适用于火灾自动报警系统组件兼容性和可连接性的评估。

GB 22370—2008 家用火灾安全系统

起草单位
公安部沈阳消防研究所、秦皇岛富通电子企业有限公司、深圳市智安达电子有限公司、海湾安全技术有限公司、深圳市赋安安全系统有限公司。
主要起草人
丁宏军、张颖琮、仝瑞涛、王建刚、陈南、关大巍、周天、安冰、刘长安、林强。
适用范围
本标准规定了家用火灾安全系统的系统组成、一般要求、要求和试验方法、检验规则、标志。
本标准适用于家庭安装的火灾安全系统。

GB 23757—2009　消防电子产品防护要求

起草单位

公安部沈阳消防研究所。

主要起草人

孙爽、郭立治、唐皓、谢锋、王艳娥、杨颖、邵宇。

适用范围

本标准规定了消防电子产品的防护要求及其试验方法。

本标准适用于家庭安装的火灾安全系统。

本标准适用于一般工业与民用建筑中安装场所使用的消防电子产品。其他环境中安装的具有特殊性能的消防电子产品，特殊要求由有关标准另行规定外，也适用于本标准。

GB 17945—2010　消防应急照明和疏散指示系统

起草单位

公安部沈阳消防研究所、中国照明学会室内照明委员会、上海宝星灯饰电器有限公司、北京崇正华盛应急设备系统有限公司、浙江台谊消防设备有限公司、广东拿斯特（国际）照明有限公司、福建万友集团、元亨电子资讯（深圳）有限公司、山东淄博迪生电源有限公司、希世比电池科技（广州）有限公司。

主要起草人

丁宏军、张颖琮、赵英然、林强、屈励、康卫东、任元会、严洪、李丁、张伟、蔡钧、江清、李强、汤鲁文、周志平、殷海鸣。

适用范围

本标准规定了消防应急照明和疏散指示系统的术语和定义、分类、防护等级、一般要求、试验、检验规则、标志、使用说明书。

本标准适用于一般工业与民用建筑中安装使用的消防应急照明和疏散指示系统以及其他环境中安装的具有特殊性能的系统（除特殊要求由有关标准另行规定外）。

GB 25506—2010　消防控制室通用技术要求

起草单位

公安部沈阳消防研究所、辽宁省消防总队、浙江省消防总队、西安盛赛尔电子有限公司、海湾安全技术有限公司、上海市松江电子仪器厂、北京利达华信电子有限公司、北京狮岛消防电子有限公司、河北北大青鸟环宇消防设备有限公司、南京消防器材股份有限公司、中国中安消防安全工程有限公司、北京利华消防工程公司。

主要起草人

丁宏军、马恒、潘刚、沈纹、屈励、张颖琮、刘阿芳、赵庆平、马辛、宇平。

适用范围

本标准规定了消防控制室的一般要求、资料和管理要求、控制和显示要求、图形显示装置的信息记录要求、信息传输要求。

本标准适用于 GB 50116 中规定的集中火灾报警系统、控制中心报警系统中的消防控制室或消防控制中心；亦适用于未设置消防控制室，但设置本标准涉及的自动消防系统的建筑。

GB/Z 24978—2010 火灾自动报警系统性能评价

起草单位

公安部沈阳消防研究所、辽宁省公安消防总队、海湾安全技术有限公司、西安盛赛尔电子有限公司。

主要起草人

梅志斌、宋珍、宋立巍、董文辉、关大巍、陈广、丁宏军、刘卫华、张雄飞、高锴、翁立坚、吴炳龙、田永利。

适用范围

本指导性技术文件给出了火灾自动报警系统的产品、设计和运行评价的要求和方法。

本指导性技术文件适用于火灾自动报警系统的产品性能、设计性能和运行性能的评价。

GB/Z 24979—2010 点型感烟/感温火灾探测器性能评价

起草单位

公安部沈阳消防研究所、辽宁省公安消防总队、西安盛赛尔电子有限公司、海湾安全技术有限公司。

主要起草人

董文辉、梅志斌、龚溥、王卓甫、宋珍、刘玉宝、关大巍、张雄飞、王爱中、高贵宾。

适用范围

本指导性技术文件给出了点型感烟/感温火灾探测器性能评价的评价流程和评

价方法。

本指导性技术文件适用于点型感烟火灾探测器、点型感温火灾探测器、点型烟温复合火灾探测器，为点型感烟/感温火灾探测器的性能评价提供了准则。

本指导性技术文件也适用于点型感烟、点型感温、点型烟温复合火灾探测算法的性能评价。

GB 17429—2011　火灾显示盘

起草单位

公安部沈阳消防研究所。

主要起草人

王艳娥、仝瑞涛、谢锋、王宇行、李小白、郭金龙、李惠菁、闫茹。

适用范围

本标准规定了火灾显示盘的要求、试验、检验规则和标志。

本标准适用于一般工业与民用建筑中安装使用的火灾显示盘，其他环境中安装的具有特殊性能的火灾显示盘，除特殊要求由有关标准另行规定外，参照执行本标准。

GB 26851—2011　火灾声和/或光警报器

起草单位

公安部沈阳消防研究所、西安盛赛尔电子有限公司、湖南高城消防实业有限公司、浙江恒洲电子实业有限公司。

主要起草人

王学来、林强、李瑞、邓丽红、邵宇、赵宇、关明阳、吴礼龙、丁宏军。

适用范围

本标准规定了火灾声和/或光警报器的分类、要求、试验、检验规则和标志。

本标准适用于一般工业与民用建筑中安装使用的火灾声和/或光警报器，其他环境中安装的、具有特殊性能的火灾声和/或光警报器，除特殊要求由有关标准另行规定外，亦应执行本标准。

GB 28184—2011　消防设备电源监控系统

起草单位

公安部沈阳消防研究所、北京恒业世纪科技股份有限公司、北京原杰电子有限责任公司。

[主要起草人]

丁宏军、刘程、刘子巍、李惠菁、杨波、丁万君、张学军、郭树林、苏恒、李东海。

[适用范围]

本标准规定了消防设备电源监控系统的术语和定义、要求、试验方法、检验规则、标志和使用说明书。

本标准适用于一般工业与民用建筑中安装使用的消防设备电源监控系统，其他环境中安装的消防设备电源监控系统亦可参照本标准。

GB 29364—2012 防火门监控器

[起草单位]

公安部沈阳消防研究所。

[主要起草人]

丁宏军、马恒、张颖琮、栾军、闫茹、丁万君、鲁林、谢锋、邵宇。

[适用范围]

本标准规定了防火门监控器的术语和定义、要求、试验、检验规则、标志和使用说明书。

本标准适用于一般工业与民用建筑中安装使用的防火门监控器，其他环境中的监控器亦可参照本标准。

GB 29837—2013 火灾探测报警产品的维修保养与报废

[起草单位]

公安部沈阳消防研究所、西安盛赛尔电子有限公司、海湾安全技术有限公司、上海松江电子仪器厂、北大青鸟环宇消防设备有限公司、北京利达华信电子有限公司。

[主要起草人]

丁宏军、屈励、张颖琮、李宁宁、曹希锋、梅志斌、王长川、李苗、董文辉、俞颖飞、王爱中、张雄飞、蔡为民、孟宇、涂燕林。

[适用范围]

本标准规定了火灾探测报警产品的维修保养与报废要求。

本标准适用于设置在建筑中的火灾探测报警产品。其他特殊场所使用的火灾探测报警产品可参照执行。

GB 30122—2013　独立式感温火灾探测报警器

起草单位
公安部沈阳消防研究所、深圳市泛海三江电子有限公司。

主要起草人
宋希伟、刘子巍、杨玉琴、唐皓、金鹏、刘作利、王宇行、郭金龙、关明阳。

适用范围
本标准规定了独立式感温火灾探测报警器的分类、要求、试验、检验规则、标志和使用说明书。

本标准适用于工业与民用建筑中安装使用的独立式感温火灾探测报警器。其他特殊环境中安装的、具有特殊性能的独立式感温火灾探测报警器，除特殊要求外，可参照执行本标准。

GB 16280—2014　线型感温火灾探测器

起草单位
公安部沈阳消防研究所、首安工业消防有限公司、武汉理工光科股份有限公司、无锡圣敏传感科技有限公司、宁波振东光电有限公司、沈阳消防电子设备厂、西安盛赛尔电子有限公司、中山大学、上海波汇通信科技有限公司、北京品傲光电科技有限公司。

主要起草人
丁宏军、刘凯、黄军团、王文青、刘作利、姜德生、张颖琮、宋珍、唐晓亮、杜魏青、刘忠顺、严洪、宋立巍、杨颖、李宁宁、李伟刚、姚浩伟、秦一涛、张雄飞、叶晓平、林宗强。

适用范围
本标准规定了线型感温火灾探测器的分类、技术要求、试验方法、检验规则和标志。

本标准适用于工业与民用建筑中安装使用的线型感温火灾探测器、空气管式线型感温火灾探测器、分布式光纤线型感温火灾探测器、光纤光栅线型感温火灾探测器、线式多点型感温火灾探测器等。

GB 31252—2014　防火监控报警插座与开关

起草单位
浙江正泰建筑电器有限公司、宁波习羽电子发展有限公司。

主要起草人
丁宏军、邱曼、张颖琮、郭春雷、刘程、刘子巍。

【适用范围】

本标准规定了防火监控报警插座与开关的分类、要求、试验、检验规则和标识。

本标准适用于工作电压不大于交流 440 V、具有防火监控报警功能的电源插座和按键式开关。

GB 15322.1—2019 可燃气体探测器
第 1 部分：工业及商业用途点型可燃气体探测器

【起草单位】

应急管理部沈阳消防研究所、应急管理部消防救援局、英吉森安全消防系统（上海）有限公司、成都安可信电子股份有限公司、阜阳华信电子仪器有限公司、汉威科技集团股份有限公司、济南本安科技发展有限公司、北京惟泰安全设备有限公司、西安博康电子有限公司、上海达江电子仪器有限公司。

【主要起草人】

丁宏军、刘激扬、康卫东、屈励、李小白、郭春雷、林强、郭锐、李瑞、陈广、赵宇、张颖琮、费春祥、蒋妙飞、邓丽红、赵英然、姜波、孟宇、朱刚。

【适用范围】

GB 15322 的本部分规定了工业及商业用途点型可燃气体探测器的分类、要求、试验、检验规则和标志。

GB 15322 的本部分适用于工业及商业场所中安装使用的用于探测烃类、醚类、酯类、醇类、一氧化碳、氢气及其他可燃性气体、蒸气的点型可燃气体探测器。工业及商业场所中使用的具有特殊性能的点型可燃气体探测器，除特殊要求由有关标准另行规定外，亦可执行本部分。

GB 15322.2—2019 可燃气体探测器
第 2 部分：家用可燃气体探测器

【起草单位】

应急管理部沈阳消防研究所、北京市消防救援总队、中国城市燃气协会、汉威科技集团股份有限公司、阜阳华信电子仪器有限公司、成都安可信电子股份有限公司、济南本安科技发展有限公司、英吉森安全消防系统（上海）有限公司、北京惟泰安全设备有限公司、海南民生管道燃气有限公司、北京品傲光电科技有限公司、上海达江电子仪器有限公司。

【主要起草人】

张颖琮、赵宇、邵宇、唐皓、杨欣、王宇行、郭立治、丁宏军、郭春雷、康卫东、费春祥、蒋妙飞、邓丽红、赵英然、马长城、姜波、孟宇、朱刚、马祖林、叶晓平、王建刚、栾军。

适用范围

GB 15322 的本部分规定了家用可燃气体探测器的要求、试验、检验规则和标志。

GB 15322 的本部分适用于家庭环境使用的用于探测天然气、液化石油气、人工煤气等可燃气体及其不完全燃烧产物的探测器。

GB 15322.3—2019 可燃气体探测器
第 3 部分：便携式可燃气体探测器

起草单位

应急管理部沈阳消防研究所、成都安可信电子股份有限公司、河南汉威电子股份有限公司、阜阳华信电子仪器有限公司、济南本安科技发展有限公司、英吉森安全消防系统（上海）有限公司、北京惟泰安全设备有限公司、西安博康电子有限公司、上海达江电子仪器有限公司。

主要起草人

郭春雷、费春祥、关明阳、郭锐、谢锋、丁宏军、康卫东、张颖琮、赵宇、王强、蒋妙飞、邓丽红、赵英然、姜波、孟宇、朱刚、王玉祥、李克亭、贾冬梅。

适用范围

GB 15322 的本部分规定了工业及商业用途便携式可燃气体探测器的分类、要求、试验、检验规则和标志。

GB 15322 的本部分适用于工业及商业场所使用的用于探测烃类、醚类、酯类、醇类、一氧化碳、氢气及其他可燃性气体、蒸气的便携式可燃气体探测器。工业及商业场所中使用的具有特殊性能的探测器，除特殊要求由有关标准另行规定外，亦可执行本部分。

GB 15322.4—2019 可燃气体探测器
第 4 部分：线型光束可燃气体探测器

起草单位

应急管理部沈阳消防研究所、北京市消防救援总队、英吉森安全消防系统（上海）有限公司、成都安可信电子股份有限公司、河南汉威电子股份有限公司、西安博康电子有限公司、北京品傲光电科技有限公司、无锡格林通安全装备有限公司。

主要起草人

赵宇、王文青、卢韶然、郭春雷、关明阳、李云浩、丁宏军、张颖琮、刘筱璐、蒋玲、孙珍慧、刘凯、赵康柱、费春祥、李鑫、李志刚、熊伟。

适用范围

GB 15322 的本部分规定了工业及商业用途线型光束可燃气体探测器的术语和定

义、分类、要求、试验、检验规则及标志要求。

GB 15322 的本部分适用于工业及商业场所安装使用的采用光谱吸收原理探测烃类、醚类、酯类、醇类等可燃性气体、蒸气的线型光束可燃气体探测器。工业及商业场所中使用的具有特殊性能的探测器，除特殊要求应由有关标准另行规定外，亦可执行本部分。

XF 14—1991　消防用无线电话机技术要求和试验方法

起草单位

公安部沈阳消防研究所。

主要起草人

何宝科、慕齐放、王德普。

适用范围

本标准规定了消防用调频（或调相）制、工作频率范围为 27~470 MHz 单路无线电话机的技术要求、试验方法、检验规则和包装、贮存、运输等。

本标准适用于公安、企业消防队使用的无线电话机。

XF/T 229—1999　火灾报警设备图形符号

起草单位

公安部沈阳消防研究所。

主要起草人

王艳娥、杨波、张学军。

适用范围

本标准规定了表示火灾报警设备的基本符号、辅助符号、附加文字符号和独立图形符号。

本标准适用于科研、设计、教学、出版、建筑、施工等部门应用的火灾报警设备消防系统图。

XF 386—2002　防火卷帘控制器

起草单位

公安部沈阳消防研究所。

主要起草人

窦保东、张德成、吴礼龙、刘程、李国华。

适用范围

本标准规定了防火卷帘控制器产品分类和型号编制方法、技术要求、试验方法、检验规则和标志、使用说明书、包装、运输、贮存等内容。

本标准适用于一般工业与民用建筑中安装使用的防火（防烟）卷帘控制器，其他特殊用途的防火（防烟）卷帘控制器可参照执行。

XF/T 847—2009　消防控制室图形显示装置软件通用技术要求

起草单位

公安部沈阳消防研究所、海湾安全技术有限公司。

主要起草人

梅志斌、刘玉宝、宋珍、王爱中、张兴权、王卓甫、董文辉、丁宏军。

适用范围

本标准规定了消防控制室图形显示装置软件的一般要求、显示和操作、信息记录、信息传输和维护的要求。

本标准适用于消防控制室安装的图形显示装置的软件产品。

XF 1151—2014　火灾报警系统无线通信功能通用要求

起草单位

公安部沈阳消防研究所、城优信息技术（上海）有限公司。

主要起草人

刘程、刘长安、李小白、刘作利、宋立巍、赵宇、张斌斌、郭金龙、魏斌、钱世锷、丁宏军。

适用范围

本标准规定了火灾报警系统中无线通信功能的要求、试验、检验规则和标志。

本标准适用于一般工业与民用建筑中安装的具有无线通信功能的火灾报警系统、电气火灾监控系统和可燃气体报警系统。

XF/T 3011—2020　逃生与救援用车窗玻璃电动击碎装置

起草单位

应急管理部沈阳消防研究所、北京市消防救援总队、中国兵器装备集团四川华川工业有限公司。

[主要起草人]

郭春雷、赵宇、卢韶然、董文辉、李小白、刘洋、王宇行、王从宇、刘晓鹏、张学军、董晓卫。

[适用范围]

本标准规定了逃生与救援用车窗玻璃电动击碎装置的要求、试验、检验规则和标志。

本标准适用于车辆上安装使用的、通过电子信号触发动作部件击碎车窗钢化玻璃的电动击碎装置,其他类型的逃生与救援用玻璃击碎装置,除特殊要求应由有关标准另行规定外,亦可执行本文件。

■ 七、防火材料

GB/T 8625—2005 建筑材料难燃性试验方法

[起草单位]

公安部四川消防研究所。

[主要起草人]

丁敏、陈亘宝。

[适用范围]

本标准规定了建筑材料难燃性试验的试验装置、试件制备、试验操作、试件燃烧后剩余长度的判断、判定条件及试验报告。

本标准适用于建筑材料难燃性能的测定。

GB/T 11785—2005 铺地材料的燃烧性能测定 辐射热源法

[起草单位]

公安部四川消防研究所、陕西省纺织科学研究所。

[主要起草人]

赵成刚、曾绪斌、马昳。

[适用范围]

本标准规定了评定铺地材料燃烧性能的方法。该方法是在试验燃烧箱中,用小火焰点燃水平放置并暴露于倾斜的热辐射场中的铺地材料,评估其火焰传播能力。

本标准适用于各种铺地材料，如纺织地毯、软木板、木板、橡胶板和塑料地板及地板喷涂材料。其结果可反映出铺地材料（包括基材）的燃烧性能。背衬材料、底层材料或者铺地材料其他方面的改变都可能影响试验结果。

本标准适用于测试和描述在受控的试验室条件下铺地材料的燃烧性能。它不是单独用来描述和评估铺地材料在实际火灾条件下的火灾危险性的方法。

附录 B 给出了本试验方法确定性的验证情况。

GB 20286—2006 公共场所阻燃制品及组件燃烧性能要求和标识

起草单位

公安部四川消防研究所、中国阻燃学会、中国纺织科学研究院、中国建筑科学研究院、中国家具协会、四川大学、富尔新纺织阻燃材料有限公司、成都铁路防火制品厂、山东懋阻燃新材料科技有限公司。

主要起草人

高伟、卢国建、周政懋、徐路、钱建民、张羽、季广其、赵成刚、马昳、王玉忠、马道贞、刘英俊、旷天申、黄险波。

适用范围

本标准规定了公共场所用阻燃制品及组件的定义及分类、燃烧性能要求和标识等内容。

本标准适用于公安部令第 39 号和公安部令第 61 号所规定的各类公共场所（参见附录 A）使用的阻燃制品及组件。

GB/T 20284—2006 建筑材料或制品的单体燃烧试验

起草单位

公安部四川消防研究所。

主要起草人

张羽、王莉萍、卢建、邓小兵、赵丽。

适用范围

本标准规定了用以确定建筑材料或制品（不包括铺地材料以及 2000/147/EC 号《EC 决议》中指出的制品）在单体燃烧试验（SBI）中对火反应性能的方法。计算步骤见附录 A。试验方法的精度见附录 B。校准步骤见附录 C 和附录 D。

注：本标准的制定是用以确定平板式建筑制品的对火反应性能。对某些制品，

如线性制品（套管、管道、电缆等）则需采用特殊的规定，其中管状隔热材料采用附录 H 规定的方法。

GB/T 20285—2006 材料产烟毒性危险分级

起草单位
公安部四川消防研究所、亚罗弗保温材料（上海）有限公司。
主要起草人
张羽、李邦昌、赵成刚、曾绪斌。
适用范围
本标准规定了材料产烟毒性危险评价的等级、试验装置及试验方法。
本标准适用于材料稳定产烟的烟气毒性危险分级。
本标准不适用于非稳定产烟的烟气毒性危险分级。

GB/T 8626—2007 建筑材料可燃性试验方法

起草单位
公安部四川消防研究所、上海阿姆斯壮建筑制品有限公司。
主要起草人
濮爱萍、王鹏翔、邓小兵、周全会、曾绪斌。
适用范围
本标准规定了在没有外加辐射条件下，用小火焰直接冲击垂直放置的试样以测定建筑制品可燃性的方法。
对于未被火焰点燃就熔化或收缩的制品，附录 A 给出了附加试验程序。
附录 B 给出了试验方法精确度的信息。

GB/T 8627—2007 建筑材料燃烧或分解的烟密度试验方法

起草单位
公安部四川消防研究所、浙江省公安厅消防局。
主要起草人
赵成刚、刘松林、曾绪斌、姚建军、余颖飞。
适用范围
本标准规定了建筑材料燃烧或分解的烟密度试验装置、试验步骤和试验结果的计算及试验报告的具体要求。

本标准规定了测量建筑材料在燃烧或分解的试验条件下的静态产烟量的试验方法。本试验方法是在标准试验条件下，通过测试试验烟箱中光通量的损失来进行烟密度测试。本试验设备可以在试验期间观察到火焰和烟气等现象。

本标准被用来测量和描述在可控制的实验室条件下材料、制品、组件对热和火焰的反应，但不能够用来描述和评价材料、制品或组件在真实火灾条件下的火灾毒性和危险性。当考虑到与特定的最终使用时火灾危险性评价相关的所有因素时，测试的结果可以用作火灾危险性评估的参数。

GB/T 14402—2007 建筑材料及制品的燃烧性能 燃烧热值的测定

起草单位

公安部四川消防研究所、广东省公安厅消防局、四川省公安厅消防局、广州市啊啦棒建材有限公司。

主要起草人

赵成刚、张正卿、曾绪斌、陈映雄、周全会。

适用范围

本标准规定了在恒定热容量的氧弹量热仪中，测定建筑材料燃烧性能热值的试验方法。

本标准规定了测定总燃烧热值（PCS）的方法。附录A规定了计算净燃烧热值（PCI）的方法。

本试验方法的精度参见附录B。

GB/T 14523—2007 对火反应试验 建筑制品在辐射热源下的着火性试验方法

起草单位

公安部四川消防研究所、新疆维吾尔自治区公安厅消防局。

主要起草人

曾绪斌、赵成刚、姚建军、赵丽、邓小兵、张麓。

适用范围

本标准规定了在规定热辐射条件下，厚度不超过70 mm的材料、复合材料或组件水平放置时，其受火面的着火性的试验方法。

附录A给出了对正文的解释和操作的指导性说明，附录B给出了试验的局限性说明。

GB/T 16172—2007　建筑材料热释放速率试验方法

起草单位
公安部天津消防研究所、公安部四川消防研究所。
主要起草人
李晋、杜兰萍、张欣、张网、张羽、王钢、果春盛。
适用范围
本标准规定了采用外部点火器，试样在水平定位受到可控制等级的热辐射时，测定热释放速率的方法。热释放速率的测量时通过燃烧产物气流中氧气浓度计算出的氧消耗量和燃烧产物的流量来确定的，同时也对试样引燃（持续有焰燃烧）时间进行了测量。

GB 23864—2009　防火封堵材料

起草单位
公安部四川消防研究所、喜利得（中国）有限公司、浙江省嵊州市电缆防火附件厂、3M（中国）有限公司、四川天府防火材料有限公司。
主要起草人
卢国建、王良伟、聂涛、马昳、王洪、戴侑松、王聪慧。
适用范围
本标准规定了防火封堵材料的术语和定义、分类与标记、要求、试验方法、检验规则、综合判定准则及包装、标志、贮存、运输等内容。
本标准适用于在建筑物、构筑物以及各类设施中的各种贯穿孔洞、构造缝隙所使用的防火封堵材料或防火封堵组件，建筑配件内部使用的防火膨胀密封件和硬聚氯乙烯建筑排水管道阻火圈除外。

GB/T 14656—2009　阻燃纸和纸板燃烧性能试验方法

起草单位
公安部四川消防研究所。
主要起草人
赵成刚、邓小兵。
适用范围
本标准规定了阻燃纸和纸板燃烧性能的试验方法。试验方法包括：
（1）试验方法 A：主要用于经阻燃处理，且经水浸洗后阻燃效果受到明显影响的纸或纸板；

（2）试验方法 B：主要用于经阻燃处理，且经水浸洗后阻燃效果未受到明显影响的纸或纸板。

本标准适用于厚度不超过 1.6 mm 的纸和纸板。

GB 25970—2010 不燃无机复合板

起草单位

公安部四川消防研究所。

主要起草人

程道彬、李风、张羽、濮爱萍、邓小兵、熊存建。

适用范围

本标准规定了不燃无机复合板的术语和定义、要求、试验方法、检验规则、标志、贮存、包装和运输等要求。

本标准适用于不燃性纤维增强水泥板、不燃性纤维增强硅酸钙板、玻镁平板或其他不燃性纤维增强无机复合板。

GB/T 5464—2010 建筑材料不燃性试验方法

起草单位

公安部四川消防研究所。

主要起草人

张羽、姚建军、邓小兵。

适用范围

本标准规定了在特定条件下匀质建筑制品和非匀质建筑制品主要成分的不燃性试验方法。

试验方法的精确性参见附录 A。

GB/T 25206.1—2014 复合夹芯板建筑体燃烧性能试验
第 1 部分：小室法

起草单位

公安部天津消防研究所、公安部四川消防研究所。

主要起草人

薛思强、邓松华、胡锐、胡群明、戴殿峰、薛岗、孙晓涛、邓小兵。

适用范围

GB/T 25206 的本部分规定了采用小室规模试验评估绝热复合夹芯板建筑体燃烧性能的方法。在试验房间的内部角落处，采用特定火焰直接作用于采用复合材料制成的表面制品，以此模拟室内火灾，评价绝热复合夹芯板建筑体表面或内部的火焰传播特性。本试验方法不适用于评估复合夹芯板建筑体的耐火性能。

GB/T 25206 的本部分适用于具有自支撑结构或框架结构的复合夹芯板建筑体。

GB/T 25206 的本部分不适用于采用粘接、钉挂或捆绑的方法安装在基础墙或天花板上，并以基础墙或天花板为支撑体的复合夹芯板结构。

GB/T 25206.2—2010 复合夹芯板建筑体燃烧性能试验 第2部分：大室法

起草单位

公安部四川消防研究所、公安部天津消防研究所。

主要起草人

曾绪斌、赵成刚、赵丽、薛思强。

适用范围

GB/T 25206 的本部分规定了用于评价复合夹芯板建筑体燃烧性能的试验方法。通过模拟室内火灾条件，在建筑房间角落处，用特定火焰直接作用于制品来评价建筑体复合夹芯板表面或内部的火焰传播特性。本试验不用作对制品耐火性能的评估。

GB/T 25206 的本部分规定了复合夹芯板建筑体可采用自支撑和框架支撑等结构，但是只适用于对建筑的墙、吊顶或屋面结构进行测试。

GB/T 25207—2010 火灾试验 表面制品的实体房间火试验方法

起草单位

公安部天津消防研究所、公安部四川消防研究所。

主要起草人

李晋、张欣、张网、任常兴、王婕、吕东、孙金香、果春盛、刘松林。

适用范围

本标准规定了表面制品实体房间火试验装置、测量装置及试验程序。

本标准适用于墙壁内表面及天花板表面制品，尤其是因某种原因（绝热基材、接缝、较大的不规则表面的影响）不能以实验室规模进行试验的制品，如热塑材料。

本标准不适用于评价制品的耐火性能。

警示：试样在燃烧过程中，实验人员可能受到高温、有毒或有害气体的伤害，所以实验人员应配戴防护用具。

试验装置附近应设置灭火设施。

GB/T 27904—2011 火焰引燃家具和组件的燃烧性能试验方法

起草单位
公安部四川消防研究所。

主要起草人
李凤、卢国建、周晓勇、熊存建、朱亚明。

适用范围
本标准规定了家具和组件在火焰引燃下的燃烧性能试验方法。

本标准适用于各种场所的家具和组件（含坐垫、靠垫）。

警告：本标准并未指出所有可能的安全问题。使用者有责任采取适当的安全和健康措施，并保证符合国家有关法规规定的条件。

GB 8624—2012 建筑材料及制品燃烧性能分级

起草单位
公安部四川消防研究所、建筑材料工业技术监督研究中心、中国建筑材料科学研究总院、中国建筑科学研究院防火研究所、中国林业科学研究院木材工业研究所、拜耳材料科技（中国）有限公司、阿乐斯绝热材料（广州）有限公司、欧文斯科宁（中国）投资有限公司、亚罗弗保温材料（上海）有限公司、上海阿姆斯壮建筑制品有限公司、河北华美化工建材集团有限公司、常州晶雪冷冻设备有限公司、金发科技股份有限公司、烟台万华聚氨酯股份有限公司、南京法宁格节能科技有限公司。

主要起草人
李凤、赵成刚、卢国建、曾绪斌、邓小兵、刘松林、刘武强、刘海波、马道贞、陈志林。

适用范围
本标准规定了建筑材料及制品的术语和定义、燃烧性能等级、燃烧性能等级判据、燃烧性能等级标识和检验报告。

本标准适用于建设工程中使用的建筑材料、装饰装修材料及制品等的燃烧性能分级和判定。

GB 28374—2012　电缆防火涂料

起草单位

公安部四川消防研究所。

主要起草人

冯军、程道彬、覃文清、毛莹、胡新宇、刘凡敏。

适用范围

本标准规定了电缆防火涂料的术语和定义、一般要求、试验方法、检验规则、标志、包装、运输和贮存。

本标准适用于各类电缆防火涂料。

GB 28375—2012　混凝土结构防火涂料

起草单位

公安部四川消防研究所、交通部公路科学研究院、四川天府防火材料有限公司、杭州西子防火材料有限公司、长沙威特消防新材料科技有限公司、长沙民德消防工程涂料有限公司、洛阳佛尔达消防产品有限公司。

主要起草人

聂涛、程道彬、覃文清、王鹏翔、濮爱萍、孟志、袁亚利、马雨、毛朝君、刘恒权。

适用范围

本标准规定了混凝土结构防火涂料的术语和定义、产品分类、一般要求、技术要求、试验方法、检验规则及标志、包装、运输和贮存。

本标准适用于公路、铁路、城市交通隧道和石油化工储罐区防火堤等建（构）筑物混凝土表面的防火涂料。

GB 28376—2012　隧道防火保护板

起草单位

公安部四川消防研究所、交通部公路科学研究院、四川天府防火材料有限公司、上海新垒防火材料有限公司、重庆盛世涂料有限公司、长沙威特消防新材料科技有限公司、江西博奥防火材料有限公司、浙江东阳八佰家防火材料有限公司。

主要起草人

袁亚利、程道彬、聂涛、毛朝君、濮爱萍、王鹏翔、余威、张才、姚建军、刘恒权、曾绪斌。

适用范围

本标准规定了隧道防火保护板的术语和定义、产品分类、要求、试验方法、检验规则和包装、标志、运输和贮存。

本标准适用于在公路、城市交通隧道的混凝土结构表面使用的隧道防火保护板，铁路隧道可参照执行。

GB 31247—2014 电缆及光缆燃烧性能分级

起草单位

公安部四川消防研究所、上海电缆研究所、电信科学技术第五研究所、公安部沈阳消防研究所、四川明星电缆股份有限公司、中利科技集团股份有限公司、远东控股集团有限公司、上海市高桥电缆厂有限公司、杭州虎牌中策电缆有限公司、安徽华海特种电缆集团有限公司、杜邦中国集团有限公司、（苏州）康普国际贸易有限公司、百通赫思曼网络系统国际贸易（上海）有限公司、大金氟化工（中国）有限公司、耐克森凯讯（上海）电缆有限公司、苏威（上海）有限公司、3M中国有限公司、华迅工业（苏州）有限公司。

主要起草人

程道彬、李凤、冯军、屈励、王鹏翔、包光宏、余威、张翔、龚国祥、丁宏军、朱亚明、唐勇、胡新宇。

适用范围

本标准规定了电缆及光缆燃烧性能的术语与定义、燃烧性能等级及判据、附加信息和标识。

本标准适用于建设工程中使用的电缆及光缆的燃烧性能分级。

本标准不适用于电缆及光缆的耐火性能分级。

GB/T 14403—2014 建筑材料燃烧释放热量试验方法

起草单位

公安部四川消防研究所。

主要起草人

邓小兵、张羽、周敏莉、朱磊。

适用范围

本标准规定了建筑材料燃烧释放热量试验的术语和定义、试验装置、试样制备、试验条件、试验程序、试验结果的表述和试验报告。

本标准适用于对不产生燃烧熔滴物的平板状建筑材料进行燃烧试验，测量其单位面积质量损失和燃烧释放热量。

GB/T 30735—2014 屋顶及屋顶覆盖制品外部对火反应试验方法

起草单位

公安部四川消防研究所、西卡渗耐防水系统（上海）有限公司、中国建材检验认证集团苏州有限公司、广东省建筑科学研究院、广州市建筑材料工业研究所有限公司、上海华峰普恩聚氨酯有限公司。

主要起草人

曾绪斌、赵成刚、葛兆、刘松林、邓小兵、王元光、刘建勇、周全会、王宣程、赵丽、唐志勇。

适用范围

本标准规定了3种测试屋顶覆盖制品外部对火反应的试验方法，并分别规定了不同的试验条件：

（1）试验方法 A：火源 A；

（2）试验方法 B：火源 B 和风；

（3）试验方法 C：火源 C、风和附加辐射热。

本标准适用于建筑屋顶及屋顶覆盖制品包括其绝热层、防潮层或系统的外部对火反应试验。

GB/T 31248—2014 电缆或光缆在受火条件下火焰蔓延、热释放和产烟特性的试验方法

起草单位

公安部四川消防研究所、杜邦中国集团有限公司、（苏州）康普国际贸易有限公司、百通赫思曼网络系统国际贸易（上海）有限公司、大金氟化工（中国）有限公司、耐克森凯讯（上海）电缆有限公司、苏威（上海）有限公司、3M 中国有限公司、华迅工业（苏州）有限公司。

主要起草人

李风、程道彬、冯军、包光宏、胡锐、朱亚明、曾绪斌。

适用范围

本标准规定了在特定试验条件下，对垂直安装的成束电线电缆或光缆的火焰蔓延、热释放和产烟特性进行评价的试验装置和试验方法。

本标准适用于评价电缆或光缆的燃烧性能。

GB 12441—2018　饰面型防火涂料

起草单位

公安部四川消防研究所、公安部消防局、公安部消防产品合格评定中心、四川天府防火材料有限公司、武汉武立涂料有限公司、四川卓安消防材料有限公司、江苏冠军涂料科技集团有限公司、南京展拓消防设备有限公司。

主要起草人

程道彬、包光宏、王鹏翔、刘程、余威、冯军、唐勇、潘烽、薛黎。

适用范围

本标准规定了饰面型防火涂料的术语和定义、分类和型号、技术要求、试验方法、检验规则、标志、使用说明书、包装、运输及贮存。

本标准适用于各类饰面型防火涂料。

GB 14907—2018　钢结构防火涂料

起草单位

公安部四川消防研究所、公安部消防产品合格评定中心、四川天府防火材料有限公司、杭州西子防火材料有限公司、江苏兰陵高分子材料有限公司、北京金隅涂料有限责任公司、北京茂源防火材料厂、厦门市大平工贸有限公司、昆山市防火材料厂、广州督江防火材料有限公司、海龙核材科技（江苏）有限公司。

主要起草人

李凤、东靖飞、孟志、程道彬、聂涛、覃文清、濮爱萍、周晓勇、张才、姚建军、徐晓奕。

适用范围

本标准规定了钢结构防火涂料的术语和定义、分类和型号、技术要求、试验方法、检验规则及标志、包装、运输及贮存。

本标准适用于建（构）筑物钢结构表面使用的各类钢结构防火涂料。

GB/T 40237—2021　泡沫塑料着火性试验方法 电焊火花法

起草单位

应急管理部四川消防研究所、江苏晶雪节能科技股份有限公司、上海华峰普恩聚氨酯有限公司。

主要起草人

刘松林、赵成刚、曾绪斌、邓小兵、朱剑、贾富忠、唐志勇。

适用范围

本文件规定了在实验室条件下采用电焊火花冲击水平放置的泡沫塑料试样以测定其着火性能的试验方法。

本文件适用于各种硬质泡沫塑料和软质泡沫塑料，如聚苯乙烯、聚乙烯、聚氨酯、酚醛等材料。

GB/T 40238—2021 建筑材料及制品燃烧试验基材选取、试样状态调节和安装要求

起草单位

应急管理部四川消防研究所、北京市消防救援总队、浙江省消防救援总队、中国建材检验认证集团股份有限公司、赢胜节能集团有限公司、亚士创能科技（上海）股份有限公司。

主要起草人

赵成刚、曾绪斌、邓小兵、苗向阳、王莉萍、王祝坤、杨张捷、张君、查纯喜。

适用范围

本文件规定了建筑材料及制品燃烧实验的基材选取、试样状态调节和安装要求。

本文件规定的状态调节适用于建筑材料及制品的燃烧试验；基材选取及试样安装方法适用于按 GB/T 20284、GB/T 11785 和 GB/T 8626 测试并依据 GB 8624—2012 进行分级的建筑材料及制品。

XF 87—1994 防火刨花板通用技术条件

起草单位

公安部四川消防研究所。

主要起草人

曹伯寅、丁敏、魏华。

适用范围

本标准规定了防火刨花板的技术要求、试验方法和检验规则等。

本标准适用于建筑物内作为防火装修和隔断用的防火刨花板，用于其他场合的防火刨花板也可参照使用。

XF 91—1995　阻燃篷布通用技术条件

起草单位
公安部天津消防研究所。

主要起草人
马晓宁、姜晖、韩伟平、石秀芝、郝凤潮。

适用范围
本标准规定了橡胶或塑料双面涂层化纤阻燃篷布的技术要求和试验方法。

本标准适用于维纶或其他物理机械性能不低于维纶的化纤帆布为底布、天然橡胶及合成橡胶或聚氯乙烯糊树脂为涂层的双面涂敷阻燃篷布。

XF 96—1995　铺地纺织品静电性能参数及测量方法

起草单位
公安部沈阳消防研究所。

主要起草人
潘刚、史崇岳、马宝莲、刘振东。

适用范围
本标准规定了铺地纺织品防静电性能参数及测量方法。

本标准适用于耐久性铺地纺织品防静电性能参数的测量。

XF 303—2001　软质阻燃聚氨酯泡沫塑料

起草单位
公安部四川消防研究所。

主要起草人
苏栋梁、李海洲、黄儒琛。

适用范围
本标准规定了软质阻燃聚氨酯泡沫塑料的分类和定义、技术要求、试验方法、检验规则、包装、标志、运输、贮存。

本标准适用于聚醚型软质阻燃聚氨酯泡沫塑料和聚酯型软质阻燃聚氨酯泡沫塑料。

XF 305—2001　电气安装用阻燃PVC塑料平导管通用技术条件

起草单位

公安部四川消防研究所。

主要起草人

孙玉虎、魏华、冯军。

适用范围

本标准规定了电器安装用阻燃PVC塑料平导管的技术要求、试验方法、检验规则、标志、使用说明书、包装、运输及贮存等。

本标准适用于以聚氯乙烯树脂为主要原料，加入其他添加剂经挤出成型的阻燃PVC塑料刚性和可弯曲自恢复绝缘材料平导管；适用于2000 V以下的工业与建筑工程中的电线电缆保护。

XF 478—2004　电缆用阻燃包带

起草单位

公安部四川消防研究所、江苏省公安消防局、黑龙江省公安消防局、无锡科创电力通信器材有限公司、黑龙江省宝泉消防设备有限公司。

主要起草人

程道彬、李风、高宁宇、王鹏翔、张翔、朱红宇、张利君。

适用范围

本标准规定了电缆用阻燃包带的术语和定义、技术要求、试验方法、检验规则、标志及包装。

本标准适用于自粘性阻燃包带和非自粘性阻燃包带。

XF 495—2004　阻燃铺地材料性能要求和试验方法

起草单位

公安部四川消防研究所、上海市公安消防局、山东威海海马地毯集团公司、华源集团地毯有限公司、上海汇丽地板制品有限公司。

主要起草人

赵成刚、李风、濮爱萍、李惠菁、赵丽。

适用范围

本标准规定了阻燃铺地材料的定义、分类、技术要求、试验方法、检验规则及标签、包装、贮存等内容。

本标准适用于木质地板（浸渍纸层压饰面木质地板、实木复合地板）、机制地毯、塑胶地板等铺地材料。

XF 504—2004 阻燃装饰织物

起草单位

公安部四川消防研究所、山东华懋阻燃新材料科技有限责任公司。

主要起草人

张羽、卢国建、丁敏、张一民、李远明。

适用范围

本标准规定了阻燃装饰织物的分类、标记、技术要求、试验程序、检验规则及包装和标志。

本标准适用于窗帘、幕布、家具包布等装饰用纺织品。

本标准不适用于铺地织物。

XF/T 505—2004 材料的火灾场景烟气制取方法

起草单位

公安部四川消防研究所。

主要起草人

李邦昌、张羽、刘霖。

适用范围

本标准规定了材料连续产生模拟火灾场景毒性烟气的制取方法和装置。

本标准适用于材料产烟毒性危险评价及相关毒物成分分析。

本标准不适用于实际火灾场景烟气流温度模拟和实际火灾场景演变过程模拟。

XF/T 506—2004 火灾烟气毒性危险评价方法——动物试验方法

起草单位

公安部四川消防研究所。

主要起草人

李邦昌、刘霖、张羽。

适用范围

本标准规定了实验小鼠动态急性吸入烟气染毒试验方法和烟气毒性评价方法。

本标准适用于材料产烟毒性评价、火灾场景毒性评价、全规模火灾试验烟气毒性评价以及由成分分析结果推测烟气毒性危险的验证。

XF 535—2005　阻燃及耐火电缆　阻燃橡皮绝缘电缆分级和要求

起草单位

公安部四川消防研究所。

主要起草人

程道彬、李凤、冯军、张才、周天、杨胜武。

适用范围

本标准规定了阻燃橡皮绝缘电缆的定义、技术要求、试验方法、检验规则、标志及包装。

本标准适用于额定电压 450/750 V 及以下阻燃橡皮绝缘电缆。

XF 306.1—2007　阻燃及耐火电缆　塑料绝缘阻燃及耐火电缆分级和要求　第 1 部分：阻燃电缆

起草单位

公安部四川消防研究所、江苏省公安厅消防局、公安部天津消防研究所、宝胜集团有限公司、广东省公安厅消防局、四川省公安厅消防局。

主要起草人

程道彬、李凤、冯军、高宁宇、戴殿峰、唐崇健、肖裔平、周全会。

适用范围

XF 306 的本部分规定了塑料绝缘阻燃电缆的定义、技术要求、试验方法、检验规则、标志及包装。

XF 306 的本部分适用于额定电压 35 kV 及以下塑料绝缘阻燃电力电缆、额定电压 450/750 V 及以下塑料绝缘阻燃控制电缆和额定电压 450/750 V 及以下塑料绝缘阻燃电缆。

XF 306.2—2007　阻燃及耐火电缆　塑料绝缘阻燃及耐火电缆分级和要求　第 2 部分：耐火电缆

起草单位

公安部四川消防研究所、江苏省公安厅消防局、公安部天津消防研究所、宝胜集团有限公司、广东省公安厅消防局、四川省公安厅消防局。

[主要起草人]

程道彬、李凤、冯军、高宁宇、戴殿峰、唐崇健、肖裔平、周全会。

[适用范围]

XF 306 的本部分规定了塑料绝缘耐火电缆的定义、技术要求、试验方法、检验规则、标志及包装。

XF 306 的本部分适用于额定电压 0.6/1 kV 塑料绝缘耐火电力电缆、额定电压 450/750 V 及以下塑料绝缘耐火控制电缆和额定电压 450/750 V 及以下塑料绝缘耐火电缆。

XF/T 714—2007 构件用防火保护材料快速升温耐火试验方法

[起草单位]

公安部四川消防研究所、上海新华阻燃剂总厂、广州市保全普美建筑材料有限公司、福建省晋江华强防火涂料厂、营口市特种防火材料厂、广州市泰堡防火材料有限公司、上海南鼎新型建筑材料有限公司。

[主要起草人]

王良伟、李凤、卢国建、聂涛、赵华利、周晓勇。

[适用范围]

本标准规定了构件用防火保护材料快速升温耐火性能的试验装置、试验条件、试件要求、试验程序、判定条件和试验报告。

本标准适用于混凝土结构、钢筋混凝土结构、钢结构用防火保护材料，其他类型的结构用防火保护材料可参考采用。

XF 817—2009 喷射无机纤维防火材料的性能要求及试验方法

[起草单位]

公安部四川消防研究所、中国京冶工程技术有限公司、江苏冶建防腐材料有限公司。

[主要起草人]

张文华、程道彬、张泽江、周伦、兰彬、张硕生、杨晓菡、王东林、史优良。

[适用范围]

本标准规定了喷射无机纤维防火材料的定义、技术要求、试验方法、检验规则、标志、使用说明书、包装、运输及贮存。

本标准适用于室内结构保护的以无机纤维棉为主要成分的喷射无机纤维防火材料。

XF 159—2011 水基型阻燃处理剂

起草单位
公安部四川消防研究所。

主要起草人
张羽、卢国建、余威、刘松林、虞利强、周有贵。

适用范围
本标准规定了水基型阻燃处理剂的术语和定义、分类、技术要求、试验程序、检验规则、标志、包装、贮存等。

本标准适用于水基型阻燃处理剂。

XF 304—2012 塑料管道阻火圈

起草单位
公安部四川消防研究所。

主要起草人
孟志、聂涛、濮爱萍、马雨、马鸿、姚建军、王宣程、杜霄。

适用范围
本标准规定了塑料管道阻火圈的术语和定义、分类和型号、要求、试验方法、检验规则以及标志、包装、运输和贮存。

本标准适用于工业与民用建筑内部硬聚氯乙烯（PVC）塑料排水管道用阻火圈。

其他塑料管道用阻火圈可参照本标准。

XF/T 110—2013 建筑构件用防火保护材料通用要求

起草单位
公安部四川消防研究所。

主要起草人
张才、程道彬、聂涛、马雨、孟志、周晓勇、张斌。

适用范围
本标准规定了建筑构件用防火保护材料的术语和定义、分类、要求、试验方法、检验规则和标志、包装、运输、贮存。

本标准适用于除木结构以外的各类建筑构件的防火保护材料。

本标准不适用于饰面型防火涂料。

XF/T 3012—2020　钢结构防火保护板

起草单位

应急管理部四川消防研究所、浙江省消防救援总队、广东省消防救援总队、四川帕沃可矿物纤维制品有限公司、成都豫隆防火材料有限公司、广东新元素板业有限公司、宜春市金特建材实业有限公司。

主要起草人

张才、聂涛、程道彬、袁亚利、毛朝君、周洋、洪声隆、周晓勇、孟志、刘军、丁川、何思明、栗斌。

适用范围

本标准规定了钢结构防火保护板的定义及分类、技术要求、试验方法、检验规则、综合判定准则和包装、标志、标签、贮运、产品说明书等内容。

本标准适用于建（构）筑物工程钢结构表面使用的各类钢结构防火保护板。

八、建筑构件耐火性能

GB 14102—2005　防火卷帘

起草单位

公安部天津消防研究所、北京英特莱科技有限公司。

主要起草人

解凤兰、张相会、吴海江、韩庆发、刘晓慧、白淑英、张伟。

适用范围

本标准规定了防火卷帘的定义、分类、要求、试验方法、检验规则、标志、包装、运输和贮存。

本标准适用于工业与民用建筑中具有防火、防烟功能的防火卷帘。

本标准规定的无机纤维复合防火卷帘仅适用室内干燥通风的场所。

GB/T 12513—2006　镶玻璃构件耐火试验方法

起草单位

公安部天津消防研究所、广东金刚玻璃科技股份有限公司、深圳鹏基龙电安防股份有限公司、深圳南玻安全玻璃有限公司。

主要起草人

冯玉成、刘晓慧、胡群明、曹顺学、李博、李希全、田庆忠、张明罡、王金星、熊伟。

适用范围

本标准规定了隔热性镶玻璃构件和非隔热性镶玻璃构件当其一面受火时的耐火试验方法和耐火性能判定准则。

本标准适用于各种镶玻璃构件的耐火试验,如玻璃幕墙、玻璃隔墙等垂直、倾斜或水平安装的镶玻璃构件。

注意：执行本项试验的所有工作人员都应注意,耐火试验有可能对人身造成伤害。耐火试验过程中,可能会产生有毒或有害的烟尘和烟气。在试件的安装过程、试验过程和试验后试件的清理过程中,均有可能出现机械性伤害和操作性危险。

试验前要对所有潜在的危险及对健康的危害进行分析,并作出安全预告。对相关人员进行必要的培训。实验室工作人员应严格按照安全操作规程进行操作。

GB/T 16810—2006 保险柜耐火性能要求和试验方法

起草单位

公安部天津消防研究所、广东省东莞市公安消防支队。

主要起草人

刘晓慧、李博、张桂芳、孙甲斌、罗云庆、李希全。

适用范围

本标准规定了保险柜的分类与代号、耐火性能要求、试件要求、试验装置和测试仪器、标准耐火试验、耐火耐跌落试验、防爆试验、防爆兼耐火耐跌落试验、试验报告和标牌等内容。

本标准适用于保护纸张、磁带和计算机存储设备等保险柜的耐火试验。

GB 15930—2007 建筑通风和排烟系统用防火阀门

起草单位

公安部天津消防研究所、广州市泰昌实业有限公司。

主要起草人

解凤兰、赵华利、纪祥安、李希全、张君娜、张丽梅。

适用范围

本标准规定了建筑通风、空气调节和排烟系统用防火阀、排烟防火阀、排烟阀的术语和定义、分类及标记、材料及配件、要求、试验方法、检验规则、标志、包装、储运和贮存等。

本标准适用于工业与民用建筑、地下建筑的通风和空气调节系统中设置的防火阀，工业与民用建筑、地下建筑的机械排烟系统中设置的排烟防火阀、排烟阀。

GB 12955—2008 防火门

起草单位

公安部天津消防研究所、深圳市蓝盾实业有限公司、沈阳强盾防火门有限公司、深圳鹏基龙电安防股份有限公司、重庆美心·麦森门业有限公司、广东金刚玻璃科技股份有限公司、天津名门防火建材实业有限公司、北京光华安富业门窗有限公司、浙江唐门金属结构有限公司。

主要起草人

赵华利、刘晓慧、黄伟、李博、李希全、王鹏翔、张相会、纪祥安、吕滋立、于洋、夏明宪、张明罡、纪春传、唐俊烈。

适用范围

本标准规定了防火门的分类、代号与标记、要求、试验方法、检验规则、标志、包装、运输和贮存等内容。

本标准适用于平开式木质、钢质、钢木质防火门和其他材质防火门。

其他开启方式的防火门，可参照本标准执行。

GB 16809—2008 防火窗

起草单位

公安部天津消防研究所、广东金刚玻璃科技股份有限公司、天津名门防火建材实业有限公司。

主要起草人

韩伟平、赵华利、周国平、李博、姜晖、曹顺学、王颖、张明罡。

适用范围

本标准规定了防火窗的产品命名、分类与代号、规格与型号、要求、试验方法、检验规则、标志、包装、运输和贮存等。

本标准适用于建筑中具有采光功能的钢质防火窗、木质防火窗和钢木复合防火窗，建筑用其他防火窗可参照执行。

GB/T 7633—2008 门和卷帘的耐火试验方法

起草单位

公安部天津消防研究所、深圳市鹏基龙电安防股份有限公司。

主要起草人

张相会、白淑英、赵华利、韩伟平、曹文红、黄伟、钱涛、谢凤兰、刘晓慧、俞祚福。

适用范围

本标准规定了安装在垂直分隔构件开口处的门和卷帘总成的耐火试验方法。如：
（1）铰链门、枢轴门；
（2）水平滑动门、垂直滑动门，包括链接滑动门和分段门；
（3）卷帘门；
（4）其他滑动、折叠门；
（5）翻板门；
（6）可在墙中移动的板。

本标准规定的试验方法也可通过类推法用于测定非承重水平门和卷帘的耐火性能，第13章中给出的直接应用范围不适用于水平门。

本标准不包括机械适应性方面的要求，例如震动试验或耐久试验，它们包含在相关产品标准中。

注意：组织和参加本项试验的所有人员应注意，耐火试验可能存在危险。因为在耐火试验过程中有可能产生有毒和/或有害的烟尘和烟气；另外，在试件安装、试验过程和试验后残余物的清理过程中，也可能出现机械危害和操作危险。所以，应对所有潜在的危险及对健康的危害进行评估，并作出安全预告。对相关人员进行必要的培训，以确保试验室工作人员按照安全规程操作。

GB/T 9978.1—2008 建筑构件耐火试验方法

第1部分：通用要求

起草单位

公安部天津消防研究所。

主要起草人

赵华利、韩伟平、黄伟、董学京、陈映雄、李强、李博、李希全、阮涛、刁晓亮、白淑英。

适用范围

GB/T 9978的本部分规定了各种结构构件在标准受火条件下确定其耐火性能的试验方法。

GB/T 9978.2—2019　建筑构件耐火试验方法
第2部分：耐火试验试件受火作用均匀性的测量指南

起草单位

应急管理部天津消防研究所。

主要起草人

李希全、李涛、李国辉、赵华利、胡园、郑巍、黄伟、董学京、刁晓亮、阮涛、冉令譞、王轶杰、白斌。

适用范围

GB/T 9978 的本部分规定了一种试验方法，用以测量试件在耐火试验炉中按照 GB/T 9978.1 的规定进行耐火试验时的受火作用均匀性。本部分给出了模拟试件表面附近温度、空气流速和氧含量等参数测量仪器的类型和布置位置，模拟试件内部为冷弯型钢骨架，试件受火面的表面为石膏板。

GB/T 9978 的本部分不包括耐火试验炉的性能要求。

GB/T 9978.3—2008　建筑构件耐火试验方法
第3部分：试验方法和试验数据应用注释

起草单位

公安部天津消防研究所。

主要起草人

韩伟平、赵华利、王颖、黄伟、李博、安冰、李希全、阮涛、刁晓亮、俞颖飞、董学京、白淑英。

适用范围

GB/T 9978 的本部分提供的信息是建议性的，目的是为耐火试验方法和试验数据的应用提供指南。

GB/T 9978 的本部分也确定了将来的修订版可能通过研究而获得改进的内容，如：与试件组件性能相关的试验现象及其与实际建筑结构之间的关系，与试验仪器和试验方法相关的技术。

GB/T 9978.4—2008　建筑构件耐火试验方法
第4部分：承重垂直分隔构件的特殊要求

起草单位

公安部天津消防研究所。

|主|要|起|草|人|

董学京、赵华利、韩伟平、黄伟、严洪、李博、李希全、阮涛、刁晓亮、白淑英。

|适|用|范|围|

GB/T 9978 的本部分规定了测试承重垂直分隔构件一面受火时的耐火性能试验方法。

GB/T 9978 的本部分适用于承重垂直分隔构件的耐火性能试验；当未经试验的建筑构件结构符合本部分给出直接应用范围规定条件时，已按本部分规定进行了耐火试验建筑构件，其耐火性能结果可应用于未经试验的同类建筑构件。

GB/T 9978.5—2008 建筑构件耐火试验方法
第 5 部分：承重水平分隔构件的特殊要求

|起|草|单|位|

公安部天津消防研究所。

|主|要|起|草|人|

李博、赵华利、韩伟平、黄伟、董学京、董燕、李希全、阮涛、刁晓亮、白淑英。

|适|用|范|围|

GB/T 9978 的本部分规定了确定表面为受火面的承重水平分隔构件耐火性能的试验方法。

如果屋顶或楼板等构件没有梁的支撑无法进行试验时，本部分也适用于该类带梁的承重水平分隔构件。然而，试验数据不能直接在这两种试件构件间进行传递应用。

当未经试验建筑构件的结构符合本部分给出的直接应用范围规定的条件时，已按本部分规定进行耐火试验的构件耐火性能结果可应用于未经试验的同类建筑构件。

GB/T 9978.6—2008 建筑构件耐火试验方法
第 6 部分：梁的特殊要求

|起|草|单|位|

公安部天津消防研究所。

|主|要|起|草|人|

李希全、赵华利、韩伟平、黄伟、董学京、宫云财、李博、阮涛、刁晓亮、白

淑英。

适用范围

GB/T 9978 的本部分内容规定了在判定梁耐火性能时应遵循的试验方法。

通常情况下,梁是底面和两侧面受火。当梁四面受火或少于三面受火时,受火条件应做必要改变。梁作为楼板结构的一部分,应按 GB/T 9978.5 的相应规定和楼板结构共同试验,并对其完整性和/或隔热性进行评定。

当未经试验建筑构件的结构符合本部分给出的直接应用范围规定的条件时,已按本部分规定进行了耐火试验的构件,其耐火性能结果可应用于未经试验的同类建筑构件。

GB/T 9978 的本部分试验方法的总则指南见附录 A。

GB/T 9978.7—2008 建筑构件耐火试验方法

第 7 部分:柱的特殊要求

起草单位

公安部天津消防研究所。

主要起草人

阮涛、赵华利、韩伟平、黄伟、王军、董学京、李博、李希全、刁晓亮、白淑英。

适用范围

GB/T 9978 的本部分内容规定了确定柱构件耐火性能的试验程序。

柱在进行耐火试验时所有轴向侧面均受火,当实际受火面少于 4 个时,应重新确定相应的试验条件。

当未经试验建筑构件的结构符合本部分给出的直接应用范围规定的条件时,已按本部分规定进行耐火试验的构件耐火性能结果可应用于未经试验的同类建筑构件。

附录 A 提供了该试验方法的一般性指导。

GB/T 9978.8—2008 建筑构件耐火试验方法

第 8 部分:非承重垂直分隔构件的特殊要求

起草单位

公安部天津消防研究所。

主要起草人

黄伟、赵华利、韩伟平、董学京、亓峒和、李博、李希全、阮涛、刁晓亮、白淑英。

适用范围

GB/T 9978 本部分内容规定了确定一面受火并符合本部分条件的非承重垂直分隔构件耐火性能的试验程序。不适用于幕墙（悬挂于楼板底端的非承重隔墙）和镶玻璃（或带门）隔墙。

当未经试验建筑构件的结构符合本部分给出的直接应用范围规定的条件时，已按本部分规定进行耐火试验的构件耐火性能结果可应用于未经试验的同类建筑构件。

GB/T 9978.9—2008 建筑构件耐火试验方法
第9部分：非承重吊顶构件的特殊要求

起草单位

公安部天津消防研究所。

主要起草人

刁晓亮、赵华利、韩伟平、黄伟、董学京、俞颖飞、李博、李希全、阮涛、白淑英。

适用范围

GB/T 9978 本部分内容规定了确定下部受火的非承重吊顶构件耐火性能的试验程序，该类吊顶构件具有的耐火性能不受其上部任何建筑构件的影响。本部分适用于非承重吊顶构件，包括自支承式吊顶、悬挂式吊顶和简支式吊顶。

当未经试验建筑构件的结构符合本部分给出的直接应用范围规定的条件时，已按本部分规定进耐火试验的构件耐火性能结果可应用于未经试验的同类建筑构件。

GB/T 9978 的本部分不适用于作为水平防火分隔构件用以保护其上方承重构件的吊顶，该类吊顶构件的耐火性能可以按 GB/T 9978.5 进行试验。

注意事项：试件的安装、试验和剩余物的处理过程中都存在着一定的危险性，试验期间还可能会产生一些有毒或有害的烟尘和气体。因此，相应部门要对与试验有关的工作人员进行必要的培训，使之充分了解试验的危险性，并在试验前做好安全防范措施。试验过程中工作人员必须严格按安全操作规程进行操作，试验后应妥善处理试件的残余物，以充分保证工作人员的身体健康和人身安全。

GB 16807—2009 防火膨胀密封件

起草单位

公安部天津消防研究所、石狮市天宏金属制品有限公司、深圳市龙电科技实业有限公司、浙江唐门金属结构有限公司。

|主要起草人|

戴殿峰、董学京、薛思强、黄伟、李博、王培育、李希全、王伯涛、冯珂星、王金星、骆国勇。

|适用范围|

本标准规定了防火膨胀密封件的术语和定义、基本结构、分类、代号和型号、规格、要求、试验方法、检验规则、标志、包装、运输和贮存等。

本标准适用于防火门、防火窗、防火卷帘、防火阀、防火玻璃隔墙等建筑构配件使用的具有防火密封功能的防火膨胀密封件。

车、船、飞机中的防火膨胀密封件也可参照使用。

GB/T 17428—2009 通风管道耐火试验方法

|起草单位|

公安部天津消防研究所、广州市保全普美建筑材料有限公司、宜春市金特建材实业有限公司。

|主要起草人|

解凤兰、赵华利、董学京、李希全、何建枫、吴勇。

|适用范围|

本标准规定了水平通风管道在标准火条件下的耐火性能试验方法，用来检验通风管道承受外部火（管道A）和内部火（管道B）作用时的耐火性能。垂直管道的耐火试验可参照本标准执行。

本标准不适用于：

（1）耐火性能取决于吊顶耐火性能的管道；

（2）带检修门的管道，除非将检修门纳入管道中一起试验；

（3）两面或三面的管道；

（4）排烟管道；

（5）与墙或楼板连接的吊挂固定件。

警示：组织和参加本项试验的所有人员应注意，耐火试验可能有危险。在耐火试验过程中有可能产生有毒和/或有害的烟尘和烟气。在试件安装、试验过程和试验后残余物的清理过程中，也可能出现机械危害和操作危险。

在耐火试验后，拆除管道前，管道应完全冷却，达到可燃残余物无复燃的可能。

应对所有潜在的危险及对健康的危害进行评估，并做出安全预告。应颁布操作规程，对相关人员进行必要的培训，确保实验室工作人员按操作规程操作。

GB/T 24573—2009　金库和档案室门耐火性能试验方法

起草单位

公安部天津消防研究所、浙江唐门金属结构有限公司、深圳市龙电科技实业有限公司。

主要起草人

黄伟、吴礼龙、李博、李希全、董学京、刁晓亮、王岚、阮涛、骆朝阳、王金星。

适用范围

本标准规定了金库和档案室门耐火性能分级、耐火试验装置、试验条件、试件要求、试验程序、试验结果表示和试验报告等。

本标准适用于密闭空间且最大内容积为 142 m³ 的固定和移动式金库的门,也适用于最大内容积为 1420 m³ 密闭空间的档案室的门。金库门或档案室门按本标准进行试验后试验结果的应用方法参见附录 A。

GB/T 26784—2011　建筑构件耐火试验
可供选择和附加的试验程序

起草单位

公安部天津消防研究所。

主要起草人

李希全、赵华利、韩伟平、黄伟、董学京、李博、阮涛、刁晓亮、白淑英、王岚。

适用范围

本标准规定了建筑构件在特定火灾环境条件下进行耐火试验时可供选择的火灾升温曲线和其他可附加的试验程序。可供选择的火灾升温曲线包括碳氢(HC)升温曲线、室外火灾升温曲线、缓慢升温曲线、电力火灾升温曲线和隧道火灾 RABT-ZTV 升温曲线,可附加的试验程序包括重物冲击试验程序、喷水冲击试验程序和辐射热测量程序。

本标准适用于需要在特定的火灾升温曲线条件下进行耐火试验和/或需要在耐火试验过程中附加其他试验的建筑构件或建筑配件。

除非对任何一种可供选择的火灾升温曲线有特殊需要,否则耐火试验仍应采用 GB/T 9978.1 规定的标准温度-时间曲线。当有特殊需要时,可根据有关要求选择进行附加的重物冲击试验、喷水冲击试验或辐射热测量。

警告:建筑构件的耐火试验存在潜在的危险,在耐火试验过程中可能产生有毒和/或有害的烟尘和烟气。在试件安装、试验和试验后残余物的清理过程中,也有可能出现机械危害和操作危险。应对所有潜在的危险及对健康的危害进行评估,并作出安全预告。应颁布操作规程,对相关人员进行必要的培训,确保实验室工作人员按操作规程操作。

GB/T 27903—2011 电梯层门耐火试验 完整性、隔热性和热通量测定法

起草单位
公安部天津消防研究所、深圳市龙电科技实业有限公司。

主要起草人
黄伟、赵华利、李博、李希全、董学京、刁晓亮、王金星、王岚、阮涛。

适用范围
本标准规定了电梯层门耐火试验通用方法的术语和定义、耐火性能代号与分级、试验装置、试件条件、试件准备、试验程序、试验结果、试验结果的有效性以及试验报告等。

本标准适用于各种类型的电梯层门。

GB/T 29416—2012 建筑外墙外保温系统的防火性能试验方法

起草单位
公安部天津消防研究所、中国建筑科学研究院、公安部四川消防研究所、北京振利高新技术有限公司、山东圣泉化工股份有限公司、中国聚氨酯工业协会。

主要起草人
王国辉、田亮、卓萍、张晓颖、赵璧、韩伟平、项凯、胡胜利、吴颖捷、季广其、赵成刚、崔荣华、黄振利、唐路林、李建波、朱春玲、王建强、胡永腾、张志敏。

适用范围
本标准规定了建筑外墙外保温系统防火性能试验的术语和定义、试验装置、试样、状态调节、试验程序、试验后的检查、试验结果判定和试验报告等。

本标准适用于安装在建筑外墙上的非承重外保温系统的防火性能试验。

本标准不适用于安装在建筑外墙上的呼吸式玻璃幕墙结构外保温系统的防火性能试验。

安全警示：组织和参加本项试验的所有人员需注意可能存在的危险。在试验过程中有可能出现外保温系统全面燃烧并产生有毒和（或）有害烟尘、烟气的情况，在试件安装、试验实施和试验后残余物清理的过程中也可能出现机械危害和操作危险。因此，试验室需配备试验人员的安全防护装备和相应的灭火设施，对所有潜在的危险及对健康的危害进行评估并做出安全预告。试验相关人员需进行必要的培训，以确保工作人员按照规定的安全规程进行操作。

GB 29415—2013 耐火电缆槽盒

起草单位
公安部天津消防研究所、石狮市天宏金属制品有限公司。

主要起草人
李博、赵华利、黄伟、李希全、董学京、王培育、阮涛、刁晓亮、王岚、白淑英。

适用范围
本标准规定了耐火电缆槽盒的术语和定义、产品分类、要求、试验方法、检验规则及标志、包装、运输和贮存。

本标准适用于工业与民用建筑中室内环境使用的、敷设 1 kV 以下电缆的耐火电缆槽盒。

室外环境使用的耐火电缆槽盒可参考本标准。

GB 30051—2013 推闩式逃生门锁通用技术要求

起草单位
公安部天津消防研究所、北京科进天龙控制系统有限公司。

主要起草人
赵华利、黄伟、李博、李希全、王宝伟、安冰、何培重。

适用范围
本标准规定了推闩式逃生门锁的术语和定义、分类、要求、试验方法、检验规则及标志、包装、运输和贮存。

本标准适用于安装在疏散门上的推闩式逃生门锁。

XF 97—1995 防火玻璃非承重隔墙通用技术条件

起草单位
公安部天津消防研究所、公安部四川消防科研所。

主要起草人
杨兆麟、王国辉、袁凤林、田兰允、吴颖捷、王志远。

适用范围
本标准规定了防火玻璃隔墙的分类、技术要求、检验方法、检验规则及包装、标志、运输、贮存等内容。

本标准适用于工业与民用建筑非承重垂直用防火玻璃隔墙。

XF 93—2004　防火门闭门器

起草单位
公安部天津消防研究所、浙江瑞安市瑞迪五金门控有限公司。

主要起草人
刘晓慧、吴海江、白淑英、冯玉成、张君娜。

适用范围
本标准规定了防火门闭门器的分类、规格、标记、要求、试验装置、试验方法、检验规则、标志、包装、运输和贮存等。

本标准适用于安装在防火门和防火窗上使用的无定位装置的闭门器。

XF/T 537—2005　母线干线系统（母线槽）阻燃、防火、耐火性能的试验方法

起草单位
公安部天津消防研究所、杰帝母线（上海）有限公司。

主要起草人
张相会、徐桦、纪祥安、孙甲斌、胡群明、王常余。

适用范围
本标准规定了母线干线系统（母线槽）的阻燃、防火、耐火性能的试验装置、试验条件、试件要求、试验程序、判定条件和试验报告。

本标准适用于额定交流电压不大于 1000 V，频率为 50 Hz 或 60 Hz 的母线干线系统（母线槽）。

XF 603—2006　防火卷帘用卷门机

起草单位
公安部天津消防研究所、漳州市杰龙机电有限公司、温州市和谐机电有限公司。

主要起草人
宋扬、白淑英、张相会、马建明、王诣青、孙甲斌、李博、李希全。

适用范围
本标准规定了防火卷帘用卷门机的术语和定义、要求、试验方法、检验规则、标志、包装、运输和贮存等内容。

本标准适用于防火卷帘配套使用的卷门机。

XF/T 798—2008 排油烟气防火止回阀

起草单位

公安部天津消防研究所、南京超成环保建材有限公司。

主要起草人

王诣青、宋焕瞳、董学京、李希全、孙卫东、杭兆全、赵青松。

适用范围

本标准规定了排油烟气防火止回阀的术语和定义、分类、代号与型号标记、材料和结构、要求、试验方法、检验规则、标志、包装、储运、使用说明书和贮存等。

本标准适用于建筑内厨房排油烟集中管道和卫生间排风共用管道上设置的排油烟气防火止回阀。

XF 211—2009 消防排烟风机耐高温试验方法

起草单位

公安部天津消防研究所。

主要起草人

赵华利、吴礼龙、解凤兰、李希全、董学京、李强、俞颖飞。

适用范围

本标准规定了机号不大于 No.18 的轴流式（与之相应的离心式）消防排烟风机在试验室进行耐高温试验的试验装置、风机安装、试验方法、判定准则和试验报告等；机号大于 No.18 的轴流式（与之相应的离心式）消防排烟风机采用电加热试验装置只进行耐高温试验，不测高温状态下的空气动力性能，仅测量风机常温下的空气动力性能。

本标准适用于工业与民用建筑、人防工程等建筑物、隧道、地铁内安装的消防排烟风机的耐高温性能测试。

XF 533—2012 挡烟垂壁

起草单位

公安部天津消防研究所、漳州市杰龙机电有限公司、漳州市麒麟电子有限公司、上海森林特种钢门有限公司、北京光华安富业门窗有限公司。

主要起草人

董学京、李希全、郑巍、马建明、刁晓亮、连旦军、李涛、丁建国、彭泽群、欧阳晖、王福深、纪春传。

适用范围

本标准规定了挡烟垂壁的术语和定义、分类、要求、试验方法、检验规则以及标志、包装、运输和贮存。

本标准适用于工业与民用建筑中设置防烟分区所使用的挡烟垂壁。

九、消防管理

GB 25201—2010　建筑消防设施的维护管理

起草单位

公安部消防局、江苏省公安厅消防局。

主要起草人

李淑惠、刘激扬、丁余平、周广连、廖平、冯婧钰、李锦成、陈秉安、张先来、张梅红、郭玲玲、刘喜娟、唐卫君、王宗存。

适用范围

本标准规定了建筑消防设施维护管理的内容、方法和要求。

本标准适用于在用建筑消防设施的维护管理。

GB 25203—2010　消防监督技术装备配备

起草单位

公安部消防局、黑龙江省公安厅消防局、公安部天津消防研究所、北京市公安局消防局。

主要起草人

李淑惠、刘激扬、刘伟、鲁志宝、梁国福、敖铭翰、于尔伶、李锦成、安冰、李军、陈秉安、张梅红、胡锐、唐卫君、韩巍、张莹、郭玲玲、王刚、伍林、胡安雄。

适用范围

本标准规定了公安机关消防机构和具有消防监督职责的公安派出所消防监督技术装备的配备级别、类别、配备原则、配备要求和维护管理等内容。

本标准适用于各级公安机关消防机构和具有消防监督职责的公安派出所的消防监督技术装备配备。

具有法定消防监督职责的公安机关参照执行。

法人和其他组织的消防安全管理部门可根据需要参照执行。

GB 35181—2017　重大火灾隐患判定方法

起草单位

公安部消防局、公安部天津消防研究所、四川省公安消防总队、广东省公安消防总队、湖北省公安消防总队。

主要起草人

刘激扬、亓延军、李彦军、倪照鹏、马锐、韩子忠、阚强、黄韬、吴丹、鲁云龙、薄建伟、朱惠军、肖蓉、高维娜、谭远林。

适用范围

本标准规定了重大火灾隐患的术语和定义、判定原则和程序、判定方法、直接判定要素和综合判定要素等。

本标准适用于城乡消防安全布局、公共消防设施、在用工业与民用建筑（包括人民防空工程）及相关场所因违反消防法律法规、不符合消防技术标准而形成的重大火灾隐患的判定。

GB/T 38315—2019　社会单位灭火和应急疏散预案编制及实施导则

起草单位

山东省消防救援总队、应急管理部消防救援局、应急管理部沈阳消防研究所、重庆市消防救援总队。

主要起草人

王伟、鲁云龙、董新明、焦培文、王林静、丁宏军、李伟、刘沐炎、宋立巍、蔡锐、胡逊。

适用范围

本标准规定了机关、团体、企业、事业单位编制灭火和应急疏散预案的编制程序、主要内容、预案的实施、演练考核。

本标准适用于机关、团体、企业、事业单位灭火和应急疏散预案的编制、培训及演练等工作。

GB/T 40248—2021　人员密集场所消防安全管理

起草单位

应急管理部天津消防研究所、应急管理部消防救援局、海南省消防救援总队、北京市消防救援总队、广东省消防救援总队、湖北省消防救援总队、山西省消防救援总队。

主要起草人

倪照鹏、刘激扬、王宗存、鲁云龙、胡锐、阚强、韩子忠、李云浩、吴和俊、朱惠军、朱江。

适用范围

本文件提出了人员密集场所的消防安全管理要求和措施，包括总则、消防安全责任、消防组织、消防安全制度和管理、消防安全措施、灭火和应急疏散预案编制和演练、火灾事故处置和善后。

本文件适用于具有一定规模的人员密集场所及其所在建筑的消防安全管理。

XF 503—2004 建筑消防设施检测技术规程

起草单位

公安部消防局、公安部天津消防研究所。

主要起草人

李淑惠、何以申、刘激扬、丁余平、黄凤梅、苏丹、刘咏梅、冯爱全。

适用范围

本标准规定了检查和测试建筑消防设施的技术要求，并提供了方法。

本标准适用于建筑消防设施的检查和测试。

XF 703—2007 住宿与生产储存经营合用场所消防安全技术要求

起草单位

公安部消防局、上海市公安消防总队、浙江省公安消防总队、江苏省公安消防总队、公安部天津消防研究所。

主要起草人

郭铁男、朱力平、马恒、李淑惠、沈纹、季俊贤、沈友弟、赵庆平、冯王碧、熊军、朱鸣、冯婧钰、宋树欣、田亮、倪照鹏、王宗存。

适用范围

本标准提出了住宅与生产储存经营合用场所（俗称"三合一"）的限定条件，并规定了住宅与生产储存经营合用场所的防火分隔措施、疏散设施、消防设施，以及火源控制等消防安全技术要求。

本标准适用于既有住宿与生产储存经营合用场所的消防安全治理。

XF 1131—2014　仓储场所消防安全管理通则

起草单位

中国人民武装警察部队学院、公安部消防局。

主要起草人

蔡芸、刘激扬、魏东、韩子忠、鲁云龙、马建民、曹顺学、张梅红、苏丹、王倩、王欣、张福东、李文莉、周亮、杨军。

适用范围

本标准规定了仓储场所消防安全管理的一般要求、消防安全职责、消防安全检查、储存管理、装卸安全管理、用电安全管理、消防设施和消防器材管理、氨制冷储存场所管理、石油库管理、棉花储存场所管理、粮食储存场所管理等。

本标准适用于既有仓储场所。

本标准不适用于炸药仓库、花炮仓库。

XF 1157—2014　消防技术服务机构设备配备

起草单位

公安部消防局、江苏省公安消防总队、黑龙江省公安消防总队、江苏建安消防服务中心、哈尔滨宏兴消防工程检测有限公司。

主要起草人

王瑛、韩子忠、刘激扬、王宝伟、房立蓉、张金宝、叶兴亮、吴义新、谢照荣、郭洪林。

适用范围

本标准规定了消防技术服务机构设备配备的术语和定义、设备分类和配备级别、配备要求、设备的管理与维护等内容。

本标准适用于消防技术服务的建筑消防设施的设备配备，以及公安机关消防机构依法对其实施的监督管理活动。

XF 836—2016　建设工程消防验收评定规则

起草单位

公安部消防局、四川省公安消防总队、广东省公安消防总队、北京市公安消防总队。

主要起草人

刘激扬、亓延军、李彦军、韩子忠、吴和俊、倪照鹏、黄韬、黄凤梅、马云逸、杨栋、杨庆、吴丹、徐大军。

适用范围

本标准规定了建设工程消防验收的内容、程序和技术要求，并提供了评定方法。

本标准适用于公安机关消防机构依法对新建、扩建、改建（含室内外装修、建筑保温、用途变更）等建设工程竣工后实施的消防验收和竣工验收消防备案检查。

XF 1290—2016 建设工程消防设计审查规则

起草单位

公安部消防局、公安部天津消防研究所、广东省公安消防总队、四川省公安消防总队。

主要起草人

亓延军、刘激扬、李彦军、韩子忠、吴和俊、倪照鹏、薛亚群、李悦、杨庆、王欣、杨栋、黄韬。

适用范围

本标准规定了建设工程消防设计审查的术语和定义、一般要求、审查内容、结果判定和档案管理等。

本标准适用于公安机关消防机构依法对新建、扩建、改建（含室内外装修、建筑保温、用途变更）等建设工程的消防设计审核和备案检查。

消防设计单位自审查、施工图审查机构实施的消防设计文件技术审查，可参照执行。

XF/T 1300—2016 社会消防安全培训机构设置与评审

起草单位

公安部消防局、天津市公安消防总队、上海市公安消防总队、湖北省公安消防总队、北京清华城市规划设计研究院消防科学技术研究所。

主要起草人

张明灿、王宝伟、谢树俊、谢涛、韩子忠、俞君峰、米文忠、丁显孔、李振锁。

适用范围

本标准规定了社会消防安全培训机构的分类、设置条件以及场地、设施、师资及管理人员要求，规范了社会消防安全培训机构的评审程序和内容。

本标准适用于社会消防安全培训机构的设置和评审。

XF/T 1338—2016 火灾隐患举报投诉中心工作规范

起草单位

公安部消防局、广东省公安消防总队、北京市公安消防总队、上海市公安消防总队、山东省公安消防总队、公安部天津消防研究所。

主要起草人

亓延军、刘激扬、鲁云龙、彭洛克、张浩、喻卫刚、钟蔚彬、王林静、刘玉波、倪照鹏、吴靖。

适用范围

本标准规定了火灾隐患举报投诉中心的建设和运行管理，以及火灾隐患举报投诉处置、信息研判、实施奖励和档案管理等方面的要求。

本标准适用于公安机关消防机构火灾隐患举报投诉中心的建设和运行管理工作。

XF 1283—2015 住宅物业消防安全管理

起草单位

四川省公安消防总队、公安部消防局、江苏省公安消防总队、内蒙古自治区公安消防总队、四川省住房和城乡建设厅。

主要起草人

黄勇、韩子忠、杨庆、刘激扬、李彦军、孟祥敏、叶年忠、李忠、王瑛、夏锐、刘卓尔、陈刚。

适用范围

本标准规定了住宅物业消防安全管理的术语和定义、一般要求、消防安全责任、日常消防安全管理、火情处置和协调调查，以及消防档案等。

本标准适用于实施物业管理的住宅物业的消防安全管理工作，未实施物业管理的住宅管理单位可参照执行。

XF/T 579—2005 城市轨道交通消防安全管理

起草单位

公安部天津消防研究所、中国矿业大学、天津市消防局、北京市消防局、上海市消防局、广东省消防总队、北京市地铁公安分局、广州市地铁总公司、上海能美西科姆消防设备有限公司。

主要起草人

倪照鹏、程远平、黄振兴、阚强、杨永志、原震、姚永祥、沈奕辉、陈焕、古晋、刘汝义、郑臻毅。

适用范围

本标准规定了地铁、轻轨等城市轨道交通在运营过程的危险源控制，各级、各类人员的消防安全责任和职责，灭火和应急疏散预案与演练，消防设施检查及维护管理，消防宣传教育，人员培训和消防档案管理等消防安全工作的管理要求。

本标准适用于城市轨道交通的消防安全管理。

XF/T 1245—2015 多产权建筑消防安全管理

起草单位

公安部天津消防研究所、公安部消防局天津市公安消防总队、浙江省公安消防总队、湖北省公安消防总队、上海市公安消防总队、江苏省公安消防总队、广州市公安消防支队。

主要起草人

张欣、王婕、杜霞、任常兴、刘激扬、王欣、吕东、王建刚、陈煜、冯王碧、吴丹、顾金龙、俞翔、果春盛、张网、孙金香。

适用范围

本标准规定了多产权建筑消防安全管理中产权方、使用方和统一管理单位的消防安全职责，并对多产权建筑消防安全管理提出相应的管理措施。

本标准适用于多产权建筑的消防安全管理工作，单一产权多使用方建筑的消防安全管理可参照本标准。

XF/T 1463—2018 文物建筑消防安全管理

起草单位

山西省公安消防总队、中国人民武装警察部队学院、公安部消防局、青海省公安消防总队、陕西省公安消防总队、吉林省公安消防总队、西藏自治区公安消防总队。

主要起草人

王勇、张华东、景绒、胡锐、王静波、张香萍、张元鹏、魏东、王增华、朱江、靳威、李芳、张耀泽、岳鹏、赵武军、武丽珍、谢景荣、周郑。

适用范围

本标准规定了文物建筑单位以及相关人员的消防安全责任与职责、消防组织、消防安全检查、消防设施器材设置与管理、火灾危险源控制与管理、消防宣传与培训、灭火和应急疏散、消防档案等要求和措施。

本标准适用于具有火灾危险性且对公众开放的文物建筑,其他文物建筑的消防安全管理可参照本标准执行。

XF/T 3004—2020 汽车加油加气站消防安全管理

起草单位

辽宁省消防救援总队、北京市消防救援总队、中国石油天然气股份有限公司辽宁沈阳销售分公司、上海市消防救援总队、重庆市消防救援总队、浙江省消防救援总队。

主要起草人

李建春、马辛、马伟明、李云浩、胡逖、王余胜、周洋、谢佳、李苗、张坤、徐亮、苗迦熙、李丹丹。

适用范围

本标准规定了汽车加油加气站消防安全管理的一般规定、岗位职责、消防安全制度和安全操作规程、站房设备管理、消防安全标识、防火防爆管理、防火检查与巡查、火灾隐患整改、消防安全教育培训、灭火和应急疏散预案编制及演练、消防档案管理等内容。

本标准适用于营业性汽车加油加气站的消防安全管理,其他加油加气站可参照执行。

XF/T 3005—2020 单位消防安全评估

起草单位

江苏省消防救援总队、应急管理部消防救援局、应急管理部天津消防研究所、吉林省消防救援总队、浙江省消防救援总队、河南省消防救援总队、天津市消防救援总队。

主要起草人

丁余平、王献忠、王宝伟、鲁云龙、王宗存、冯婧钰、周洋、段炼、廖曙江、杨栋、孙宇、王同喜、王肖、苑军、许丹。

适用范围

本标准提出了机关、团体、企业、事业单位消防安全评估的内容、程序和方法。

本标准适用于消防技术服务机构对机关、团体、企业、事业单位的消防安全评估。

机关、团体、企业、事业单位开展自我消防安全评估可参照执行。

本标准不适用于对工业生产工艺、设施的消防安全评估。

十、灭火救援

GB/T 29175—2012 消防应急救援 技术训练指南

起草单位

公安部上海消防研究所。

主要起草人

施巍、张学魁、张磊、魏捍东、朱青、薛林、王治安、何宁、邓樑、苗国典、陈智慧、曹永强、阮桢、孙伯春、赵轶惠。

适用范围

本标准规定了消防应急救援技术训练的术语、定义、技术训练项目和训练要求。

本标准适用于公安消防队和专职消防队的消防应急救援技术训练，其他消防队和应急救援队可参照执行。

GB/T 29176—2012 消防应急救援 通则

起草单位

公安部上海消防研究所。

主要起草人

朱青、魏捍东、施巍、薛林、张学魁、王治安、阮桢、何宁、曹永强、杨昀、赵轶惠、张磊。

适用范围

本标准规定了消防应急救援的术语和定义、原则和基本要求、适用灾害事故类别以及救援技术类型等。

本标准适用于公安消防队和专职消防队的消防应急救援，其他消防队和应急救援队可参照执行。

GB/T 29177—2012　消防应急救援　训练设施要求

起草单位

公安部上海消防研究所。

主要起草人

曹永强、王治安、阮桢、魏捍东、薛林、朱青、张磊、高宁宇、陈永胜、孟庆刚、张国立、苗国典、李国辉、施巍、赵轶惠。

适用范围

本标准规定了消防应急救援训练设施的术语和定义、建设原则、组成、设置和要求。

本标准适用于公安消防队和专职消防队的消防应急救援训练设施建设,其他消防队和应急救援队可参照执行。

GB/T 29178—2012　消防应急救援　装备配备指南

起草单位

公安部上海消防研究所。

主要起草人

薛林、阮桢、赵轶惠、魏捍东、朱青、王治安、孙伯春、孟庆刚、施巍、张磊、杨昀、曹永强。

适用范围

本标准规定了消防应急救援装备的术语和定义、配备原则和配备要求。

本标准适用于公安消防队和专职消防队的消防应急救援装备配备,其他消防队和应急救援队可参照执行。

GB/T 29179—2012　消防应急救援　作业规程

起草单位

公安部上海消防研究所。

主要起草人

魏捍东、施巍、吴立志、王治安、朱青、薛林、高宁宇、陈永胜、苗国典、李国辉、姜连瑞、赵轶惠、邓樑、张磊、曹永强。

适用范围

本标准规定了消防应急救援作业的术语和定义,以及作业程序和规程。

本标准适用于公安消防队和专职消防队的消防应急救援作业,其他消防队和应急救援队可参照执行。

GB/T 35547—2017　乡镇消防队

起草单位

公安部消防局、广东省公安消防总队、重庆市公安消防总队、浙江省公安消防总队、吉林省公安消防总队、贵州省公安消防总队、福建省公安消防总队、内蒙古自治区公安消防总队、中国城市建设研究院建筑院。

主要起草人

司戈、王宝伟、张国庆、靳威、李金明、王富尧、李大超、姜小勤、李汕、赵胜权、马金桩、潘宏。

适用范围

本标准规定了乡镇消防队的术语和定义、总则、选址、建队要求、项目构成、房屋建筑、建设用地、装备配备、人员配备、执勤管理。

本标准适用于地方人民政府建立的乡镇专职消防队、志愿消防队。

村民居委会、居民委员会建立的志愿消防队可参照使用。

GB/T 36122—2018　市政消防给水设施维护管理

起草单位

公安部消防局、内蒙古自治区公安消防总队、山东省公安消防总队、吉林省公安消防总队、浙江省公安消防总队、江苏省公安消防总队、辽宁省公安消防总队、重庆市公安消防总队、天津市公安消防总队、绍兴市自来水有限公司、天广消防股份有限公司。

主要起草人

司戈、王宝伟、刘志宏、闫宏、张国庆、张正利、沈建鑫、张元祥、高宁宇、王琳、关大巍、尉光辉、拱宝明、何凯、黄亚树。

适用范围

本标准规定了市政消防给水设施的日常运行管理、抢修和更新改造、标志管理、信息管理、使用与监督。

本标准适用于市政消火栓、消防水鹤和天然水源消防取水设施等市政消防给水设施的维护管理，其他消防给水设施的维护管理可参照使用。

XF/T 620—2006　消防职业安全与健康

起草单位

北京市公安消防总队。

主要起草人

骆原、崔荣华、胡锐、陈国良、王鹏翔、赵英然、袁春、曹建旺、孙文中、谭林峰、于永林、李跃生、李翔、李建春、张建国、郭晓峰、庞淑芹。

适用范围

本标准规定了消防职业安全与健康的术语和定义，辨识了消防组织在日常训练和进行灭火救援作业时可能遭遇的危险因素，并针对这些危险因素提出了相应的预防和控制措施，同时也为消防组织的群体及个人健康的管理提出了方案和要求。

本标准适用于公安消防部队在从事日常训练、火灾扑救、抢险救援、紧急事件处理以及其他相关活动时的职业安全与健康管理，地方政府专职消防队、企业专职消防队、民间消防组织和消防保安队等其他形式的消防组织可参照执行。

本标准包含了消防职业安全与健康管理的最低要求，鼓励消防组织在采用本标准时按比本标准更高的要求执行。

XF/T 623—2006 消防培训基地训练设施建设标准

起草单位

公安部消防局战训处、公安部上海消防研究所。

主要起草人

冷俐、牛跃光、张剑明、魏捍东、王治安、高传贵、尹燕福、薛林、曹永强、王丽晶、李瑜璋、王永福、施巍。

适用范围

本标准规定了消防培训基地训练设施的术语和定义、建设原则、建设规模、训练设施组成和建设项目要求。

本标准未规定消防培训基地训练所需的各类消防装备的配备。

本标准适用于消防培训基地训练设施的建设，各类消防站的训练设施建设可参照执行。

XF 941—2011 化工装置火灾事故处置训练设施技术要求

起草单位

中国人民武装警察部队学院、天津市杰联科技发展有限公司。

主要起草人

王长江、朱红伟、袁狄平、苏联营、刘玉身、王铁、马龙、吴立志、薛彩姣、张丽艳、孙晓梅、孙玉丽、果中山。

适用范围

本标准规定了化工装置火灾事故处置训练设施建设的基本构成、功能要求、技术要求、控制与监测、安全与环保和验收。

本标准适用于化工装置火灾事故处置训练设施的设计、建设与验收。

XF 942—2011 网栅隔断式烟热训练室技术要求

起草单位

中国人民武装警察部队学院、抚顺抚运安仪救生装备有限公司。

主要起草人

张学魁、杨东星、张福东、卢立红、王栋武、张颖花、岳庚吉、计伟、苏联营、周志忠。

适用范围

本标准规定了网栅隔断式烟热训练室的术语和定义、系统组成、技术要求、安全要求和验收。

本标准适用于网栅隔断式烟热训练室的设计、建设与验收。

XF 943—2011 消防员高空心理训练设施技术要求

起草单位

中国人民武装警察部队学院、北京海比邻科贸有限公司。

主要起草人

李进兴、张自海、张晓丽、李华敏、吴义娟、邓立岩、郭欣、刘泽毅、赵成帅、王俊位。

适用范围

本标准规定了消防员高空心理训练设施的术语和定义、技术要求及验收规则。

本标准适用于消防员高空心理训练设施的设计、建设与验收。

XF/T 967—2011 消防训练安全要则

起草单位

中国人民武装警察部队学院、上海市公安消防总队、黑龙江省公安消防总队。

主要起草人

陈智慧、姜连瑞、赵洋、冯力群、徐文忠、邓立刚、张立国、张晓青、王丽敏、王刚、廖军、诸战杰、陈显平。

适用范围

本标准规定了消防训练安全的术语和定义、总则以及体能训练、心理适应训练、技术训练和合成训练的安全要则。

本标准适用于公安消防部队灭火救援业务训练的安全管理。

专职消防队和志愿消防队等其他形式的消防组织可参照执行。

XF/T 968—2011 消防员现场紧急救护指南

起草单位

中国人民武装警察部队学院、江苏消防总队医院。

主要起草人

胡晔、刘晓华、张立国、邵建章、王刚、韩海云、赫中全。

适用范围

本标准规定了消防员现场紧急救护的总则、人员与装备要求、救护基本程序和典型伤情处置方法。

本标准适用于公安消防部队灾害事故现场伤员进行的紧急救护。

专职消防队、志愿消防队等其他形式的消防队进行紧急救护时可参照执行。

XF/T 969—2011 火幕墙训练设施技术要求

起草单位

中国人民武装警察部队学院、公安部消防局警官训练基地、江苏省公安消防总队、天津市杰联科技发展有限公司。

主要起草人

魏东、刘建民、张学魁、张福东、孙军田、李文波、苏联营、马龙、张立国、武荣。

适用范围

本标准规定了火幕墙训练设施的术语和定义、分类与型号、设施构成、技术要求、安全要求、验收、维护与保养等。

本标准适用于新建、改建火幕墙训练设施的设计、建设与验收。

XF/T 970—2011 危险化学品泄漏事故处置行动要则

起草单位

中国人民武装警察部队学院。

主要起草人

李建华、商靠定、邵建章、姜连瑞、夏登友、王慧飞、任少云、黄敬、傅岩。

适用范围

本标准规定了危险化学品泄漏事故的术语和定义、总则、处理程序、防护、处置行动、洗消和处置人员资质要求等内容。

本标准适用于公安消防部队和专职消防队伍处置危险化学品泄漏事故。

XF/T 1039—2012 消防员心理训练指南

起草单位

中国人民武装警察部队学院。

主要起草人

张学魁、卢立红、张颖花、侯祎、张福东、陈秉安、史秋香、张晓丽、程建新、宋淑艳、刘颖杰。

适用范围

本标准规定了消防员心理训练的训练目的及原则、训练组织、训练场所与设施要求、训练内容及方法、训练效果评价。

本标准适用于公安消防部队、专职消防队消防员开展心理训练。

XF/T 1041—2012 跨区域灭火救援指挥导则

起草单位

中国人民武装警察部队学院、江苏省公安消防总队。

主要起草人

康青春、李文波、程晓红、贾定夺、夏登友、孟庆刚、王士军、杨绍芳。

适用范围

本标准规定了跨区域灭火救援指挥的术语和定义、指挥体系、战斗编成、力量调集、现场力量部署和战勤保障。

本标准适用于公安消防队、专职消防队的跨区域灭火救援组织指挥工作。

XF 621—2013 消防员个人防护装备配备标准

起草单位

公安部上海消防研究所。

主要起草人

魏捍东、薛林、王治安、曹永强、何宁、王丽晶、张智、殷海波、周凯。

适用范围

本标准规定了消防员个人防护装备的术语和定义、配备原则、配备要求以及管理与维护。

本标准适用于公安消防部队消防员个人防护装备的配备，其他形式消防队消防员个人防护装备的配备可参照本标准执行。

XF 622—2013　消防特勤队（站）装备配备要求

【起草单位】
公安部上海消防研究所。

【主要起草人】
魏捍东、薛林、王治安、王丽晶、何宁、施巍、张智、赵轶惠。

【适用范围】
本标准规定了公安消防特勤队（站）装备的术语和定义、配备原则、配备要求以及管理与维护。

本标准适用于公安消防部队的消防特勤队（站）以及普通消防站中抢险救援班的装备配备。

其他承担消防特勤任务的企业消防站、民办消防站等装备配备，可参照本标准执行。

XF/T 1040—2013　建筑倒塌事故救援行动规程

【起草单位】
中国人民武装警察部队学院、公安部消防局、中国地震应急搜救中心、浙江省公安消防总队。

【主要起草人】
刘立文、魏捍东、贾群林、王振雄、李向欣、李伟、黄长富、张智、辛晶、梁强、武麟。

【适用范围】
本标准规定了建筑倒塌事故救援的术语和定义、总则、救援程序和行动要求。

本标准适用于公安消防部队处置建筑倒塌事故的救援行动。

专职消防队等其他专业救援队伍进行建筑倒塌事故救援时可参照执行。

XF/T 1150—2014　消防搜救犬队建设标准

【起草单位】
公安部消防局、山东省公安消防总队、公安部消防部队山东搜救犬培训基地。

主要起草人

魏捍东、杨国宏、王治安、何宁、杨千红、张玉升、邵卫国、王坤亮、杜春发、娄磊磊、李靖、陈荣卿、邵帅、李国腾、魏鹏。

适用范围

本标准规定了消防搜救犬队的术语和定义、建设原则、建设规模与项目构成、选址和总平面布局、建设项目要求。

本标准适用于消防搜救犬队基础设施的建设，其他搜救犬队的建设可参照执行。

XF/T 1190—2014 地下建筑火灾扑救行动指南

起草单位

中国人民武装警察部队学院、公安部消防局、江苏省公安消防总队、内蒙古自治区公安消防总队、甘肃省公安消防总队。

主要起草人

姜连瑞、夏登友、王长江、商靠定、王志平、张庆利、戚文军、张智慧、魏捍东、高宁宇、朱晖、刘洪强、李向欣、范颖娜、武荣、宋淑艳、刘静。

适用范围

本标准规定了地下建筑火灾扑救行动的术语和定义、总则、扑救行动和行动安全等。

本标准适用于公安消防部队的地下建筑火灾扑救行动，专职消防队可参照执行。

XF/T 1191—2014 高层建筑火灾扑救行动指南

起草单位

中国人民武装警察部队学院、公安部消防局、上海市公安消防总队、江苏省公安消防总队。

主要起草人

王长江、夏登友、姜连瑞、商靠定、刘皓、薛彩姣、吴立志、马鸿、魏捍东、朱晓利、张庆利、王贺明、马志锋、张友达、周建中、李海。

适用范围

本标准规定了高层建筑火灾扑救行动的术语和定义、总则、扑救行动和行动安全等。

本标准适用于公安消防部队的高层建筑火灾扑救行动，专职消防队可参照执行。

XF/T 1192—2014 火灾信息报告规定

起草单位
公安部消防局。

主要起草人
曹忙根、梁新国、刘云、刘建国、尹燕福、蒋铸、王刚、胡锐、姜孝国。

适用范围
本标准规定了火灾信息报告的范围、内容、时限、方式及主体。
本标准适用于公安消防部队对火灾信息的报告，专职消防队可参照执行。

XF 1282—2015 灭火救援装备储备管理通则

起草单位
中国人民武装警察部队学院、公安部消防局、广东省公安消防总队、江苏省公安消防总队、北京市公安消防总队。

主要起草人
陈智慧、罗永强、张晓青、毕赢、王丽敏、杨素芳、张芳、黄珂、朱五八、张保国、吴体令、李向欣、李本利、王忠波、王其磊。

适用范围
本标准规定了灭火救援装备储备管理的术语和定义、管理要求、储备要求、入库验收、入库放置、检查与维护保养、出库供应、档案与账目管理等。
本标准适用于公安消防部队战勤保障单位灭火救援装备储备库的管理。

XF/T 1275—2015 石油储罐火灾扑救行动指南

起草单位
中国人民武装警察部队学院、公安部消防局、安徽省公安消防总队、山东省公安消防总队、兰州石化消防支队。

主要起草人
夏登友、姜连瑞、王长江、商靠定、吴立志、侯祎、辛晶、胡晔、姜自清、王其堪、郝伟、刘洪强。

适用范围
本标准规定了石油储罐火灾扑救行动的术语和定义、总则、扑救行动和行动安全等内容。
本标准适用于公安消防部队扑救石油储罐火灾行动，专职消防队可参照执行。

XF/T 1276—2015 道路交通事故被困人员解救行动指南

起草单位
中国人民武装警察部队学院。

主要起草人
黄金印、刘立文、胡晔、李向欣、李伟、王振雄、杨洪瑞、赵洋。

适用范围
本标准规定了道路交通事故被困人员解救行动的术语及定义、接警出动、侦察检测、区域控制、安全防护、车体稳固、险情排除、开辟救援通道、拓展救援空间、营救被困人员以及移交归队等内容。

本标准适用于公安消防部队组织实施的道路交通事故（不包括危险化学品泄漏情况）被困人员解救行动。

政府专职消防队、志愿消防队等其他专业救援队伍进行道路交通事故被困人员解救行动可参照执行。

XF/T 1289—2016 燃烧训练室技术要求

起草单位
中国人民武装警察部队学院、海南省公安消防总队、天津市杰联科技发展有限公司。

主要起草人
刘建民、王建英、葛晓霞、靳红雨、张福东、李向欣、孙楠楠、吴义娟、张学魁、苏联营、李俊东。

适用范围
本标准规定了燃烧训练室的术语与定义、分类与型号、设施构成、技术要求、安全要求、验收、维护与保养等。

本标准适用于新建、扩建和改建燃烧训练室的设计、建设、验收与维护。

XF/T 1340—2016 火警和应急救援分级

起草单位
公安部消防局、江苏省公安消防总队、陕西省公安消防总队、上海市公安消防总队、湖南省公安消防总队、四川省公安消防总队、中国人民武装警察部队学院。

主要起草人
杨国宏、王治安、杨千红、刘洪强、王士军、周蓉蓉、辛晶、郑群安、刘红军、李勇、陈灏。

适用范围

本标准规定了火警和应急救援分级。

本标准适用于公安消防总队、支队、大（中）队的灭火与应急救援工作。

专职消防队、志愿消防队和其他专业救援队可参照本标准执行。

XF/T 1339—2017　119接警调度工作规程

起草单位

公安部消防局、江苏省公安消防总队、天津市公安消防总队、安徽省公安消防总队。

主要起草人

杨国宏、王治安、刘洪强、杨千红、姜孝国、熊伟、姚磊、钱峻、王士军。

适用范围

本标准规定了119接警调度工作的警情范围、警情要素和接警调度程序。

本标准适用于公安消防总队、支队、大（中）队的119接警调度工作。

专职消防队、志愿消防队和其他专业救援队可参考执行。

XF/T 3001—2020　水域救援作业指南

起草单位

应急管理部消防救援局、重庆市消防救援总队。

主要起草人

汪永明、杨国宏、赵洋、何宁、熊伟、袁修德、陈禹、刘伟、钟涛、林静、王一劢、刘先扬、董泽源。

适用范围

本标准规定了水域救援作业的术语和定义、原则、人员要求和装备器材需求、适用灾害事故类别、作业规程以及行动要求等。

本标准适用于国家综合性消防救援队和专职消防队的水域救援作业，其他应急救援队可参照执行。

XF/T 3002—2020　搜救犬训导员职业技能要求

起草单位

应急管理部消防救援局、重庆市消防救援总队。

主要起草人

汪永明、杨国宏、代旭日、何宁、赵洋、杨千红、张玉升、王坤亮、王川、李靖、邵帅。

适用范围

本标准规定了搜救犬训导员职业技能的职业等级与鉴定要求、基本要求、技能要求、知识要求、体能要求等。

本标准适用于对搜救犬训导员专业知识和技能水平进行评价认证。

XF/T 3013—2020 国家综合性消防救援队伍常用标号

起草单位

中国人民武装警察部队学院、应急管理部消防救援局、江苏省消防救援总队、辽宁省消防救援总队、广西壮族自治区消防救援总队。

主要起草人

朱红伟、赵洋、李向欣、任少云、吴立志、李明、王贺明、柴崑皓、岳欢然、王士军、王长江。

适用范围

本标准规定了国家综合性消防救援队伍常用标号及标绘要求。

本标准件适用于国家综合性消防救援队伍常用标号标绘作业及其相关图形系统的开发与应用。

专职消防队、志愿消防队等其他专业救援队伍可参照执行。

十一、火灾调查

GB/T 16840.1—2008 电气火灾痕迹物证技术鉴定方法
第1部分：宏观法

起草单位

公安部沈阳消防研究所。

主要起草人

邸曼、高伟、赵长征、张明。

适用范围

GB/T 16840 的本部分规定了电气火灾痕迹物证技术鉴定方法——宏观法的定义、原理、仪器、试样、方法步骤和判据。

GB/T 16840 的本部分适用于火灾原因调查时，对火灾现场提取的铜、铝导线熔痕，根据外观特征或熔珠截面空洞内表面形态特征进行技术鉴定，鉴定其熔化性质。

GB/T 16840.2—1997　电气火灾原因技术鉴定方法
第2部分：剩磁法

起草单位

公安部沈阳消防研究所。

主要起草人

韩宝玉、王希庆、邸曼、高伟。

适用范围

GB/T 16840 的本部分规定了定义、原理、设备与器材、方法步骤、判定和送检及鉴定时要履行的书面程序。

GB/T 16840 的本部分适用于在调查电气火灾原因时，在火灾现场起火点无法寻找到短路熔痕及雷电熔痕的条件下，根据剩磁数据判定短路及雷电的产生，进一步分析与火灾起因的关系。

GB/T 16840.3—1997　电气火灾原因技术鉴定方法
第3部分：成分分析法

起草单位

公安部沈阳消防研究所。

主要起草人

王希庆、韩宝玉、邸曼、高伟。

适用范围

GB/T 16840 的本部分规定了定义、原理、设备与器材、方法步骤、判定和送检及鉴定时要履行的书面程序。

GB/T 16840 的本部分适用于在调查电气火灾原因时，从铜导线上的短路熔珠空洞内表面所含不同元素成分的特征上，鉴别其熔化原因与火灾起因的关系。

GB/T 16840.4—1997　电气火灾原因技术鉴定方法
第4部分：金相法

起草单位

公安部沈阳消防研究所。

主要起草人

王希庆、韩宝玉、邸曼、高伟。

适用范围

GB/T 16840 的本部分规定了定义、原理、设备与器材、方法步骤、判定和送检及鉴定时要履行的书面程序。

GB/T 16840 的本部分适用于在调查电气火灾原因时，从铜、铝导线上的火烧熔珠和短路熔珠的不同金相组织的变化特征，鉴别其熔化原因与火灾起因的关系。

GB/T 16840.5—2012 电气火灾痕迹物证技术鉴定方法
第 5 部分：电气火灾物证识别和提取方法

起草单位

公安部沈阳消防研究所、上海市公安消防总队、北京市公安消防总队、吉林省公安消防总队。

主要起草人

赵长征、张明、高伟、邸曼、谢福根、王连铁、李建林、孟庆山、金河龙、刘术军、王新明、夏大维、齐梓博。

适用范围

GB/T 16840 的本部分规定了电气火灾痕迹物证的鉴识和取样方法。

GB/T 16840 的本部分适用于电气火灾或火灾中电气设备痕迹的勘验、提取以及实验室对样品的前处理，也适用于电气设备电气故障的检验技术鉴定。

GB/T 16840.6—2012 电气火灾痕迹物证技术鉴定方法
第 6 部分：SEM 微观形貌分析法

起草单位

公安部沈阳消防研究所。

主要起草人

邸曼、张明、赵长征、夏大维、齐梓博、高伟、吴莹。

适用范围

GB/T 16840 的本部分规定了电气火灾痕迹物证技术鉴定中扫描电子显微镜（SEM）微观形貌分析法的术语和定义、原理、仪器设备、试样制备、观察部位和判据。

GB/T 16840 的本部分适用于火灾调查中应用 SEM 对火灾现场金属熔化痕迹的微观形貌分析，根据熔痕的微观形貌特征鉴别熔痕的熔化性质。

GB/T 18294.1—2013　火灾技术鉴定方法
第 1 部分：紫外光谱法

起草单位

公安部天津消防研究所。

主要起草人

田桂花、鲁志宝、邓震宇、梁国福、范子琳、刘振刚、张得胜。

适用范围

GB/T 18294 的本部分规定了火灾技术鉴定中紫外光谱法的术语和定义、试验原理、试验仪器、溶剂和材料以及试验方法。

GB/T 18294 的本部分适用于汽油、煤油、柴油、油漆稀释剂等常见易燃液体及其燃烧残留物的鉴定，也适用于其他具有紫外特征吸收的火灾物证鉴定。

GB/T 18294.2—2010　火灾技术鉴定方法
第 2 部分：薄层色谱法

起草单位

公安部天津消防研究所。

主要起草人

邓震宇、耿惠民、鲁志宝、田桂花、梁国福。

适用范围

GB/T 18294 的本部分规定了火灾技术鉴定方法中薄层色谱法的术语和定义、试验原理、试验仪器、试剂和材料、标准试样及试验方法。

GB/T 18294 的本部分适用于汽油、煤油、柴油、油漆稀释剂等火场常见易燃液体及其燃烧残留物的鉴定。

GB/T 18294.3—2006　火灾技术鉴定方法
第 3 部分：气相色谱法

起草单位

公安部天津消防研究所。

主要起草人

鲁志宝、耿惠民、田桂花、梁国福、邓震宇。

适用范围

GB/T 18294 的本部分规定了气相色谱法的术语和定义、原理、试验条件、试验方法和谱图识别方法。

GB/T 18294 的本部分适用于火灾现场常见易燃液体及其燃烧残留物的鉴定。

GB/T 18294.4—2007 火灾技术鉴定方法
第 4 部分：高效液相色谱法

起草单位
公安部天津消防研究所。

主要起草人
邓震宇、鲁志宝、耿惠民、田桂花。

适用范围
GB/T 18294 的本部分规定了高效液相色谱法的术语和定义、方法要点、试剂和标准试样、仪器和设备、操作方法和色谱图识别步骤。

GB/T 18294 的本部分适用于火灾现场汽油、煤油、柴油及油漆稀释剂等常见易燃液体及其燃烧残留物的鉴定。

GB/T 18294.5—2010 火灾技术鉴定方法
第 5 部分：气相色谱–质谱法

起草单位
公安部天津消防研究所。

主要起草人
田桂花、鲁志宝、邓震宇、梁国福、耿惠民。

适用范围
GB/T 18294 的本部分规定了火灾技术鉴定方法中气相色谱–质谱（GC-MS）法的术语和定义、试验原理、试验仪器、试验条件及试验方法。

GB/T 18294 的本部分适用于汽油、煤油、柴油、油漆稀释剂等火灾现场常见易燃液体及其燃烧残留物的鉴定。

GB/T 18294.6—2012 火灾技术鉴定方法
第 6 部分：红外光谱法

起草单位
公安部天津消防研究所。

|主要起草人|

田桂花、鲁志宝、邓震宇、梁国福、范子琳。

|适用范围|

GB/T 18294 的本部分规定了火灾技术鉴定中红外光谱法的术语和定义、原理、试验条件、试验方法。

GB/T 18294 的本部分适用于火灾现场有机残留物的鉴定。

GB/T 20162—2006 火灾技术鉴定物证提取方法

|起草单位|

公安部天津消防研究所。

|主要起草人|

鲁志宝、耿惠民、田桂花、刘振刚、邓震宇、梁国福、陈克。

|适用范围|

本标准规定了火灾技术鉴定物证的术语和定义、物证提取的器材、材料与试剂、方法和注意事项。

本标准适用于电气火灾、自燃火灾、爆炸火灾、放火等火灾技术鉴定物证的提取。

GB/T 24572.1—2009 火灾现场易燃液体残留物实验室提取方法 第1部分：溶剂提取方法

|起草单位|

公安部天津消防研究所。

|主要起草人|

田桂花、鲁志宝、邓震宇、范子琳、耿惠民、梁国福。

|适用范围|

GB/T 24572 的本部分规定了提取火灾现场易燃液体残留物的原理与特性、试剂、材料与设备及试验步骤。

GB/T 24572 的本部分适用于火灾现场常见易燃液体残留物的提取。

GB/T 24572.2—2009 火灾现场易燃液体残留物实验室提取方法 第2部分：直接顶空进样法

|起草单位|

公安部天津消防研究所。

主要起草人

梁国福、鲁志宝、郑巍、邓震宇、田桂花、范子琳。

适用范围

GB/T 24572 的本部分规定了火灾现场易燃液体残留物提取的原理与特性、设备与器材及试验步骤。

GB/T 24572 的本部分适用于实验室提取汽油、煤油、柴油、油漆稀释剂及酒精等火灾现场常见易燃液体残留物。

GB/T 24572.3—2009 火灾现场易燃液体残留物实验室提取方法 第3部分：活性炭吸附法

起草单位

公安部天津消防研究所。

主要起草人

邓震宇、鲁志宝、耿惠民、田桂花、梁国福、范子琳。

适用范围

GB/T 24572 的本部分规定了活性炭炭片或活性炭纤维吸附方法提取火灾现场中常见易燃液体残留物的原理与特性、试剂、材料与设备和试验步骤。

GB/T 24572 的本部分适用于实验室提取汽油、煤油、柴油和油漆稀释剂等火灾现场常见易燃液体残留物。

GB/T 24572.4—2009 火灾现场易燃液体残留物实验室提取方法 第4部分：固相微萃取法

起草单位

公安部天津消防研究所。

主要起草人

邓震宇、鲁志宝、耿惠民、田桂花、梁国福、范子琳。

适用范围

GB/T 24572 的本部分规定了火灾现场易燃液体残留物的固相微萃取法的原理与特性、设备和器材以及试验步骤。

GB/T 24572 的本部分适用于实验室提取汽油、煤油、柴油、油漆稀释剂和乙醇等火场常见易燃液体残留物。

GB/T 24572.5—2013　火灾现场易燃液体残留物实验室提取方法　第5部分：吹扫捕集法

起草单位

公安部天津消防研究所、辽宁省公安消防总队、黑龙江省公安消防总队、天津市公安消防总队。

主要起草人

邓震宇、刘振刚、田桂花、范子琳、梁国福、孙国凤、刘宏伟、李剑、陈克、王鑫。

适用范围

GB/T 24572 的本部分规定了实验室采用吹扫捕集法提取火灾现场中常见易燃液体残留物的术语和定义、原理与特性、材料与设备以及试验步骤。

GB/T 24572 的本部分适用于实验室对火灾现场的汽油、煤油、柴油和油漆稀释剂等常见易燃液体残留物的提取。

GB/T 27902—2011　电气火灾模拟试验技术规程

起草单位

公安部沈阳消防研究所、北京市公安消防总队、上海市公安消防总队。

主要起草人

王连铁、高伟、李建林、谢福根、王新明、赵长征、张颖。

适用范围

本标准规定了电气火灾模拟试验的分类、试验条件、仪器设备、试验方法和试验报告等内容。

本标准适用于实验室内进行的工频 50 Hz、交流 380 V 及以下、直流 110 V 及以下电气火灾的模拟试验。

GB/T 27905.2—2011　火灾物证痕迹检查方法　第2部分：普通平板玻璃

起草单位

公安部沈阳消防研究所、广西壮族自治区公安消防总队、辽宁省公安消防总队。

主要起草人

张明、邱曼、林松、薛纯山、赵长征、齐梓博、高伟、张颖。

适用范围

GB/T 27905 的本部分规定了普通平板玻璃火灾物证痕迹检查方法的术语和定义、

器材、样品提取和观察、痕迹特征、玻璃破坏痕迹的证明作用。

GB/T 27905 的本部分适用于普通平板玻璃的实验室检查。

GB/T 27905.3—2011　火灾物证痕迹检查方法
第 3 部分：黑色金属制品

起草单位

公安部沈阳消防研究所、山西省公安消防总队。

主要起草人

吴莹、高伟、王连铁、赵长征、邸曼、牛文义、夏大维、齐梓博、刘术军。

适用范围

GB/T 27905 的本部分规定了黑色金属制品火灾物证痕迹检查方法的术语和定义、器材、检查步骤和痕迹特征。

GB/T 27905 的本部分适用于黑色金属制品火灾物证痕迹的实验室检查。

GB/T 27905.4—2011　火灾物证痕迹检查方法
第 4 部分：电气线路

起草单位

公安部沈阳消防研究所、北京市公安消防总队。

主要起草人

王新明、赵长征、李建林、徐放、高伟、孟庆山。

适用范围

GB/T 27905 的本部分规定了电气线路火灾物证痕迹检查的器材、检查内容、检查记录、痕迹提取和痕迹鉴定时的要求。

GB/T 27905 的本部分适用于电气线路火灾物证痕迹的检查。

GB/T 27905.5—2011　火灾物证痕迹检查方法
第 5 部分：小功率异步电动机

起草单位

公安部沈阳消防研究所、上海市公安消防总队、山西省公安消防总队。

主要起草人

齐梓博、高伟、谢福根、赵长征、牛文义、夏大维、邸曼、张明、刘筱璐。

适用范围

GB/T 27905 的本部分规定了小功率异步电动机火灾物证痕迹检查的术语和定义、器材,给出了电动机的检查步骤和故障痕迹特征。

GB/T 27905 的本部分适用于小功率异步电动机火灾物证痕迹的实验室检查。

GB/T 29180.2—2012　电气火灾勘验方法和程序
第2部分：物证的溶解分离提取方法

起草单位

公安部沈阳消防研究所、广西壮族自治区公安消防总队。

主要起草人

刘术军、赵长征、林松、于丽丽、高伟、邸曼、孟庆山、吴莹。

适用范围

GB/T 29180 的本部分规定了用溶剂溶解分离和提取固着在塑料残留物中电气物证的方法。

GB/T 29180 的本部分适用于 ABS、聚氯乙烯（PVC）、聚苯乙烯（PS）、聚碳酸酯（PC）等塑料残留物和铜、铝、铁等电气物证。

XF/T 812—2008　火灾原因调查指南

起草单位

公安部天津消防研究所、中国人民武装警察部队学院。

主要起草人

鲁志宝、胡建国、田桂花、邓震宇、刘义祥、张金专、陈克、梁国福、刘振刚、王鑫、陈迎春。

适用范围

本标准规定了火灾原因调查的术语和定义、人员要求、基本程序、现场记录、询问、火灾痕迹、物证、起火原因认定以及电气火灾、燃气火灾、放火、汽车火灾、爆炸、静电和雷击火灾原因的调查技术和方法。

本标准适用于公安消防机构进行火灾原因调查时用作指导。

XF/T 839—2009　火灾现场勘验规则

起草单位

公安部消防局。

主要起草人
王刚、谈迅、袁政、米文忠、孙一飞、陈亚锋、鲁志宝、金开能、曾文伟、刘激扬。

适用范围
本标准规定了火灾现场勘验的术语和定义及技术要求，提出了火灾现场勘验的程序和方法。

本标准适用于公安机关消防机构对火灾现场的勘验工作。

XF/T 1034—2012 火灾事故调查案卷制作

起草单位
黑龙江省公安消防总队、公安部消防局。

主要起草人
刘宏伟、潘洵、孙一飞、王刚、韩子忠、崔军、刘伟、张凤和、李锦成、米文忠、刘学礼、邹金鹏、潘庭印、单伟、吴庆彬、曾文伟。

适用范围
本标准确定了火灾事故调查案卷的术语和定义，案卷分类，案卷内容、封面、目录、页号和备考表以及材料整理等。

本标准适用于火灾事故调查案卷的制作。

XF/T 1249—2015 火灾现场照相方法

起草单位
中国人民武装警察部队学院、辽宁省公安消防总队、天津市公安消防总队。

主要起草人
胡建国、刘义祥、邓亮、华菲、于春华、赵艳红、陈晓峰、李琛。

适用范围
本标准规定了火灾现场照相的术语和定义、照相器材、基本要求、拍摄程序、拍照内容与方法、注意事项。

本标准适用于火灾现场勘验中的照相工作。

XF/T 1270—2015 火灾事故技术调查工作规则

起草单位
公安部消防局、浙江省公安消防总队、江苏省公安消防总队。

主要起草人

李彦军、徐景、王瑛、崔蔚、韩子忠、刘宏伟、薄建伟、张华东、王刚、张金宝、连长华、王海港、沈梁。

适用范围

本标准规定了火灾事故技术调查的术语和定义、一般要求、管辖分工、组织实施、调查内容、调查报告和结果运用，明确了火灾事故技术调查的程序和方法。

本标准适用于公安机关消防机构开展的火灾事故技术调查工作。

XF/T 1301—2016 火灾原因认定规则

起草单位

公安部消防局、公安部天津消防研究所、广东省公安消防总队、黑龙江省公安消防总队、北京市公安消防总队、江苏省公安消防总队、云南省公安消防总队、河南省公安消防总队。

主要起草人

王刚、米文忠、罗云庆、刘伟、陈岩、金开能、王成业、胡安雄、张万民、鲁志宝。

适用范围

本标准规定了火灾原因认定的一般要求、火灾证据、起火时间认定、起火部位（起火点）认定及起火原因认定。

本标准适用于公安机关消防机构按照一般程序对火灾原因的认定。

XF/T 1464—2018 火灾调查职业危害安全防护规程

起草单位

公安部消防局、公安部天津消防研究所、黑龙江省公安消防总队、山西省公安消防总队、海南省公安消防总队、北京市公安消防总队、江苏省公安消防总队、湖南省公安消防总队、天津市公安消防总队、中国疾病预防控制中心职业卫生与中毒控制所、北京市劳动保护科学研究所。

主要起草人

鲁志宝、米文忠、王鑫、刘伟、薄建伟、张华东、赵术学、陈岩、崔蔚、刘海燕、李剑、梁国福、陈永青、汪彤、朱晓俊、王培怡。

适用范围

本标准规定了火灾调查职业危害安全防护的术语和定义、总则、危害因素辨识与评估、安全防护要求、安全防护装备和职业安全健康管理等。

本标准适用于公安机关消防机构火灾调查人员在火灾调查过程中对常见危害的

预防、控制及职业安全健康管理，开展或参加火灾调查的其他人员及其所属单位可参照执行。

XF/T 3003—2020　火灾调查车装备通用技术要求

起草单位
天津市消防救援总队、应急管理部消防救援局、应急管理部天津消防研究所、中天高科特种车辆有限公司。

主要起草人
周天、李庆功、赵晖、李剑、靳顺顺、张志永、李泽、鲁博、张国成、鲁志宝、梁国福。

适用范围
本标准规定了火灾调查车装备的术语和定义、分类和配备要求、功能要求、车辆技术要求和保养。
本标准适用于火灾调查车装备的配备设计和应用。

十二、消防员防护装备

GB/T 26129—2010　消防员接触式送受话器

起草单位
公安部上海消防研究所。

主要起草人
沈坚敏、马伟光、杨小时、张燕、李睿堃、李瑜璋。

适用范围
本标准规定了消防员接触式送受话器的术语和定义、产品分类、技术要求、试验方法、检验规则、标志、包装、运输和贮存。
本标准适用于消防员接触式送受话器。

GB 27899—2011　消防员方位灯

起草单位
公安部上海消防研究所。

主要起草人

沈坚敏、史兴堂、吴赟、李睿堃、张燕、周志忠。

适用范围

本标准规定了消防员方位灯的术语和定义、型号及基本参数、技术要求、试验方法、检验规则、标志、包装、运输和贮存。

本标准适用于消防员使用的方位灯。

GB 27900—2011　消防员呼救器

起草单位

公安部上海消防研究所。

主要起草人

沈坚敏、周天、马皎皎、张燕、李睿堃、张燕、李瑜璋。

适用范围

本标准规定了消防员呼救器的术语和定义、型号、技术要求、试验方法、检验规则、标志、包装、运输和贮存。

本标准适用于消防员在灭火救援过程中随身佩带的消防员呼救器。

GB 30734—2014　消防员照明灯具

起草单位

公安部上海消防研究所。

主要起草人

马伟光、周凯、李睿堃、殷海波、吴赟、曹永强、张燕、常松、刘咏梅、柳素燕、谢春龙、许健、李妙华。

适用范围

本标准规定了消防员照明灯具的定义、分类与型号、技术要求、试验方法、检验规则、标志、包装、运输和贮存。

本标准适用于消防员在各种光线不足的场所进行灭火救援作业时单人使用的照明灯具。

XF 6—2004　消防员灭火防护靴

起草单位

公安部上海消防研究所。

主要起草人

丁哲勇、李瑜璋、马皎皎、徐兰娣。

适用范围

本标准规定了消防员灭火防护靴的定义、型号和规格、技术要求、试验方法、检验规则及标志、包装、运输和贮存。

本标准适用于消防员在灭火救援时穿着的防护靴。

XF 7—2004　消防手套

起草单位

公安部上海消防研究所。

主要起草人

马伟光、徐兰娣、凌新亮、顾钟红、马皎皎。

适用范围

本标准规定了消防手套的定义、设计要求、性能要求、试验方法、检验规则、标志、包装、运输和贮存。

本标准适用于消防员在灭火救援时穿戴的手套。

本标准不适用于在高风险场合下进行特殊消防作业时使用的专业手套，也不适用于化学、生物、电气以及电磁、核辐射等危险场所。

XF 494—2004　消防用防坠落装备

起草单位

公安部上海消防研究所。

主要起草人

金鞞、殷海波、蒋旭东、李瑜璋、韩翔、顾文杰、武镜华、戎军、景京。

适用范围

本标准规定了消防用防坠落装备的定义、型号、设计、外观和加工要求、性能要求、试验方法、检验规则、标志、包装、运输和贮存。

本标准适用于消防用防坠落装备（坠落系数超过 0.25 的场合下使用的绳索除外）。

XF 630—2006　消防腰斧

起草单位

公安部上海消防研究所。

[主要起草人]

殷海波、马伟光、李瑜璋、周凯。

[适用范围]

本标准规定了消防腰斧的规格、设计要求、性能要求、试验方法、检验规则、标志、包装、运输和贮存。

本标准适用于消防员随身佩带的、在灭火救援时用于手动破拆非带电障碍物的消防腰斧。

XF 632—2006 正压式消防氧气呼吸器

[起草单位]

公安部上海消防研究所。

[主要起草人]

凌新亮、徐耀亮、戴国定、曹家胜、殷海波、余进、马善清。

[适用范围]

本标准规定了正压式消防氧气呼吸器的型号、技术要求、试验方法、检验规则、标志、包装、运输和贮存。

本标准适用于消防员和抢险救护人员在有毒、缺氧、烟雾、悬浮于空气中的有害污染物等恶劣环境中,抢险救灾或从事灾情处理工作时使用的正压式消防氧气呼吸器。

本标准不适用于正压式消防空气呼吸器、潜水呼吸器和负压式呼吸器。

XF 633—2006 消防员抢险救援防护服装

[起草单位]

公安部上海消防研究所、北京英特莱科技有限公司。

[主要起草人]

周凯、施巍、李瑜璋、马伟光、马皎皎、刘学峰、徐兰娣、曹永强、景京、杨小时、姜敏。

[适用范围]

本标准规定了消防员抢险救援防护服装(包括消防员抢险救援防护服、消防员抢险救援防护头盔、消防员抢险救援防护手套和消防员抢险救援防护靴)的定义、型号、设计要求、技术要求、试验方法、检验规则、标志、包装、运输和贮存。

本标准适用于消防员在抢险救援作业时穿戴的抢险救援防护服、抢险救援防护头盔、抢险救援防护手套和消防员抢险救援防护靴等全套防护服装。

本标准不适用于消防员在灭火作业时，或处置放射性物质、生物物质及危险化学物品作业时穿戴的全套防护服装。

XF 770—2008　消防员化学防护服装

起草单位

公安部上海消防研究所、杜邦中国集团公司、桂林南方橡胶（集团）公司橡胶制品厂。

主要起草人

徐兰娣、徐耀亮、毕赢、李瑜璋、曹永强、马皎皎、杨晓华、姜敏。

适用范围

本标准规定了消防员化学防护服装的定义、型号、设计要求、技术要求、试验方法、检验规则、标志、生产商提供的信息和技术说明书。

本标准适用于消防员在处置化学事件时穿着的消防员化学防护服装。

本标准不适用于灭火，涉及放射性物品、生物制剂、液化气体、低温液体危险作品、爆炸性气体等紧急事件处置时穿着的全套防护服装。

XF 856.1—2009　合同制消防员制式服装

第 1 部分：命名与术语

起草单位

公安部消防局、公安部上海消防研究所、内蒙古际华森普利服装皮业有限公司。

主要起草人

杨建民、王宇、徐成、何峰、何世军、刘合、薛林、殷海波、柳素燕、李瑜璋、曹永强、周凯、谢春龙、石瑞花、王凤荣、许·勤格勒。

适用范围

XF 856 的本部分规定了合同制消防员制式服装的命名和术语。

XF 856 的本部分适用于合同制消防员制式服装的命名和术语。

XF 856.2—2009　合同制消防员制式服装

第 2 部分：服饰

起草单位

公安部消防局、公安部上海消防研究所、浙江省平阳县特豪达服饰皮件有限公司。

主要起草人

杨建民、王宇、徐成、何峰、何世军、刘合、周凯、李瑜璋、殷海波、柳素燕、谢春龙、曹永强、吴平。

适用范围

XF 856 的本部分规定了合同制消防员制式服装服饰的分类、样式、技术要求、性能要求、试验方法、检验规则、标识、包装、运输与贮存。

XF 856 的本标准适用于合同制消防员制式服装服饰的设计、生产和检验。

XF 856.3—2009 合同制消防员制式服装

第3部分：春秋制服

起草单位

公安部消防局、公安部上海消防研究所、内蒙古际华森普利服装皮业有限公司。

主要起草人

杨建民、王宇、徐成、何峰、何世军、刘合、薛林、柳素燕、李瑜璋、殷海波、周凯、谢春龙、曹永强、石瑞花、许·勤格勒、王凤荣。

适用范围

XF 856 的本部分规定了合同制消防员制式服装春秋制服的技术要求、性能要求、试验方法、检验规则、包装、运输及贮存。

XF 856 的本标准适用于合同制消防员制式服装春秋制服的设计、生产及检验。

XF 856.4—2009 合同制消防员制式服装

第4部分：夏季制服

起草单位

公安部消防局、公安部上海消防研究所、内蒙古际华森普利服装皮业有限公司。

主要起草人

杨建民、王宇、徐成、何峰、何世军、刘合、薛林、柳素燕、李瑜璋、殷海波、谢春龙、周凯、曹永强、石瑞花、许·勤格勒、王凤荣。

适用范围

XF 856 的本部分规定了合同制消防员制式服装夏季制服的技术要求、性能要求、试验方法、检验规则、包装、运输及贮存。

XF 856 的本标准适用于合同制消防员制式服装夏季制服的设计、生产及检验。

XF 856.5—2009　合同制消防员制式服装
第5部分：冬季制服

起草单位
公安部消防局、公安部上海消防研究所、内蒙古际华森普利服装皮业有限公司。

主要起草人
杨建民、王宇、徐成、何峰、何世军、刘合、薛林、柳素燕、李瑜璋、殷海波、曹永强、周凯、谢春龙、石瑞花、王凤荣、许·勤格勒。

适用范围
XF 856 的本部分规定了合同制消防员制式服装冬季制服的技术要求、性能要求、试验方法、检验规则、包装、运输及贮存。

XF 856 的本标准适用于合同制消防员制式服装冬季制服的设计、生产及检验。

XF 856.6—2009　合同制消防员制式服装
第6部分：执勤帽

起草单位
公安部消防局、公安部上海消防研究所、内蒙古际华森普利服装皮业有限公司。

主要起草人
杨建民、王宇、徐成、何峰、何世军、刘合、薛林、谢春龙、柳素燕、李瑜璋、殷海波、周凯、曹永强、张胜路、王凤荣、许·勤格勒。

适用范围
XF 856 的本部分规定了合同制消防员制式服装执勤帽的款式规格、技术要求、试验方法、检验规则、标志、包装、运输及贮存。

XF 856 的本标准适用于合同制消防员制式服装执勤帽的设计、生产和检验。

XF 869—2010　消防员灭火防护头套

起草单位
公安部上海消防研究所、常熟宝沣特种纤维有限公司。

主要起草人
曹永强、柳素燕、殷海波、徐兰娣、李瑜璋、周凯、谢春龙、钱世荣。

适用范围
本标准规定了消防员灭火防护头套的术语和定义、型号与规格、性能要求、试验方法、检验规则、标志、包装、运输和贮存。

本标准适用于消防员在灭火救援时佩戴的防护头套。

本标准不适用于处置危险化学品事故时提供防护的消防员防护头套。

XF 124—2013 正压式消防空气呼吸器

起草单位

公安部上海消防研究所。

主要起草人

凌新亮、毕赢、沈坚敏、黄辉、杨晓华、杜希、张守政、姚海峰、刘瑞民、李新年。

适用范围

本标准规定了正压式消防空气呼吸器的型号、系列、技术要求、试验方法、检验规则以及标志、包装、运输、贮存。

本标准适用于气瓶公称工作压力为 30 MPa 的正压式消防空气呼吸器。

本标准不适用于氧气呼吸器、潜水呼吸器、负压式空气呼吸器和逃生用空气呼吸器。

XF 10—2014 消防员灭火防护服

起草单位

公安部上海消防研究所。

主要起草人

徐兰娣、徐耀亮、姜敏、黄辉。

适用范围

本标准规定了消防员灭火防护服的术语和定义、型号、款式、号型、规格、设计要求、技术要求、试验方法、检验规则、标志、包装、运输和贮存。

本标准适用于消防员在灭火救援时穿着的灭火防护服,灭火指挥服亦可执行本标准。

本标准不适用于在特殊环境中穿着的灭火防护服(如核设施、海上平台、矿井地下火灾等)。

XF 44—2015 消防头盔

起草单位

公安部上海消防研究所。

主要起草人

徐耀亮、曹家胜、黄辉、张先来、汪礼苗。

适用范围

本标准规定了消防头盔的术语和定义、分类和型号、技术要求、试验方法、检验规则、标志、包装、运输和贮存。

本标准适用于消防员在灭火救援时佩戴的消防头盔。

XF 634—2015　消防员隔热防护服

起草单位

公安部上海消防研究所。

主要起草人

曹永强、殷海波、周凯、柳素燕、徐兰娣、谢春龙、杜希。

适用范围

本标准规定了消防员隔热防护服的术语和定义、型号与规格、设计要求、技术要求、试验方法、检验规则、标志、包装、运输和贮存。

本标准适用于消防员在靠近火焰或强热辐射区域进行灭火救援时穿着的隔热防护服。

本标准不适用于消防员在灭火救援时进入火焰区或与火焰有接触时，以及处置危险化学物品作业时穿着的防护服。

XF 1261—2015　长管空气呼吸器

起草单位

公安部上海消防研究所。

主要起草人

凌新亮、毕赢、沈坚敏、杜希、杨晓华、黄辉、罗云庆、纪明琇、王昕、李新年、童彦。

适用范围

本标准规定了长管空气呼吸器的术语和定义、型号规格、技术要求、试验方法、检验规则、标志、运输和贮存。

本标准适用于消防员长时间在缺氧、有毒、有害场所或在狭通道中作业使用的以气瓶内贮存的压缩空气为气源的长管空气呼吸器。

本标准不适用于自吸式长管呼吸器和连续送风式长管呼吸器。

XF 1265—2015　蓄冷型消防员降温背心

起草单位

公安部上海消防研究所、上海强师消防装备有限公司、山西虹安科技股份有限公司。

主要起草人

殷海波、柳素燕、谢春龙、周凯、马振明、李新年。

适用范围

本标准规定了蓄冷型消防员降温背心的定义、型号、技术要求、试验方法、检验规则、标志、包装、运输和贮存。

本标准适用于采用蓄冷剂制成的蓄冷型消防员降温背心。

XF 1273—2015　消防员防护辅助装备　消防员护目镜

起草单位

公安部上海消防研究所。

主要起草人

马伟光、李德亮、李睿堃、王怡、杨海涛、张磊、朱翔。

适用范围

本标准规定了消防员护目镜的术语和定义、型号、基本要求、特殊要求、试验方法、检验规则、标志、包装、运输和贮存。

本标准适用于消防灭火救援作业时时消防员佩戴的护目镜。

本标准不适用于电弧、激光和核辐射环境使用的护目镜。

XF 1274—2015　消防员防护辅助装备　阻燃毛衣

起草单位

公安部上海消防研究所。

主要起草人

徐兰娣、徐耀亮、姜敏、黄辉、王昕、徐学军、唐淼、池巧灵。

适用范围

本标准规定了消防员阻燃毛衣的术语和定义、型号、设计要求、性能要求、试验方法、检验规则、标志、包装、运输和贮存。

本标准适用于消防员在灭火救援时穿着的、具有辅助防护功能的阻燃毛衣。

XF/T 1428—2017　消防用荧光棒

起草单位

公安部上海消防研究所、公安部消防局、北京文海阳工贸有限责任公司。

主要起草人

张磊、阮桢、李睿堃、施巍、黄韬、傅建桥、赵铁惠、金朝阳。

适用范围

本标准规定了消防用荧光棒的术语和定义、型号与规格、技术要求、试验方法、检验规则、标志、包装、运输、贮存。

本标准适用于在消防应急救援与灭火救援作业现场使用的,以过氧化物、酯类化合物和荧光染料为发光剂的荧光棒。

注：本标准适用的荧光棒不适合在环境温度大于 65 ℃的场合使用。

XF/T 3008—2020 消防员防蜂服

起草单位

应急管理部上海消防研究所、青岛美康防火材料有限公司、上海安适达康安全防护设备有限公司。

主要起草人

柳素燕、殷海波、周凯、谢春龙、曹永强、杜希、刘明美、吴和国。

适用范围

本标准规定了消防员防蜂服的款式、型号、号型规格、设计要求、性能要求、试验方法、检验规则、标志、包装、运输和贮存。

本标准适用于消防员在执行蜂类处置任务中为防止蜂类攻击时穿着的防蜂服。

本标准不适用于从事灭火救援、化学处置、防疫执勤等任务时穿着的防护服。

十三、建筑消防安全工程

GB/T 31540.1—2015 消防安全工程指南
第1部分：性能化在设计中的应用

起草单位

公安部四川消防研究所、西南交通大学。

主要起草人

伍萍、甘廷霞、王经伟、杨晓菡、谢元一、刘军军、汪鹏、卢国建、王炯、张晓明、王莉萍。

适用范围

GB/T 31540的本部分作为基础性指导文件，规定了消防安全工程设计及评估的总体方法。

GB/T 31540的本部分适用于对各类新、改、扩建工程的消防性能化设计和评估。

对交通工具的防火设计也可参考使用GB/T 31540的本部分所述方法。

GB/T 31540.2—2015　消防安全工程指南
第2部分：火灾发生、发展及烟气的生成

起草单位

公安部四川消防研究所、中国科学技术大学。

主要起草人

刘军军、李乐、张寒、伍萍、胡锐、卢国建、姚斌、王莉萍、王炯、张晓明。

适用范围

GB/T 31540的本部分给出了用于预测火灾的发生、发展及烟气生成的工程计算方法，可用于评估以减少着火概率、限制火灾发展、减弱烟热和有毒燃烧产物蓄积等为目标的消防安全措施的有效性。

GB/T 31540的本部分适用于建筑消防安全工程与火灾风险评估，以及相关的工程计算与应用。

GB/T 31540.3—2015　消防安全工程指南
第3部分：结构响应和室内火灾的对外蔓延

起草单位

公安部四川消防研究所、四川法斯特消防安全性能评估有限公司。

主要起草人

张晓明、卢国建、谢元一、王莉萍、刘军军、伍萍、王炯、刘志坚。

适用范围

GB/T 31540的本部分为评估火灾对建筑结构的危害程度和火灾蔓延方向，以及相应消防安全措施的有效性规定了框架性工程计算方法。

GB/T 31540的本部分适用于预测建筑构件在火灾导致的受火条件下的结构响应，以及火灾在建筑物内部和建筑物之间的蔓延趋势。

GB/T 31540.4—2015　消防安全工程指南
第4部分：探测、启动和灭火

起草单位

公安部四川消防研究所、公安部沈阳消防研究所、北京利达集团有限公司。

主要起草人

王炯、邓玲、冯小军、梅志斌、张先来、熊筠、涂燕林、卢国建、刘军军、伍萍、王莉平、张晓明。

适用范围

GB/T 31540 的本部分规定了建筑自动消防设施的工程分析方法。

GB/T 31540 的本部分适用于火灾自动报警系统探测时间和自动灭火系统启动时间的计算，以及自动灭火系统效能的评估。

GB/T 31540 的本部分不考虑人为干预对探测、启动和灭火的影响。

GB/T 31540.5—2019　消防安全工程指南
第5部分：火灾烟气运动

起草单位

应急管理部四川消防研究所、应急管理部消防救援局。

主要起草人

李乐、刘激扬、刘军军、张寒、荣建忠、刘玉波、李俊华。

适用范围

GB/T 31540 的本部分规定了火灾烟气运动的评估方法、输入输出参数及工程方法。

GB/T 31540 的本部分适用于建筑消防安全工程与火灾风险评估的基础指南和相关工程应用。

GB/T 31592—2015　消防安全工程　总则

起草单位

公安部四川消防研究所、北京赛诺泛亚科技有限公司。

主要起草人

王莉萍、伍萍、卢国建、沈纹、胡锐、兰彬、金素艳、王炯、刘军军、甘廷霞、张晓明、陈海云。

适用范围

本标准规定了消防安全工程方法的术语和定义，并对适用范围、使用流程、消防安全目标、功能要求和性能判据的确定、火灾场景的设计和评估，以及消防安全工程方案的实施等做出基本规定和要求。

本标准适用于建设工程消防性能化设计和评估。

GB/T 31593.1—2015 消防安全工程
第1部分：计算方法的评估、验证和确认

起草单位

公安部天津消防研究所、中国科学技术大学、公安部四川消防研究所、中国建筑科学研究院。

主要起草人

陆守香、汪金辉、姚松经、韩伟平、阚强、智会强、张玉贤、毕少颖、胡忠日、张向阳、梅秀娟、汪箭、宋卫国、庄磊、郭歌。

适用范围

GB/T 31593的本部分为消防安全工程计算方法的评估、验证和确认过程提供了实施框架，其中包括如下内容：

（1）验证方法，即验证给出的方程和计算方法的正确性；

（2）确认方法，即确认所用计算方法是否可以解决现有问题；

（3）计算方法文件的编制要求；

（4）数据要求（与数据有出入的预测结果要进行检验）。

GB/T 31593的本部分适用于解析模型计算方法和复杂数值模型计算方法的评估、验证和确认。

GB/T 31593.2—2015 消防安全工程
第2部分：所需数据类型与信息

起草单位

公安部天津消防研究所、公安部四川消防研究所、中国科学技术大学、中国建筑科学研究院。

主要起草人

胡忠日、谢晓刚、金素艳、姚松经、韩伟平、智会强、阚强、陆守香、张玉贤、毕少颖、张向阳、邓松华、郭歌、刘松涛。

适用范围

GB/T 31593的本部分规定了消防安全工程所需要的数据类型及可能获得这些数据的方法指南。

GB/T 31593的本部分适用于辨识各种数据是否适用于消防安全工程的各种物理、

数学模型或者工程分析方法，为消防性能化设计者、审查者及消防安全工程技术人员在使用消防安全工程方法进行设计评估时提供指导。

GB/T 31593.3—2015　消防安全工程
第3部分：火灾风险评估指南

起草单位

公安部天津消防研究所、公安部四川消防研究所、中国科学技术大学、中国建筑科学研究院。

主要起草人

阚强、姚松经、张彰、韩伟平、毕少颖、智会强、张玉贤、陆守香、胡忠日、张向阳、邓松华、郑巍。

适用范围

GB/T 31593 的本部分介绍了火灾风险评估的基本概念和原理，规定了火灾风险评估应遵循的步骤和程序，为火灾风险的量化和可接受程度的判定提供指导。

GB/T 31593 的本部分适用于所有类型火灾场景的火灾风险评估。

GB/T 31593.4—2015　消防安全工程
第4部分：设定火灾场景和设定火灾的选择

起草单位

公安部天津消防研究所、公安部四川消防研究所、中国科学技术大学、中国建筑科学研究院。

主要起草人

智会强、姚松经、韩伟平、毕少颖、阚强、张玉贤、陆守香、胡忠日、张向阳、邓松华、郑巍、张彰。

适用范围

GB/T 31593 的本部分提供了选择设定火灾场景和设定火灾的方法。

GB/T 31593 的本部分适用于建筑工程的确定性消防安全分析。

GB/T 31593.5—2015　消防安全工程
第5部分：火羽流的计算要求

起草单位

公安部天津消防研究所、公安部四川消防研究所、中国科学技术大学、中国建筑科学研究院。

[主要起草人]

韩伟平、郑巍、郭歌、姚松经、毕少颖、智会强、阚强、刘志坚、张玉贤、陆守香、胡忠日、张向阳、邓松华。

[适用范围]

GB/T 31593 的本部分规定了火羽流特征值计算公式的应用方法要求，提供了与火羽流计算公式应用相关的下列通用要求：

（1）物理现象的描述；

（2）计算书；

（3）计算公式的局限性；

（4）计算公式的输入参数；

（5）计算公式的适用范围。

GB/T 31593 的本部分适用于建设工程消防性能化设计和评估中火羽流的计算。

GB/T 31593.6—2015 消防安全工程
第6部分：烟气层的计算要求

[起草单位]

公安部天津消防研究所、公安部四川消防研究所、中国科学技术大学、中国建筑科学研究院。

[主要起草人]

姚松经、韩伟平、毕少颖、智会强、阚强、张玉贤、陆守香、胡忠日、张向阳、邓松华、郑巍、郭歌。

[适用范围]

GB/T 31593 的本部分规定了火灾烟气层特征值计算公式的应用要求，提供了与烟气层计算公式应用相关的下列通用要求：

（1）物理现象的描述；

（2）计算书；

（3）计算公式的局限性；

（4）计算公式的输入参数；

（5）计算公式的适用范围。

GB/T 31593 的本部分适用于建设工程消防性能化设计和评估中烟气层的计算。

GB/T 31593.7—2015　消防安全工程

第7部分：顶棚射流的计算要求

起草单位

公安部天津消防研究所、公安部四川消防研究所、中国科学技术大学、中国建筑科学研究院。

主要起草人

张玉贤、邓松华、郭歌、姚松经、韩伟平、毕少颖、智会强、阚强、陆守香、胡忠日、张向阳、郑巍。

适用范围

GB/T 31593 的本部分规定了顶棚射流特征值计算公式的应用方法要求，提供了与顶棚射流计算公式应用相关的下列通用要求：

（1）物理现象的描述；
（2）计算书；
（3）计算公式的局限性；
（4）计算公式的输入参数；
（5）计算公式的适用范围。

GB/T 31593 的本部分适用于建设工程消防性能化设计和评估中顶棚射流的计算。

GB/T 31593.8—2015　消防安全工程

第8部分：开口气流的计算要求

起草单位

公安部天津消防研究所、公安部四川消防研究所、中国科学技术大学、中国建筑科学研究院。

主要起草人

毕少颖、姚松经、韩伟平、智会强、阚强、张玉贤、陆守香、胡忠日、张向阳、邓松华、郑巍、郭歌。

适用范围

GB/T 31593 的本部分规定了开口气流特征值计算公式的应用方法要求，提供了与开口气流计算公式应用相关的下列通用要求：

（1）物理现象的描述；
（2）计算书；
（3）计算公式的局限性；
（4）计算公式的输入参数；

（5）计算公式的适用范围。

GB/T 31593 的本部分适用于建设工程消防性能化设计和评估中开口气流的计算。

GB/T 31593.9—2015 消防安全工程
第9部分：人员疏散评估指南

起草单位

公安部天津消防研究所、中国建筑科学研究院、公安部四川消防研究所、中国科学技术大学。

主要起草人

张向阳、姚松经、韩伟平、刘文利、刘松涛、智会强、阚强、张玉贤、陆守香、毕少颖、胡忠日、邓松华、郭歌、郑巍。

适用范围

GB/T 31593 的本部分规定了火灾状况下人员的行为，特别是应急疏散行为的评估、量化和管理方法，提出了构成人员安全疏散设计评估基础的参数，提供了确定建筑内人员位置与状态随时间变化所需的流程、评估和计算方面的信息。

GB/T 31593 的本部分为消防安全工程设计人员、管理人员和消防安全技术人员提供了消防安全工程设计中有关疏散策略的工程方法和生命安全评估指南，适用于消防安全工程的人员疏散评估。

GB/T 31593 的本部分所指的人员疏散不包括采用电梯进行的人员应急疏散。

GB/T 38309—2019 火灾烟气流毒性组分测试 FTIR 分析火灾烟气中气体组分的指南

起草单位

应急管理部四川消防研究所、江苏省消防救援总队、北京市消防救援总队。

主要起草人

刘军军、何瑾、甘子琼、朱亚明、李云浩、刘玉波、舒畅、谭远林。

适用范围

本标准规定了采用傅里叶变换红外光潜气体分析技术（FTIR）分析火灾烟气中一氧化碳（CO）、二氧化碳（CO_2）、氰化氢（HCN）、氯化氢（HCl）、溴化氢（HBr）、一氧化氮（NO）、二氧化氮（NO_2）和丙烯醛（CH_2CHCHO）等气体组分的方法。

本标准适用于火灾烟气中各类气体组分的浓度分析，也适用于可采用 FTIR 技术分析的其他气体，包括氟化氢（HF）和二氧化硫（SO_2）。

GB/T 38310—2019　火灾烟气致死毒性的评估

起草单位

应急管理部四川消防研究所、应急管理部消防救援局、北京市消防救援总队、云南省消防救援总队。

主要起草人

刘军军、甘子琼、何瑾、张羽、刘玉波、王祝坤、马锐、吴丹。

适用范围

本标准规定了火灾烟气致死毒性的评估方法，包括原理、试验装置、试验方法、计算及评估报告等。

本标准适用于在受控的试验条件下，对材料、制品及组件燃烧产生的火灾烟气急性毒性致死效应的评估。

本标准不适用于暴露后长期的慢性毒性评估。

XF/T 999—2012　防排烟系统性能现场验证方法热烟试验法

起草单位

公安部四川消防研究所、四川省公安消防总队、公安部消防局。

主要起草人

谢元一、张晓明、杨庆、卢国建、胡忠日、李乐、胡锐。

适用范围

本标准规定了在不破坏建筑结构及内部设施、设备的条件下，采用热烟试验法测试建筑防排烟系统所需的试验装置、试验程序和安全防护要求，以及产生定量烟气和确定热烟试验火灾规模的方法。

本标准适用于在空间结构特殊、防排烟系统设计复杂的建筑中实施的热烟试验，如中庭、工厂、货仓、百货商场、购物中心、复杂办公建筑以及体育娱乐中心等其他人员密集的公共建筑、隧道、地铁、车站、航站楼等交通枢纽建筑和大型地下建筑。

热烟试验的相关数据可用于烟流模拟软件的验证。

XF/T 1369—2016　人员密集场所消防安全评估导则

起草单位

公安部天津消防研究所、福建省公安消防总队、天津市公安消防总队、黑龙江省公安消防总队、上海市公安消防总队、国家消防工程技术研究中心。

<u>主要起草人</u>

张玉贤、王婕、张梅红、王以革、王达、闫家伟、靳顺顺、杜长海、赵华亮、王欣、张欣、果春盛、任常兴。

<u>适用范围</u>

本标准规定了人员密集场所消防安全评估的工作程序及步骤、评估单元及评估内容、消防安全评估结论和消防安全评估报告的要求。

本标准适用于人员密集场所（劳动密集型企业的生产加工车间和员工集体宿舍除外）的消防安全现状评估。

XF/T 1427—2017 建筑火灾荷载调查与统计分析方法

<u>起草单位</u>

中国人民武装警察部队学院、公安部消防局、公安部四川消防研究所。

<u>主要起草人</u>

吴立志、臧桂丛、郭子东、李育安、卢国建、何学超、张楼、徐丰煜、任泽宇、蒋源源、赵楠。

<u>适用范围</u>

本标准规定了建筑火灾荷载调查的抽样方法、样本量确定方法、建筑可燃物调查程序与方法、建筑火灾荷载的统计分析方法，明确了调查报告应包含的主要内容。

本标准适用于建筑火灾荷载的调查和统计分析。

十四、消防通信

GB 16281—2010 火警受理系统

<u>起草单位</u>

公安部沈阳消防研究所、深圳市亚奥数码技术有限公司、深圳市天维尔通讯技术有限公司。

<u>主要起草人</u>

张春华、隋虎林、齐宝金、刘海霞、卢韶然、吕欣驰、范玉峰、姜学赟、冯万波、丁宏军、杨颖、蔡伟广、王国栋。

适用范围

本标准规定了火警受理系统的术语和定义、技术要求、试验方法、检验规则和标志。

本标准适用于公安机关消防机构安装使用的火警受理系统和"三台合一"接处警系统，包括火警受理信息系统、火警调度机、火警数字录音录时装置等。

其他单位安装使用的具有特殊要求的火警受理系统，除特殊要求由有关标准另行规定外，也可使用本标准。

GB/T 25113—2010 移动消防指挥中心通用技术要求

起草单位

公安部沈阳消防研究所、北京市公安消防总队、上海市公安消防总队、广东省公安消防总队、湖南省公安消防总队、新疆维吾尔自治区公安消防总队、北京兆恒科技发展有限公司、电信科学技术第一研究所。

主要起草人

吕欣驰、张春华、金京涛、陈剑、张昊、滕波、朱春玲、马青波、盛建国、楼兰、王湘新、乔雅平、谷光敏、陈春东。

适用范围

本标准规定了移动消防指挥中心的术语和定义、构成、技术要求、设备配置要求。

本标准适用于以车辆为载体的移动消防指挥中心。

以船舶等为载体的移动消防指挥中心以及独立方舱式移动消防指挥中心的技术要求可参照本标准。

GB 26875.1—2011 城市消防远程监控系统

第1部分：用户信息传输装置

起草单位

公安部沈阳消防研究所、万盛（中国）科技有限公司、海湾消防网络有限公司、沈阳美宝控制有限公司、同方股份有限公司、广东百迅信息科技有限公司、上海易达通信公司、福建省盛安城市安全信息发展有限公司、北京网迅青鸟科技发展有限公司。

主要起草人

王军、隋虎林、姜学赟、徐放、张磊、马青波、李志刚、刘濛、芦日新、赵辉、贾根莲、严志明、高宏、苗占胜、徐文飞、陈兴煜、冯权辉、刘启明。

适用范围

GB 26875 的本部分规定了城市消防远程监控系统中用户信息传输装置的术语和

定义、要求、试验方法、检验规则和标志。

GB 26875 的本部分适用于一般工业与民用建筑中安装使用的城市消防远程监控系统用户信息传输装置。

GB/T 26875.2—2011 城市消防远程监控系统
第 2 部分：通信服务器软件功能要求

|起草单位|

公安部沈阳消防研究所、万盛（中国）科技有限公司、海湾消防网络有限公司、沈阳美宝控制有限公司、同方股份有限公司、广东百迅信息科技有限公司、上海易达通信公司、江西省盛安城市安全信息发展有限公司、北京网迅青鸟科技发展有限公司。

|主要起草人|

刘美华、齐宝金、李海涛、郭立治、杨颖、聂威、唐皓、王宇行、贾根莲、严志明、邹超群、梁伟峰、陈兴煜、邓评韬、张俊。

|适用范围|

GB/T 26875 的本部分规定了城市消防远程监控系统中通信服务器软件的功能要求和试验方法。

GB/T 26875 的本部分适用于城市消防远程监控系统监控中心安装使用的通信服务器软件。

GB/T 26875.3—2011 城市消防远程监控系统
第 3 部分：报警传输网络通信协议

|起草单位|

公安部沈阳消防研究所、万盛（中国）科技有限公司、海湾消防网络有限公司、沈阳美宝控制有限公司、同方股份有限公司、广东百迅信息科技有限公司、上海易达通信公司、福建省盛安城市安全信息发展有限公司、北京利达科信电子有限公司、北京法安通电子科技有限公司、四川赛科新技术有限公司、重庆华夏消防有限公司、北京网迅青鸟科技发展有限公司。

|主要起草人|

马青波、王军、隋虎林、潘刚、张迪、姜学赟、胡锐、赵辉、贾新勇、高宏、于洋、徐文飞、陈兴煜、冯权辉、涂燕林、王京欣、袁大奎、钟尔俊、刘启明。

|适用范围|

GB/T 26875 的本部分规定了城市消防远程监控系统中用户信息传输装置与监控

中心之间通过报警传输网络进行数据传输的协议结构、数据类型及数据定义。

GB/T 26875 的本部分适用于城市消防远程监控系统中用户信息传输装置与监控中心之间的报警传输网络数据通信协议。

GB/T 26875.4—2011 城市消防远程监控系统
第4部分：基本数据项

起草单位

公安部沈阳消防研究所、厦门准信机电工程有限公司、万盛（中国）科技有限公司、海湾消防网络有限公司、沈阳美宝控制有限公司、同方股份有限公司、广东百迅信息科技有限公司、上海易达通信公司、江西省盛安城市安全信息发展有限公司、北京网迅青鸟科技发展有限公司。

主要起草人

隋虎林、刘海霞、蔡畅宇、范玉峰、马青波、屈励、刘濛、张健、戴持、钟尔俊、贾根莲、严志明、徐珍喜、徐文飞、陈兴煜、邓评韬、刘启明。

适用范围

GB/T 26875 的本部分规定了城市消防远程监控系统监控信息和消防安全管理信息所包含的基本数据项。

GB/T 26875 的本部分适用于城市消防远程监控系统的建设和应用。

GB/T 26875.5—2011 城市消防远程监控系统
第5部分：受理软件功能要求

起草单位

公安部沈阳消防研究所、万盛（中国）科技有限公司、海湾消防网络有限公司、沈阳美宝控制有限公司、同方股份有限公司、广东百迅信息科技有限公司、上海易达通信公司、江西省盛安城市安全信息发展有限公司、北京网迅青鸟科技发展有限公司。

主要起草人

隋虎林、屈励、刘海霞、谷安永、杨波、袁国斌、胡锐、费春祥、石建国、严志明、邹志刚、梁伟峰、陈兴煜、邓评韬、张俊。

适用范围

GB/T 26875 的本部分规定了城市消防远程监控系统中报警受理系统和火警信息终端的受理软件的术语和定义、基本要求、功能要求和试验方法。

GB/T 26875 的本部分适用于城市消防远程监控系统中报警受理系统和火警信息终端安装使用的受理软件。

GB/T 26875.6—2011　城市消防远程监控系统
第6部分：信息管理软件功能要求

起草单位

公安部沈阳消防研究所、万盛（中国）科技有限公司、海湾消防网络有限公司、沈阳美宝控制有限公司、同方股份有限公司、广东百迅信息科技有限公司、上海易达通信公司、福建省盛安城市安全信息发展有限公司、北京网迅青鸟科技发展有限公司。

主要起草人

范玉峰、徐放、张迪、姜学赟、刘海霞、杜阳、贾根莲、严志明、赵晓波、梁伟峰、陈兴煜、冯权辉、张俊。

适用范围

GB/T 26875 的本部分规定了城市消防远程监控系统中信息查询系统和用户服务系统的信息管理软件的术语和定义、功能要求和试验方法。

GB/T 26875 的本部分适用于城市消防远程监控系统中信息查询系统和用户服务系统的信息管理软件。

GB/T 26875.7—2015　城市消防远程监控系统
第7部分：消防设施维护管理软件功能要求

起草单位

公安部沈阳消防研究所、深圳市赋安安全系统有限公司、重庆华夏消防有限公司、海湾安全技术有限公司、厦门准信机电工程有限公司、万盛（中国）科技有限公司。

主要起草人

张迪、王军、李志刚、杨树峰、隋虎林、马青波、徐放、范玉峰、刘濛、郑春华、钟尔俊、杨志强、童雷、经纬。

适用范围

GB/T 26875 的本部分规定了城市消防远程监控系统中消防设施维护管理软件的术语和定义、功能要求和测试方法。

GB/T 26875 的本部分适用于城市消防远程监控系统中消防设施维护管理软件的开发。

GB/T 26875.8—2015　城市消防远程监控系统
第8部分：监控中心对外数据交换协议

起草单位

公安部沈阳消防研究所、深圳市赋安安全系统有限公司、万盛（中国）科技有限公司、海湾安全技术有限公司。

主要起草人

李志刚、王军、张迪、杨树峰、刘海霞、裴建国、齐宝金、仝瑞涛、赵海荣、张磊、杜阳、乔培玉、刘濛、隋虎林、马青波、郑春华、经纬、王海润。

适用范围

GB/T 26875 的本部分规定了城市消防远程监控系统监控中心对外数据交换协议的缩略语、XML Schema 定义、一般要求、数据查询接口和数据实时发布接口。

GB/T 26875 的本部分适用于城市消防远程监控系统监控中心与外部系统之间的数据交换。

GB/T 28440—2012 消防话音通信组网管理平台

起草单位

公安部沈阳消防研究所。

主要起草人

刘程、刘长安、马青波、卢韶然、祁广路、郭锐、臧桂从、郭金龙。

适用范围

本标准规定了消防话音通信组网管理平台的术语和定义、要求、试验、检验规则、标志和使用说明书。

本标准适用于公安消防部队、政府专职消防队及单位专职消防队使用的消防话音通信组网管理平台。

GB/T 38254—2019 火警受理联动控制装置

起草单位

应急管理部沈阳消防研究所、天维尔信息科技股份有限公司、上海迪爱斯通信设备有限公司。

主要起草人

刘海霞、隋虎林、李志刚、王军、齐宝金、杜阳、滕波、范玉峰、马青波、高文军、陈春东、姜学赟、刘濛、张磊、张迪、丰国炳、杨树峰、安震鹏。

适用范围

本标准规定了火警受理联动控制装置的术语和定义、要求、试验方法、检验规则和标志。

本标准适用于消防救援机构火警受理系统的联动控制装置。

XF 545.1—2005 消防车辆动态管理装置

第1部分：消防车辆动态终端机

起草单位

公安部沈阳消防研究所。

主要起草人

张春华、马青波、吕欣驰、姜学赟、李志刚。

适用范围

XF 545 的本部分规定了消防车辆动态终端机的技术要求、试验、检验规则和标志、使用说明书。

XF 545 的本部分适用于消防车辆上安装使用的车辆动态终端机。

XF 545.2—2005 消防车辆动态管理装置

第2部分：消防车辆动态管理中心收发装置

起草单位

公安部沈阳消防研究所。

主要起草人

张春华、马青波、吕欣驰、姜学赟、李志刚。

适用范围

XF 545 的本部分规定了消防车辆动态管理中心收发装置的技术要求、试验、检验规则和标志、使用说明书。

XF 545 的本部分适用于在消防通信指挥中心安装、使用的消防车辆动态管理中心收发装置。

XF/T 875—2010 火场通信指挥控制台

起草单位

公安部沈阳消防研究所、深圳市天维尔通讯技术有限公司。

主要起草人

谷安永、刘海霞、徐放、范玉峰、张迪、高文军、齐宝金、杜阳、刘濛。

适用范围

本标准规定了火场通信控制台的术语和定义、技术要求、试验方法、检验规则和标志。

本标准适用于公安消防部队移动通信指挥车安装使用的火场通信控制台。

XF/T 971.1—2011 消防卫星通信系统
第1部分：系统总体要求

起草单位

公安部上海消防研究所、公安部消防局信息通信处。

主要起草人

常峰、钟琳、张昊、陈剑、林海、温晓燕、胡传平、陈强、洪赢政、陈伟、汪萍萍。

适用范围

XF/T 971 的本部分规定了消防卫星通信系统的术语、定义和缩略语、构成、技术要求和试验等。

XF/T 971 的本部分适用于消防卫星通信系统的新建、改建和扩建。

XF/T 971.2—2011 消防卫星通信系统
第2部分：便携式卫星站

起草单位

公安部上海消防研究所、公安部消防局信息通信处。

主要起草人

常峰、陈强、洪赢政、张昊、陈剑、林海、温晓燕、陈伟、崔艳、胡传平、钟琳、汪萍萍。

适用范围

XF/T 971 的本部分规定了消防卫星通信系统便携式卫星站的术语、定义和缩略语、构成、技术要求、试验方法、标志和贮存等。

XF/T 971 的本部分适用于消防卫星通信系统中的便携式卫星站。

XF/T 1086—2013 消防员单兵通信系统通用技术要求

起草单位

公安部沈阳消防研究所、中国人民武装警察部队学院。

主要起草人

吕欣驰、姜学赟、马曙光、张春华、张昊、林晓冬、朱毅华、屈天翊。

适用范围

本标准规定了消防员单兵通信系统的术语和定义、构成和通用技术要求。

本标准适用于消防员单兵通信系统及系统中相关设备、模块的设计与配备。

十五、电气防火

GB 14287.1—2014 电气火灾监控系统
第1部分：电气火灾监控设备

起草单位

公安部沈阳消防研究所、沈阳斯沃电器有限公司、北京海博智恒电气防火科技有限公司、沈阳申泰电器系统有限公司、三科电器有限公司、福建俊豪电子有限公司、上海华宿电气技术有限公司。

主要起草人

张颖琮、宋立丹、仝瑞涛、陈振云、丁宏军、杨波、孙珍慧、邸曼、栾军、张宏宇、罗晖、胡少英、陈玉、曹志坚、许治恒。

适用范围

GB 14827 的本部分规定了电气火灾监控设备的术语与定义、要求、试验、检验规则、标志。

GB 14827 的本部分适用于电气火灾监控系统中的电气火灾监控设备。

GB 14287.2—2014 电气火灾监控系统
第2部分：剩余电流式电气火灾监控探测器

起草单位

公安部沈阳消防研究所、沈阳斯沃电器有限公司、北京海博智恒电器防火科技有限公司、沈阳申泰电器系统有限公司、北京航天常兴科技发展有限公司、上海华宿电气技术有限公司。

主要起草人

丁宏军、杨波、康卫东、张颖琮、仝瑞涛、孙珍慧、严晓光、鲁林、许佳华、俞颖飞、栾军、蔡钧、胡少英。

适用范围

GB 14827 的本部分规定了剩余电流式电气火灾监控探测器的术语与定义、分类、要求、试验、检验规则、标志。

GB 14827 的本部分适用于电气火灾监控系统中的剩余电流式电气火灾监控探测器。

GB 14287.3—2014　电气火灾监控系统
第3部分：测温式电气火灾监控探测器

起草单位

公安部沈阳消防研究所、北京航天常兴科技发展有限公司、三科电器有限公司、北京零线之芯电气技术有限公司、福建俊豪电子有限公司、吉林市吉隆科技开发有限公司、上海华宿电气技术有限公司。

主要起草人

张学军、孙爽、杨波、李小白、张颖琮、吴礼龙、王强、王余胜、栾军、李贵仁。

适用范围

GB 14827 的本部分规定了测温式电气火灾监控探测器的术语与定义、分类、要求、试验、检验规则和标志。

GB 14827 的本部分适用于电气火灾监控系统中的测温式电气火灾监控探测器。

GB 14287.4—2014　电气火灾监控系统
第4部分：故障电弧探测器

起草单位

公安部沈阳消防研究所、宁波习羽电子发展有限公司、上海华宿电气技术有限公司、沈阳斯沃电器有限公司、福建俊豪电子有限公司。

主要起草人

丁宏军、高伟、张颖琮、李小白、曹振、刘长安、齐梓博、胡少英、黄武杰。

适用范围

GB 14287 的本部分规定了故障电弧探测器的术语与定义、分类、要求、试验、检验规则、标志和使用说明书。

GB 14827 的本部分适用于工业与民用建筑中 10 kW 及其以下电气线路中安装使用的故障电弧探测器。

其他装置中使用的用于电气火灾监控的故障电弧探测器，以及其他环境下具有特殊要求的故障电弧探测器，除特殊要求由有关标准另行规定外，亦适用于本部分。

GB 31252—2014　防火监控报警插座与开关

起草单位

公安部沈阳消防研究所、浙江正泰建筑电器有限公司、宁波习羽电子发展有限公司。

|主要起草人|
丁宏军、邸曼、张颖琮、郭春雷、刘程、刘子巍、康卫东、陈玉、胡少英。

|适用范围|
本标准规定了防火监控报警插座与开关的分类、要求、试验、检验规则和标识。

本标准适用于工作电压不大于交流 440 V、具有防火监控报警功能的电源插座和按键式开关。

十六、消防产品合格评定

XF 846—2009 消防产品身份信息管理

|起草单位|
公安部消防产品合格评定中心、山东省公安消防总队、浙江省公安消防总队、江苏省公安消防总队、广东省公安消防总队、安徽省公安消防总队、大连宏胜科技开发有限公司、青岛楼山消防器材厂。

|主要起草人|
东靖飞、高伟、张立胜、李双庆、元延军、胡群明、王鹏翔、余威、康卫东、张全灵、孙宏、孙卫东、陈喆、俞颖飞、李强、汪礼苗、冯伟、陈映雄、郭佩栋、刘欣传、陆曦。

|适用范围|
本标准规定了消防产品身份信息管理的术语和定义、总则、消防产品身份信息及标志、要求、消防产品身份信息专用物品等内容。

本标准适用于消防产品的生产、销售、安装、施工监理、使用、维护（维修）、产品检验、建筑消防设施检测、建筑工程消防验收、消防产品监督检查等各个环节。

XF 588—2012 消防产品现场检查判定规则

|起草单位|
公安部消防局、公安部沈阳消防研究所、公安部天津消防研究所、公安部上海消防研究所、公安部四川消防研究所、安徽省公安消防总队、北京市公安消防总队、江西省公安消防总队、四川省公安消防总队。

|主要起草人|
屈励、余威、张德成、啜凤英、毛毅平、卢国建、赵华利、程道彬、王学来、

刘连喜、朱青、胡锐、汪礼苗、王卫东、曾悦雷、陈学。

适用范围

本标准规定了消防产品现场检查的术语和定义、基本规定、市场准入检查、产品质量现场检查和判定规则。

本标准适用于消防产品质量监督机构对消防产品的现场检查和判定。

XF 982—2012 哈龙灭火系统工况评定

起草单位

公安部消防产品合格评定中心、公安部天津消防研究所。

主要起草人

东靖飞、许春元、张立胜、刘连喜、余威、陆曦、张少禹、李海涛、张全灵、陈映雄、董海斌、高云升、戚彬、赵磊、邢岩。

适用范围

本标准规定了哈龙灭火系统工况评定的术语和定义、总则、评定要求及处置。

本标准适用于按 GBJ 110 及 GB 50163 设计、安装、使用的哈龙灭火系统的工况评定。

其他哈龙灭火系统的工况评定，可参照执行。

XF 1035—2012 消防产品工厂检查通用要求

起草单位

公安部消防产品合格评定中心、公安部天津消防研究所、公安部上海消防研究所、公安部沈阳消防研究所、公安部四川消防研究所、西安盛赛尔电子有限公司、天津盛达安全科技有限责任公司、深圳因特安全科技有限公司、沈阳消防电子设备厂、青岛楼山消防器材厂、佛山市桂安消防实业有限公司、上海金盾消防安全设备有限公司、广东蓝盾门业有限公司。

主要起草人

东靖飞、张立胜、屈励、余威、陆曦、张德成、金义重、刘玉恒、王学来、张少禹、李宁、程道彬、沈坚敏、李力红、刘欣传、胡群明、李国生、许春元、张源雪、梁志昌、周象义、吕滋立、刘霖、黄军团。

适用范围

本标准规定了消防产品工厂检查的术语和定义、总则和要求。

本标准适用于消防产品认证机构为实施消防产品认证工作而开展的工厂检查活动，也可用于为核实消防产品工厂条件而进行的合格评定活动。

XF 1025—2012 消防产品 消防安全要求

起草单位

公安部消防局、公安部消防产品合格评定中心、公安部天津消防研究所、公安部上海消防研究所、公安部沈阳消防研究所、公安部四川消防研究所。

主要起草人

王鹏翔、东靖飞、余威、张德成、程道彬、刘程、王瑛、沈坚敏、赵华利、陆曦、冯伟、庄爽、徐耀亮、刘霖、王学来、刘连喜、毛毅平、聂涛、李海涛、蒋旭东。

适用范围

本标准规定了消防产品的消防安全要求，包括功能性和安全性两方面的基本要求。

本标准适用于新研制的尚未制定国家标准、行业标准的消防产品。

XF 1061—2013 消防产品一致性检查要求

起草单位

公安部消防产品合格评定中心、公安部天津消防研究所、公安部上海消防研究所、公安部沈阳消防研究所、公安部四川消防研究所、西安盛赛尔电子有限公司、上海金盾消防安全设备有限公司、佛山市桂安消防实业有限公司、沈阳消防电子设备厂。

主要起草人

东靖飞、杨震铭、屈励、金义重、陆曦、刘连喜、余威、刘程、冯伟、张德成、张少禹、程道彬、王学来、李力红、刘玉恒、沈坚敏、李宁、张立胜、王艳娥、康卫东、胡群明、付萍、李毅、白殿涛、周象义、黄军团。

适用范围

本标准规定了消防产品一致性检查的术语和定义、总则、方法、判定和处理。

本标准适用于消防产品认证初始工厂检查及证后监督管理工作的消防产品一致性检查，也可用于各类消防产品质量监督工作的产品一致性核查。

XF/T 1250—2015 消防产品分类及型号编制导则

起草单位

公安部消防局、公安部天津消防研究所、公安部上海消防研究所、公安部沈阳消防研究所、公安部四川消防研究所、公安部消防产品合格评定中心。

主要起草人

屈励、姚松经、王鹏翔、余威、刘连喜、庄爽、朱青、毛毅平、卢韶然、孙玉虎、韩伟平、张立胜。

适用范围

本标准规定了消防产品的术语和定义、分类及型号编制。

本标准适用于消防产品的分类和型号编制。

XF/T 1465—2018 消防产品市场准入信息管理

起草单位

公安部消防产品合格评定中心、公安部消防局。

主要起草人

刘程、余威、胡锐、陆曦、谭远林、乔东恒、付林、邢岩。

适用范围

本标准规定了消防产品市场准入信息的范围、术语和定义、分类、内容、建立、审核发布、查询与判定、维护与更新的有关要求。

本标准适用于纳入强制性产品认证目录和经技术鉴定的消防产品的市场准入信息管理,有关国家法律法规或标准另行规定的产品除外。

XF/T 3006—2020 灭火剂及防火阻燃产品快速检定技术要求

起草单位

应急管理部消防产品合格评定中心、应急管理部消防救援局、应急管理部天津消防研究所、浙江省消防救援总队、新疆维吾尔自治区消防救援总队、河南省消防救援总队、山东省消防救援总队、深圳因特安全技术有限公司、青岛楼山消防器材厂、北京茂源防火材料厂。

主要起草人

东靖飞、薛岗、余威、胡锐、宋文琦、陈方、陆曦、冯伟、许春元、牛坤、付萍、俞颖飞、丁玮、张麓、刘欣传、孙佳福。

适用范围

本标准规定了基于认证产品一致性要求,应用近红外光谱分析技术对灭火剂及防火阻燃产品进行快速检定的术语和定义、快速检定工作程序、产品一致性谱图库、匹配度确定和现场快速检定要求等内容。

本标准可应用于生产、流通、使用领域内开展的灭火剂及防火阻燃产品监督检查工作,也可用于企业生产过程的质量控制。

第三部分 减灾救灾与综合性应急管理标准

一、地震地质灾害救援

(一) 地震灾害救援

GB 21734—2008　地震应急避难场所　场址及配套设施

起草单位

北京市地震局、中国地震局工程力学研究所、山东省地震局、陕西省地震局。

主要起草人

杨国宾、张敬军、宋伟、苗崇刚、孙柏涛、黎益仕、周长兴、李洋、都吉夔、范增节、侯建盛。

适用范围

本标准规定了地震应急避难场所的分类、场址选择及设施配置的要求。
本标准适用于经城乡规划选定为地震应急避难场所的设计、建设或改造。

GB/T 23648—2009　社区志愿者地震应急与救援工作指南

起草单位

天津市地震局、中国地震局地球物理研究所、中国地震应急搜救中心、河北省地震局。

主要起草人

王公学、李成日、顾建华、贾群林、索香林、张勤、冯义钧、吴新燕、陈永章。

适用范围

本标准规定了社区志愿者地震应急与救援队伍建设要求和地震应急服务内容以及震后参与应急救援服务的方法、程序和要求。

本标准适用于社区志愿者地震应急与救援队伍建设以及地震应急与救援服务。

其他应急与救援工作亦可参照使用。

GB/T 24888—2010 地震现场应急指挥数据共享技术要求

起草单位

中国地震局地震预测研究所、中国地震局工程力学研究所、福建省地震局、中国地震应急搜救中心。

主要起草人

王晓青、孙柏涛、黄宏生、丁香、王东明。

适用范围

本标准规定了地震现场应急指挥数据共享的数据类型、数据编码、数据格式、元数据、数据字典以及数据汇交、数据质量控制、共享数据服务和共享数据维护的基本要求。

本标准适用于地震现场应急指挥技术系统建设（或开发）及相关数据的获取、处理、维护、交换和共享。

GB/T 24889—2010 地震现场应急指挥管理信息系统

起草单位

中国地震局地震预测研究所、中国地震局工程力学研究所、中国地震应急搜救中心、福建省地震局。

主要起草人

王晓青、孙柏涛、王东明、丁香、黄宏生。

适用范围

本标准规定了地震现场应急指挥管理信息系统的分级、基本功能、子系统功能、结构、运行环境、配置和数据库的要求。

本标准适用于地震现场应急指挥管理信息系统的设计、开发和应用。

GB/T 29428.1—2012　地震灾害紧急救援队伍救援行动
第1部分：基本要求

起草单位

中国地震局地球物理研究所、中国地震局地壳应力研究所、中国地震应急搜救中心、中国地震局工程力学研究所、河北省地震局。

主要起草人

顾建华、陈虹、王志秋、吴新燕、韩炜、贾群林、宋富喜、余世舟、肖沛琪、卢杰、张勤。

适用范围

GB/T 29428 的本部分规定了地震灾害紧急救援队伍的行动准备、现场救援、安全管理、保障与支持方面的基本要求。

GB/T 29428 的本部分适用于地震灾害紧急救援队伍的救援行动，其他专业救援队伍可参照执行。

GB/T 29428.2—2014　地震灾害紧急救援队伍救援行动
第2部分：程序和方法

起草单位

中国地震应急搜救中心、中国地震局地壳应力研究所、中国地震局地球物理研究所、中国人民解放军66150部队、武警总部司令部、武警总医院、北京市公安消防局、四川省地震局、甘肃省地震局。

主要起草人

卢杰、贾群林、陈虹、顾建华、彭碧波、刘向阳、王亮、曲旻皓、王念法、韩文东、何红卫、胡杰、吴新燕、程永、李尚庆、杨阳、张健强。

适用范围

GB/T 29428 的本部分规定了地震灾害紧急救援队伍在工作场地开展评估、搜索、营救及现场急救的程序和方法。

GB/T 29428 的本部分适用于地震灾害紧急救援队的救援行动，其他从事地震灾害救援的队伍可参照使用。

GB/T 30353—2013　人员密集场所地震避险

起草单位

天津市地震局、中国地震局工程力学研究所、公安部天津消防研究所、山西省地震局、山西省太原市消防支队、中国地震局地球物理研究所。

主要起草人

王公学、袁一凡、倪照鹏、阎正萃、冯义钧、张令心、林均岐、王晋、李洋、赵阳。

适用范围

本标准明确了人员密集场所地震避险的基本要求及避险职责，规定了避险准备、震时避险、震后疏散的方法和要求。

本标准适用于人员密集场所的地震避险服务和管理工作。

GB/T 31079—2014 社区地震应急指南

起草单位

天津市地震局、中国地震局工程力学研究所、公安部天津消防研究所、中国地震局地球物理研究所、河北省地震局、新疆维吾尔自治区地震局、山西省地震局。

主要起草人

王公学、袁一凡、倪照鹏、冯义钧、李洋、姚兰予、张勤、宋立军、吴昊昱、吴肖。

适用范围

本标准提出了社区地震应急工作的基本要求，给出了震前准备和震后应对的内容、方法和程序。

本标准适用于城市社区、农村社区、行政村和自然村等基层组织的地震应急工作。城市的街道、农村的乡镇的地震应急工作也可参考使用。

GB/T 33735—2017 中小学校地震避险指南

起草单位

天津市地震局、中国地震局工程力学研究所、中国地震局地球物理研究所、四川省教育厅、四川省地震局、天津市津南区教育局、天津市津南区地震办公室。

主要起草人

王公学、袁一凡、冯义钧、顾建华、禹华美、陈维锋、韩震、刘永强、张孟林、赵阳。

适用范围

本标准给出了中小学校地震避险准备、震时避险、震后疏散的内容、程序、方法和要求。

本标准适用于中小学校地震避险工作，其他学校或其他灾害的避险也可参照使用。

GB/T 33743—2017　医院地震紧急处置

起草单位

天津市地震局、天津市人民医院、天津市南开医院、天津医院、中国地震局工程力学研究所、中国地震局地球物理研究所。

主要起草人

王公学、朱思伟、陈鄢津、马信龙、袁一凡、冯义均、张令心、林均岐、李洋、赵阳。

适用范围

本标准规定了医院地震紧急处置的基本规定及紧急处置准备、震时紧急处置、震后紧急疏散、震后紧急救援等方面的方法和要求。

本标准适用于医院地震紧急处置工作，其他医疗机构也可参照使用。

GB/T 33744—2017　地震应急避难场所　运行管理指南

起草单位

北京市地震局、中国地震局地质研究所、中国地震局地球物理研究所、中国地震应急搜救中心、山东省地震局、陕西省地震局。

主要起草人

杨国宾、黎益仕、胡平、董赟、苗崇刚、侯建盛、李志强、白春华、张敬军、都吉夔、范增杰、王海英、吴新艳、丁彦慧、姜连艳、李晓丽。

适用范围

本标准给出了地震应急避难场所的日常管理、应急启用、安置运行和安置运行结束的工作内容和指南。

本标准适用于地震应急避难场所的运行管理。

DB/T 42—2011　地震救援装备检测规程　液压动力工具

起草单位

中国地震局地壳应力研究所、中国地震应急搜救中心、天津大学、中国人民解放军 66150 部队。

主要起草人

赵国存、王恩福、张国宏、闻明、张策、司洪波、马其成、刘向阳。

适用范围

本标准规定了液压动力救援工具的检测要求、检测内容、检测指标和检测方法。

本标准适用于地震救援用扩张器、剪切器、剪扩器、撑顶器等液压动力工具的定期检测。

DB/T 43—2011　地震救援装备检测规程　起重气垫系统

起草单位

中国地震局地壳应力研究所、中国地震应急搜救中心、天津大学、中国人民解放军66150部队。

主要起草人

王恩福、闻明、赵国存、张国宏、张策、司洪波、马其成、刘向阳。

适用范围

本标准规定了救援起重气垫系统的检测要求、检测内容、检测指标和检测方法。

本标准适用于地震救援用起重气垫系统的定期检测。

DB/T 44—2011　地震救援装备检测规程　内燃机动力工具

起草单位

中国地震局地壳应力研究所、中国地震应急搜救中心、天津大学、中国人民解放军66150部队。

主要起草人

张国宏、张策、王恩福、赵国存、闻明、司洪波、马其成、刘向阳。

适用范围

本标准规定了内燃机动力救援工具的检测要求、检测内容、检测指标和检测方法。

本标准适用于地震救援用破碎镐、链锯、无齿锯等内燃机动力工具的定期检测。

DB/T 52—2013　地震应急救援专业标准体系表

起草单位

中国地震局地壳应力研究所、中国地震应急搜救中心、武警总医院。

主要起草人

陈虹、宋富喜、尹光辉、周敏、闻明、彭碧波、谢霄峰、王建军、卢杰、曲旻皓、李蕊。

适用范围

本标准规定了地震应急救援专业标准体系的结构、层次划分和标准化对象。

本标准适用于地震应急救援专业标准的规划、计划、立项和编制。

DB/T 55—2013 地震灾害紧急救援队伍工作场地遇难者遗体处置规程

起草单位

中国地震局地壳应力研究所、中国人民武装警察部队总医院、中国地震应急搜救中心、中国地震局地球物理研究所。

主要起草人

陈虹、彭碧波、闻明、周敏、卢杰、顾建华、吴新燕、曲旻皓。

适用范围

本标准规定了地震灾害紧急救援队伍在工作场地处置遇难者遗体的防护措施、处置程序和方法。

本标准适用于地震灾害紧急救援队伍在救援过程中发现遇难者遗体的现场处置，其他突发事件救援队伍可参照使用。

DB/T 57—2014 地震救援装备分类、代码与标签

起草单位

中国地震应急搜救中心。

主要起草人

司洪波、赵兰迎、李红飚、张天罡、王建平、谢鹏、刘旋、徐一凡、李立、胡卫建。

适用范围

本标准规定了地震救援装备的分类、代码与标签。

本标准适用于地震灾害救援队伍所配备和使用的地震救援装备的管理。

DB/T 63—2016 地震灾害紧急救援队队员训练指南

起草单位

中国地震局地球物理研究所、中国地震局地壳应力研究所、中国人民解放军第38集团军工兵团、中国人民武装警察部队总医院、中国地震应急搜救中心、中国地

震局工程力学研究所、防灾科技学院。

主要起草人

顾建华、陈虹、刘向阳、彭碧波、吴新燕、卢杰、贾群林、余世舟、刘亚华、韩炜、黄猛、李立、王念法、何红卫、胡杰、宋富喜、闻明、王巍。

适用范围

本标准给出了地震灾害紧急救援队训练的总则，全体救援队队员训练的基础知识和基本技能，搜救队员训练的搜救专业知识和搜救专业技能，以及管理人员训练的管理知识和管理技能。

本标准适用于地震灾害紧急救援队队员的训练、训练大纲和培训教材的编写，其他类型救援队队员训练和参照使用。

（二）地质灾害救援

GB/T 32864—2016　滑坡防治工程勘查规范

起草单位

中国地质环境监测院、中国地质调查局西安中心、中国地质调查局成都中心、中国地质调查局武汉中心、中国地质调查局水文地质环境地质调查中心、四川华地建设工程有限公司、四川909水文地质工程公司、重庆地质勘查局。

主要起草人

殷跃平、张作辰、张茂省、郑万模、黄波林、李晓春、张开军、赵松江、贺模红、郭建强、彭轩明、黎力、马飞、孙党生、陈红旗、祁小博。

适用范围

本标准规定了滑坡防治工程分级、滑坡调查、可行性论证阶段初步勘查、设计阶段详细勘查以及施工阶段补充勘查要求、主要勘察方法、物理力学试验与稳定状态分析等内容。

本标准适用于滑坡防治工程的勘查。

GB/T 38509—2020　滑坡防治设计规范

起草单位

中国地质环境监测院、中国地质科学院探矿工艺研究所、长安大学、中国建筑科学研究院地基基础研究所、解放军后勤工程学院、中国水利水电科学研究院、军委后勤保障部工程兵科研三所、中铁二院工程集团有限责任公司、中铁二院重庆勘察设计研究院有限责任公司、深圳市工勘岩土集团有限公司、四川省华地建设工程有限责任公司、四川九〇九建设工程有限公司、中国地质科学院地质力学研究所、甘肃建筑职业技术学院。

主要起草人

殷跃平、郑颖人、陈祖煜、宋军、李安洪、门玉明、杨生贵、张勇、李海光、闫金凯、王文沛、石胜伟、赵尚毅、罗一农、王贤能、赵松江、贺模红、李滨、侯小强、高文生、盛宏光、马君伟、王全成、李正川、祁小博、张作辰、陈春利、贺凯、张楠、刘朋飞。

适用范围

本标准规定了滑坡防治工程分级、滑坡稳定性分析与设计安全系数、设计方案选择、排水工程、抗滑桩工程、锚索（杆）工程、格构锚固工程、挡墙工程、其他防治工程、防治工程监测与施工组织等内容。

本标准适用于通常的滑坡防治设计。

DZ/T 0154—1995 地面沉降水准测量规范

起草单位

上海市地质矿产局岩土地质研究院、地质矿产部河北测绘制印中心、天津市地质矿产局地质调查研究所。

主要起草人

庄翔麟、邹厚福、刘宜先。

适用范围

本标准规定了地面沉降水准网的布设原则、施测方法、精度指标、数据处理和资料整理汇编。

本标准适用于监测地面沉降水准网的布测。

DZ/T 0218—2006 滑坡防治工程勘查规范

起草单位

中国地质调查局。

主要起草人

殷跃平、张作辰、彭轩明、张茂省、郑万模、赵松江、郭建强、张开军、李晓春、彭光泽、黎力、刘安去、张斌、马飞、孙党生、陈红旗、杨旭东、魏兴丽。

适用范围

本标准规定了滑坡与崩塌分类及危害分级、可行性论证阶段、设计阶段、施工阶段勘查以及应急治理的勘查要求，并规定了主要勘查方法、物理力学试验与稳定状态分析、竣工地质报告等内容。

本标准适用于自然滑坡防治工程的勘查，也可用于水利水电、铁道、交通、城建、矿山等行业的滑坡防治工程勘查。

本标准中除特别注明外，可适用于崩塌防治工程勘查。

DZ/T 0219—2006 滑坡防治工程设计与施工技术规范

起草单位

中国地质调查局。

主要起草人

殷跃平、张作辰、贺模红、潘世兵、胡瑞林、张国全、康宏达、鄢毅、唐辉明、程温鸣、黎力、李晓春、张开军、刘真。

适用范围

本标准规定了滑坡防治工程设计基本规定、滑坡分类及防治工程勘察、滑坡防治工程分级及设计安全系数、排水工程、抗滑桩、预应力锚索、格构锚固、重力挡墙、注浆加固、刷方减载、回填压脚、植物防护、滑坡防治监测、施工组织、质量检验及工程验收等内容。

本标准适用于指导滑坡防治工程设计。

DZ/T 0220—2006 泥石流灾害防治工程勘查规范

起草单位

四川省国土资源厅、中铁西南科学院、中科院成都山地灾害研究所、铁道第二勘查设计院、成都理工大学、四川省地矿局。

主要起草人

葛文彬、谭炳炎、唐邦兴、蒋忠信、刘汉超、李前银、柳源、徐志文、薛佩瑄、蒋俊、胡涛、杨敏。

适用范围

本标准规定了泥石流类型划分及危害性分级、泥石流灾害的调查与勘查等内容。

本标准适用于自然或人为因素引发的危及城镇人口集中区、大中型工矿企业、风景名胜区等公共安全的泥石流灾害勘查工作，也可适用于危及水利水电、公路、铁路等基础设施安全的泥石流灾害勘查工作。

DZ/T 0221—2006 崩塌、滑坡、泥石流监测规范

起草单位

国土资源部三峡库区地质灾害防治工作指挥部（原长江三峡链子崖和黄蜡石地

质灾害防治工程指挥部）。

主要起草人

郭希哲、徐开祥、黄学斌、贾家麟、柳源、彭光忠、谭炳炎。

适用范围

本标准规定了滑坡、崩塌变形与泥石流活动的监测内容、监测方法、监测点网布设、监测资料整理，以及变形破坏或活动预报等技术要求。

本标准适用于已经发生过且可能继续或再次发生变形破坏和活动的滑坡、崩塌与泥石流的监测，以及有可能发生崩滑的自然的或人工的斜坡和泥石流活动的沟槽（或斜坡）的监测。

本标准以专业监测为主，部分内容可供群测群防监测参见。

DZ/T 0222—2006 地质灾害防治工程监理规范

起草单位

国土资源部长江三峡库区地质灾害防治工作指挥部、中国国土资源经济研究院国土资源标准化研究中心。

主要起草人

郭希哲、黄学斌、徐开祥、贾家麟、程温鸣、李辉武、柳源、孙培善、李良淦、张明燕、陶文华。

适用范围

本标准规定了地质灾害防治工程地质勘查监理、防治工程设计监理、防治工程施工监理、防治工程合同商务管理、防治工程信息管理等内容。

本标准适用于崩塌、滑坡和不稳定斜坡（含水库塌岸等）、泥石流、地面塌陷、地面沉降、地裂缝等主要地质灾害防治工程的勘查、设计、施工的监理。

DZ/T 0261—2014 滑坡崩塌泥石流灾害调查规范（1∶50000）

起草单位

中国地质环境监测院、中国地质调查局西安地质调查中心、中国地质科学院地质力学研究所、中国地质调查局成都地质调查中心、国土资源部航空遥感中心、四川地质调查院等。

主要起草人

殷跃平、张作辰、张茂省、郑万模、魏伦武、吴树仁、张永双、姚鑫、张开军、李晓春、胡瑞林、鄢毅、王军、王治华、周平根、薛强、唐业明、李林、黄玉华、武文英、曾磊、李政国、祁小博。

适用范围

本标准规定了滑坡、崩塌、泥石流灾害调查（1∶50000）的内容、控制精度、基本方法以及成果编制与验收等要求。

本标准适用于滑坡、崩塌、泥石流三类地质灾害的区域调查。

DZ/T 0262—2014 集镇滑坡崩塌泥石流勘查规范

起草单位

中国地质环境监测院、中国地质调查局武汉地质调查中心、中国地质调查局西安地质调查中心、中国地质调查局成都地质调查中心等。

主要起草人

殷跃平、张作辰、常宏、谭建民、李晓春、潘伟、张茂省、铁永波、胡秋韵、张开军、祁小博。

适用范围

本标准规定了集镇滑坡崩塌泥石流勘查的总则、设计编审、区域地质环境条件调查、斜坡勘查、隐患勘查、技术方法、分析与评价、质量检查、资料整理和成果编制等要求。

本标准适用于地质灾害易发区的集镇滑坡、崩塌、泥石流勘查。

DZ/T 0269—2014 地质灾害灾情统计

起草单位

中国地质环境监测院。

主要起草人

孟晖、连建发、张若琳、唐灿、胡杰、程新歌、谢显明。

适用范围

本标准规定了地质灾害灾情的统计内容、指标、方法和汇总等要求。

本标准适用于崩塌、滑坡、泥石流、地面塌陷、地裂缝、地面沉降等地质灾害灾情调查和统计。

其他与地质作用有关的灾害灾情调查和统计，可参照本标准执行。

DZ/T 0283—2015 地面沉降调查与监测规范

起草单位

上海市地质调查研究院、中国地质环境监测院、长安大学、中国国土资源航空物探遥感中心。

>主要起草人

严学新、方正、杨天亮、王寒梅、熊福文、彭建兵、何庆成、张勤、郭小方、俞俊英、吴建中、黄强兵、王艳、刘金宝、陈明忠、卢全忠、叶晓滨、钟立勋、李志明、刘文波、李采、王利、赵超英、詹龙喜、焦珣、占光辉、黄鑫磊、朱晓强、张欢、何晔。

>适用范围

本标准规定了地面沉降的调查与监测及评价等技术方法和工作要求，并规定了成果编制、数据库建设和资料汇交等内容。

本标准适用于地面沉降的调查与监测及评价。

DZ/T 0284—2015 地质灾害排查规范

>起草单位

中国地质环境监测院、中国地质调查局成都地质调查中心等。

>主要起草人

殷跃平、张作辰、郑万模、倪化勇、李晓春、李宗亮、巴仁基、张开军、胡秋韵、铁永波、李明辉、祁小博、徐伟、王德伟。

>适用范围

本标准规定了地质灾害排查的任务、工作内容、工作方法和技术要求等。

本标准适用于滑坡、崩塌、泥石流、不稳定斜坡、地面塌陷、地裂缝、地面沉降等类型地质灾害的排查。

针对地震等开展的应急性地质灾害排查可参照本规范执行。

DZ/T 0286—2015 地质灾害危险性评估规范

>起草单位

中国地质环境监测院、北京中地华安地质勘查有限公司、中国地质大学（北京）、山西省第二地质工程勘察院、北京市地质研究所。

>主要起草人

殷跃平、颜宇森、高姣姣、祁小博、肖秋平、李艳军、曹广明、王亚春、李智毅、周永昌、慎乃齐、韦京莲、李阳、于萍萍、尚掩库、韩超、肖建兵、孙贵尚。

>适用范围

本标准规定了各类工程建设及城市总体规划、村庄和集镇规划地质灾害危险性评估的内容、要求、方法和程序等。

本标准适用于在地质灾害易发区内进行各类建设工程、城市总体规划、村庄和集镇规划时的地质灾害危险性评估。

SY/T 7040—2016 油气输送管道工程地质灾害防治设计规范

起草单位

中国石油天然气管道工程有限公司、四川省地质工程勘察院、四川省蜀通岩土工程公司、西安西北石油管道公司。

主要起草人

穆树怀、高剑锋、王鸿、霍锦宏、许杰、张文伟、马晓成、李国辉、崔少东、刘佳祥、孟建、王成雷、桑广世、刘宗祥、宫自强、王峰、王向东、何文秀、詹胜文、陈雪见、李炜、唐培连、徐大宝、李印、刘艳东、韩桂武、胡谋鹏、任文明、曾志华、苏卫峰、沈茂丁、黄亮。

适用范围

为了在油气输送管道工程地质灾害防治设计中贯彻执行国家现行的有关方针政策,统一设计技术标准,使油气输送管道工程地质灾害防治设计符合安全适用,技术先进、经济合理的要求,制定本规范。

本规范适用于油气输送管道工程崩塌(危岩)、滑坡、泥石流、岩溶塌陷和采空区等地质灾害防治设计。

油气输送管道工程地质灾害防治设计除应符合本规范规定外,尚应符合国家现行有关标准的规定。

SY/T 6828—2017 油气管道地质灾害风险管理技术规范

起草单位

中国石油天然气股份有限公司管道分公司、中国石油天然气股份有限公司西气东输管道分公司、中国石油天然气股份有限公司西部管道分公司、中国石化管道储运有限公司。

主要起草人

荆宏远、吴张中、李亮亮、郝建斌、刘建平、卢启春、姜征锋、吴锦强、徐震、汪鹏飞、冯伟、陈建民、白路遥、施宁、张巍。

适用范围

本标准规定了油气输送管道地质灾害风险识别、评价与控制的任务、内容及基本方法。

本标准适用于陆上油气输送管道的地质灾害风险管理。本标准所称管道包括管道和管道附属设施。本标准所称地质灾害包括岩土类灾害、特殊土灾害、水毁灾害和地质构造类灾害,岩土类灾害仅包括滑坡、崩塌、泥石流、地面塌陷(仅包括采空区塌陷和岩溶塌陷)、特殊土灾害(仅包括黄土湿陷、膨胀土胀缩、冻土冻胀融沉、盐渍土盐胀溶陷和风蚀沙埋);水毁灾害仅包括坡面水毁、河沟道水毁和台田地水毁;地质构造类灾害仅包括活动断裂和地震。

本标准不适用于油气输送管道站场内的工艺管道、城镇燃气管道和炼油、化工等企业厂区内管道。

油气田集输管道可参照本标准执行。

QX/T 487—2019 暴雨诱发的地质灾害气象风险预警等级

起草单位
国家气象中心。

主要起草人
李宇梅、许凤雯、狄靖月、包红军、杨寅。

适用范围
本标准规定了暴雨诱发的地质灾害气象风险预警等级及划分方法。
本标准适用于暴雨诱发的地质灾害气象风险预警业务以及科学研究。

NB/T 10139—2019 水电工程泥石流勘察与防治设计规程

起草单位
中国电建集团成都勘测设计研究院有限公司、中国电建集团华东勘测设计研究院有限公司。

主要起草人
陈卫东、彭仕雄、付峥、余学明、单治钢、李青春、宋书志、魏舫、曹强、任久明、何兴勇、王敬勇、曾勇、秦光辉、杨仕明、周德彦、刘侠。

适用范围
为规范水电工程泥石流勘察与防治设计技术要求,制定本规程。
本标准适用于水电工程区、移民集中安置区、业主营地和施工营地的泥石流勘察与防治工程设计。
水电工程泥石流勘察与防治设计,除应符合本规程外,尚应符合国家现行有关标准的规定。

二、水旱灾害救援

（一）气象水文预警

GB/T 19201—2006 热带气旋等级

起草单位
中国气象局国家气象中心。
主要起草人
钱传海、高拴柱、许映龙、卢山、张守峰、刘震坤、顾华、张玲、姚学祥、薛建军。
适用范围
本标准规定了我国预报责任区内热带气旋的等级及其划分原则。
本标准适用于我国预报责任区内热带气旋的业务和科学研究。
有关热带气旋的业务规定可参照本标准执行。

GB/T 20479—2006 沙尘暴天气监测规范

起草单位
中国气象局大气成分观测与服务中心。
主要起草人
张小曳、汤洁、王亚强、张晓春、颜鹏、孙俊英、时建华。
适用范围
本标准规定了沙尘暴天气监测的工作任务、监测项目、监测方法、操作技术规范、数据记录与资料的存档、质量控制和保证，以及与沙尘暴数值预报有关的内容。
本标准适用于在固定站点开展沙尘暴天气监测工作以及与之联系的沙尘暴数值预报工作。
利用其他方式和观测平台开展沙尘暴天气监测工作可参照执行。

GB/T 27957—2011 冰雹等级

起草单位
国家气象中心（中央气象台）。

主要起草人

杨贵名、宗志平、林建。

适用范围

本标准规定了冰雹的等级。

本标准适用于冰雹的监测、预报和预警。

GB/T 27958—2011　海上大风预警等级

起草单位

国家气象中心。

主要起草人

尹尽勇、刘涛。

适用范围

本标准规定了中国近海海上大风预警等级及其发布规范。

本标准适用于我国海洋气象业务，相关涉海部门的业务可参照本标准执行。

本标准不适用于因热带气旋所引起的海上大风。

GB/T 27962—2011　气象灾害预警信号图标

起草单位

国家气象中心。

主要起草人

李佳英、马清云、田翠英、王维国、张钛仁、耿慧、陈玉洁、丁祎。

适用范围

本标准规定了气象灾害预警信号图标的构成、表现方式和使用说明等。

本标准适用于气象灾害预警信号的发布与传播。

GB/T 27966—2011　灾害性天气预报警报指南

起草单位

陕西省人工影响天气办公室。

主要起草人

梁谷、李燕、岳治国、田显、乔旭霞。

适用范围

本标准规定了灾害性天气预报、警报的内容和要求。

本标准适用于灾害性天气预报警报业务。

GB/T 28591—2012 风力等级

起草单位

国家气象中心。

主要起草人

乔林、李延香、符娇兰、钱传海、田翠英。

适用范围

本标准规定了风力划分原则与风力等级。

本标准适用于风的观测、预报和预警等业务工作和科学研究，以及其他行业与风相关的领域。

GB/T 28592—2012 降水量等级

起草单位

国家气象中心。

主要起草人

乔林、李延香、符娇兰、田翠英、毕宝贵、周庆亮。

适用范围

本标准规定了降水量等级划分的原则和等级。

本标准适用于降水监测、预报、预警、服务等业务和科研工作，以及其他行业与降水相关的领域。

GB/T 19721.1—2017 海洋预报和警报发布

第1部分：风暴潮警报发布

起草单位

国家海洋环境预报中心。

主要起草人

董剑希、刘秋兴。

适用范围

GB/T 19721的本部分规定了我国沿海地区风暴潮警报的等级划分、内容要求。

GB/T 19721的本部分适用于海洋预报机构开展风暴潮警报服务时使用。

GB/T 19721.2—2017 海洋预报和警报发布
第2部分：海浪预报和警报发布

起草单位

国家海洋环境预报中心。

主要起草人

李本霞、邢闯。

适用范围

GB/T 19721 的本部分规定了海浪预报和警报的等级划分、内容要求。

GB/T 19721 的本部分适用于海洋预报机构开展海浪预报和警报服务时使用。

GB/T 19721.3—2017 海洋预报和警报发布
第3部分：海冰预报和警报发布

起草单位

国家海洋环境预报中心。

主要起草人

张启文、刘煜、唐茂宁、赵倩。

适用范围

GB/T 19721 的本部分规定了渤海及黄海北部海冰预报和警报的等级划分、内容要求。

GB/T 19721 的本部分适用于海洋预报机构开展海冰预报和警报服务时使用。

GB/T 20482—2017 牧区雪灾等级

起草单位

青海省气象局、内蒙古自治区气象局。

主要起草人

李海红、肖建设、陈素华、贾红莉、虎文珺、王振宇、戴虎德、周少龙、张海珍。

适用范围

本标准规定了中国牧区雪灾的等级及划分指标。

本标准适用于中国牧区雪灾的调查、统计、评估和发布。

GB/T 20486—2017　江河流域面雨量等级

起草单位
河南省气象局、中国气象局公共气象服务中心、黄河流域气象中心、淮河流域气象中心。

主要起草人
李飞、张存、郑世林、王丽、叶金印、赵鲁强、余卫东、赵卢霞、江清霞。

适用范围
本标准规定了江河流域面雨量的等级划分、计算方法等。
本标准适用于江河流域面雨量的监测、预报、服务等业务和科学研究。

GB/T 34292—2017　人工防雹作业预警响应

起草单位
陕西省人工影响天气办公室、洛川县人工影响天气办公室。

主要起草人
梁谷、乔旭霞、田显、李燕、岳治国、杨广田、宋嘉尧、梁奕、姚选平。

适用范围
本标准规定了使用高炮、火箭弹实施人工防雹作业预警响应的要求。
本标准适用于使用高炮、火箭弹实施人工防雹作业的预警响应。

GB/T 34297—2017　冰冻天气等级

起草单位
国家气象中心、湖南省气象局。

主要起草人
孙军、姚蓉、樊利强、于超、许霖。

适用范围
本标准规定了单站冰冻天气的等级及划分方法。
本标准适用于冰冻天气的监测、预报、预警和灾害风险评估。

GB/T 34304—2017　人工防雹作业预警等级

起草单位
陕西省人工影响天气办公室。

主要起草人

李燕、梁谷、乔旭霞、岳治国、田显、梁奕、杨广田、姚选平、陈力、宋嘉尧。

适用范围

本标准规定了人工防雹作业的预警等级。

本标准适用于人工防雹作业工作。

GB/T 38121—2019 雷电防护 雷暴预警系统

起草单位

重庆市气象局、国网电力科学研究院武汉南瑞有限责任公司、合肥航太电物理技术有限公司、广东华信智能交通科技有限公司、陆军工程大学野战工程学院、深圳柯尔文科技有限公司、四川中光防雷科技股份有限公司、福建省气象灾害防御技术中心、武汉大学电气与自动化学院、安徽省气象灾害防御技术中心、江西省气象服务中心、北京雷电防护装置测试中心、上海晨辉科技股份有限公司、中国标准化协会。

主要起草人

覃彬全、李良福、谷山强、郭钧天、段泽民、丁海芳、姚喜梅、马立、邱实、余蜀豫、杨国华、曾金全、李涵、程向阳、余建华、马攀、李哲、张建培、高武龙、张利华、吴海荣、王天弈、郝胤博。

适用范围

本标准描述了雷暴预警系统的特点，以及对雷电实时数据和/或风暴起电数据的有效性评估方法，为采取雷电灾害预防措施提供参考。

本标准规定了用于准确采集雷电相关参数数据、实时提供雷电移动路径与范围等信息的传感器及网络的基本要求。

本标准描述了上述传感器及网络获取的预警和历史数据的应用方法。

本标准适用于雷暴预警系统（提供实时信息的系统或设备）收集的大气电活动信息，以便确定合理的预防措施。

本标准包括：

——迄今雷电及风暴起电风险预警系统的一般性描述；

——雷暴探测装置分类与性能；

——警报方法指南；

——雷暴信息有用性的判断步骤；

——一些可能的预防措施实例。

以下情况不属于本标准的范围：

（1）雷电防护装置，IEC 62305系列标准规定的这类装置；

（2）雨、冰雹、风等伴随雷暴的相关现象；

（3）卫星和雷达的雷暴探测技术。

本标准可能适用情况，包含但不限于：
——在户外开阔场地进行维修、劳作、运动、比赛、农活、钓鱼等活动的人员或其他大量人员聚集的情形；
——风电场、大型太阳能发电系统、电力线路；
——职业健康和安全预防；
——敏感设备，如计算机系统、应急系统、报警器和安全设备；
——生产经营过程；
——危险物品（如易燃、放射性、有毒或爆炸性物品）的储存、加工及运输；
——静电放电特别危险的环境或作业，例如航天器和飞行器操作；
——连续性非常重要的公共服务，例如电信业，能源的产生、输送和分配，医疗服务以及急救服务；
——基础设施：港口、机场、铁路、高速公路及索道；
——民防环境：森林火灾、滑坡及洪水；
——大范围的网络也可受益于雷暴早期探测，例如输电网和通信网。

GB/T 38308—2019 天气预报检验 台风预报

起草单位
国家气象中心。
主要起草人
王海平、周庆亮、许映龙、高拴柱、王璠。
适用范围
本标准规定了台风预报的检验内容、指标及其计算。
本标准适用于台风预报质量评估、业务管理。
飓风和风暴的预报检验可参考使用。

QX/T 262—2015 雷电临近预警技术指南

起草单位
中国气象科学研究院。
主要起草人
姚雯、孟青、姚叶青、吕伟涛、马颖。
适用范围
本标准规定了雷电临近预警技术指南，包括雷电临近预警的使用资料、方法和流程及产品等内容。
本标准适用于雷电活动的临近预警。

QX/T 451—2018 暴雨诱发的中小河流洪水气象风险预警等级

起草单位
国家气象中心、国家气候中心。

主要起草人
包红军、高歌、许凤雯、狄靖月、李宇梅、谌芸、徐辉、杨寅、徐成鹏、刘海知。

适用范围
本标准规定了暴雨诱发的中小河流洪水气象风险预警的等级及划分。
本标准适用于暴雨诱发的中小河流洪水气象风险预警服务业务与科学研究。

QX/T 481—2019 暴雨诱发中小河流洪水、山洪和地质灾害气象风险预警服务图形

起草单位
中国气象局公共气象服务中心、国家气象中心。

主要起草人
田华、包红军、宋建洋、吕终亮、梁莉、章芳。

适用范围
本标准规定了暴雨诱发中小河流洪水、山洪和地质灾害气象风险预警服务图形的底图和图形要素等。
本标准适用于暴雨诱发中小河流洪水、山洪和地质灾害气象风险预警服务图形产品的制作。

（二）预案响应

GB/T 29425—2012 自然灾害救助应急总响应划分基本要求

起草单位
民政部国家减灾中心。

主要起草人
袁艺、吴建安、马玉玲、周洪建、王丹丹、潘东华。

适用范围
本标准规定了自然灾害救助应急响应等级划分的要求、单元与要素、方法和等

级要求。

本标准适用于对自然灾害救助应急响应条件和措施的划分。

SL 488—2010 蓄滞洪区运用预案编制导则

起草单位

水利部淮河水利委员会、国家防汛抗旱总指挥部办公室。

主要起草人

夏成宁、杨名亮、邱沛炯、陈月华、陈予倩、王邦雨、何琦、李兴学、刘洪岫、任汝成。

适用范围

为了规范和指导蓄滞洪区运用预案的编制工作，明确其主要内容和技术要求，制定本导则。

本导则适用于国家蓄滞洪区运用预案的编制，其他蓄滞洪区运用预案的编制可参照执行。

蓄滞洪区运用预案的编制应符合江河防御洪水方案、洪水调度方案和县级以上人民政府及防汛指挥机构制定的防洪预案的要求。

蓄滞洪区运用预案的编制应坚持以人为本，强化防汛责任制，注重实用性和可操作性，保障蓄滞洪区及时有效运用。

蓄滞洪区运用预案宜由蓄滞洪区所在地县级人民政府防汛指挥机构负责编制。

蓄滞洪区运用预案应由所在地县级人民政府审批。由上级政府或者上级防汛指挥机构调度的蓄滞洪区，其预案审批前应征得有调度权限的指挥机构同意。

流域防汛指挥机构和省级防汛指挥机构应负责辖区内蓄滞洪区运用预案编制的技术指导工作。

国家蓄滞洪区的运用预案应由省级防汛指挥机构汇总报送流域防汛抗旱总指挥部办公室和国家防汛抗旱总指挥部办公室备案。

蓄滞洪区运用预案审批后，县级人民政府防汛指挥机构应及时向预案相关人员和单位公布。

蓄滞洪区运用预案应根据流域防洪、蓄滞洪工程和社会经济等情况的变化，适时修订。

蓄滞洪区运用预案应包括以下内容：

——蓄滞洪区概况；
——组织与保障；
——预警与警报；
——转移与安置；
——工程调度与运用；
——返迁与善后；

——附图附表。

蓄滞洪区运用预案的编制除应符合本导则规定外，尚应符合国家现行有关标准的规定。

SL 590—2013 抗旱预案编制导则

起草单位

中国水利水电科学研究院。

主要起草人

张志彤、张旭、刘学峰、万群志、吕娟、苏志诚、付成伟、冯琳、屈艳萍、王为、扬光、吴玉成、张海滨、高辉、孙洪泉、李云玲。

适用范围

本标准适用于各级防汛抗旱指挥机构，其他从事抗旱活动的部门（单位）可参照执行。

SL 666—2014 山洪灾害防御预案编制导则

起草单位

长江勘测规划设计研究院。

主要起草人

邱瑞田、仲志余、尚全民、胡维忠、黄先龙、郭铁女、李开杰、马涛、褚明华、左吉昌、吕行、何晓燕、唐学哲、杨玉喜、杨哲江、丁洪亮、余启辉、马小杰、孙东亚、张大伟、何秉顺、常清睿、涂勇、王琼、丁志良。

适用范围

本标准规定了山洪灾害防御预案编制的要求和主要内容。

本标准适用于我国有山洪灾害防治任务的县级、乡（镇）级、村级行政区和企事业单位山洪灾害防御预案的编制。

SL 2720—2015 水库大坝安全管理应急预案编制导则

起草单位

南京水利科学研究院、水利部大坝安全管理中心、水资源高效利用与工程安全国家工程研究中心。

主要起草人

盛金保、彭雪辉、夏明勇、李雷、王健、王昭升、刘晓青、龙智飞、张士辰、周克发、王晓航、孙玮玮、万丹丹、王莹、江超、张大伟、杨德玮。

[适用范围]

为规范和指导水库大坝安全管理应急预案编制工作，提高应对水库大坝突发事件能力，依据《中华人民共和国突发事件应对法》和《水库大坝安全管理条例》等法律法规，制定本标准。

本标准适用于大、中型水库预案编制，小型水库可参照执行。

水库大坝安全管理应急预案应包括内容：预案版本号与发放对象，编制说明，突发事件及其后果分析，应急组织体系，运行机制，应急保障，宣传、培训与演练，附表、附图等。预案文本编写提纲可按附录 A 编写。

水库大坝突发事件应根据其后果严重程度、可控性、影响范围等因素，分为（Ⅰ级）特别重大、Ⅱ级（重大）、Ⅲ级（较大）和Ⅳ级（一般）四级。水库大坝突发事件可按附录 B 分级。

水库大坝安全管理应急预案编制应收集水库所在流域及相关区域自然地理与水文气象、公共基础设施、工矿企业、水库功能与防护对象、大坝工程特性、大坝安全与管理现状、库区淤积状况、历史特大洪水或工程险情及其应急处置、溃坝洪水可能淹没区基本情况等基础资料。

水库大坝安全管理应急预案编制应贯彻"以人为本、分级负责、预防为主、便于操作、协调一致、动态管理"的原则。

水库大坝安全管理应急预案编制应由水库管理单位或其主管部门、水库所有者（业主）组织，并应履行相应的审批和备案手续。

水库大坝安全管理应急预案应根据情况变化及时修订和报批。修订的预案应送达所有发放对象，并应同时废止旧版本。

水库大坝安全管理应急预案编制除应符合本标准规定外，尚应符合国家现行有关标准的规定。

SL 754—2017 城市防洪应急预案编制导则

[起草单位]

中国水利水电科学研究院。

[主要起草人]

李娜、胡亚林、张念强、王静、赵璞、凌永玉、杜晓鹤、高建标、王学凤、谭亚男。

[适用范围]

本标准规定了城市防洪应急预案的构成，城市防洪应急总体预案、城市防洪应急专题预案和城市防洪应急专项预案的内容及要求。

本标准适用于各级建制城市防汛指挥机构应对城市市区洪涝灾害，组织城市市区防洪应急预案的编制工作。

非建制城镇的防汛主管部门可参照执行。

QX/T 116—2018　重大气象灾害应急响应启动等级

起草单位
国家气象中心、国家气候中心。

主要起草人
金荣花、薛红喜、郑卫江、孔期、杨革霞、王亚伟、魏东、廖要明。

适用范围
本标准规定了重大气象灾害应急响应启动等级。
本标准适用于国家级气象部门启动重大气象灾害应急响应预案，也可供相关防灾减灾部门和地方气象部门参考使用。

（三）调度抢险救援

GB/T 21141—2007　防沙治沙技术规范

起草单位
国家林业局防治荒漠化管理中心、北京林业大学、内蒙古农业大学、新疆维吾尔自治区林业科学研究院、陕西省治沙研究所、国家林业局西北林业调查规划设计院。

主要起草人
杨维西、赵廷宁、张利明、王俊中、漆建忠、郭连生、刘钰华、彭继平、戴晟懋、赵振兴、江天法、丁国栋、王贤、姜英、齐宗庆。

适用范围
本标准主要规定了防沙治沙的技术措施及其要求。
本标准适用于各类沙化土地的预防与治理。
除特别指明外，本标准规定的内容均指无灌溉条件下的方法和技术要求。

GB/T 30743—2014　赤潮灾害处理技术指南

起草单位
国家海洋标准计量中心、国家海洋环境监测中心、国家海洋局第一海洋研究所、国家海洋局第二海洋研究所、国家海洋局北海环境监测中心。

主要起草人
林风翱、李瑞香、陆斗定、杨建强、王玉红、汤海荣、郭小勇。

适用范围
本标准规定了赤潮灾害处理的原则、分类分级、处理程序、赤潮发展趋势分析预报、赤潮消除技术，以及赤潮灾害处理人员和设备要求。

本标准适用于在中华人民共和国管辖海域内赤潮灾害的处理。

大型藻类大规模灾害性发生的处理也可参照执行。

GB/T 34312—2017 雷电灾害应急处置规范

起草单位

安徽省防雷中心、重庆市防雷中心、安徽省人民政府应急管理办公室、北京市避雷装置安全检测中心。

主要起草人

程向阳、李良福、王凯、刘岩、覃彬全、周冉、宋海岩、王业斌、洪泽、任艳、鞠晓雨、邱阳阳、钱慕晖。

适用范围

本标准规定了雷电灾害的应急处置管理、原则和要求。

本标准适用于雷电灾害的应急处置。

JT/T 468—2002 珠江水系船舶防抗雷雨大风应变部署

起草单位

交通部珠江航务管理局、广东省交通厅、广西海事局、广东海事局。

主要起草人

张俊飞、何振星、谢锐亮、廖天伦、刘清亮、庄儒仲。

适用范围

本标准规定了珠江水系内河客船（包括旅游船、高速客船）、货船（包括集装箱船、危险品运输船舶）、小型客渡船防抗雷雨大风应变部署，包括对船舶单位、船舶和船员的要求、船舶防抗雷雨大风演习要求、防抗雷雨大风应变措施、防抗操作程序等。

本标准适用于珠江水系通航水域（含水库、湖泊）航行、停泊、作业的上述船舶及其所有人、经营人或管理人、船员和有关人员。

其他内河船舶及其他水系船舶可参照执行。

SL 451—2009 堰塞湖应急处置技术导则

起草单位

长江水利委员会长江勘测规划设计研究院、水利部水利水电规划设计总院、中国水利水电科学研究院、长江水利委员会水文局、中国水电顾问集团成都勘测设计研究院、四川省水利水电勘测设计研究院、长江水利委员会长江科学院、长江水利委员会工程建设局、中国人民武装警察部队水电指挥部。

主要起草人

刘宁、杨启贵、刘志明、周和清、王秘学、李现社、雷兴顺、李勤军、魏迎奇、黄金池、陈剑池、黄河、周武平、杨文俊、吴国如、周启、付峥、杜鹏、孙来成、谢作涛、王永忠、蔡红、彭云强、曹波、吴剑、田波、曾祥胜。

适用范围

为提高堰塞湖应急处置的效率和效果，规范堰塞湖应急处置技术工作内容，制定本标准。

本标准适用于山体滑坡、崩塌、泥石流等形成的风险等级Ⅰ级、Ⅱ级堰塞湖的应急处置，Ⅲ级、Ⅳ级参照执行。冰川堆积物所形成的堰塞湖处置应专门研究、论证。

堰塞湖应急处置应遵循以下原则：

（1）以人为本，把确保人民群众生命安全放在首位。

（2）坚持安全、科学、快速的指导方针。

（3）坚持主动、及早，排险与避险相结合的处置原则。

堰塞湖应急处置应快速、高效地进行勘测、设计、监测和施工，并确保施工人员的安全。基本资料的精度和应急处置方案的深度应根据堰塞湖的风险等级和处置的紧迫性合理选用。

应急处置工作完成后，尚须根据堰塞湖的具体情况进行评估，确定转入后续处置阶段的必要性和可行性。

一条河流上有多个堰塞湖时，应综合考虑应急处置措施。

堰塞湖风险等级划分应遵照《堰塞湖风险等级划分标准》（SL 450—2009）执行。

堰塞湖应急处置除应符合本标准外，尚应符合国家现行有关标准的规定。

SL 596—2012 洪水调度方案编制导则

起草单位

长江水利委员会长江勘测规划设计研究院、黄河勘测规划设计有限公司。

主要起草人

伸志余、胡维忠、郭铁女、尚全民、李景宗、陈肃利、余启辉、杨昆、黄先龙、张志红、宁磊、汪新宇、王翠平、张金锋、要威、褚明华。

适用范围

为了规范和统一洪水调度方案编制的基本原则、要求和方法，特制定本标准。

本标准适用于流域或区域洪水调度方案的编制。

应遵循批准的流域或区域的防洪规划和防御洪水方案，根据洪水特性、防洪工程（包括堤防、水库、蓄滞洪区、拦河闸等）现状，结合气象、水文预报水平及上下游经济社会状况，在分析具代表性的不同类型、不同量级洪水的防洪调度措施和效果的基础上，编制洪水调度方案。

编制洪水调度方案应工程措施与非工程措施相结合，合理确定防洪工程运用次序、运用时机和蓄泄关系，科学地进行洪水调度。

洪水调度方案应包括防洪工程状况、设计洪水、洪水调度原则、洪水调度、洪水资源利用、调度权限、附则等内容。

洪水调度方案应具有现实性和可操作性。编制洪水调度方案时，应认真总结以往洪水调度经验，考虑出现的新情况和新问题，明确各项防洪措施的调度要求。

流域与区域洪水调度方案应相协调。区域洪水调度方案应满足所在流域洪水调度的要求，流域洪水调度方案应考虑流域内的区域防洪要求。

流域或区域防洪体系、经济社会状况等发生变化时，应及时修编洪水调度方案。

洪水调度方案编制时应开展必要的研究，提出研究报告和编制说明，供审查、审批时参阅。

洪水调度方案的编制除应符合本标准规定外，尚应符合国家现行有关标准的规定。

SL 706—2015 水库调度规程编制导则

起草单位
水利部水工程安全与病害防治工程技术研究中心、长江科学院、水利部大坝安全管理中心。

主要起草人
李瑞有、王健、甘孝清、周武、杨正华、韩贤权、李强、曹景生、范志刚、谭勇。

适用范围
为规范水库调度规程编制的任务、原则和内容，保证水库调度规程的编制质量，特制定本标准。

本标准适用于已建大、中型水库调度规程的编制，具备调度条件的小型水库可参照执行。

水库调度规程编制应遵循《中华人民共和国水法》《中华人民共和国防洪法》《防汛条例》《抗旱条例》《水库大坝安全管理条例》等法律、法规和规章。

水库调度规程编制应以经审查批准的水库设计文件确定的任务、原则、参数、指标为依据。当水库调度任务、运行条件、调度方式、工程安全状况等发生重大变化，需要对水库调度规程进行修订时，应进行专题论证，并报原审批部门审查批准。对设计文件不完整的水库，应根据水库实际运用情况和工程安全运用条件，分析确定调度条件和依据，经原规划设计审批单位和有关防汛指挥部门审定后使用。

水库调度应坚持"安全第一、统筹兼顾"的原则,在保证水库工程安全、服从防洪总体安排的前提下,协调防洪、兴利等任务及社会经济各用水部门的关系,发挥水库的综合利用效益,将灾害降低到最小,争取效益最大,并兼顾梯级调度和水库群调度运用的要求。

水库调度应采用先进成熟的技术和手段,研究优化调度方案,提高水库调度的科学技术水平。

水库调度规程是水库调度运用的依据性文件,应明确调度任务,提高水库调度的计划性和预见性。各项调度的主要内容应包括调度任务与原则、调度条件与调度依据、调度方式等。水库调度规程内容可根据水库承担的任务或特殊需要相应增减。

编制水库调度规程应收集与水库调度有关的自然地理、水文气象、社会经济、工程情况及各部门对水库调度的要求等基本资料,并对收集的资料进行可靠性分析和合理性检查。

水库调度规程应按"责权对等"原则明确水库调度单位、水库主管部门和运行管理单位及其相应责任与权限。

水库调度规程宜由水库主管部门或水库运行管理单位组织编制。水库主管部门或水库运行管理单位可自行编制或委托有相应资质的单位编制。

水库调度规程应按管辖权限由县级以上水行政主管部门审批。调度运行涉及两个或两个以上行政区域的水库,应由上一级水行政主管部门或流域机构审批。水库汛期调度运行计划应由有调度权限的防汛抗旱指挥部门审批。

水库调度规程章节安排应将"总则"列为第1章,以后各章应按本标准第3~8章的编制要求依次编排,并将"附则"作为最后一章。附则应包括规程实施时间或有效期限、修订条件、调度矛盾的协调及其裁决方式、解释权归属等内容。水库调度规程宜编制条文说明。水库调度规程内容可参照附录A进行编排。

水库调度规程编制除应符合本标准规定外,尚应符合国家现行有关标准的规定。

(四)干旱旱情等级

GB/T 32135—2015 区域旱情等级

起草单位
国家防汛抗旱总指挥部办公室、中国水利水电科学研究院。

主要起草人
张志彤、成福云、吕娟、吴玉成、苏志诚、屈艳萍、刘宝军、刘洪岫、孙远斌、马涛、高辉、孙洪泉、张海滨、马苗苗、吕厚荃、高歌。

适用范围
本标准规定了区域农业、区域牧业、区域因旱饮水困难、城市以及区域综合旱情评估步骤、评估指标与等级划分等。

本标准适用于全国、省（自治区、直辖市）、地（市）和县（区）四级行政区域的旱情评估工作。

GB/T 32136—2015 农业干旱等级

起草单位
国家气象中心、中国农业科学院农业资源与农业区划研究所、中国气象局沈阳大气环境研究所。

主要起草人
吕厚荃、张玉书、李茂松、王建林、张淑杰、娄秀荣、张艳红、吴门新。

适用范围
本标准规定了农业干旱的等级划分和指标计算方法。
本标准适用于农业干旱监测、预警与评估。

GB/T 20481—2017 气象干旱等级

起草单位
国家气候中心、中国气象预报与网络司、中国气象局兰州干旱气象研究所。

主要起草人
张存杰、刘海波、宋艳玲、廖要明、段居琦、蔡雯悦、王素萍。

适用范围
本标准规定了气象干旱指数的计算方法、等级划分标准以及干旱过程的确定方法。
本标准适用于气象、农业、水文等相关领域的干旱监测、评估业务与科研。

GB/T 34306—2017 干旱灾害等级

起草单位
国家气候中心。

主要起草人
邹旭恺、张强、陈鲜艳、王凌。

适用范围
本标准规定了干旱灾害的等级及等级划分的方法。
本标准适用于农业、林业、水文、气象及其他相关社会经济领域的干旱灾害监测、评估业务与科研工作。

GB/T 34817—2017　农业干旱预警等级

起草单位
中国气象局沈阳大气环境研究所、中国农业科学院农业资源与农业区划研究所。

主要起草人
张玉书、王春艳、纪瑞鹏、陈鹏狮、于文颖、米娜、张淑杰、冯锐、武晋雯、蔡福。

适用范围
本标准规定了农业干旱预警等级。
本标准适用于防御农业干旱、减轻干旱灾害影响而开展的预警工作。

SL 424—2008　旱情等级标准

起草单位
中国水利水电科学研究院。

主要起草人
张志彤、田以堂、张旭、张家团、成福云、周令鸿、吕娟、吴玉成、屈艳萍、刘钰、李久生。

适用范围
为规范旱情评估工作，加强对抗旱工作的指导，特制定本标准。
本标准适用于农业、牧业、城市旱情、因旱饮水困难以及区域旱情和综合旱情评估。
本标准中的农业旱情指标、牧业旱情指标、因旱饮水困难指标分别用于点上的农牧业旱情和因旱饮水困难的评估。
本标准中的区域是指全国、省（自治区、直辖市）、地（市）和县（区）四级行政区域。
本标准中，南方和北方以秦岭、淮河为划分界限。
根据不同的受旱程度，农业、牧业、城市、区域旱情均划分为轻度干旱、中度干旱、严重干旱和特大干旱四个等级；区域因旱饮水困难划分为轻度困难、中度困难、严重困难和特别困难四个等级。
在旱情评估中，除应符合本标准外，还应符合国家现行的有关标准和规范。

SL 663—2014　干旱灾害等级标准

起草单位
中国水利水电科学研究院。

主要起草人

成福云、吕娟、吴玉成、徐宪彪、苏志诚、刘宝军、刘洪岫、孙远斌、吴冬平、施宏江、屈艳萍、高辉、张海滨、孙洪泉。

适用范围

本标准适用于全国、省（自治区、直辖市）、市（地、州、盟）和县级行政区的干旱灾害评估工作。

（五）风险评价评估

HY/T 069—2005　赤潮监测技术规程

起草单位

国家海洋环境监测中心、国家海洋局第三海洋研究所。

主要起草人

郭皓、周秋麟、赵冬至、许昆灿、王健国、吴省三、闫启仑、黄秀清、韩庚辰。

适用范围

本标准规定了海洋赤潮监测的内容、技术要求和方法。

本标准适用于中华人民共和国内水、领海、毗连区、专属经济区、大陆架以及中华人民共和国管辖的其他海域的赤潮监测。

SL 450—2009　堰塞湖风险等级划分标准

起草单位

水利部水利水电规划设计总院、长江水利委员会长江勘测规划设计研究院、中国水利水电科学研究院、四川省水利水电勘测设计研究院。

主要起草人

刘宁、刘志明、杨启贵、李现社、雷兴顺、李勤军、周和清、魏迎奇、周武平、何晓燕、陈建军、王秘学、黄金池、田波、李自繁、谭界雄、刘斌、周启、邹琳、任冬勤、徐照明、汝楠、叶俊荣、涂宁。

适用范围

为保障堰塞湖影响区人民生命财产的安全，减免堰塞湖可能造成的次生灾害，统一堰塞湖的风险等级划分标准，为堰塞湖应急处置提供依据，制定本标准。

本标准适用于山体滑坡、崩塌、泥石流等堵塞河道形成的堰塞湖，冰川堆积物形成的堰塞湖处置应专门研究、论证。

应综合考虑形成堰塞湖的堰塞体危险性、堰塞湖溃决损失严重性等因素，分析确定堰塞湖的风险等级。

对规模巨大或溃决后果特别严重的堰塞湖，其洪水标准和堰塞体安全标准可作专门论证。

堰塞湖风险等级划分除应符合本标准外，尚应符合国家现行有关标准的规定。

QX/T 141—2011　卫星遥感沙尘暴天气监测技术导则

起草单位

国家卫星气象中心。

主要起草人

陆文杰、吴晓京、曹治强。

适用范围

本标准规定了卫星遥感沙尘暴天气监测数据的要求及其监测方法和信息处理方法。

本标准适用于卫星遥感沙尘暴天气监测与沙尘遥感信息的提取。

本标准不适用于微波和紫外波段遥感信息的提取。

SL 568—2012　土壤墒情评价指标

起草单位

水利部水文局、安徽省水文局、黑龙江省水文局、吉林省水文水资源局、山东省水文水资源勘测局、山西省水文水资源勘测局、甘肃省水文水资源勘测局、江西省水文局、广西壮族自治区水文水资源局、云南省水文水资源局、河北省水文水资源勘测局。

主要起草人

邓英春、苏佳林、于钎、孙明、张胜平、李国文、邹文安、沈必成、王光生、黄维东、陈锐、付奔、何进知、朱先武、武保志、雷庆、王琳、王海宁、戴宁。

适用范围

为科学确定土壤墒情评价指标，指导土壤墒情监测、评价、分析工作，提高农田灌溉用水效率，为农业生产服务，制定本标准。

本标准适用于土壤墒情评价指标确定及对作物影响的评价。

SL 579—2012　洪涝灾情评估标准

起草单位

中国水利水电科学研究院。

主要起草人

田以堂、谭徐明、姚文广、杨卫忠、马建明、万金红、张葆蔚、孙京东、张念强、闫淑春、刘建刚、李云鹏。

适用范围

本标准规定了洪涝灾情评估工作中的实施程序、资料收集、指标选取、评估方法、灾害等级划分及评估报告撰写等内容。

本标准适用于各级防汛主管部门评估场次、年度洪涝灾情。

QX/T 160—2012 爆炸和火灾危险环境雷电防护安全评价技术规范

起草单位

福建省防雷中心、厦门市防雷中心。

主要起草人

刘隽、黄岩彬、林挺玲、程辉、邵霖、陈毅芬、吴健、林香民、吴灵燕、李衣长、俞成标、施平、王斌斌。

适用范围

本标准规定了爆炸和火灾危险环境雷电防护安全评价的一般规定、准备阶段、风险识别、影响因素分析、评价单元划分、风险计算、风险容许值、防护措施。

本标准适用于在生产、加工、处理、转运或贮存等过程中出现或可能出现爆炸和火灾危险环境的新建、扩建和改建工程的雷电防护安全评价。

本标准不适用于矿井井下，水、陆、空交通运输工具及海上油井平台的雷电防护安全评价。

QX/T 170—2012 台风灾害影响评估技术规范

起草单位

上海市气象、国家气候中心。

主要起草人

雷小途、陈佩燕、穆海振、杨玉华、闫宇平、姜允迪。

适用范围

本标准规定了台风灾害影响的评估因子、评估指标以及台风灾害影响等级的划分。

本标准适用于台风灾害影响后评估业务和科研工作。

SL 602—2013 防洪风险评价导则

起草单位

长江勘测规划设计研究院、水利部水利水电规划设计总院、中国水利水电科学研究院。

主要起草人

仲志余、李原园、胡维忠、宁磊、沈福新、陈肃利、余启辉、李娜、王艳艳、郭铁女、陈艺伟、霍风霖、王翠平、向锋。

适用范围

为规范我国流域或区域防洪规划、防洪工程规划设计以及防洪管理中的防洪风险评价工作，明确其主要内容、评价方法和技术要求，制定本导则。

本导则适用于已建、在建和拟建的防洪工程或防洪工程体系对流域或区域的防洪风险评价。

防洪风险评价工作应结合流域或区域防洪工程实际状况，进行系统、客观、科学的评价。

防洪风险评价应以洪水风险分析为基础，进行防洪风险指标计算及评价，为防洪规划、工程建设和管理提供依据。

防洪风险评价除应符合本导则的规定外，尚应符合国家现行有关标准的规定。

HY/T 147.6—2013 海洋监测技术规程
第6部分：海洋水文、气象与海冰

起草单位

国家海洋环境监测中心、国家海洋局北海环境监测中心、国家海洋局东海环境监测中心、国家海洋局南海环境监测中心。

主要起草人

韩庚辰、张淑芳、马永安、姜文博、胡展铭、刘永青、赵骞、宋丽娜、陈元、沙伟、叶钦、崔文林、高磊、曾继平、李保磊、王兴、鞠莲、程祥圣、陆士良、周辉云、欧阳水清、梁新友、江再寿、缪长美、黄楚光、胡希声、高科文、孙璐。

适用范围

HY/T 147 的本部分规定了海洋水文、气象与海冰监测项目的主要内容和方法，对每种监测手段的适用范围、技术要求、监测步骤和数据处理等提出了具体要求。

HY/T 147 的本部分适用于近岸、近海、远海和大洋海域的海洋水文、气象与海冰要素的监测。

DL/T 1283—2013 电力系统雷电定位监测
系统技术规程

起草单位

中国电力工程顾问集团华北电力设计院工程有限公司、国网电力科学研究院武汉南瑞有限责任公司。

|主|要|起|草|人|

唐振宁、冯万兴、张道农、陈家宏、刘洋、谷山强、周自强、方玉河、王海涛、吴彪。

|适|用|范|围|

本标准规定了电力系统雷电定位监测系统探测站、中心站和用户系统的系统设计、技术要求等。

本标准适用于电力系统雷电定位监测系统的规划、设计，电力系统雷电定位监测系统中心站和用户系统的工程建设和使用，新建、改建、扩建探测站的施工安装，电力系统雷电定位监测系统检验。

SL 520—2014 洪水影响评价报告编制导则

|起|草|单|位|

水利部海河水利委员会。

|主|要|起|草|人|

王建刚、陈金杭、杨昆、邓玉梅、李俊凯、郭铁女、马瑞峰、顾群、沈华中、富可荣、陆赛华。

|适|用|范|围|

本标准规定了洪水影响评价报告结构，给出了洪水影响评价的内容和要求。

本标准适用于洪泛区、蓄滞洪区内非防洪建设项目洪水影响评价及其报告编制。

SL 750—2017 水旱灾害遥感监测评估技术规范

|起|草|单|位|

中国水利水电科学研究院。

|主|要|起|草|人|

路京选、付俊娥、孙涛、宋文龙、曲伟、柴福鑫、吕行、韩琳、庞治国、李琳、吴冬平、喻丰华、张晔萍、姚艳敏。

|适|用|范|围|

本标准规定了水旱灾害遥感监测评估的数据要求、遥感影像处理、指标与方法、技术流程、产品和质量控制内容。

本标准适用于利用遥感技术开展水旱灾害监测评估。

QX/T 477—2019　沙尘暴、扬沙和浮尘的观测识别

起草单位

中国气象局气象探测中心、北京市气象局、新疆维吾尔自治区气象局、河北省气象局。

主要起草人

郭建侠、伍永学、陈冬冬、刘叶、康家琦、韩磊、刘达新、邵长亮。

适用范围

本标准规定了沙尘暴、扬沙和浮尘的观测识别方法。

本标准适用于沙尘暴、扬沙和浮尘的观测。

（六）防汛抗旱物资

SL 297—2004　防汛储备物资验收标准

起草单位

国家防汛抗旱总指挥部办公室、吉林省防汛抗旱指挥部办公室、江苏省水利物资总站、黄河水利物资处、河北省水利防汛物资天津供应站、湖南省防汛抗旱指挥部办公室。

主要起草人

田以堂、程涛、侯英杰、张旭、连金海、杨昆、万群志、祁朝标、龚亚奇、武振启、胡彦、金东春。

适用范围

为进一步加强防汛储备物资管理，规范防汛储备物资验收工作，保证防汛储备物资质量，特制定本标准。

本标准适用于各级防汛部门专项储备的防汛物资的验收。

防汛储备物资包括抢险物料、救生器材、小型抢险机具三大类。

防汛储备物资的供应商或生产企业应有国家有关部门的认可并具有相应的资质。

防汛储备物资检测机构应有国家有关部门的认可并具有相应的资质。

本标准中未作规定的防汛储备物资的验收，应按相应的国家标准或行业标准执行。

SL 298—2004　防汛物资储备定额编制规程

起草单位

国家防汛抗旱总指挥部办公室、吉林省防汛抗旱指挥部办公室、山东省防汛抗旱指挥部办公室、浙江省钱塘江管理局、黄河水利委员会防汛办公室、长江水利委

员会防汛办公室、湖南省防汛抗旱指挥部办公室。

主要起草人

田以堂、程涛、侯英杰、张旭、连金海、蔡元芳、马桂芳、孙京东、许静、张鲁、叶永棋、张希玉、冯忠民、王季谦、张志鹏。

适用范围

为了保障抗洪抢险物资的应急需要，规范防汛物资储备管理，科学制定防汛物资储备定额，根据《中华人民共和国防洪法》及其他相关法规，制定本标准。

本标准适用于各级防汛指挥机构防汛物资储备定额的编制。受洪水威胁的企事业单位的自保工程，其防汛物资储备定额可参照本标准编制。

各级防汛指挥机构办事部门是本辖区内防汛物资储备的主管部门。

防汛物资储备定额的编制本着"分级负责，满足急需"的原则。各级防汛指挥机构应按防洪工程分级管理的有关规定，结合防洪工程的防御洪水方案，编制出能够满足本地区抗洪抢险应急需要的储备定额。

各级防汛指挥机构办事部门、重点防洪工程管理单位可采取自储、委托储备、社会号料等多种储备方式，使防汛物资储备总量达到定额要求。

需要编制储备定额的基本物资种类包括：抢险物料、救生器材、小型抢险机具等。本标准只对常用物资品种进行规定，未规定的物资品种以及随着新技术、新材料、新设备的发展需要增加的物资品种，可根据实际需要进行储备。

各级防汛物资储备定额应由同级防汛指挥机构的办事部门组织所辖工程管理单位编制、汇总后，报同级防汛指挥机构审批，并报上一级防汛指挥机构备案。

防汛物资储备定额的编制，除应符合本标准外，尚应符合国家现行的有关规定。

（七）其他

GB 50201—2014　防洪标准

起草单位

水利部水利水电规划设计总院、黄河勘测规划设计有限公司。

主要起草人

杨锦山、侯传河、李小燕、吴海亮、张志红、李爱玲、王勇、李维涛、洪建、王煜、王府义、李荣容、刘娟、王国安、温善章、周健。

适用范围

为适应国民经济各部门、各地区的防洪要求和防洪建设需要、保护人民生命财产的防洪安全，制定本标准。

本标准适用于防洪保护区、工矿企业、交通运输设施、电力设施、环境保护设施、通信设施、文物古迹和旅游设施、水利水电工程等防护对象，防御暴雨洪水、融雪洪水、雨雪混合洪水和海岸、河口地区防御潮水的规划、设计、施工和运行管理工作。

各类防护对象的防洪标准除应符合本标准外，尚应符合国家现行有关标准的规定。

GB/T 34294—2017 农村民居防御强降水引发灾害规范

起草单位

湖南省气象局、河北省气象局、武汉区域气候中心、广东省气候中心、湖南省地质灾害应急中心。

主要起草人

刘凤姣、潘志祥、李兰、王耀悉、沈军、李春梅、李明波、周月华、高波、马强、鲍延英、叶成志、田艳婷、刘艳清、粟错、刘景洪、贾绽云、宾素芝、刘盼、胡欣、杨加艳、徐勇、付晓霞、汤宇、刘越屿、郭斌、唐瑶、谢露、耿晓辉。

适用范围

本标准规定了农村民居村镇和单栋防御强降水引发灾害的一般原则、选址要求和防御要求。

本标准适用于农村民居强降水引发灾害的防御。

GB/T 34296—2017 地面降雹特征调查规范

起草单位

陕西省人工影响天气办公室、洛川县人工影响天气办公室。

主要起草人

梁谷、岳治国、乔旭需、梁奕、李燕、田显、杨广田、陈力、高武虎、宋嘉尧。

适用范围

本标准规定了地面降雹特征调查的内容、方法以及对人员、装备、调查启动、信息记录等的要求。

本标准适用于地面降雹特征的调查工作。

GB/T 34301—2017 龙卷灾害调查技术规范

起草单位

江苏省气候中心、江苏省气象科学研究所、江苏省气象信息中心。

主要起草人

许遐祯、陈兵、王瑞、项瑛、黄世成、程婷。

适用范围

本标准规定了龙卷灾害调查的原则、组织和调查程序、调查对象和方式、调查内容和方法、结果分析等。

本标准适用于龙卷灾害的调查。

SL 73.7—2013 防汛抗旱用图图式

起草单位

中国水利水电科学研究院。

主要起草人

束庆鹏、徐宪彪、徐美、丁留谦、苑希民、付成伟、刘舒、向立云、刘媛媛、黄先龙、马涛、张红萍、万洪涛、胡昌伟、刘金梅、吕行。

适用范围

本标准规定了防汛抗旱用图上地图要素的符号和注记的等级、规格等。

本标准适用于 1∶50000 及小于 1∶50000 比例尺防汛抗旱用图的编制，其他比例尺防汛抗旱用图可参照使用。

QX/T 191—2013 雷电灾情统计规范

起草单位

中国气象科学研究院。

主要起草人

孟青、周韶雄、张义军、张文娟、卫兆平、姚雯、马颖。

适用范围

本标准规定了雷电灾情收集、灾害损失统计和灾情数据统计的要求。

本标准适用于雷电灾情的统计工作。

SL 591—2014 历史大洪水数据库表结构及标识符

起草单位

南京水利科学研究院、重庆市渝西水利电力建筑勘测设计院。

主要起草人

谢自银、刘九夫、何厚琼、许钦、姚惠明、雷四华、刘宏伟、关铁生、任运刚、王欢、周冰清。

适用范围

本标准规定了历史大洪水数据库的表结构及标识符。

本标准适用于水利行业历史大洪水相关业务，其他行业可参照执行。

SL 723—2016 治涝标准

起草单位

水利部水利水电规划设计总院、中水淮河规划设计研究有限公司、黑龙江省水利水电勘测设计研究院。

主要起草人

李晓燕、何华松、王志兴、蒋肖、李爱玲、李燕、周光涛、张艳春、周健、费永法、邵善忠、曹镇宇。

适用范围

为适应国民经济各部门、各地区的治涝要求,规范涝区治理的设计标准,根据我国现有的社会经济发展条件和治涝工程建设需要,制定本标准。

本标准适用于治涝规划和治涝工程的设计、建设、运行管理工作。

涝区的治涝标准应同时以设计暴雨重现期、设计暴雨历时、涝水排除时间和涝水排除程度等指标表示。

涝区的治涝标准应根据自然、经济、社会、政治、环境等因素,统筹协调治涝与防洪、局部与整体、当前与长远的关系,兼顾治渍和防治盐碱化,通过综合分析论证确定。

涝区如需提高或降低治涝标准,应经论证并报水行政主管部门批准。

按本标准规定的治涝标准进行治涝建设,根据技术经济条件和实施难易程度,在报请主管部门批准后,可分期实施。

涝区的治涝标准除应符合本标准规定外,尚应符合国家现行有关标准的规定。

QX/T 103—2017 雷电灾害调查技术规范

起草单位

浙江省气象安全技术中心、天津市气象灾害防御技术中心、河北省气象行政技术服务中心、北京市避雷装置安全检测中心、上海市防雷中心、重庆市气象安全技术中心、云南省雷电中心、深圳市气象服务中心。

主要起草人

张卫斌、刘邕、李剑、张彦勇、宋平建、陈华晖、覃彬全、郑文佳、黄晓虹、王芳、张祎、胡易生、杨悦新、扈勇。

适用范围

本标准规定了雷电灾害调查的基本规定、雷电灾害等级、组织、流程、取证、资料整理与分析判定、资料上报与归档等要求。

本标准适用于雷电灾害调查。

SL 767—2018　山洪灾害调查与评价技术规范

起草单位

中国水利水电科学研究院、中水北方勘测设计研究有限责任公司、中国电建集团北京勘测设计研究院有限公司。

主要起草人

郭良、刘昌军、尚全民、丁留谦、徐宪彪、黄先龙、解家毕、李昌志、许静、左吉昌、褚明华、王文科、张晓蕾、高立东、张帆、李善飞、惠武权、康爱卿。

适用范围

本标准规定了山洪灾害调查与评价的内容、方法、程序及要求。

本标准适用于山丘区小流域和乡（镇）、村庄以及企事业单位等区域的山洪灾害调查与评价。

山前平原区的山洪灾害调查与评价工作可参照使用。

泥石流、滑坡灾害的调查与评价工作可参照地质灾害的相关规范执行。

QX/T 442—2018　持续性暴雨事件

起草单位

中国气象科学研究院、福建省气候中心。

主要起草人

翟盘茂、陈阳、周佰铨、邹燕。

适用范围

本标准规定了持续性暴雨事件的识别方法。

本标准适用于持续性暴雨事件的监测、影响评估和服务等工作。

HY/T 0275—2019　风暴潮、海浪灾害现场调查技术规范

起草单位

自然资源部海洋减灾中心。

主要起草人

谭骏、刘强、贾宁、秦志亮、刘珊、戴悦。

适用范围

本标准规定了风暴潮（含近岸浪）、海浪灾害现场调查的目的、内容、流程、方法和技术要求。

本标准适用于我国沿海风暴潮、海浪灾害的现场调查工作。

SL/T 164—2019 溃坝洪水模拟技术规程

起草单位

长江水利委员会长江科学院、长江勘测规划设计研究有限责任公司。

主要起草人

周赤、黄明海、徐照明、邢领航、曾祥、郭辉、李静。

适用范围

为规范溃坝洪水模拟技术和方法，提高模拟研究成果的准确性和可靠性，为水利水电工程建设提供科学依据，制定本标准。

本标准适用于各类坝的溃决洪水模型试验和数值模拟，可供围堰、堤防和堰塞体等类似工程溃决洪水模拟参考。

溃坝洪水模拟可采用模型试验和数值模拟两种模拟方法。

溃坝洪水模拟除应符合本标准外，尚应符合国家现行有关标准的规定。

■ 三、减灾救灾

GB/T 24438.1—2009 自然灾害灾情统计
第1部分：基本指标

起草单位

国家减灾委员会办公室、民政部救灾司、民政部国家减灾中心。

主要起草人

闫志壮、高玉成、袁艺、马玉玲。

适用范围

GB/T 24438 的本部分规定了自然灾害灾情统计的基本指标。

GB/T 24438 的本部分适用于自然灾害管理部门及其他相关机构的灾情统计工作。

GB/T 24438.2—2012 自然灾害灾情统计
第2部分：扩展指标

起草单位

民政部国家减灾中心。

主要起草人

闫志壮、张云霞、赵飞、范春波、汪洋、张妮娜、刘南江、刘哲。

适用范围

GB/T 24438 的本部分规定了自然灾害灾情统计的扩展指标。

GB/T 24438 的本部分适用于自然灾害管理部门及其他相关机构的灾情统计。

GB/T 24438.3—2012 自然灾害灾情统计
第3部分：分层随机抽样统计方法

起草单位

民政部国家减灾中心。

主要起草人

范春波、张云霞、张鹏、赵飞、刘南江、张妮娜、丁一。

适用范围

GB/T 24438 的本部分规定了自然灾害灾情统计的分层随机抽样统计方法。

GB/T 24438 的本部分适用于自然灾害管理部门及其他相关机构统计或评估自然灾害损失。

GB/T 24439—2009 救灾物资储备库管理规范

起草单位

民政部救灾司、民政部国家减灾中心。

主要起草人

闫志壮、高玉成、李成。

适用范围

本标准规定了救灾物资储备库管理的内容、要求和工作程序。

本标准适用于存储救灾物资的仓库。

GB/T 24440—2009 社会捐助基本术语

起草单位

民政部救灾司、民政部国家减灾中心。

主要起草人

郑远长、孙浩荃、刘乃山。

适用范围

本标准规定了经常性社会捐助、救灾捐赠和救济性捐赠工作常用术语。

本标准适用于经常性社会捐助、救灾捐赠和救济性捐赠工作。

GB/T 26375—2010 社会捐助款物管理和使用规范

起草单位

民政部救灾司、民政部国家减灾中心。

主要起草人

郑远长、孙浩荃、刘乃山、曹榕。

适用范围

本标准规定了社会捐助款物的管理使用要求和在社会捐助款物接收、发放、使用过程中有关问题的处理原则。

本标准适用于社会捐助款物管理和使用活动。

GB/T 26376—2010 自然灾害管理基本术语

起草单位

民政部救灾司、民政部国家减灾中心。

主要起草人

邹铭、张卫星、庞陈敏、闫志壮、范一大、李保俊、张晓宁、高玉成、孙浩荃、胡俊锋、袁艺、杨思全、张云霞、关妍、张宝军、杨佩国、吴建安。

适用范围

本标准规定了自然灾害管理的基本术语。

本标准适用于自然灾害管理工作。

GB/T 28225—2011 灾区农户住房倒塌或损坏数量抽样核查方法

起草单位

民政部救灾司、民政部国家减灾中心。

主要起草人

闫志壮、来红州、吴建安、孙燕娜。

适用范围

本标准规定了核定自然灾害造成灾区农户住房倒塌或损坏数量抽样核查方法。

本标准适用于相关部门和单位对自然灾害造成灾区农户住房倒塌或损坏数量核查。

GB/T 28921—2012　自然灾害分类与代码

起草单位

民政部国家减灾中心、中国气象局政策法规司、国家海洋局海洋环境预报中心。

主要起草人

闫志壮、袁艺、马玉玲、胡俊锋、吴建安、潘东华、郑大玮、张钛仁、叶琳。

适用范围

本标准规定了自然灾害的分类及其代码。

本标准适用于自然灾害管理、科研和应用等领域。

GB/T 28923.1—2012　自然灾害遥感专题图产品制作要求
第1部分：分类、编码与制图

起草单位

民政部国家减灾中心（卫星减灾应用中心）。

主要起草人

杨思全、王磊、聂娟、和海霞、崔燕。

适用范围

GB/T 28923的本部分规定了自然灾害遥感专题图产品的定义、分类、编码以及制图样式、装饰与注记、统计单元等内容。

GB/T 28923的本部分适用于自然灾害遥感专题图产品的生产、应用、管理等。

GB/T 28923.2—2012　自然灾害遥感专题图产品制作要求
第2部分：监测专题图产品

起草单位

民政部国家减灾中心（卫星减灾应用中心）。

主要起草人

王磊、崔燕、王平、汤童、吴玮。

适用范围

GB/T 28923 的本部分规定了自然灾害遥感专题图产品中监测专题图产品所包含的要素指标与计量单位、基本数据图层及指标要求等。

GB/T 28923 的本部分适用于监测专题图产品的生产、审核与应用。

GB/T 28923.3—2012 自然灾害遥感专题图产品制作要求
第3部分：风险评估专题图产品

起草单位

民政部国家减灾中心（卫星减灾应用中心）。

主要起草人

吴玮、王磊、张薇、聂娟、王平。

适用范围

GB/T 28923 的本部分规定了自然灾害遥感专题图产品中风险评估专题图产品所包含的基本术语、要素指标与计量单位、基本数据图层及指标要求等。

GB/T 28923 的本部分适用于风险评估专题图产品的生产、审核与应用。

GB/T 28923.4—2012 自然灾害遥感专题图产品制作要求
第4部分：损失评估专题图产品

起草单位

民政部国家减灾中心（卫星减灾应用中心）。

主要起草人

王磊、和海霞、黄河、张薇。

适用范围

GB/T 28923 的本部分规定了自然灾害遥感专题图产品中损失评估专题图产品所包含的要素指标与计量单位、基本数据图层及指标要求等。

GB/T 28923 的本部分适用于损失评估专题图产品的生产、审核与应用。

GB/T 28923.5—2012 自然灾害遥感专题图产品制作要求
第5部分：救助与恢复重建评估专题图产品

起草单位

民政部国家减灾中心（卫星减灾应用中心）。

主要起草人

杨思全、王磊、汤童、黄河。

适用范围

GB/T 28923 的本部分规定了自然灾害遥感专题图产品中救助与恢复重建评估专题图产品所包含的要素指标与计量单位、基本数据图层及指标要求等。

GB/T 28923 的本部分适用于救助与恢复重建遥估专题图产品的生产、审核与应用。

GB/T 29425—2012 自然灾害救助应急响应划分基本要求

起草单位

民政部国家减灾中心。

主要起草人

袁艺、吴建安、马玉玲、周洪建、王丹丹、潘东华。

适用范围

本标准规定了自然灾害救助应急响应等级划分的要求、单元与要素、方法和等级要求。

本标准适用于对自然灾害救助应急响应条件和措施的划分。

四、综合性应急管理

GB/T 23694—2013 风险管理 术语

起草单位

中国标准化研究院、第一会达风险管理科技有限公司、北京理工大学、中国航空综合技术研究所、北京大学、中国科学院科技政策与管理科学研究所。

主要起草人

杨颖、吕多加、高晓红、崔艳武、刘铁忠、刘新立、李建平、汪邦军。

适用范围

本标准规定了与风险管理有关的基本术语的定义，旨在鼓励用连贯的方法和一致的理解对风险管理相关活动进行描述，并在涉及风险管理的过程和框架时使用统一的风险管理术语。

本标准适于下列人员使用：从事风险管理的人员、参与 ISO 和 IEC 活动的人员、制定与风险管理有关的国家或行业标准、指南、程序、规程的人员。

有关风险管理的原则和指南，可参见 ISO 31000：2009。

GB/T 24353—2009　风险管理　原则与实施指南

起草单位
中国标准化研究院、第一会达风险管理科技有限公司、中国航空综合技术研究所、北京理工大学、中国科学院科技政策与管理科学研究所、北京大学。

主要起草人
高晓红、吕多加、汤万金、杨颖、汪邦军、刘铁忠、李建平、刘新立。

适用范围
本标准提供了风险管理的原则和通用的实施指南。

本标准适用于各种类型和规模的组织，适用于组织的全生命周期及其各阶段，也适用于组织的各种活动，包括流程管理、职能行为、项目管理以及与产品、服务、资产、运作和决策等有关的各项活动。

本标准提供实施风险管理的通用指南，但风险管理的具体实施取决于组织的实际需要和具体实践。

GB/T 27921—2011　风险管理　风险评估技术

起草单位
中国标准化研究院、第一会达风险管理科技有限公司、北京理工大学、中国科学院科技政策与管理科学研究所、北京大学。

主要起草人
崔艳武、高晓红、汤万金、杨颖、吕多加、信春华、刘铁忠、李建平、刘新立。

适用范围
本标准规定了风险评估技术的选择和应用指南。

本标准并未涉及风险评估的所有技术，标准中未予介绍的技术并不意味着其无效。

本标准适用于指导组织选择合适的风险评估技术，一般性的风险管理标准，以及各种类型和规模的组织。

本标准涉及安全方面的内容参见 GB/T 20000.4—2003。

GB/T 30146—2013　公共安全　业务连续性管理体系　要求

起草单位
中国标准化研究院、中国信息安全认证中心、中金数据系统有限公司。

主要起草人
王金玉、秦挺鑫、董晓媛、刘俊华、张超、李忠强、魏军、尤其、王明、尹晖。

适用范围

本标准为策划、建立、实施、运行、监视、评审、保持和持续改进一个文件化的业务连续性管理体系规定了要求,用以实施保护,减少中断事件发生的可能性,以及当中断事件发生时准备、响应并恢复。

本标准规定的所有要求是通用的、适用于各种类型、规模和特性的组织或组织的一部分,这些要求的适用范围取决于组织的运行环境和复杂性。

本标准的目的不是要规定统一的业务连续性管理体系(BCMS)结构,而是为组织设计一个适合其自身需要且同时符合相关要求的 BCMS。这些需求由法律、法规、标准、产品和服务、工作流程、组织的规模和结构以及相关方的要求等方面构成。

本标准适用于有如下期望的各种类型和规模的组织:

(1)建立、实施、保持和改进 BCMS;

(2)确保符合声明的业务连续性方针;

(3)向其他组织证明自身的符合性;

(4)欲使其 BCMS 获得被认可的第三方认证机构的认证/注册;

(5)做出符合本标准的自我声明。

本标准可用于评估一个组织满足自身连续性需求和要求的能力。

GB/T 31595—2015 公共安全 业务连续性管理体系 指南

起草单位

中国标准化研究院、中国信息安全认证中心、广发银行、招商银行。

主要起草人

王金玉、秦挺鑫、魏军、林德明、董晓媛、高旭磊、邢立强、杨正科、尤其。

适用范围

本标准基于良好实践,为业务连续性管理体系的策划、建立、实施、运行、监视、评审、保持和持续改进文件化的管理体系提供指南,以使组织能够在中断事件发生时,准备、响应并进行恢复。

本标准目的不是要制定统一的 BCMS 结构,而是为组织设计一个适合组织自身需要和满足其相关要求的 BCMS。这些需求由法律、法规、组织和行业要求、产品和服务、所采用的过程、运行环境,组织的规模和结构以及相关方的要求等方面构成。

本标准是通用的并适用于包括大、中、小型从事工业、商业、公共和非营利等所有规模和类型的组织,以期:

(1)建立、实施、保持和改进 BCMS;

(2)确保与组织的业务连续性方针保持一致;

(3)做出符合本标准的自我声明;

（4）本标准不可用于评估组织的能力是否满足其自身业务连续性要求，也不能用于评估是否满足其客户，法律或者法规的要求。组织可以使用 ISO 22301 的要求向其他组织证明其符合性，或者使其 BCMS 通过获得被认可的第三方认证机构的认证。

GB/T 33455—2016 公共事务活动风险管理指南

起草单位

中国标准化研究院、中国人民大学、国务院国有资产监督管理委员会研究中心、国家行政学院、中国矿业大学（北京）。

主要起草人

高晓红、崔艳武、唐钧、游志斌、支东生、李莹、刘霞、许应成、信春华、周莉。

适用范围

本标准给出了公共事务活动风险管理的原则、过程和实施指南。

本标准适用于依据法律法规承担公共事务管理职能的组织，在进行公共事务活动时实施风险管理。也可为其他涉及公共利益的活动或组织在开展风险管理时提供参考。

GB/T 33668—2017 地铁安全疏散规范

起草单位

中国安全生产科学研究院、中国标准化研究院、广州地铁设计研究院有限公司、南京地铁集团有限公司、广州地铁集团有限公司、北京市地铁运营有限公司、北京城建设计发展集团股份有限公司、西安市地下铁道有限责任公司、苏州市轨道交通集团有限公司、深圳市恒生智能科技有限公司、上海森林特种钢门有限公司、重庆市光遥广电节能科技有限公司、北京城市系统工程研究中心。

主要起草人

史聪灵、钟茂华、秦挺鑫、罗燕萍、胥旋、王迪军、张兴凯、吕敬民、何理、石杰红、许巧祥、竺维彬、汪良旗、刘建、顾庆宜、王敏、伍彬彬、赵晨、江琴、贺农农、尉胜伟、蔡德国、陈惠嫦、毛宇丰、朱伟、邓耘、杨仲奎、蒋小妹、陈长坤、李建。

适用范围

本标准规定了地铁车站及区间安全疏散的总体要求、土建设施及设备系统的疏散技术要求、安全疏散的运营管理要求等。

本标准适用于钢轮钢轨系列地铁系统新建工程的安全疏散设计及已运营工程的疏散安全管理。

轻轨系统、市域快速轨道系统、城际铁路可参照执行。

GB/T 35561—2017 突发事件分类与编码

起草单位

清华大学公共安全研究院、中国标准化研究院、北京辰安科技股份有限公司。

主要起草人

袁宏永、黄全义、秦挺鑫、张亚京、苏国锋、张帆、杨秀中、钟少波、王金玉、杨锐、陈涛、陈建国、陈涛、申世飞、孙维珂、孙占辉、卢志为、刘碧龙、吕杰、张超、毛青松、吴大维。

适用范围

本标准规定了突发事件的分类与编码。

本标准适用于国家应急平台体系的设计、建设和运行，突发事件应急标绘，突发事件信息交互等。

GB/T 35621—2017 重大毒气泄漏事故公众避难室通用技术要求

起草单位

中国安全生产科学研究院、中国标准化研究院、国家行政学院。

主要起草人

席学军、秦挺鑫、邓云峰、郭再富。

适用范围

本标准规定了重大毒气泄漏事故公众避难室的设立条件、位置、功能要求、设置配置等。

本标准适用于毒气泄漏事故下的针对公众的对室外毒气进行防护的避难室。

GB/T 35622—2017 重大毒气泄漏事故应急计划区划分方法

起草单位

中国安全生产科学研究院、中国标准化研究院、国家行政学院。

主要起草人

孙庆云、邓云峰、郭再富、秦挺鑫、江田汉、席学军、王永明、王建光。

适用范围

本标准规定了确定应急计划区范围的原则、应急计划区实际边界的确定和应急计划与准备的方法。

本标准适用于毒性气体的数量等于或超过相应临界量的生产设施、储存设施、管道运输设施、使用设施等固定式毒气危险源，可在属于毒性气体类别的危险化学品重大危险源安全监管过程中或应急管理过程中供相关机构参考使用。

GB/T 35623—2017 公众避难室毒气防护性能检测方法

起草单位
中国标准化研究院、中国安全生产科学研究院、国家行政学院。

主要起草人
席学军、秦挺鑫、邓云峰、郭再富。

适用范围
本标准规定了公众避难室毒气防护性能检测的布点和采样方法、示踪气体选择、检测项目、检测数据处理及报告、检测结果质量要求等。

本标准适用于重大毒气泄漏事故下的公众避难室的安全评估。

GB/T 35624—2017 城镇应急避难场所通用技术要求

起草单位
中国标准化研究院、清华大学公共安全研究院、中国安全生产科学研究院、青岛亿和海丽安防科技有限公司、北京城市系统工程研究中心、中国矿业大学（北京）。

主要起草人
秦挺鑫、张超、邢立强、徐连龙、王金玉、黄全义、袁宏永、申世飞、吴建松、朱伟、郭再富、李群、田普淑。

适用范围
本标准规定了城镇应急避难场所的分级、选址与布局、设施和应急转换等内容。

本标准适用于用作城镇应急避难场所的公园、绿地、广场、学校操场等场地，以及地下空间（含人民防空工程）、体育场馆、学校教室等建筑。

GB/T 35625—2017 公共安全 业务连续性管理体系 业务影响分析指南（BIA）

起草单位
中国标准化研究院、中国信息安全认证中心、北京科迪信息技术有限公司、江苏省质量和标准化研究院、厦门国际银行股份有限公司、广发银行、北京科技大学、中国质量认证中心、英标认证技术培训（北京）有限公司、国际灾难恢复协会中国分会。

主要起草人

秦挺鑫、尤其、刘珏、张松滨、张桂明、高玉坤、刘翠翠、潘英、赵连河、于天、邢立强、魏军、杨正科、王序、刘佳。

适用范围

本标准为组织建立、实施业务影响分析（BIA）提供良好的操作建议，它并没有规定统一的BIA程序。

本标准适用于各种类型、规模与性质的组织。组织可根据其需求、目标、资源与限制性条件作出调整。

GB/T 35047—2018 公共安全 大规模疏散 规划指南

起草单位

中国标准化研究院、北京市安全生产科学技术研究院、中国安全生产科学研究院、北京城市系统工程研究中心、中国科学技术大学、清华大学、北方工业大学、郑州工程技术学院。

主要起草人

秦挺鑫、季学伟、史聪灵、王晶晶、宋卫国、陈涛、孙世国、张超、吴爱枝、胥旋、朱伟、姚斌、周轶、范红军。

适用范围

本标准为大规模疏散规划的建立、实施、监测、评估、改进提供指南。本标准为大规模疏散的所有活动提供了一个框架。它能够帮助组织形成基于事实依据的规划，且该规划能够进行绩效评估。

本标准适用于负责或参与制定大规模疏散规划的所有类型和规模的组织，如国家及地方各级政府、法定机构、国际和非政府组织、企业、公众和社会团体。

本标准旨在在实际疏散过程中获得更有效的响应，帮助组织减少人员伤亡。

本标准不涉及疏散后受影响区域的维稳、财产和环境保护等相关行动。

GB/T 35965.1—2018 应急信息交互协议

第1部分：预警信息

起草单位

清华大学公共安全研究院、国家预警信息发布中心、北京辰安科技股份有限公司、中国标准化研究院、北京华辰泽众信息科技有限公司、清华大学深圳研究生院。

主要起草人

袁宏永、赵会强、秦挺鑫、王金玉、白静玉、曹之玉、黄全义、刘勇、张帆、吕宸、崔磊、王飞、杨秀中、苏国锋、钟少波、杨锐、陈涛、刘碧龙、陈涛、段清清、林天埜、申世飞、孙占辉。

适用范围

GB/T 35965 的本部分规定了应急信息交互协议预警信息部分的对象模型、组成结构以及协议具体信息的描述。

GB/T 35965 的本部分适用于各类网络环境中各类突发事件预警信息的交互。

GB/T 35965.2—2018 应急信息交互协议 第2部分：事件信息

起草单位

清华大学公共安全研究院、北京辰安科技股份有限公司、中国标准化研究院、清华大学深圳研究生院。

主要起草人

袁宏永、苏国锋、黄全义、张帆、杨秀中、陈涛、钟少波、张亚京、王飞、陈涛、秦挺鑫、陈建国、王金玉、李忠强、毛青松、刘碧龙、杨锐、申世飞、刘勇、宋玉刚、卢志为、孙占辉。

适用范围

GB/T 35965 的本部分规定了应急信息交互协议事件信息部分的对象模型、组成结构以及协议具体信息的描述。

GB/T 35965 的本部分适用于各类网络环境中各类突发事件信息的交互。

GB/T 37228—2018 公共安全 应急管理 突发事件响应要求

起草单位

中国标准化研究院、清华大学、中国地震应急搜救中心、北京辰安科技股份有限公司、国网山东省电力公司、青岛市人民政府办公厅、青岛海丽应急安全管理咨询有限公司、北京市安全生产科学技术研究院、中国人民公安大学。

主要起草人

张超、袁宏永、秦挺鑫、黄全义、赖俊彦、杨秀中、孙世军、张建刚、邢立强、张旭明、陈涛、苏国锋、陈涛、陈建国、吴卫民、李冬、季学伟、李陇清、胡啸峰、张帆、郑文娇。

适用范围

本标准规定了突发事件响应的基本要求，以在突发事件响应组织内部，实现有效的应急指挥、信息管理、协调和合作。

本标准适用于国家或地区所有参与突发事件准备和响应的组织（政府、法人及其他组织），如：

（1）负责及参与突发事件预防和应急准备的组织；
（2）在突发事件响应中提供指导的组织；
（3）编制应急指挥规范和计划的组织；
（4）建立跨机构/跨组织的突发事件响应协调和合作的组织；
（5）建立突发事件响应信息与沟通体系的组织；
（6）研究突发事件响应、信息与沟通，以及数据共享与协作模型的组织；
（7）研究突发事件响应中人因作用的组织；
（8）负责与公众交流和互动的组织。

GB/T 37230—2018 公共安全 应急管理 预警颜色指南

起草单位

中国标准化研究院、国家预警信息发布中心、国网山东省电力公司、北京市突发事件预警信息发布中心、北京市劳动保护科学研究所、中国计量大学。

主要起草人

张超、秦挺鑫、白静玉、孙世军、石玉恒、代宝乾、邢立强、茅海军、李婷婷、张治取、李超、许丽佳、周扬凡、黄帅、张朋越。

适用范围

本标准规定了应急预警中表达危险程度的颜色及其编码，以及考虑色盲等因素的基本要求。

本标准为处于风险中的公众以及应急响应人员，提供了使用预警颜色表达危险情况严重程度的指南。

本标准适用于任何地点发生的任何类型的突发事件预警。

本标准不包括显示颜色的方法，不包括与可视化显示相关的详细的工效学因素，不涉及 GB/T 2893.1—2013 规定的安全标志。

GB/T 38209—2019 公共安全 演练指南

起草单位

中国标准化研究院、国网山东省电力公司、厦门烟草工业有限责任公司、国网四川省电力公司、深圳市城市公共安全技术研究院有限公司、青岛海丽应急安全管理咨询有限公司、国家行政学院、清华大学、北京城市系统工程研究中心、军事科学院防化研究院。

主要起草人

秦挺鑫、杨军虎、钱继春、邓创、张少标、董晓媛、张旭明、邓云峰、杨锐、王晶晶、杨小兵、孙文川、方银水、胡灿、庞西磊、郑文娇、张超、孙世军、林璐莹、曹永兴、盛佩青、申世飞、詹灿芬、朱伟。

适用范围

本标准为组织机构策划、实施与改进演练规划中的演练项目提供良好的操作建议与指南。

本标准适用于各种类型、规模与性质的组织机构。组织机构可根据其需求、目标、资源与限制性条件做出调整。

本标准适用于负责培养组织成员能力的人，也适用于管理演练规划与演练项目的人员。

GB/T 38217—2019 公共安全 建立合作约定指南

起草单位

国网山东省电力公司、中国标准化研究院、北京科迪智标信息技术有限公司、咸亨国际科技股份有限公司、北京城市系统工程研究中心、中国安全生产科学研究院、北京市安全生产科学技术研究院、中南大学、江苏省质量和标准化研究院、清华大学、军事科学院防化研究院、深圳市第一反应信息科技有限公司。

主要起草人

孙世军、王亚飞、秦挺鑫、史聪灵、陈银龙、季学伟、陈长坤、王来兴、申世飞、杨小兵、刘翠翠、陆乐、张治取、张超、朱伟、韩洪、张鹏。

适用范围

本标准为各组织在建立合作约定时提供指导，并且有助于处理公共安全事件中的各种关系。

本标准中规定了建立合作约定的基本原则以及计划、制定、实施、复审的各流程。

本标准适用于政府、社会组织和公民内部和相互之间合作关系的建立，且不限制组织的类型、规模和性质。

GB/T 38299—2019 公共安全 业务连续性管理体系 供应链连续性指南

起草单位

中国标准化研究院、南京卫岗乳业有限公司、中国信息安全认证中心、咸亨国际科技股份有限公司、国网山东省电力公司、北京城市系统工程研究中心、广发银行股份有限公司信用卡中心、北京市劳动保护科学研究所、南方电网科学研究院有限责任公司、英标认证技术培训（北京）有限公司。

[主要起草人]

秦挺鑫、白元龙、尤其、翟季青、夏剑剑、王晶晶、杨正科、汪彤、周育忠、邢立强、龚浩、孙宏志、孙世军、李俊超、朱伟、张桂明、代宝乾、陆维斌、赵连河。

[适用范围]

本标准给出了理解和扩展 GB/T 30146 和 GB/T 31595 中供应商关系管理的 BCM 原则的方法。

本标准是通用的且适用于所有类型、规模和业务性质的组织（或组织内的部分），适用于组织内外部产品和服务的供应。本标准应用程度取决于组织的运营环境和复杂性。

供应链管理针对向组织供应产品或者服务相关的各项活动。本标准重点关注组织为维持业务活动或者流程而面对的产品和服务连续供应问题，以及供应链中供应商用于降低中断影响的连续性策略，即供应链连续性管理（SCCM）。

GB/T 30146 和 GB/T 31595 给出了制定业务连续性计划和建立业务连续性管理体系的相关指导。

GB/T 38701—2020 供应链安全管理体系 对供应链安全管理体系审核认证机构的要求

[起草单位]

中国标准化研究院、中国合格评定国家认可中心、中国网络安全审查技术与认证中心、中国质量认证中心、江苏辉源供应链管理有限公司、国网山东省电力公司、方圆标志认证集团有限公司、福建你他共创网络科技有限公司、中国认证认可协会、江苏省质量和标准化研究院、北京城市系统工程研究中心。

[主要起草人]

秦挺鑫、延静清、魏军、潘英、白元龙、孙世军、宋跃炜、叶耀华、王晶晶、翟季青、王延维、崔伟、王皖、韦晓晴、吴康宁、任青钺、张剑、孙兵、李正祥、曾繁仰、陈伟、汪勇。

[适用范围]

对于依据管理体系规范和标准（例如 ISO 28000）提供供应链安全管理体系审核与认证的机构，本标准给出了原则和要求。本标准规定了对认证机构及其相关审核员的最低要求，识别了审核和认证客户组织时对保密性的独特要求。

对供应链安全管理体系的要求可能来自多个方面，本标准的制定旨在帮助对符合 ISO 28000《供应链安全管理体系规范》和其他供应链安全管理体系国际标准要求的供应链安全管理体系实施认证。本标准的内容也可用于支持基于其他特定的供应链安全管理体系要求的供应链安全管理体系认证。

本标准：
——对应用 ISO 28000（或其他特定的供应链安全管理体系要求）的认证机构认可提供了一致的指导；
——明确了适用于依据供应链安全管理体系标准要求（或其他特定的供应链安全管理体系要求）实施供应链安全管理体系审核与认证的规则；
——向客户提供关于其供方获得认证的方式的必要信息和信心。

注1：供应链安全管理体系认证有时也称为"注册"，认证机构有时称为"注册机构"。
注2：认证机构可以是非政府的或政府的（具有或不具有法定权力）。
注3：本标准可作为认可、同行评审或其他审核过程的准则文件。

GB/T 38702—2020 供应链安全管理体系 实施供应链安全、评估和计划的最佳实践 要求和指南

起草单位

中国标准化研究院、北京城市系统工程研究中心、耀泰物流股份有限公司、福建你他共创网络科技有限公司、中国质量认证中心、江苏辉源供应链管理有限公司、国网山东省电力公司、方圆标志认证集团有限公司、中国网络安全审查技术与认证中心。

主要起草人

秦挺鑫、王晶晶、叶耀华、潘英、白元龙、孙世军、宋跃炜、孙宏志、张超、曾耀、魏军、陈伟、张剑、汪勇、吴琬光。

适用范围

本标准为处于国际供应链中的组织提供了要求和指南，以：
——制定和实施供应链安全过程；
——建立并记录供应链整体或部分的最低安全级别；
——协助组织满足《世界海关组织标准框架》内适用的授权运营者（AEO）准则和符合国家供应链安全方案。注：只有参与该框架的各国海关机构才可以按照其供应链安全方案及相关的认证和验证要求指定组织作为授权经营者（AEOs）。

此外，本标准确定了一些可作为验证的文件要求。

本标准的使用者将：
——确定已建立安全的国际供应链的环节；
——对供应链的该环节实施安全评估并制定适当的应对措施；
——制定并实施供应链安全计划；
——对安全人员进行安全职责的培训。

GB/T 38716—2020　中小学生安全教育服务规范

起草单位

中国标准化研究院、北京东方核芯力信息科技有限公司、北京森霖木教育科技股份有限公司、咸亨国际科技股份有限公司、陕西省标准化研究院、北京市应急管理宣传教育中心、青岛市应急管理局、青岛海丽应急安全管理咨询有限公司、江苏万事兴公共安全有限公司、教育部学校规划建设发展中心、北京市海淀区教育委员会、深圳市第一反应信息科技有限公司、北京朗润泰泽科技有限公司。

主要起草人

秦挺鑫、张骥、彭静、张超、王皖、支良生、徐凤娇、李灯东、时会佳、张建刚、郑文娇、李奇佶、陈锋、赵建国、陆乐、和少楠、屈莹、刘红、任鸿雁、徐佳、汤奇强、郑德林、刘力真、李勤智、年江、闫阅、王东辉。

适用范围

本标准规定了中小学生安全教育的服务总则，服务组织要求，服务项目策划、实施与评价总结，持续改进。

本标准适用于开展中小学生安全教育服务的组织。